W0370311

DIGITAL FOOD MARKETING

Nicoletta Polliotto

DIGITAL FOOD MARKETING

Guida pratica per ristoratori intraprendenti

EDITORE ULRICO HOEPLI MILANO

Copyright © Ulrico Hoepli Editore S.p.A. 2018
via Hoepli 5, 20121 Milano (Italy)
tel. +39 02 864871 - fax +39 02 8052886
e-mail hoepli@hoepli.it

www.hoepli.it

Le fotocopie per uso personale del lettore possono essere effettuate nei limiti del 15% di ciascun volume/fascicolo di periodico dietro pagamento alla SIAE del compenso previsto dall'art. 68, commi 4 e 5, della legge 22 aprile 1941 n. 633.
Le fotocopie effettuate per finalità di carattere professionale, economico o commerciale o comunque per uso diverso da quello personale possono essere effettuate a seguito di specifica autorizzazione rilasciata da CLEARedi, Centro Licenze e Autorizzazioni per le Riproduzioni Editoriali, Corso di Porta Romana 108, 20122 Milano, e-mail autorizzazioni@clearedi.org e sito web www.clearedi.org.

Tutti i diritti sono riservati a norma di legge
e a norma delle convenzioni internazionali

ISBN 978-88-203-8279-7

Ristampa:

4 3 2 1 2018 2019 2020 2021 2022

Progetto editoriale e realizzazione: Maurizio Vedovati – Servizi editoriali (info@iltrio.it)
Redazione: Susanna Pedone
Impaginazione e copertina: Sara Taglialegne
Foto di copertina: Fotolia/Aleks Kend
Foto in quarta di copertina: Fotolia/alfa27

Stampa: L.E.G.O. S.p.A., stabilimento di Lavis (TN)

Printed in Italy

INDICE

L'autrice

Nicoletta Polliotto è project manager, consulente, content curator e brand strategist per aziende food e travel, con l'agenzia **Muse Comunicazione**.
Esperta di food & restaurant marketing, è owner dell'unico blog in Italia dedicato alla comunicazione digitale per ristoranti: **CnR – Comunicazione nella Ristorazione**. Responsabile scientifico di manifestazioni legate al digital marketing per il food e conference speaker in eventi specialistici di digital food & tourism, collabora, tra gli altri, con FIC, BTO, BTM, TTG, SMAU, BIT, Social Media Week, Torino Web Marketing Meeting.
È docente di digital e social media marketing in Fipe Academy, Confcommercio e Confesercenti, CNA, Gambero Rosso, LUISS Business School, IED, ITS di Lecce, Vieste, Jesolo e IATH di Cernobbio Confcommercio, Confesercenti, CNA e in IHMA.
È formatore certificato ParoleOstili.
Pubblica il 6 aprile 2018 il suo secondo libro dedicato al digital food marketing con Hoepli, dopo il precedente *Ingredienti di Digital Marketing per la ristorazione* edito da Dario Flaccovio Editore.
Vegetariana da 25 anni. Vive (benissimo) a Torino, senza automobile e senza televisore, nutrendosi di web, cinema, letteratura, arte, cultura e musica. Si diverte viaggiando e assaporando del buon vino, meglio se rosso.

Segui l'autrice online:
Sito: http://musecomunicazione.it

Blog: http://comunicazionenellaristorazione.it
FB: https://www.facebook.com/nicoletta.polliotto
Twitter: https://twitter.com/MuseCOM
Instagram: https://www.instagram.com/musecom
Pinterest: https://it.pinterest.com/nicolettapollio
LinkedIn: https://www.linkedin.com/in/nicolettapolliotto
LinkedIn (gruppo): https://www.linkedin.com/groups/8456933
Email: info@musecomunicazione.it

APPROFONDISCI ONLINE

Entra in contatto con l'autrice

Ringraziamenti

Nulla è banale se creato con attenzione e cura del particolare, neanche i ringraziamenti in un libro. Ogni volta che li leggo, percepisco emozioni e sacrifici ma anche sostegno, collaborazione, dedizione e affetto, sia da parte di chi ha scritto sia di chi è stato al suo fianco o dietro le quinte a incasellare, impaginare, pensare, correggere, guidare. E imparo qualcosa, sempre.

Con gli stessi sentimenti, ringrazio di cuore Andrea Sparacino, Maurizio Vedovati e Luca Conti che hanno creduto nelle mie visioni, sapendole rilanciare nella giusta orbita, e tutto lo staff di Hoepli Editore che ha punteggiato ogni fase della lavorazione e della distribuzione del libro. Grazie ai colleghi intervistati che con generosità hanno condiviso strategie e progetti ma anche ai brand del food e della ristorazione che si sono raccontati senza spavalderia e con coraggio, in questa semina digitale che immagino essere questo manuale.

Grazie a chi mi ha capita e sostenuta, su tutti Mirco Moretti, instancabile compagno di vita e di agenzia, che ha curato le immagini incluse nei capitoli e l'identità visiva nella comunicazione del libro.
Un abbraccio a clienti, allievi, corsisti, ascoltatori attenti e partecipi agli eventi, ai master e soprattutto online.

Prefazione

"Siate affamati e siate folli".

Se hai in mente di dar vita a un pubblico esercizio, prendi questo logoro monito di Steve Jobs e tienilo idealmente davanti al tuo orizzonte, come una bussola.

Avendo cura, però, di interpretarlo alla rovescia.

È fondamentale che i ristoratori non siano affamati. Che non si lascino prendere dall'ingordigia di incassi immediati; che conducano con pazienza e con lealtà le loro creature.

E, mi raccomando, non essere folle. Occorrono, al contrario, saggezza, calcolo, programmazione, rispetto della clientela e dei codici della comunicazione.

Eppure, nel delirante proliferare di insegne che sta ammalando il mercato delle grandi città italiane e dei centri urbani di maggior richiamo turistico, si è fatta strada una bislacca convinzione: che basti un'ideuzza più o meno inedita per cogliere nel segno. Si spiegano anche così i naufragi cronici delle cosiddette startup, la metà delle quali non supera i due anni di vita.

Il libro che avete tra le mani è un *vademecum* analitico e illuminista, prezioso per costruire una macchina commerciale resistente all'usura e alla immane concorrenza che asfissia il settore. Nicoletta Polliotto ha esaminato ogni dettaglio con lucidità. E con una freddezza scientifica che io, per esempio, non avrei saputo mantenere con coerenza senza rischiare travasi di bile.

Sono significativi, a proposito, i paragrafi del Capitolo 9, nei quali si considerano le figure dei "giornalisti alimentari", dei "gastronomi", dei "foodblogger", degli "influencer". Categorie para-professionali che, salvo eccezioni, non manifestano alcun retaggio etico nella conduzione delle loro ossessioni comunicative. Tendenza colpevole specialmente a carico dei miei colleghi, che dovrebbero attenersi a codici e regolamenti invalicabili. Chi vuole avanzare nel mercato del food, tuttavia, deve tenere in conto anche questi attori e le dinamiche conseguenti, per amplificare la visibilità della propria insegna.

Valgono considerazioni analoghe per il Capitolo 10. Che, trattando la questione di TripAdvisor, espone un concetto lineare quanto disatteso.
"L'insofferenza per questa 'sfida' e l'insicurezza dei ristoratori hanno raggiunto livelli molto elevati, tanto da decretare la nascita di gruppi chiusi su Facebook in cui cresce e si alimenta la rabbia contro lo strumento online. La cosa è davvero buffa: l'astio è rivolto a uno strumento e non contro un uso, magari, distorto e inefficace che si fa dello stesso."
Anche un meccanismo controverso e imperfetto come TripAdvisor, insomma, può essere utilizzato proficuamente a fini promozionali.
Un altro aspetto che viene sottovalutato da osti e chef è la composizione dei Menù, che l'eroica Polliotto affronta al Capitolo 5. Dovrebbero rappresentare il biglietto da visita della cucina. Ma sembrano, più frequentemente, fedine penali. C'è di tutto. Cartellette bisunte, liste infinite, voci incomprensibili. E che dire dei siti web, tema centrale del Capitolo 4? Internet trabocca di perle. Mancano sempre, per superficialità o per grettezza, i dati essenziali, come il giorno di chiusura, gli orari, i prezzi, un Menù aggiornato al decennio in corso. Ma sono presenti all'appello, assieme agli sproloqui indecifrabili sulla natura creativa della cucina, le "gallery" di piatti inquadrati nella fissità lugubre delle nature morte; di cuochi e camerieri imbalsamati in pose collettive da museo delle cere; di sale irrorate da luci spettrali, deserte come se un'immane catastrofe le avesse svuotate all'improvviso.
Il presente manuale fornisce un passepartout per entrare nel bizzarro mondo del food dalla porta principale. Ma la medesima chiave servirà anche a chi sta sull'altra sponda del fiume. Ed è deputato a raccontare o giudicare il mondo del "ristoro", inteso in tutte le sue articolazioni.
Da vecchio cronista, posso solo aggiungere un consiglio agli imprenditori più ambiziosi. Dimenticate trofei e pagelle. Lavorate per i clienti. Cercate la vostra stella quotidiana nella loro soddisfazione. Ricordate che gli chef sono quelli che innovano, destrutturano, reinterpretano. Quelli che, se non ti piace una loro creazione, ti spiegano perché ti stai sbagliando. Quelli che straparlano in pubblico di qualsiasi argomento, specialmente se non ne sanno niente. Quelli che si appuntano al petto le medaglie dell'alta cucina e della qualità, mentre fanno la réclame a prodotti di larga produzione industriale. Quelli che non si fanno mai trovare nelle cucine dei ristoranti, perché sono in tournée per "marchette" e "showcooking". Quelli che piangono se la Michelin gli strappa una stellina. Tutti gli altri, invece, sono cuochi e meritano tutta la nostra stima.

Valerio M. Visintin

Introduzione

I talk a fuck load. I'm always talking. I'm cutting people off, I'm loud. But I'm listening. I'm listening 24/7. I'm always patient. I'm playing the long game. But I'm always quitting things. Every day. Trying, testing, iterating, and reacting.
Manifesto, Gary Vaynerchuck

Il lavoro del cuoco assomiglia al mio: è fatto di discussioni, relazioni, coordinamento e leadership, calcoli, progetti, conti che devono tornare. Aziende che devono crescere. Persone che devono crescere. Brand che deve crescere. Le coordinate sono: ascolto e sperimentazione. Per questa ragione ho deciso di scrivere una guida pratica, in quello che è stato un anno di grandi riflessioni: la mia agenzia ha compiuto dieci anni e ho partecipato a moltissimi eventi dedicati al cibo. Ho insegnato a studenti, docenti, funzionari, operatori. Ho incontrato cuochi, F&B manager, ristoratori, associazioni. Ho parlato con i destinatari del manuale, partendo dai loro livelli di conoscenza, bisogni e aspettative.

A chi è rivolto questo libro

Ho scritto pensando a digital marketer, giornalisti che parlano di cibo, food marketer che seguono brand agroalimentari e vitivinicoli e grandi marchi ristorativi e, perché no, ai food blogger e agli appassionati più curiosi di cibo e cucina. Su tutti, il mio obiettivo è raggiungere gli operatori: **chef, maître e ristoratori**.
Il manuale è adatto ai componenti delle brigate di cucina, di sala, ai sommelier, ai ristoratori alberghieri, ai direttori di hotel con ristorante ma anche ai titolari di locali, agli street fooder, alle aziende di catering, agli chef a domicilio, agli startupper di food app e servizi di food delivery. È scritto per i giovani, nativi digitali, che si muovono con maestria su un

display touchscreen ma che necessitano di visione, strategia e fondamenti di marketing e management.
È scritto per i meno giovani che hanno consolidata esperienza e maggiori know-how sulla gestione ma difettano di competenza sulle opportunità del digitale.

Perché è stato scritto

Le attività ristorative e i locali di somministrazione in Italia sono un numero impressionante che, a giudicare dai dati, non se la cava male. Non fermiamoci all'apparenza: ogni anno chiudono moltissime attività, più di quante ne nascano; abbiamo un indice di produttività bassissimo, un turnover sia in cucina sia (e soprattutto) in sala così alto da rendere impossibile lavorare con continuità a un modello di servizio e di customer care adeguato. Possediamo un livello di inefficienza tecnologica e digitale nei processi di produzione, distribuzione e promozione del prodotto che non ha eguali in Europa.
Perché rallentare un nuovo rinascimento della ristorazione – e dell'accoglienza al ristorante, che ci ha sempre visti maestri – a causa dell'analfabetismo digitale, tecnologico e imprenditoriale della categoria, esibito spesso con fierezza?
Formazione, aggiornamento, informazione possono essere il giusto antidoto. Una guida scritta con attenzione e competenza, utilizzando un format semplice ed elementare che risponda ai bisogni in modo diretto e non presupponente, percepito in modo chiaro come adatto al proprio livello di alfabetizzazione digitale, può essere la risposta giusta.
La ristorazione italiana ha grandi margini di crescita: è l'altra faccia dell'accoglienza turistica, non un suo servizio ancillare. Tutti hanno necessità di nutrirsi ma il food passa da puro bisogno primario a esperienza, grazie alla forza culturale, ecumenica e conviviale che ha nel proprio DNA. Il digitale ne fornirà il giusto propellente.
Inoltre ormai siamo tutti foodie e innamorati di cibo, tanto da divenirne ossessionati. Nuova droga del terzo millennio? Ipnotizzati sia dal suo uso/abuso (ricette, foto di piatti) sia dalla sua privazione/controllo (vegetarismo, veganesimo, crudismo, macrobiotica, paleo-dietismo, alimentazione priva di glutine, lattosio, grassi ecc.), il tema-cibo è diventato centrale e anche scusa, pretesto, veicolo di altri messaggi. Comunicare bene e nei luoghi giusti è doveroso anche se complesso.
Questo manuale offre un ampio percorso per il lettore: come costruire una valida offerta in era digitale, come promuoverla agendo sulla reputazione del brand, con quali strumenti, come sceglierne contenuti e metodologie, passando da mobile a social media, da blog a sito web. L'obiettivo è far comprendere che **tecnologia** e **digitale** sono elementi indispensabili (e trasversali) nel management, nel marketing, come nella comunicazione e nella vendita al ristorante.

Come leggerlo

Lo stile è semplice e diretto: una guida da portare al lavoro (ufficio, sala, cucina). Il format intuitivo dipana e ordina le complessità che il lettore incontra sul suo cammino;

il linguaggio è discorsivo e pratico, costituendo – mi auguro – un valido strumento per colmare lacune editoriali, formative e di cultura imprenditoriale.
Ogni capitolo affronta un argomento del **piano di marketing digitale del ristorante**: inizia leggendo tutti i capitoli nella sequenza proposta, per poi ritornare su un tema specifico se ci sono consigli o idee che vuoi mettere in pratica.
Ogni parte del sistema di comunicazione, promozione e vendita dell'offerta ristorativa è raccontata come semplici "How-to-do", condita con buone pratiche, interviste agli specialisti e testimonianze di brand del food e della accoglienza ristorativa.
Al fondo di ogni capitolo troverai dei "takeaway", da applicare subito in azienda.

Perché leggerlo

I ristoratori avvertono esigenze di crescita e rinnovamento, forse complesse e confuse, ma hanno coscienza che non si possa più tergiversare. In ogni ambito del proprio lavoro, prevale un nuovo ecosistema operativo ibrido, mix inscindibile di online e offline: il **digital food marketing**. Non è un approccio o modello per gestire il business ma una nuova mentalità, con rinnovate abitudini, convinzioni e una rigenerata cultura. Un abito mentale più che una buona pratica da adottare.
È necessario affrontare una vera e propria trasformazione digitale, avventura che non va vista come rivoluzione ma come un lungo percorso evolutivo, partendo da semplici linee guida da applicare nel lavoro quotidiano, al ristorante.

Buona lettura.

1

Stato dell'arte della ristorazione Italiana

Il denaro smetterà di essere il segnale principale nel mercato e al suo posto sorgeranno due fattori monetari: attenzione e reputazione.
Chris Anderson[1]

La ristorazione italiana tiene. Ha sempre tenuto durante tutto il periodo di crisi, dal 2008 a oggi. Un po' per necessità – chi lavora deve mangiare fuori e acquista o si fa consegnare un lunch box – un po' perché la cena è ancora vissuta come un'esperienza importante, un "piccolo lusso" che comunque vogliamo e possiamo concederci.
Il rapporto Coldiretti/Censis sulla ristorazione in Italia nel 2016[2] dà ulteriore ossigeno al panorama economico del comparto: un terzo dei consumi alimentari delle famiglie si concentra proprio qui, con la spesa per la ristorazione che supera i 78 miliardi annui (+8% rispetto al periodo pre-crisi).
Circa 24,5 milioni di italiani hanno mangiato fuori casa regolarmente e 50,3 milioni almeno una volta. I millennial (nati tra il 1980 e il 2000) testimoniano un'abitudine in crescita esponenziale: lo hanno fatto 11 milioni, di cui 6,9 milioni con regolarità e frequenza.
Tra i clienti italiani, 48,6 milioni preferiscono i classici ristoranti, osterie, trattorie di cucina italiana o regionale (tengono gli agriturismi); 37,9 milioni scelgono bar, pasticcerie e caffè per mangiare. Stabili pub e paninoteche: questi ultimi due dati sono legati all'esigenza di velocità per i pranzi lavorativi.

1. Chris Anderson, *Gratis: come funzionerà l'economia del futuro*, BUR, Milano 2010.
2. http://www.coldiretti.it/economia/coldiretticensis-78-miliardi-mangiare-casa-8 (ultima consultazione: 2 marzo 2018).

I dati Infocamere su elaborazione del Centro Studi Fipe ci confermano risultati quantitativi importanti, nel 2016: 329.787 attività ristorative attive, di cui 177.241 ristoranti e aziende di street food[3].

Regione	Valori assoluti	Valori %
Piemonte	23.679	7,2
Valle d'Aosta	1.120	0,3
Lombardia	50.675	15,4
Trentino	5.814	1,8
Veneto	26.135	7,9
Friuli V. Giulia	7.249	2,2
Liguria	12.694	3,8
Emilia Romagna	25.227	7,6
Toscana	22.105	6,7
Umbria	4.694	1,4
Marche	8.467	2,6
Lazio	36.106	10,9
Abruzzo	8.033	2,4
Molise	1.909	0,6
Campania	31.360	9,5
Puglia	19.269	5,8
Basilicata	2.697	0,8
Calabria	10.505	3,2
Sicilia	21.301	6,5
Sardegna	10.748	3,3
Italia	**329.787**	**100**

Fonte: elaborazione C.S. Fipe su dati Infocamere

Figura 1.1 Tabella delle attività ristorative nazionali 2016, con distribuzione regionale. © C.S. Fipe/Infocamere

Quindi va tutto bene?

Sì e no. Ci troviamo di fronte a una ristorazione che necessita di un profondo ripensamento: le aspettative nei confronti della cultura digitale del ristoratore da parte del cliente sono sempre più alte e spesso disilluse.

Il cliente vorrebbe prenotare online e ancora non ci riesce, perché il sistema non è previsto, perché il locale non ha sito web o non lo cura, perché non reclama le schede locali e non risulta né la sua posizione geografica corretta né il suo dato di contatto. Quanto costa alla ristorazione oggi questa inadeguatezza? Che fine faranno le imprese della ristorazione che non investono da un lato nel miglioramento della propria offerta ristorativa e dall'altro nella propria evoluzione digitale e tecnologica? Ricorda che un altro fenomeno in crescita è quello della **nuova distribuzione dei pasti** che passa attraverso il digitale: 4,1 milioni di italiani ordinano regolarmente cibo a domicilio online, tramite sito web oppure app e 11 milioni usano il telefono in maniera costante per il food delivery dal ristorante o dalla pizzeria.

3. Dati forniti da Luciano Sbraga, vice direttore generale e responsabile ufficio studi Fipe. Vedi aggiornamenti qui: http://www.fipe.it/in-primo-piano/itemlist.html (ultima consultazione: 2 marzo 2018).

Regione	Valori assoluti	Valori %
Piemonte	12.706	7,2
Valle d'Aosta	598	0,3
Lombardia	24.836	14,0
Trentino	3.054	1,7
Veneto	13.425	7,6
Friuli V. Giulia	3.669	2,1
Liguria	6.662	3,8
Emilia Romagna	13.265	7,5
Toscana	12.984	7,3
Umbria	2.566	1,4
Marche	4.946	2,8
Lazio	20.135	11,4
Abruzzo	4.686	2,6
Molise	1.002	0,6
Campania	16.619	9,4
Puglia	10.723	6,0
Basilicata	1.256	0,7
Calabria	5.908	3,3
Sicilia	12.632	7,1
Sardegna	5.569	3,1
Italia	**177.241**	**100,0**

Fonte: elaborazione C.S. Fipe su dati Infocamere

Figura 1.2 Ristoranti e attività di street food nel 2016. © C.S. Fipe/Infocamere

Quasi la metà degli italiani - sempre secondo la ricerca Censis-Coldiretti - dà voti e scrive commenti online a ristoranti, trattorie o altri locali, con il 47% della popolazione adulta che ha scritto nell'ultimo anno **recensioni** relative alla propria esperienza di pranzo o cena fuori (o consegnata a domicilio).

In media i giudizi sono piuttosto positivi, quindi non si comprende come note piattaforme aggregatrici di recensioni siano ancora lo spauracchio di ristoratori smart ed evoluti: il 58,2% degli italiani definisce eccellente la propria esperienza, il 36,8% buona e il 5% insufficiente.

Per non parlare del 66% dei commenti di ospiti stranieri che esprime un giudizio eccellente circa la propria esperienza in un ristorante italiano.

In buona sostanza, la situazione è favorevole solo per gli imprenditori che scelgono un comportamento digitale maturo e responsabile.

Situazione attuale: rischi e opportunità di comunicazione e management

Hai già in mano parecchi indizi: il nostro manuale ti accompagnerà sempre più in profondità attraverso **nuovi media**, strumenti, sistemi e tecniche per raggiungere e

ascoltare i tuoi ospiti anche senza conoscerli personalmente, aumentando la tua visibilità, notorietà e affidabilità, con l'obiettivo di vendere di più e meglio con tecnologia e digitale. Concretezza ed esempi a cui ispirarsi guideranno il tuo percorso. Riteniamo, tuttavia, che senza una chiara visione del panorama che ci circonda e una debita contestualizzazione, la pratica possa tramutarsi in una sterile e meccanica ripetizione di azioni già svolte da altri, con risultati improvvisati e certamente deludenti.
Detto ciò, non parleremo dei grandi sistemi e il nostro non è un testo di economia né un trattato di sociologia. È un manuale utile, da un lato per comprendere, scegliere e crescere su specifici argomenti, dall'altro per lavorare sulle tue visioni, sulla filosofia e sul tessuto valoriale, cervello, anima e muscoli della tua azienda ristorativa.

I ritmi con cui si evolvono gli strumenti di comunicazione e distribuzione dell'offerta e le abitudini e gusti del mercato sono incalzanti e frenetici. Si creano due problemi: la **difficoltà a stare al passo** compiendo scelte strategiche attuali nel management, marketing e vendita e la **rapida obsolescenza dei tool** e delle tecniche utilizzate.
La soluzione non può essere tirarsi fuori dalla competizione: non progetto il sito web perché non so come farlo. Faccio gestire i social media da un ragazzino perché sono necessari ma così spendo meno. Le schede di localizzazione e le mappe? Lasciamo stare perché non so da che parte cominciare. Le recensioni? Ma chi si credono di essere i clienti? Tutti master chef!
Sono necessari informazione e aggiornamento e devi iniziare subito **perché il maggior costo è quello di una mancata formazione**. Ti renderà vulnerabile e in balìa di un mercato – da cui sarai sempre più lontano – e di uno stuolo di consulenti tuttologi che, parlando in un linguaggio incomprensibile, ti proporranno roboanti soluzioni nella maggior parte dei casi assolutamente inutili.
Conoscere per saper scegliere come comunicare, promuovere e vendere la propria proposta gastronomica e individuare gli specialisti che possano ideare strategie e strumenti adatti agli obiettivi.
Formazione, quindi, per migliorare il proprio business personale e per sostenere un comparto che tiene e ha risultati positivi ma non sta innovando, fa fatica a rinnovarsi e a crescere compatto in quell'ecosistema digitale in cui si muovono con disinvoltura i colleghi di altre nazioni.

Made in Italy: brand da difendere

Immaginiamo di stuzzicare la tua sensibilità sottolineando questo: la ristorazione italiana, molto fiera della propria tradizione e del Made in Italy, spesso paradossalmente pecca in senso di appartenenza e corporativismo, per innata difficoltà a fare rete e a mettersi in discussione. Sembra restia a sperimentare nuove soluzioni a nuovi problemi e in balìa di una contrapposizione antica: l'arretratezza tecnologico-organizzativa in cui versa l'Italia rispetto al management ristorativo di molti altri Paesi.

La scarsa alfabetizzazione digitale è la punta dell'iceberg. Parlando con i ristoratori quotidianamente ci sentiamo ripetere, come una litania, le stesse frasi:

- "Internet non serve a molto: quello che conta è che noi italiani abbiamo la cucina migliore al mondo".
- "Bisogna che i clienti imparino a mangiare: non possono lasciare recensioni, non capiscono nulla di enogastronomia".
- "La cucina del nostro ristorante è curata ed eccellente, non possiamo perdere tempo a scrivere di qua e di là: i clienti sanno dove stiamo".

I più attenti iniziano a confrontarsi con i colleghi internazionali e questo secondo noi è un grande passo. Sono convinti che gli altri siano "avanti di almeno dieci anni rispetto a noi!".

> Se ci mettiamo d'impegno, le distanze si possono superare, anzi colleghi e mercati più evoluti possono offrirci una valida ispirazione, sempre rapportata e contestualizzata a una cucina italiana che effettivamente è unica al mondo.

Proprio per raccontare la nostra unicità dobbiamo comprendere come e dove comunicare in modo efficace. Risulta inutile "piangere per il latte versato", indignandoci se gli stereotipi sulla nostra tradizione culinaria inondano il resto del mondo – dalle Fettuccine Alfredo alla pizza all'ananas – e se due prodotti su tre venduti al mondo sono alimenti di italian sounding, copiati e taroccati.

La nostra responsabilità comune, soprattutto di produttori e trasformatori ma anche di ristoratori e altre attività di somministrazione, è quella di traslare lo stereotipo in esperienza autentica. Tutti dobbiamo assumerci questa responsabilità, sia se la food experience italica è vissuta all'estero - in un ristorante italiano, negozio o locale - sia in un viaggio di scoperta nel nostro Paese sia attraverso i social media, veicolo di curiosità e bisogni che, se assecondati, possono portare ad approfondimenti interessanti e contatti veramente solidi.

In altre nazioni la gestione, il servizio e la comunicazione sono avanti anni luce ma comunque il mondo adora, sogna e anela a vivere una italian food experience[4]: presentiamola in modo efficace e al passo con i tempi.

Troviamo calzante un bel report dell'*American Journal of Tourism Management* che, nel 2013, disegna l'identikit dei **foodie** che condividono fotografie, ricette e curiosità sui **social media**. È un utente che non ha tempo né desiderio di cucinare frequentemente e con maestria, vuole piuttosto vivere in prima persone emozioni del gusto, rivalutando socialità e convivialità, e scoprendo la cultura di un territorio attraverso il suo cibo. Condividere scatti su Pinterest, Instagram, Facebook aumenta la consapevolezza e la conoscenza della cultura del food: ecco perché il digitale è un nostro alleato e non un alieno di cui diffidare.

4. "50 cibi da mangiare in Italia prima di morire", https://spoonuniversity.com/place/what-to-eat-in-italy-50-foods (ultima consultazione: 2 marzo 2018).

Come sviluppare una cultura d'impresa e digitale

Tecnologia e digitale: più che strumenti o tecniche devono divenire una mentalità e affrancarti dalla navigazione a vista, improvvisata, nascosta sotto la maschera della creatività e dell'arte del sapersi arrangiare tutta italiana, soprattutto in cucina.
L'imprenditore della ristorazione è un professionista, tra i migliori nel panorama internazionale, ha ideato e insegnato al mondo uno stile di servizio. Ha una cultura gastronomica poliedrica, corale e raffinata, pur affondando le radici nella tradizione contadina. Ha metodo di lavoro e, in più, inventiva e fantasia.
Questi sono gli ingredienti per una debita rivalsa. Viviamo in un mercato che necessita di fluidità, elasticità e adattabilità ai repentini e frequenti cambiamenti di gusti, aspettative e abitudini dei consumatori.
In più la capacità di cavalcare il cambiamento ha un effetto positivo sull'immagine (branding), aiuta a non deludere le aspettative (prevenendo crisi e commenti sgradevoli), coinvolge il cliente nell'universo gastronomico. Ogni strumento o strategia dev'essere flessibile ma anche scalare, in modo che possa essere facilmente implementabile o modificabile.
Comunicazione e marketing vanno visti per moduli che man mano andiamo ad aggiungere ed evolvere, in modo che si riesca a combattere l'obsolescenza che si annida nel mercato mutevole e in questi strumenti.
Affrontare la trasformazione digitale è doveroso per il tuo ristorante perché va ad agire sulla crescita culturale: stimola la propensione al cambiamento e al confronto, mette in discussione il modello di business, organizzativo e relazionale, motiva a un approccio umile mettendo in centro l'ospite e non te stesso.
Ascoltare gli ospiti e coinvolgere il proprio staff migliora e rinsalda la relazione nella squadra, la comunicazione interna e in breve la stessa offerta. Inoltre contribuisce a scegliere con maggior attenzione i canali e gli strumenti di promozione e vendita, ottimizzando gli investimenti ed evitando sprechi di tempo e di denaro. Questo significa puntare alla **crescita della cultura d'impresa**.
Per evitare che mercato e domanda si evolvano troppo rapidamente rispetto alle risposte e alla trasformazione aziendale, il ristorante deve puntare sulla **crescita della cultura digitale**.
Uno dei benefici che porta l'evoluzione digitale è la rapidità e facilità con la quale riesci a **personalizzare** la tua offerta, per far sentire il cliente vero protagonista, avvicinandolo al brand ma anche segmentando la proposta culinaria in diverse declinazioni – pranzo/cena, pranzo per gruppi familiari con bambini/piccoli gruppi di persone adulte ecc. – per migliorare il profitto e la reputazione del tuo ristorante.
Un approccio di questo tipo – attenzione ai bisogni, alta personalizzazione, contenimento delle spese, ottimizzazione degli investimenti, creazioni di strategie implementali – vicino al lean marketing[5], consente di crescere con costanza, coerenza e coinvolgi-

5. https://blog.hubspot.com/blog/tabid/6307/bid/33718/lean-marketing-how-to-run-your-marketing-team-like-a-startup.aspx (ultima consultazione: 2 marzo 2018).

mento economico graduale, senza mai sprecare denaro per cominciare sempre da capo, facendo tutto da zero.

Lenta trasformazione (Kaizen 改善) o grande rivoluzione?

Hai riscontrato come il mondo si muova veloce e in accelerazione costante. Una valida preparazione imprenditoriale e un'adeguata formazione digitale, con una strategia di aggiornamento continuo, portano il tuo ristorante a essere competitivo.
Come gestire concretamente e facilmente la tua formazione digitale, in un contesto in continuo movimento? Studiando, leggendo, confrontandoti.
Iniziando a leggere magazine e blog specializzati, ti imbatterai nelle dichiarazioni esuberanti di alcuni specialisti: "Twitter è morto, Google Plus è finito, la SEO è deceduta, il sito web non serve più a nulla".
Sono provocazioni ma hanno un fondamento di verità: tutti noi sentiamo che sta accadendo qualcosa di grande e di rivoluzionario.
Dal 2007, anno in cui Steve Jobs, fondatore della Apple, lanciò l'iPhone, il web è entrato in una nuova fase: la mobile revolution.
Nel 2014 ci fu il grande sorpasso nelle connessioni (il mobile superò il computer); nel 2016 il numero di dispositivi mobili acquistati è stato superiore a quello dei computer, sino ad arrivare ai dati odierni che testimoniano come noi trascorriamo 85% del tempo su Internet da smartphone e tablet (Nielsen).
Inoltre l'85% della connessione da dispositivi mobili è occupato dall'utilizzo di cinque app, tra cui Apple, Google e Facebook.
Le app sono luoghi interconnessi gestiti da un brand: non siamo più in quello spazio definibile open web, ecco perché è più corretto un approccio alla comunicazione di tipo digital piuttosto che di web marketing.
Oltre a un web sempre più mobile, questo scenario ci trasmette alcune tendenze importanti:

- consolidamento del duopolio Google-Facebook;
- rivincita della pubblicità (inizialmente ritenuta superata dalla produzione di contenuti informativi e di qualità), il cui 90% è accaparrato dalla coppia sopracitata;
- web – luogo libero e di condivisione? – sempre più dominato da contenuti frammentari, schizofrenici, parziali che non vengono condivisi ma sballottati tra tribù e partigianerie.

Gli ingredienti della nuova ricetta sono: Wi-Fi sempre più diffuso e sempre più veloce; social media affollati come continenti; un numero sempre maggiore e vario di dispositivi connessi, dagli IoT (Internet of Things)[6], agli smartphone divenuti nostre appendici e propaggini, da cui non ci stacchiamo mai.
Questa nuova ricetta ha cambiato e sconvolto non solo le abitudini di ricerca di informazioni, di contatto e di relazioni, di decisione e di acquisto, ma ha scardinato i principi

6. https://en.wikipedia.org/wiki/Internet_of_things (ultima consultazione: 2 marzo 2018).

classici del customer journey (il percorso di relazione cliente/ristorante) e i relativi modelli economici.

Facciamo insieme un gioco

Associamo a un'area merceologica il primo strumento/canale/brand che ci viene in mente.

Di seguito la mia compilazione:
Mondo discografico →Spotify
Trasporti privati → Uber, BlaBlaCar
Soluzione ricettiva → Airbnb
Cinema e TV → Netflix economy
Acquisto di un libro o di un piccolo elettrodomestico → Amazon
Acquisto di un abito/scarpe → Zalando
Spesa settimanale→ spesa online con Carrefour o Esselunga
Pranzo in ufficio → JUST EAT, Deliveroo
Cena al Ristorante → TheFork, Groupon

Ora provaci tu...

L'elemento più rilevante nella rivoluzione digitale è la nuova relazione tra cliente e brand: non funziona più un'offerta diffusa con un unico messaggio e tutti i mezzi possibili nella logica di "chi raccolgo, raccolgo" (push marketing). Devi lavorare alla creazione di una comunità digitale del tuo ristorante in cui accogli, condividi e informi personalizzando la comunicazione (pull marketing), facendo sentire a casa loro gli ospiti prima ancora dell'ingresso nel tuo locale (economia dell'attenzione), ascoltandone bisogni, commenti, consigli (review economy).

Siamo sempre connessi ed è cambiato il nostro modo di navigare, sia in orari e giorni in cui prima non lo facevamo (weekend, vacanza, notte, alba) sia nell'approccio: meno website e più app.

C'è un altro aspetto con cui occorre fare i conti: l'evoluzione tecnologica ci impone un'attenzione maniacale nei confronti della nostra gestione del lavoro, in ogni ambito. L'evoluzione non deve intimorirci, per la semplice ragione che è un'occasione per migliorare il nostro business; ai nostri clienti piace e alza l'asticella delle loro aspettative.

Il sondaggio di TheFork

Nell'ottobre 2017, TheFork, realtà di intermediazione nella vendita delle esperienze gastronomiche sulla quale avremo occasione di ritornare, ha realizzato su SurveyMonkey un sondaggio tra i suoi utenti, su un campione di 400 interviste completate.

La ricerca verte sulla percezione del rapporto tra tecnologia e ristorazione, cercando di analizzare il sentiment degli utenti italiani sull'utilizzo di strumenti tecnologici prima, durante e dopo l'esperienza gastronomica fuori casa.
Ecco i principali risultati emersi.

Prima del pasto:

- Gli utenti apprezzerebbero che, prima ancora di prenotare e consumare l'esperienza gastronomica, il gestore ricordasse il loro tavolo preferito (88%), ma anche date speciali e compleanni (57%), numero di volte in cui sono stati in quello stesso ristorante (40%) ed esigenze alimentari (71%); senza però cercare informazioni in Rete sul cliente, cosa che risulterebbe negativa per il 78% dei rispondenti.
- L'89% degli utenti intervistati guarda di buon occhio la ricezione di promozioni, Menù e offerte prima della prenotazione.
- Oltre a prenotare il ristorante online, l'87% dei clienti sarebbe felice di prenotare via app la presenza in lista d'attesa in quei ristoranti dove è difficile trovare posto.
- Il 59% preferisce ordinare direttamente al cameriere e non con una app prima del pasto né vorrebbe pagare con carta di credito al momento della prenotazione (85%).

Durante il pasto:
Nel corso del servizio, i clienti intervistati affermano di preferire il contatto umano.

- Solo il 27% sarebbe soddisfatto se vi fosse un robot in cucina o in sala.
- L'uso di smartphone durante i pasti è ritenuto fastidioso da metà dei rispondenti, mentre il 24% lo ritiene accettabile solo se legato all'esperienza (foto, condivisione social ecc.).
- Solo il 20% afferma di non scattare mai una foto al ristorante.
- I telefonini sono ammessi a tavola quando si è da soli.
- Il 56% dei rispondenti non ama ordinare da touchscreen o dispositivi al tavolo.

Dopo il pasto:

- Dopo un'esperienza gastronomica positiva al ristorante, metà degli utenti ne scaricherebbe la app.
- Il 62% non resta aggiornato con newsletter sulle attività di un ristorante.

Questi risultati ci restituiscono una fedele fotografia della nostra utenza che usa il mobile ma con il desiderio di migliorare la relazione con il brand e per comprare e prenotare in modo più comodo, semplice e funzionale. Perché non accontentarla?
Allarga i tuoi orizzonti, nell'analisi e nella programmazione del tuo lavoro: la digital transformation non è una destinazione da raggiungere ma una condizione rinnovata con cui è necessario (e fruttuoso) fare i conti.

Opportunità del turismo enogastronomico

Oltre alla crescita di consapevolezza imprenditoriale e digitale, che cosa costituirà la maggiore opportunità per i ristoratori italiani negli anni a venire?
Noi puntiamo sul food tourism, da sempre conosciuto in Italia come **turismo enogastronomico.**
Nonostante la nostra ricchezza alimentare (elevata biodiversità, variegata tradizione culinaria, 288 presidi Slow Food[7], 858 prodotti certificati e protetti[8], tra food, wine e spirits) ne rileviamo solo vaghi riferimenti nel Piano Strategico per il turismo[9], accompagnati da una scarsa presenza nelle attuali linee progettuali e operative di DMO (Destination Management Organization) e di Associazioni del Territorio.
Dopo gli eventi di rilevanza internazionale legati all'Expo 2015, riteniamo sia disponibile un'ulteriore opportunità: la celebrazione del **2018, anno nazionale del cibo italiano nel mondo**. "Sarà un modo di valorizzare e mettere a sistema le tante eccellenze che ci sono e fare un grande investimento per l'immagine del nostro Paese nel mondo" spiega il Ministro del Turismo e dei Beni Culturali, presentando il progetto.
Puntare su turismo rurale e del gusto ci pare mirato, anche per valorizzare il brand Made in Italy per i prodotti food così amati nel mondo – e anche così copiati e abusati.
Nel 2017 Coldiretti rilascia uno studio, riferito al 2016, che dimostra che il turista italiano e quello straniero in Italia dedicano un terzo del budget a cibo e bevande. Si stima che, tra il consumo di pasti nella ristorazione (14 miliardi) e l'acquisto di prodotti alimentari nei negozi e mercati (12 miliardi), i turisti spendano per cibo e bevande 26 miliardi di euro, su un totale di 75 miliardi del fatturato turistico annuale. Due turisti stranieri su tre vengono nel nostro Paese per il binomio cibo/cultura. Il budget dedicato all'alimentazione ha superato quello dedicato al pernotto!
Un miliardo di introiti nel 2016 è riferibile al turismo presso agriturismi o rurale, legittimando queste imprese che negli ultimi quarant'anni sono state oggetto di dibattito, attraversando momenti di crisi d'identità e di risultati altalenanti.
Come convogliare questi dati positivi in una visione più lungimirante del nostro turismo del gusto?
L'approccio scientifico e strategico al turismo del cibo e del vino viene inaugurato - non certo in Italia – da Erik Wolf con il suo white paper "Culinary Tourism: The Hidden Harvest[10]" e con la fondazione di World Food Travel Association[11], associazione internazionale con oltre 50.000 iscritti in 139 nazioni che fornisce formazione, informazioni e opportunità agli operatori del turismo enogastronomico in tutto mondo. Un punto di contatto tra il mercato dell'ospitalità e del turismo e quello della produzione agroalimen-

7. https://www.fondazioneslowfood.com/it/nazioni-presidi/italia (ultima consultazione: 2 marzo 2018).

8. http://www.qualivita.it/statistiche-italia (ultima consultazione: 2 marzo 2018).

9. Piano Strategico per lo sviluppo del Turismo 2017-2022, http://www.beniculturali.it/mibac/multimedia/MiBAC/documents/1481892223634_PST_2017_IT.pdf (ultima consultazione: 2 marzo 2018).

10. Wolf Erik, *Culinary Tourism: The Hidden Harvest*, Kendall Hunt Pub Co; Spi edition, US 2006.

11. https://www.worldfoodtravel.org/cpages/about (ultima consultazione 2 marzo 2018).

tare e dell'offerta ristorativa. Pietra miliare è la loro ricerca **Food Travel Monitor 2016**[12], di cui sinteticamente faremo cenno.

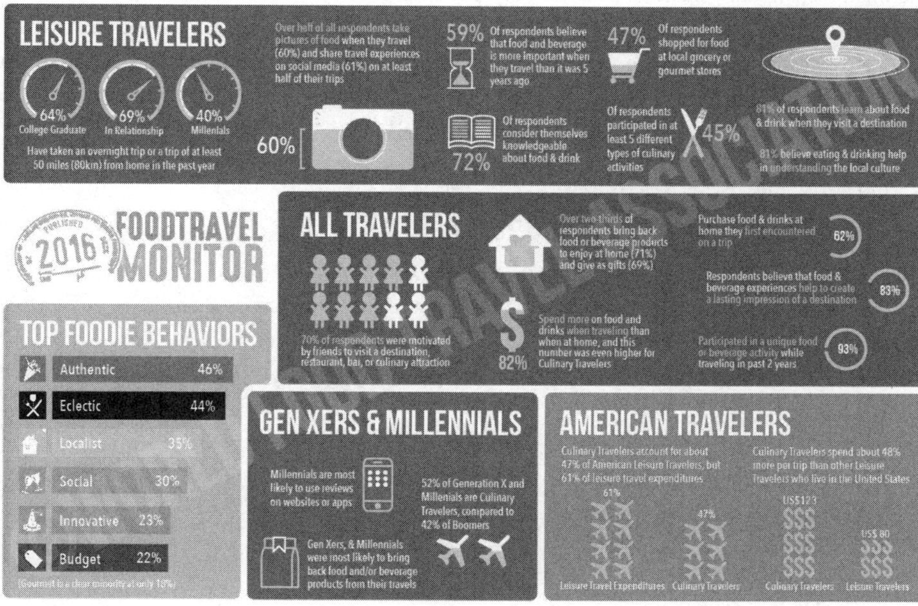

Figura 1.3 Infografica tratta dalla Ricerca Food Travel Monitor 2016. © World Food Travel Association

Tra le molte definizioni di turismo del food scegliamo quella di Erik Wolf: "*Food tourism* è ricercare e vivere esperienze del gusto (food and drink) uniche e memorabili, sia percorsi vicini siano essi lontani".

Non conta quindi la distanza che compi ma l'esperienza del gusto che stai progettando di vivere. Ovviamente il viaggio è anche un movimento nello spazio e spostarsi amplia orizzonti e nutre la curiosità in un modo ancora più intenso. Tutti i viaggiatori mangiano e bevono, quindi sono tutti un po' food traveller.

Chi sono i food traveller?

Secondo la ricerca "Food Travel Monitor 2016" (che analizza 2.500 turisti provenienti da oltre dieci Paesi con destinazione US) il 93% dei viaggiatori rientra tra i food traveller, coloro che almeno una volta all'anno hanno programmato uno spostamento per vivere un'esperienza gastronomica.

Il food traveller può aver visitato una scuola di cucina, partecipato a un food tour, fatto shopping in una bottega di prodotti locali o in un negozio gourmet. Magari ha visitato

12. Ricerca condotta da Erik Wolf, Mathiew Stone e Roberta Garibaldi, rappresentante italiana della World Food Association. Ricordiamo il bel libro di Roberta Garibaldi, *In viaggio per cibo e vino*, Volume I, Aracne, Roma 2017.

una fattoria, una fabbrica di birra, un caseificio, una cantina, un maestro cioccolataio. Ha partecipato a un evento di degustazione, a una fiera dedicata al food, al beverage, alla pasticceria, alla gelateria. Si è spostato per mangiare un determinato piatto, un certo Menù stagionale, per vivere una festività speciale gustando le tipicità del territorio. Ha scelto di visitare un luogo per provare un locale famoso o assaggiare i piatti di un ristorante stellato guidato da un celebre chef. Viaggia per vivere un'emozione unica o memorabile: i food traveller sono degli esploratori.

Un po' di numeri sui food traveller

Tra i leisure traveller (in viaggio di piacere) il 49% si definisce food traveller.

Se distinguiamo il dato per età:

- il 42% fa parte della generazione dei Baby Boomer (nati tra il '49 e il '64);
- il 52% appartiene alla Generazione X (nati tra il '65 e il '79) e a quella dei Millennial (nati tra il 1980 e il 1999).

Altri dati:

- budget speso in cibo e bevande: il viaggiatore generico 25%, il food traveller 35%;
- spesa per F&B: il turista US all'estero spende 80$/g, il food traveller 123$/g;
- il 71% dei food traveller sceglie il ristorante con Menù farm-to-table (cucina regionale o locale).

L'offerta enogastronomica italiana rappresenta un valore aggiunto inestimabile dal punto di vista storico, culturale ed esperienziale per il turista del food, ma non riesce a spostare un dato preoccupante: mentre l'Italia è al primo posto nei *desiderata* dei viaggiatori di tutto il mondo, continua a trovarsi in graduatoria al 5° posto come presenze turistiche.

Altri sondaggi e ricerche sul turismo gastronomico

Booking.com, tra le più utilizzate OTA (Online Travel Agency) al mondo, afferma che il 75% dei viaggiatori sta considerando una meta gastronomica per il prossimo viaggio[13]. Negli oltre 118 milioni di recensioni analizzate, tra i temi più trattati emerge il food, in grado di pilotare il sentiment stesso della review. Il food è vissuto con passione, sino ad apparire una vera mania del turista. Nella graduatoria delle città del mondo raccomandate per il cibo, troviamo Firenze (14°), Milano (15°) e Roma (25°).

Ancora:

- l'8% viaggia per provare esperienze gastronomiche;

13. Ricerca 2017 di Booking.com.

- il 7% per seguire la propria passione per il vino;
- il 79% dei millennial vuole visitare una meta principalmente per la sua tradizione culinaria;
- un millennial su dieci è particolarmente attratto dallo street food.

CNN Travel nel giugno 2017 lancia un sondaggio su Facebook e rispondono 35.000 utenti, decretando la Top 50 dei piatti mondiali[14]. All'11° posto troviamo la lasagna, al 17° il gelato, al 35° la pizza napoletana, al 45° le Fettuccine Alfredo e al 47° il Prosciutto di Parma.

Quanto incide il food tourism sull'offerta ristorativa?

Il **turismo alimentare** sembra una grande idea, ma quali vantaggi tangibili e misurabili può portare al comparto ristorativo?
Abbiamo stilato un breve elenco di opportunità:

- aumento del flusso turistico, maggiori opportunità per i locali di somministrazione;
- aumento delle vendite: camere, viaggi aerei e su altri mezzi, pasti al ristorante, bevande (vino, birra...), noleggio auto, souvenir enogastronomici ecc.;
- maggiore copertura mediatica (il food è argomento hot per tutti i canali);
- emersione di nuovi vantaggi competitivi (USP, Unique Selling Proposition[15]) territoriali e dei ristoranti;
- ulteriori entrate fiscali alle autorità governative;
- maggiore consapevolezza della comunità sul turismo in generale;
- aumento di orgoglio comunitario e maggiore consapevolezza del patrimonio enogastronomico e culturale.

Ricorda che a un flusso di turisti amanti del food corrisponde anche un aumento del livello culturale e d'attenzione ai valori e all'ecosostenibilità. Questo maggiore flusso sta cambiando anche l'offerta ristorativa o contribuisce a evolverla. Avremo ospiti più attenti alla qualità, alla cucina healthy, ai valori di sostenibilità e di rispetto per animali e ambiente. Sta aumentando il consumo di prodotti integrali, biologici, senza glutine, come la richiesta di spezie e super-food.
Attenzione quindi a intolleranze e abitudini alimentari, a diete, scelte nutrizionali, legate alla salute e a un migliore equilibrio psico-fisico, a motivazioni etiche e personali, religiose e di culto.
Una domanda alla quale la ristorazione italiana risponde con una diffusione ormai capillare di ristoranti, trattorie, pizzerie, bar, gelaterie che incontrano i nuovi orientamenti

14. Sondaggio CNN sui 50 piatti migliori al mondo, http://edition.cnn.com/travel/article/world-best-foods-readers-choice/index.html (ultima consultazione: 2 marzo 2018).

15. Per una definizione: https://it.wikipedia.org/wiki/Unique_selling_proposition (ultima consultazione 2 marzo 2018).

(nota l'incremento del 34% di ristoranti vegani in un anno). Ricorda anche che sono saliti a 4.000 i locali e i laboratori di trasformazione alimentare che, in tutta Italia, hanno seguito un percorso di formazione AIC (Associazione Italiana Celiachia).
L'aria di rivoluzione contagia anche lo street food con la crescente offerta di frutta presentata in diverse forme, dai centrifugati ai frullati, dagli smoothy ai pezzettoni, insieme alla classica fetta d'anguria. Proposte salubri e di tendenza che si affiancano alla tradizione e alle classiche ricette mordi e fuggi. L'Italia può contare sull'offerta di ortofrutta da primato per quantità, qualità e varietà ma anche su un patrimonio di 4.965 prodotti alimentari tradizionali censiti dalle regioni ai quali sono riconosciute straordinarie proprietà salutistiche e nutrizionali[16].

Il cambiamento della richiesta porterà giovamenti all'economia di settore, ma va gestita sia nella definizione dell'offerta sia nelle modalità di comunicazione.

Come sfruttare il food tourism?

Immaginiamo che tu gestisca un **ristorante alberghiero**: anche se non sempre condotto in modo eccellente e fruttuoso, ora può diventare un'attrazione importante per foodie e food traveller.
Partiamo dai **foodie**, viaggiatori tradizionali magari business, facilmente conquistabili con argomenti gastronomici. Scopri se il tuo ospite posta immagini di colazioni o adora la foodtography[17]: basterà seguirlo brevemente su Instagram e su Facebook qualche giorno prima del suo arrivo (anche se non ama essere "spiato"). Prepara una sorpresa in camera: un biscotto, un frutto, cioccolatini, un assaggio di prodotti tipici con un cartoncino che dà il benvenuto e ricorda di prenotare la cena per continuare il suo percorso del gusto.
Risultato?

1. Condivisione di immagini fotografiche del food e della camera, selfie, food selfie e post: ricorda di indicare il tuo profilo (con relativa @) sui principali social media, sui quali hai aperto e tieni aggiornato l'account del tuo albergo.
2. Cross-selling assicurato, con la prenotazione di pranzo o cena.

Vuoi invece aumentare il servizio in camera? Perché non far trovare all'arrivo un piattino con qualche bontà e un cartoncino per farsi portare in camera una *merenda sinoira* (pasto tipico piemontese, consumato nel tardo pomeriggio che anticipa o sostituisce la cena) oppure un dinner veloce per gli ospiti in viaggio di lavoro? Spesso bisogna chiudere dei progetti o preparare una relazione/presentazione per il giorno successivo e sgranocchiare qualcosa di gustoso in camera ha una comodità unica; otterrai condivisioni ed engagement sulle tue brand page.

16. Fonte: Coldiretti, http://www.coldiretti.it/ (ultima consultazione: 2 marzo 2018).
17. Approfondimenti nel Capitolo 7, nella parte sui contenuti visuali.

Pensiamo invece ai **food traveller**: questa utenza si sposta prevalentemente per gustare il mood gastronomico di un territorio e per riscoprirne le radici e le espressioni più autentiche e genuine. Il ristorante alberghiero ha grandi opportunità, partendo dal budget più corposo messo a disposizione per la voce F&B.
Valgono senza ombra di dubbio le idee lanciate per i foodie, ma qui puoi sfruttare anche la **colazione**, con un angolo dedicato al cibo del territorio e alle usanze gastronomiche del posto (non dimenticare la focaccia in Liguria, assaggi di oli con pane pugliese e olive nel Salento, spremute e dolcetti alle mandorle in Sicilia, selezioni di formaggi in Veneto, Piemonte, Abruzzo, Lazio, Sardegna, la pizza in Campania ecc.).
Organizza, di concerto con il territorio e con agenzie di incoming locali, percorsi del gusto da proporre (anche durante la colazione) al tuo ospite, che culminino in una cena a tema o in una degustazione all'interno del tuo locale.
Nel **Menù del ristorante**, sia alberghiero sia stand alone, valorizza i prodotti del territorio, la biodiversità, il chilometro zero, i produttori partner di aziende agricole e viti vinicole limitrofe. Punta a piatti che "profumino" della tua terra e della tua storia. Valuta se includere un Menù della tradizione per far scoprire ai turisti quello che stanno cercando: un'esperienza di sapori autentici.
Favorisci in ogni modo la condivisione e gli scatti. Progetta campagne dedicate ai prodotti della terra (o del mare). Crea una rete con fattorie, produttori o altri ristoranti, enoteche, cantine, street fooder. Coinvolgi i tuoi produttori. Organizza eventi gastronomici stagionali e legati alle festività e alle ricorrenze che hanno forti tradizioni gastronomiche.
Crea un cornershop con i prodotti del territorio: sempre più turisti prediligono il souvenir alimentare, perché non porti via soltanto un ricordo di un'esperienza ma il suo profumo, il suo gusto, la sua croccantezza, morbidezza, succosità e la puoi far provare ai tuoi cari.
Pensa anche a "brandizzare" il prodotto, con un packaging dedicato e allineato alla tua comunicazione, con il nome dell'hotel o del tuo ristorante. Il ricordo appetitoso sarà indissolubilmente collegato al tuo nome e al tuo marchio.
Su tutto comunica, comunica, comunica. Parla del cibo del tuo territorio su sito web, blog aziendale e sulle piattaforme sociali, scoprendo le opportunità della promozione digitale.

Consigli

1. **Crea** delle campagne dedicate al tuo territorio e utilizza i contenuti prodotti dai viaggiatori, gli UGC (User Generated Content).
2. **Raccogli** le voci di operatori della ristorazione, produttori tuoi fornitori, collaboratori. Mettici la faccia e racconta i tuoi sapori in un video. Gli utenti vedranno la tua terra attraverso gli occhi dei locali.
3. **Progetta** la colazione, il pranzo, la cena del tuo ospite concependoli come il cuore del suo viaggio. Presenta (e condividi) i valori di sostenibilità della tua tradizione e promuovila con spirito di appartenenza: non temere che ne traggano giovamento anche i tuoi competitor. Il patrimonio gastronomico è la tua eredità, non sperperarla per avidità.

Cosa aspettarci dal 2018? Per accogliere, soddisfare e fidelizzare schiere di millennial (ma anche i loro genitori e i loro nonni) preparati a comunicare in modo **local** (parla del tuo territorio, della tua zona, del tuo luogo), **autentico** (usa un linguaggio semplice, sincero, diretto), **condiviso** (aggiorna la tua presenza sui social media, favorisci la connettività nel tuo locale e stimola la produzione di contenuti da parte dei tuoi ospiti), **evoluto** (scegli gli strumenti che utilizzano i tuoi ospiti, ascoltali e rispondi alle loro domande, fino a riuscire ad anticiparle).
I turisti viaggiano per imparare, informarsi e gustare il patrimonio e la cultura gastronomica dei territori: per raggiungerli, conquistarli e farti scegliere, àrmati di buon volontà e inizia la tua personale evoluzione digitale.

Casi di studio

Caso di studio 1: azienda agricola Al Rocol

Azienda di proprietà della famiglia Vimercati Castellini, con tradizioni agricole risalenti al XVII secolo, venticinque anni fa apre uno dei primi agriturismi della Franciacorta. La struttura[18] ha 15 camere, appartamenti, una piscina, un'enoteca e un ristorante.
Organizza visite guidate in cantina con degustazioni, corsi di cucina, attività per bambini, ma anche trekking a piedi e in mountain-bike, completano l'offerta.

La sfida

Pur essendo gli ideatori dei pic-nic nelle vigne e wine trekking fra i vigneti, non basta: la zona ha un grande ventaglio di proposte e attrae molti turisti che vogliono conoscere vini e territorio. Come risultare unici, distintivi e memorabili, favorendo anche il passaparola e offrendo spunto di rilancio per i media old style e i social media?

Strategia

Viene creato un pacchetto chiamato **Wine Trekking Selfie** e proposto sul sito web e sui social media aziendali (Pagina Facebook). La campagna di comunicazione è insita nell'offerta: al termine del percorso i partecipanti scattano un selfie. Si portano a casa non sono solo i sapori e i profumi racchiusi nella bottiglia di Franciacorta (una Cuvée, assemblaggio delle uve dei 3 vigneti), ma anche il ricordo di una bella giornata: l'etichetta personalizzata riporta il selfie di gruppo, con data e firma.

Obiettivi

- Mettere al centro l'ospite con un'esperienza piacevole e inusuale.
- Rendere distintiva l'offerta del trekking in vigna.
- Fidelizzare creando uno stretto legame con il brand.

18. http://www.alrocol.com (ultima consultazione: 2 marzo 2018).

- Incentivare la brand loyalty.
- Creare una community.
- Favorire il passaparola, stimolando gli stessi ospiti a mostrare, fotografare e rilanciare la bottiglia personalizzata.

Risultati

2017: il wine trekking con selfie è stato realizzato da 300 ospiti che hanno ricevuto 300 bottiglie con selfie.
Il grado di soddisfazione del cliente è elevatissimo.
La notizia rimbalza su blog e media di settore con un'eco mediatica importante.

Caso di studio 2: il ristorante stellato ad Alba

Nel mese di novembre ogni anno c'è la scadenza più ambita e temuta dai ristoratori italiani: la presentazione della *Guida Michelin* per l'anno successivo. Nel 2017 un territorio in particolare si è distinto per le sue testimonianze gastronomiche d'eccellenza. Parliamo della Città di Alba, che già possedeva un tri-stellato Ristorante Piazza Duomo e la Locanda del Pilone, una stella. Si è aggiunta la fresca, se pur legata alla tradizione piemontese, cucina del Ristorante Larossa[19]. Il nostro interesse si è amplificato perché negli stessi giorni Alba, inserita in un territorio dove i paesaggi vitivinicoli di Langhe-Roero e Monferrato sono patrimonio mondiale, è stata proclamata "Città Creativa UNESCO per la gastronomia", come la cugina Parma. Non abbiamo resistito alla tentazione di **intervistare il protagonista della neo-stellata struttura**, lo chef Andrea Larossa.

Buongiorno chef Andrea Larossa e complimenti. Veniamo immediatamente al punto: che cos'ha di speciale questa terra, Alba, per ottenere tutti questi riconoscimenti?
Le Langhe sono un territorio straordinario per storia gastronomica e biodiversità. La cucina è sempre stata al centro della vita dei langaroli, da quando in tempo di guerra c'era la fame, quella vera, e si doveva fare da mangiare con quello che si aveva a disposizione, e farlo al meglio. Oggi la situazione è molto diversa e le Langhe sono conosciute in tutto il mondo come territorio ricco di prodotti unici per qualità e versatilità. Non è un caso che il turismo enogastronomico sia cresciuto esponenzialmente in queste zone negli ultimi anni, cosa che ci inorgoglisce e ci propone sfide nuove ogni giorno. Con le materie prime che abbiamo, tra vino, vegetali, formaggi, carni e tartufi, per noi chef lavorare qui è una fonte inesauribile di spunti, idee e novità. Non ci fermiamo mai e lo dobbiamo, oltre che alla passione, anche a questa terra che da questo punto di vista non ha eguali nel mondo, anche per proposte ristorative d'eccellenza.
La ristorazione delle Langhe comunque non è solo quella stellata: ci sono tante realtà tra ristoranti, trattorie e piole, come si usa dire da queste parti, che valgono davvero il viaggio, provare per credere!

19. http://www.ristorantelarossa.com (ultima consultazione: 2 marzo 2018).

L'ultima stella, come sempre la più luminosa, è quella del Ristorante Larossa. Perché secondo lei le è stata assegnata proprio ora, e adesso che cosa cambierà?
Per noi sarà come ripartire da zero. Quando ci hanno comunicato che avevamo preso la stella Michelin non ci potevamo credere, perché è sempre stato uno dei nostri primi obiettivi, fin da quando abbiamo inaugurato, ma non ci aspettavamo di ottenerla a soli tre anni dall'apertura. Abbiamo sempre lavorato mettendo al primo posto la soddisfazione dei nostri clienti, ma la stella era un sogno che abbiamo inseguito ogni giorno cercando di dare sempre il meglio. Da oggi i nostri clienti, vecchi e nuovi, si aspetteranno ancora di più da noi, quindi la sfida si fa più difficile e al tempo stesso interessante. Per il territorio invece è sicuramente una conferma che l'attenzione internazionale non si è spostata dalle Langhe, anzi, la nostra terra è sempre più considerata e conosciuta per la ristorazione di qualità, e sapere di farne parte non può che renderci orgogliosi.

Come può ancora crescere il territorio magari con l'aiuto del turismo?
Le Langhe stanno crescendo costantemente da diversi decenni. Il turismo c'è e non è solo enogastronomico ma anche culturale. Qui sono nati personaggi che hanno fatto la storia: Cesare Pavese era originario di Santo Stefano Belbo, un paese immerso in un panorama di colline e vigneti. Ci sono musei, castelli e residenze nobiliari, cantine vinicole antichissime e molte altre attrazioni che i turisti stanno imparando a conoscere e apprezzare. E poi, diciamolo, le Langhe sono bellissime. Passare da un paese all'altro significa spesso attraversare strade che aprono scenari che in qualsiasi stagione dell'anno non smetteresti più di guardare. Negli ultimi anni poi siamo diventati un punto di riferimento anche nel panorama musicale con Collisioni, il festival che ogni anno porta a Barolo artisti da tutto il mondo e migliaia di appassionati che nel frattempo scoprono il nostro territorio e spesso se ne innamorano.

Caso di studio 3: #PizzaUnesco movimento popolare, patrimonio mondiale

Ebbene sì: il 9 dicembre 2017 la pizza napoletana è diventa patrimonio dell'umanità. In realtà è l'arte del pizzaiuolo napoletano che viene iscritta come patrimonio immateriale. Tracciamo una breve storia della relazione tra cibo, Made in Italy e patrimonio mondiale protetto dall'UNESCO. Nel 2010 lo diviene la dieta mediterranea, primo elemento culturale al mondo a carattere alimentare; nel 2014, il riconoscimento va alla coltivazione della vite ad "alberello" di Pantelleria, primo elemento culturale al mondo a carattere agricolo.
Nel 2017 è volta dell'arte del pizzaiuolo napoletano. Dei sei elementi italiani riconosciuti dall'UNESCO patrimonio dell'umanità immateriale e orale, tre sono riconducibili all'ambito agroalimentare, a conferma che in Italia il cibo e l'agricoltura sono elementi caratterizzanti la cultura del Paese. Ecco un estratto della nota del Ministero dell'Agricoltura relativa al riconoscimento:

Il Made in Italy ottiene un altro grande successo. È la prima volta che l'UNESCO riconosce quale patrimonio dell'umanità un mestiere legato a una delle più importanti produzioni alimentari, confermando come questa sia una delle più alte espressioni culturali del nostro Paese. È un'ottima notizia, che lancia il 2018 come anno del cibo. L'arte del pizzaiuolo napoletano racchiude in sé il saper fare italiano costituito da esperienze, gesti e, soprattutto, conoscenze tradizionali che si tramandano da generazione in generazione.

#PizzaUnesco

In realtà questo traguardo era atteso da molti anni, sin dal 2009. La proposta di riconoscimento UNESCO viene presentata dall'Associazione Pizzaiuoli Napoletani, dall'Associazione Verace Pizza Napoletana, dalla Fondazione UniVerde, dal Comune di Napoli, dalla Regione Campania, dalla Coldiretti, dall'Università degli studi di Napoli Federico II e dal Centro di Ricerche Sociali sulla Dieta Mediterranea.

L'elemento sorprendente in realtà è il movimento popolare che si scatena dal 2014: una campagna – con l'hashtag #PizzaUnesco – grazie alla quale vengono raccolti 2 milioni di firme in tutto il mondo, ottenendo il sostegno di oltre 600 ambassador tra personalità di cultura, spettacolo, politica, sport e società civile a livello internazionale, con centinaia di eventi in tutto il mondo a sostegno dell'iniziativa. Questi numeri hanno reso #PizzaUnesco il movimento popolare d'opinione più imponente nella storia delle candidature di tutte le agenzie delle Nazioni Unite.

Sicuramente questo successo offre maggiori opportunità di proteggere e rafforzare la tradizione e la creatività gastronomica italiana.

Ci auguriamo sia un buon viatico per rendere il 2018 anno del cibo italiano nel mondo non una scatola vuota, ma una realtà opportunità di crescita e di successo rinnovato per la ristorazione italiana.

Lanciamo anche una piccola provocazione: questo successo aprirà la strada per inserire una pizza d'autore tra le stelle Michelin della guida 2019?

2

Come progettare la tua offerta (vivere meglio) e vendere di più

C'è un solo boss: il cliente. E può licenziarvi tutti, dall'amministratore delegato in giù. Semplicemente andando a spendere i suoi soldi da qualche altra parte.
Sam Walton, fondatore di Wal-Mart

Abbiamo analizzato con attenzione i dati sulla ristorazione italiana, apparentemente positivi, comunque stabili, rendendoci conto che sotto una scintillante superficie si annidano insidie e problemi. È doveroso allertare gli operatori sui rischi di cui l'alta mortalità di imprese ristorative ogni anno è termometro: il ristorante è un *dead man walking* spesso ancora prima di aver inaugurato il locale. Non sono immuni da questi rischi ristoranti stellati (Agata e Romeo a Roma, Antica Osteria del Teatro a Piacenza ma anche il Cotidie di Bruno Barbieri a Londra) e i locali più famosi al mondo (si veda la crisi a fine 2017 di Le Cirque a New York).
Quali le possibili cause e quindi le variabili da tenere monitorate?
Con un po' di attenzione si scopre la mancanza, in alcuni locali, dell'idea – **concept** nel mondo anglosassone – che non è un Menù o un insieme di ricette. Comprende invece: una location, un piano di marketing, un sistema di servizi, un ben curato interior design e atmosfera, un prezzo, una posizione definita in relazione alla concorrenza (brand positioning) e ovviamente uno stile di cucina.
Partendo da queste fondamenta, si possono costruire strategie a lungo termine, definendo i vari tratti dell'offerta ristorativa (Figura 2.1), perché *aprire un ristorante non è un*

obiettivo. Evita l'errore di vivere nell'immediatezza, perso nelle incombenze dell'apertura del locale: rischieresti di perdere una visione lungimirante che anticipi gli ostacoli operativi e prepari un piano per aggirarli o superarli e che porti alla sopravvivenza a lungo termine, anzi alla sostenibilità d'impresa, gettando le basi per la crescita futura.

Figura 2.1 Tre must-have per progettare un nuovo ristorante. © DigitalDining.com

Belle parole e frasi altisonanti? Non proprio: nella definizione del concept, come ogni imprenditore di qualità, il ristoratore deve lavorare sulla sua visione (**vision**) cioè selezionare approccio e filosofia, valori, relazione con il mondo e con le persone.

➔ Per esempio potresti includere, nella tua offerta, la valorizzazione della tipicità di un territorio, selezionando materia prima di qualità e utilizzando antiche specie protette, certificate, andate perdute e recuperate, proponendone però una lavorazione originale e innovativa che si avvicini maggiormente ai gusti e alle abitudini alimentari degli ospiti.

Il secondo step prevede che la filosofia aziendale venga concretizzata, definendo la missione del locale (**mission**). Passando dal *che cosa fare* al *come farlo*, perfezioni la tua visione e il tuo approccio al mondo, alla clientela, ai colleghi e ai partner, che inizi a individuare, targettizzare e selezionare. Chiarisci motivazioni umane e professionali ma anche modalità operative e di marketing e promozione dell'offerta.

➔ Continuiamo sulla scia del nostro esempio. Individua la mission scegliendo di curare un orto in ristorante e selezionando fornitori che offrano prodotti naturali non trattati. Proponi antiche ricette, con lavorazioni e cotture contemporanee che risultino più salubri, leggere e digeribili, recuperando però l'abitudine dei nonni a *non buttare via nulla*, rispettando l'ambiente: la tua offerta inizia a delinearsi. Comprendi che esistono nuove abitudini su cui devi declinare l'offerta (eliminazione di alcuni ingredienti oppure creazione di versioni adatte a diete rinnovate). Inizi col definire il/i target e – oltre a interior design, colori e approcci di servizio e di distribuzione dei pasti – anche **strumenti** e **strategie per comunicare** e conquistare i clienti, adeguandoti alle loro modalità di ricerca e di contatto.

Calibrare l'offerta comporterà anche l'analisi dei suoi **punti di forza** e di debolezza (nessuno è perfetto, tanto meno il tuo ristorante), dei **rischi** e delle **opportunità** che incontrerai lungo il cammino: molti competitor, contrazione economica, aumento del prezzo di un ingrediente, cambio nella viabilità, crisi di un territorio, problemi di parcheggio, costo del lavoro... oppure ricrescita, lancio di un'attività attrattiva nelle vicinanze, aumento del flusso turistico, impennata d'interesse verso la tua tipologia di proposta ecc.
Giunti a questo punto, diventa importante definire alcuni obiettivi generali, che il marketing di scuola americana sapientemente definisce (**goal**).
Per tutti è naturale creare delle liste di buoni propositi da adottare per il futuro. Non lo facciamo ogni fine anno nella nostra vita personale o familiare? E, ancora, con il bilancio annuale aziendale? I goal aziendali definiscono la direzione che vuoi intraprendere per raggiungere determinati obiettivi, scegliendo strumenti e modi che ritieni più adatti. Per il ristoratore possono essere: come posizionarsi sul mercato, quale target definire (tipologia di clienti che possano gradire l'offerta) e, soprattutto, come raggiungerlo e attrarlo verso le proposte.

➔ Torniamo al nostro esempio. Hai intercettato la curiosità per i sapori del passato, includendo rinnovate abitudini alimentari che richiedono minor utilizzo di grassi, zuccheri e sale, rispettando talune intolleranze sempre più diffuse. La tua proposta presenta ricette di primi piatti della tradizione, preparati a mano, con prodotti coltivati nell'orto del locale e con farine selezionate da un molino del territorio. Sii inclusivo prevedendo un Menù anche per vegetariani e per chi ha problematiche di *gluten sensitivity*. Il tuo goal: essendo l'unico ristoratore con proposta simile sul territorio, risultare sin dal primo anno attrattivo per clienti locali, di città contigue e turisti con alto livello di sensibilità nei confronti delle tematiche in questione, consolidando la posizione nelle prime tre annualità di gestione. Ovviamente gli obiettivi generali devono essere quantificabili e misurabili.

Ora si tratta di identificare gli obiettivi specifici (**objectives**). Sono passi intermedi – utili al raggiungimento dei goal o degli elementi che li compongono – a più breve termine e operativi. Comprendono strategie minuziose, specifiche tattiche per farti conoscere, per far sì che il pubblico si fidi di te, garantendoti un'autorevolezza sempre maggiore.
Inizi a comunicare, promuovere, vendere, con gli strumenti e il tono di voce che si sposa alla tua filosofia di cucina e, soprattutto, ai bisogni dei target. Scopri come buona parte

di questa attività si animi online, attraverso strumenti digitali e tecnologie al passo, con un occhio sempre vigile sui social media.

In questa fase è importante individuare un **sistema di misurazione** per i propri obiettivi, ovvero gli indicatori di risultato (in inglese KPI, Key Performance Indicator), vere e proprie unità di misura di successo. Anche in questa attività il digitale è un valido alleato, che garantisce precisione e velocità nella definizione e nello sviluppo dell'offerta. Grazie all'automatizzazione di processi ripetitivi non rischi di sprecare tempo o denaro, e puoi intervenire più facilmente per correggere errori o sviste in tempo reale, prima che risultino dannosi per il tuo business.

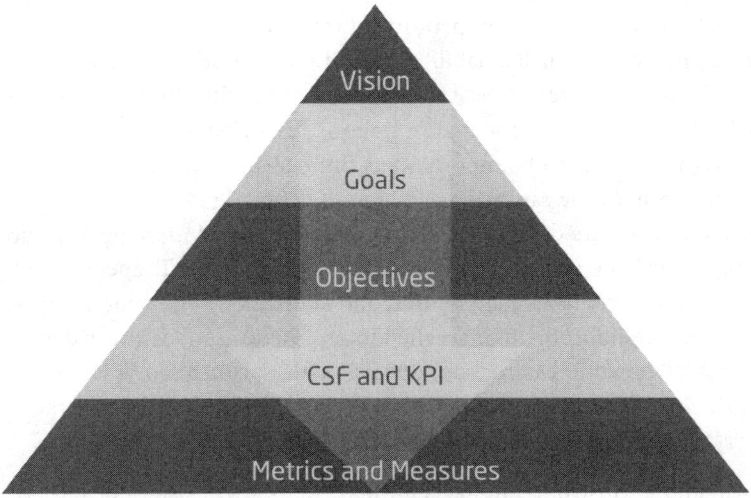

Figura 2.2 Fasi di progettazione dell'offerta e del piano marketing del ristorante. Fonte: Smart Insights.

Non puoi quindi aprire un ristorante senza avere un'idea, una forte motivazione, un progetto, un capitale da investire. Le idee ben chiare, insomma.

L'offerta deve essere solida, altrimenti non regge – neanche se sostenuta da grandi investimenti in comunicazione – ed è comunque destinata al fallimento.

Un'idea per te

Individua una location perfetta, partendo da un concept di cucina e di accoglienza ben definito e possibilmente differenziante, identificativo. Inutile a dirsi: avrai bisogno di un ottimo chef e di validi collaboratori.

Assicurati di possedere (o acquisisci) competenze e informazioni su aree legali-amministrative, di gestione, di ristorazione e di business in senso ampio.

Quando la tua offerta è ben definita, progetta la tua identità di marca (brand identity) e la comunicazione della stessa, sia offline sia online. È imprescindibile in un mondo sempre più dominato dall'immagine.

Un valido aiuto nella definizione della proposta ristorativa – che però non deve mai prendere il sopravvento – proviene dalle tendenze del mercato che possono rendere attuale e gradita al pubblico un'offerta. Entriamo nei dettagli, soffermandoci sul contesto con il quale ti devi rapportare.

L'importanza di un'offerta gastronomica di qualità nell'era digitale

La chiave di volta dell'architettura del tuo business sta proprio qui, nell'equilibrio tra la **tua offerta gastronomica**, non più concepita solo come frutto di arte divinatoria o ispirazione artistica ma progettata con linee guida ben delineate per favorire la migliore relazione possibile, e i **bisogni del cliente**.

Leggerai e sentirai spesso parlare di customer experience, anche etichettata dai tecnici CX. Cosa sintetizza questo temine, traducibile semplicemente in "esperienza del cliente"? Bisogna prendere coscienza del fatto che viviamo appieno nell'Era del Cliente, un nuovo contesto socioeconomico in cui i consumatori non si accontentano di comprare semplicemente un prodotto ma sono propensi a vivere esperienze profonde di relazione con i brand. Tecnologie ed ecosistemi digitali, mobile e social media hanno accelerato il trasferimento del potere decisionale dall'azienda al cliente, personaggio centrale dell'esperienza di acquisto.

Un tempo comunicazione e offerte adottavano un approccio *push*, prodotti proposti con insistenza, addirittura creando e inducendo il bisogno del possesso. Il consumatore doveva comprare, adeguando i propri bisogni all'offerta delle aziende.

Oggi, nell'era digitale, il paradigma è invertito, le aziende devono anticipare i bisogni dei clienti per entrare in sintonia, cercandone l'approvazione e il consiglio/suggerimento. La promozione dell'offerta è di tipo *pull*: deve attrarre un cliente nuovo, attento, cosciente, partecipe e desideroso di dire la sua, di capire e conoscere. Può farlo veicolando informazioni utili, racconti coinvolgenti, una comunicazione in grado di risolvere problemi e anticipare aspettative ed esigenze.

La customer experience è la somma delle esperienze, emozioni e ricordi che un cliente ha maturato nella sua interazione con il brand. Queste esperienze includono anche le modalità di relazione e di touchpoint[1] con il brand, sia offline (telefonata, comunicazione classica cartacea e non, incontro con lo staff in eventi o manifestazioni, contatto in reception o in sala, esperienza della cena al ristorante) sia online (email, chat, social

1. Nell'attuale relazione del cliente con il brand, esistono molti momenti di contatto e incontro, i cosiddetti touchpoint.

media, piattaforma di recensioni, scheda di localizzazione da mobile, food app, sito web, blog aziendale, gruppi di discussione, forum, articoli su e-zine ecc.).
Oggi più che mai i clienti si aspettano esperienze personalizzate (offerte, contenuti, prodotti su misura), una comunicazione trasparente (prezzi, condizioni, modifiche al servizio), un'erogazione efficiente (risposte e prenotazioni rapide, informazioni in real-time) e una soddisfazione immediata.
Su tutto un'esperienza curata, vera, facile e intuitiva.
Da una ricerca 2017 del Customer Experience Excellence Centre di KPMG, è emerso uno spaccato sulla modalità di approccio dei brand italiani alla customer experience.

Migliorare l'offerta ascoltando i clienti anche online

Studiare e ottimizzare la tua offerta partendo dalla soddisfazione del cliente, la cosiddetta customer satisfaction, porterà a rispondere ai suoi bisogni e desideri, potenziando risultati economici e notorietà/autorevolezza del tuo brand.
Il Centro di Eccellenza KPMG CEE ha ideato uno schema di analisi del brand **attraverso la percezione degli utenti**, in sei punti: Personalizzazione, Integrità, Aspettative, Risoluzione, Tempo e Impegno, Empatia. Sono degli indicatori di successo, come anche elementi su cui le aziende possono lavorare per migliorare la relazione con utenti/clienti e la percezione che l'ospite ha del brand ristorante.
La ricerca analizza l'esperienza di 2.500 utenti italiani con 140 brand, evidenziando correlazioni tra le performance di CX positive e i risultati economici: i ricavi aumentano in modo proporzionale al gradimento della relazione con la marca. Dalla lettura si evince come l'Italia abbia ancora molta strada da percorrere per migliorare l'attenzione al cliente e i relativi risultati economici.
Il consiglio degli specialisti, però, è modernizzare avviando un'evoluzione culturale all'interno delle aziende, soprattutto nel comparto digitale (siamo ancora molto arretrati).
Nella Top10 dei brand più evoluti troviamo sette aziende internazionali, quindi le imprese italiane devono accelerare il passo. Scopriamo, inoltre, che i marchi Travel e Hotel italiani hanno un indice di valutazione CX piuttosto buono ma Ristoranti e Fast Food scivolano nelle retrovie. Ciò significa che le aziende del nostro settore poco si curano dell'esperienza utente o di ottimizzare l'offerta, modellandola sulle reali esigenze del cliente.

Si crea così una situazione paradossale nella quale il business che deve presentare l'offerta più emozionante, sensoriale e coinvolgente al suo ospite - la ristorazione - si dimostra il più distratto nell'ascolto dei suoi desideri e bisogni, soprattutto online. **L'emozione del cliente non viene ascoltata** (basso livello di alfabetizzazione digitale del settore), viene addirittura criticata quando espressa (un esempio è la foodtography, la foto ai piatti prima che vengano mangiati, o le recensioni, incubo dei ristoratori) o dileggiata se riflette una preferenza (fastidio manifesto nei confronti di vegetariani, vegani e intolleranti, spesso etichettati come malati immaginari).

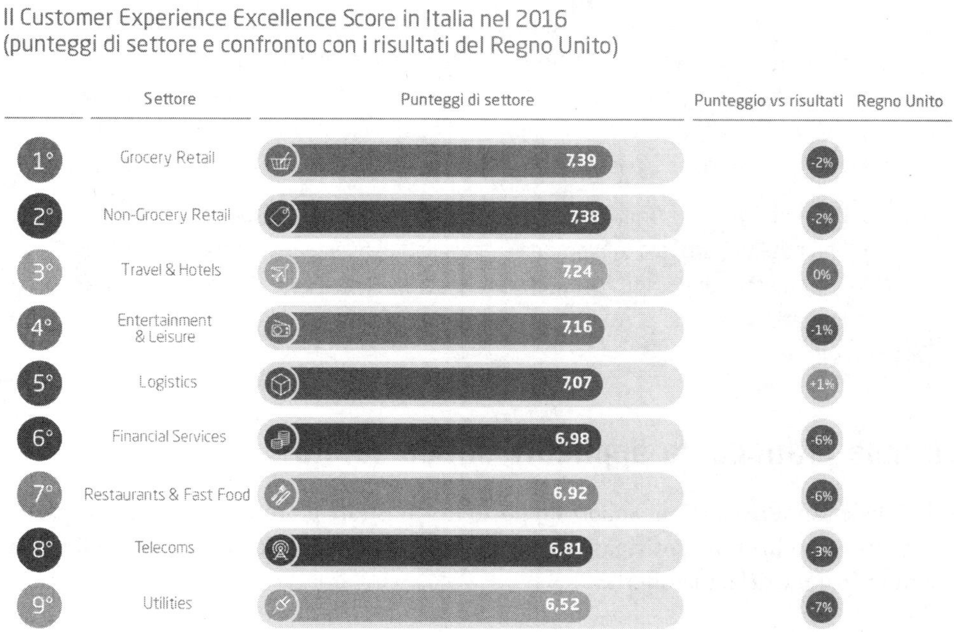

Figura 2.3 Classifica CX in Italia, per categorie aziendali. © KPMG Advisory S.p.A.

Esempio 1: Amazon

Al primo posto della Top10 italiana troviamo Amazon, azienda che ha una vera e propria ossessione per la soddisfazione del cliente.

Personalizzazione, customer care, fiducia e sicurezza dell'acquirente sono le parole chiave.

Come può essere utile l'esempio di un rivenditore di prodotti online, re dell'e-commerce mondiale, a un ristorante italiano?

Di sicuro potremmo apprendere due o tre tattiche su:

- ascolto dell'utente e ricerca verso la personalizzazione del servizio;
- cura della identità di marca, per restituire un'esperienza del brand facile e piacevole;
- comunicazione e visibilità online (essenzialità nella comunicazione e nel servizio per rendere più semplice, immediata e naturale l'esperienza del cliente).

L'assistenza clienti Amazon, poi, è magistrale. E allo stesso modo, non è forse fondamentale per il ristorante accogliere, curare l'ospite facendolo sentire rilassato, sicuro, importante e vero protagonista della propria offerta del gusto? Crediamo che l'esempio dell'approccio Amazon alla cura della customer experience possa offrire ottimi spunti.

Le similitudini non finiscono qui: Amazon ha da tempo scoperto che il cibo è un potente articolo da proporre attraverso diverse tipologie di vendita (e-commerce, dettaglio, food delivery) o come elemento cardine di visibilità e contatto/relazione con l'utente. Ne parleremo ancora più avanti nel corso del libro.

Buone pratiche da applicare sin da subito

Il digitale saprà rivelarsi un valido supporto nel mostrare e promuovere la tua capacità di gestire e, addirittura, anticipare i bisogni dei clienti. Di seguito qualche consiglio sulla comunicazione della tua offerta.

- Fornisci un'**esperienza coerente** in ogni punto del ciclo di vita del cliente o della sua relazione con il brand.
- Crea un **messaggio** che sia **malleabile** in qualsiasi media e contesto esso si trovi.
- Proponi un'offerta **efficace** (pensando all'impatto emozionale e relazionale, alla personalizzazione) ed **efficiente** (monitorando tempistica, soddisfazione in relazione alla professionalità dello staff e all'organizzazione aziendale, sforzo nel compiere ogni passaggio da parte del cliente, che deve essere minimo).
- Restituisci alla tua proposta ristorativa **personalità e umanità**, punta sull'empatia come cardine della strategia aziendale.
- **Ascolta il tuo ospite**, comprendilo, fino ad anticiparne desideri e sogni. Aiuterà a rendergli la vita facile e, sicuramente, più piacevole: riscopri la vera vocazione del ristoratore, lavorando con un approccio cliente-centrico.
- Segui le sue esigenze e sii **presente dove il cliente ti sta cercando**: lavora sulla comunicazione omni-canale, sulla presenza trasversale in diversi media/strumenti, sulla cultura digitale.
- **Non temere il giudizio del cliente**, piuttosto accettalo come un dono per crescere e migliorare. Prendi esempio, ancora una volta, da Amazon che sta spingendo gli acquirenti a lasciare recensioni, addirittura premiandoli.

Esempio 2: Apple Store

Come rendere il tuo staff accogliente, preparato e sempre in linea con la tua filosofia?

È evidente che per trasmettere felicità occorre essere felici. Come può uno staff triste, disorganizzato e confuso su compiti, ruoli e modelli comportamentali offrire un servizio di qualità e rendere sereni e gioiosi i propri ospiti?

Il problema è triplice nei ristoranti: l'organizzazione della brigata di cucina, di quella di sala e l'integrazione tra i due staff. Se possiedi un buon progetto e punti su un'eccellente organizzazione di ogni fase del lavoro, la comunicazione interna e la gestione dello staff sarà nodale. Ecco le parole d'ordine: riunioni, coinvolgimento e valorizzazione di ogni membro del gruppo, creazione di un modello e di un codice comportamentale da applicare a tutti i clienti. Noi aggiungeremmo anche un codice etico aziendale, di cui tutte le imprese italiane dovrebbero dotarsi, ma questa è un'altra storia.

Abbiamo scelto di analizzare un modello comportamentale vincente: quello degli **Apple Store**.

Lo staff di vendita riceve un'accurata formazione sull'ospitalità del cliente e deve seguire costanti corsi di aggiornamento. È inoltre istruito su un modello di accoglienza a step che si articola così:

- Step 1: accogliere con un benvenuto caloroso.
- Step 2: immaginare i bisogni del cliente e chiederglieli.
- Step 3: proporre al cliente una soluzione semplice e immediata.
- Step 4: ascoltare e dipanare dubbi o perplessità.
- Step 5: assicurarsi della soddisfazione invitando a visitare ancora lo store (website o altro media di contatto).

L'elemento che spicca è la trasversalità del modello, che viene applicato indistintamente in negozio, online, in chat, telefono, via email, in risposta alle recensioni.

Non pensi che potrebbe essere molto interessante crearne uno per il tuo ristorante?

Come ascoltare il tuo cliente?

In qualche modo devi ascoltare, assecondare, adattare la tua offerta al cliente-tipo. In pratica devi analizzare tutti dati di cui disponi per tramutarli in strategie: metti ordine nei contatti acquisiti – il **cliente**, il **prospect** che ti ha consegnato dati importanti come la email, il **lettore** – creando elenchi ben profilati, il tuo prezioso database di potenziali avventori.

Questa catalogazione crea un patrimonio di dati di inestimabile valore, per relazioni future (pensa a campagne DEM[2] e in generale a sponsorizzazioni mirate per proporre eventi, degustazioni, nuovi piatti, rinnovati servizi ecc.), per un flusso di informazioni costanti e ricorrenti (tipo la newsletter del blog)[3], per analizzare meglio i tuoi target e progettare con maggiore cura la promozione della tua proposta gastronomica.
Maggiore è la tua capacità analitica e di sintesi (tramutare tutto quello che misuri in strategie e piccole scelte), **migliore sarà la tua offerta ristorativa** perché avrai individuato:

- il tuo cliente tipo;
- come comunicare con lui;
- con quali strumenti e contenuti;
- la formula attrattiva per favorire il contatto e la relazione;
- gli accorgimenti corretti per conquistarlo e farlo star bene in ristorante;
- la tecnica adeguata per convincerlo tornare e stimolare il passaparola del tuo brand.

Qual è l'obiezione ricorrente?
"La mia offerta è perfetta così, perché ho uno chef geniale e creativo, un'accoglienza curata, un locale elegante, in una location prestigiosa, in una città [turistica, balneare, business, montana, lacustre, collinare - usa il qualificativo che preferisci] che mi garantisce il successo."
Ne sei proprio sicuro? Allora perché la percentuale di chiusura dei ristoranti entro il primo anno è così alta, perché la vita media di un'azienda ristorativa è di otto anni? Perché in Italia ogni anno chiudono 10.000 aziende in più di quelle che aprono? Perché spesso il tuo locale è vuoto? Oppure è sempre pieno ma non tornano i conti?
Perché non ascolti né analizzi i dati: la tua offerta non è un talismano in una teca, è una reazione a bisogni, desideri e curiosità **del cliente** e un insieme di cure, attenzioni, ricerche, sperimentazioni, test, studi, confronti umile e coraggiosi **da parte tua**.
Può apparire paradossale ma per essere veramente sempre te stesso devi partire dagli altri e plasmare l'offerta sulle loro esigenze. Non a caso la chiave di volta per il successo, spesso, è la forte personalizzazione.
Infine la **costante** che ti porterà al successo - manco a dirlo soprattutto sul web - è la **capacità di cavalcare il cambiamento, evolvere senza tregua**.
Ricorda quindi le due coordinate per il successo: l'approccio cliente-centrico e l'evoluzione digitale!

---

2. Direct Email Marketing. Se vuoi approfondire l'argomento: Guglielmo Arrigoni, *Email Marketing - Acquisisci clienti e aumenta le tue vendite: quello che ogni imprenditore dovrebbe sapere sull'acquisizione clienti*, Dario Flaccovio Editore, Palermo 2016.

3. Se vuoi approfondire l'argomento: Elisa de Portu, *Email marketing in azione. Strategie, casi di business, esempi pratici*, Hoepli, Milano 2016.

Allineare offline e online

Sin ora abbiamo parlato di dati da analizzare per costruire la tua **offerta**, ordinando le informazioni, le idee, le opportunità in un **progetto**, per il quale occorre individuare strumenti, modi di utilizzo, strategie, tecniche, risorse. Sono due le ragioni fondamentali: non c'è azienda se non c'è *cultura di impresa* (e quindi un progetto sostenibile che punti alla sua evoluzione) che, oggi, deve poggiarsi su una solida *cultura digitale.*

Nel solo arco degli ultimi dieci anni, siamo passati dalla promozione classica del ristorante (su giornali e media locali, con insegne, volantini, qualche locandina o manifesto, con l'inserimento nelle Pagine Gialle, la presenza in guide gastronomiche e qualche pubbliredazionale, le public relation per ospitare personalità istituzionali o VIP) alla nuova era dell'informazione diffusa. Gli utenti, curiosi e desiderosi di conoscere tutto, si muovono con disinvoltura in Rete, da mobile, attraverso un elevato numero di opportunità di scoprire e/o contattare il ristorante online.

Controllano TripAdvisor, Google e Facebook per comparare e leggere recensioni, Google My Business e altre schede di localizzazione per individuarne la mappa; usano social media, chat e altri sistemi di messaging per discutere di estetica culinaria o per scoprire pubblicamente la cattiva gestione di un locale. Grazie ai Menù online scoprono cosa mangeranno o se verranno soddisfatti abitudini e desideri.

Con il digital marketing – rispetto al web marketing è una visione più ampia che include anche soluzioni tecnologiche e dispositivi non esclusivi della Rete, gestione del brand, email marketing – i ristoranti esistono online ancora prima che nella vita reale.

In un mercato che ha allargato la relazione con il brand dal momento del pasto nel locale, espandendolo **prima** (ricerca e curiosità, richiesta info e prenotazione, lettura post, commenti e recensioni ecc.) e **dopo** (iscrizione alla newsletter, recensione, commenti, post, scatti fotografici dell'avventura culinaria, adesione alla community del ristorante con i social media ecc.), una presenza digitale curata è fondamentale.

La relazione personale e diretta con il cliente si sposta online e diventa digital PR[4].

Per comprendere meglio come è evoluto il nostro cliente, tracciamo l'identikit del digital dinner (Figura 2.4)[5]:

- Mangia fuori casa almeno una volta a settimana e cerca nuovi posti da sperimentare.
- Sceglie un ristorante per tipologia di cucina e ritorna se il cibo è eccellente.
- Si lascia influenzare da recensioni, consigli degli amici, popolarità del ristorante sui social media.
- 9 volte su 10 ha ricevuto un consiglio da amici (online e sui social media).
- Cerca il Menù online (59%).
- Cerca informazioni sul sito web del ristorante (51%).

4. Pubbliche relazioni digitali.

5. Studio 2017 condotto da TouchBistro, https://nmgprod.s3.amazonaws.com/media/filer_public/28/44/2844ff52-934f-4311-b1d2-a5b5d8488854/how-diners-choose-restaurants-restaurant-insights-report.pdf (ultima consultazione: 2 marzo 2018).

- È attratto dalla presenza di prodotti locali nel Menù (49%).
- Prova un nuovo ristorante grazie a uno sconto o coupon (80%).

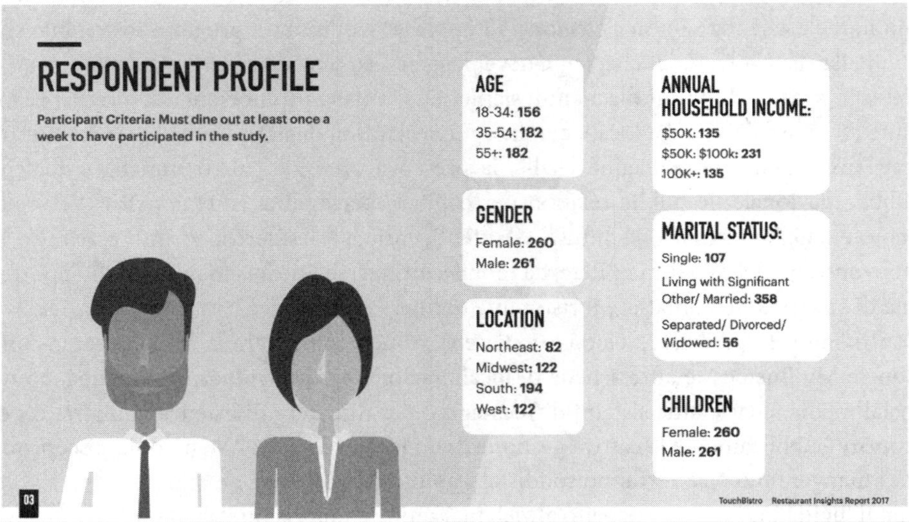

Figura 2.4 Restaurant Insights Report 2018, selezione campione intervistati. © TouchBistro.

Progettare il successo del tuo ristorante

Compreso quanto sia importante progettare un'esperienza adeguata non soltanto durante il pasto ma in ogni occasione di contatto con il cliente, cerca di ricostruire il customer journey, ossia la storia della relazione che l'ospite ha con il tuo brand. Ottimizzare i vari momenti di contatto significa progettare il successo del tuo ristorante.

Progettare la tua offerta commerciale

Chiariti visione e missione, obiettivi e goal, i tuoi punti di forza e quelli di debolezza (interni alla tua azienda) ma anche le opportunità e i rischi che il mercato, i competitor e la situazione generale possono presentare sul tuo cammino (esterni all'azienda), delinea quello che nel marketing viene chiamato Company Profile: una descrizione del tuo ristorante. Obiettivo: far emergere il tuo valore e piano piano la tua unicità. Sii breve ma esaustivo.

È giunto il momento di studiare anche i tuoi competitor, ovvero:

- locali vicini (stessa via, stesso paese, stesso quartiere);
- locali di dimensioni comparabili;

- locali con simile fascia di prezzo;
- locali con proposta gastronomica affine (ristoranti di pesce, con cucina tipica, proposte gourmet, ristoranti vegetariani, pizzerie);
- locali con offerta assimilabile (locali per millennial, ristoranti per famiglie, per famiglie con animali, ristoranti con Menù turistico, con eventi, bistrot, self service ecc.).

Dopo aver analizzato i competitor in base alla variante geografica, location, pricing, proposta gastronomica e di accoglienza, ti renderai conto che:

- non tutti i ristoranti che immaginavi rivali lo sono realmente (tanto meno online);
- alcuni locali apparentemente differenti/distanti possono, invece, rallentare il tuo business.

Quali elementi osservare nei competitori?

- Offerte, Menù, prezzi.
- Target.
- Punti di eccellenza.
- Debolezze.

Capirai così se hai elementi di sovrapposizione (valuta se è il caso di competere o di puntare su altro), target in comune (puoi orientare la tua offerta verso un diverso mercato di nicchia?), errori che gli altri compiono e che tu puoi sfruttare.
Individua quindi il tuo o (meglio) i tuoi **target**, ossia il cliente tipo che sarà pronto e ricettivo nell'accogliere la tua proposta commerciale.
Perché parliamo al plurale del target? Perché è altamente improbabile che nella tua clientela ci sia (o ci possa essere in futuro) un'unica tipologia di ospite.

Caso ipotetico: i target del ristorante pizzeria nel centro di una città d'arte

Target 1 – Turista/Pranzo: vuole mangiare qualcosa di economico ma al contempo di sfizioso, possibilmente tipico. Può essere interessato al takeaway. Menù: meglio se fisso, non necessita di grande rotazione; ipotizza delle combo allettanti e senza sorprese, soprattutto se il turista è straniero. Il target apprezza un servizio veloce ma attento.

Target 2 – Locale/Pranzo: vive o lavora nelle vicinanze. Ha bisogno di cibo fresco e genuino, con un'ampiezza di pietanze importante o un'alta rotazione. Può apprezzare la proposta del giorno. Gradisce costi contenuti e probabilmente la convenzione con i vari circuiti di buoni pasto. Ama un servizio familiare, la prenotazione telefonica, la velocità nel servizio, probabilmente il takeaway e il food delivery[6].

Target 3 – Turista/Cena. Momento della giornata clou per il vacanziero ma anche per il bleisure (viaggiatore d'affari che si concede momenti di piacere e vacanza personale). Si aspetta piatti e servizi attenti nei dettagli e nella qualità. Attende una selezione ampia ma curata. Gradisce una buona presentazione dei piatti; ha cura del food pairing con vini e bevande di qualità. Ha aspettative di spesa più elevate. Si concede un numero di portate maggiore e chiude un occhio, scegliendo vini e dessert. Apprezza proposte tradizionali ma dalla forte connotazione gourmet. Ricorda che la cena è il pasto che il turista non salta mai: lo devi assolutamente intercettare.

Target 4 – Locale/Cena. Non esce spesso ma lo fa il venerdì, sabato, nei festivi ma anche al brunch della domenica (anche se sembra che il suo effetto modaiolo stia un po' svanendo). Predilige la cena. Raramente esce da solo, quindi è molto interessante lavorare sulla sua fidelizzazione perché porta con sé amici e parenti. Si aspetta piatti e servizi curati nei dettagli e nella qualità, con una selezione ampia; predilige i piatti del giorno consigliati dallo chef. Anche questo target gradisce una buona selezione e ha cura del food pairing con vini, birre e bevande magari del territorio, non rifiutando assaggi extra regionali o internazionali. Ha aspettative di spesa più elevate. Si concede un numero di portate maggiore e chiude un occhio, scegliendo vini e dessert. Apprezza proposte gourmet, la stagionalità, la scelta della materia prima possibilmente locale. Sì alla tradizione, ma ricorda che può anche scegliere di andare a mangiare dalla nonna o dalla mamma.

Non trascurare il **target vegetariano/vegano** che ormai in Italia ha raggiunto più del 7% della popolazione, a meno che tu abbia un ristorante di pesce o una grill house, dove questa tipologia di cliente può essere soddisfatta con una piccola selezione di piatti da proporre all'occorrenza
Altro target è l'ospite soggetto a intolleranze alimentari o con diete particolari, ma approfondiremo in seguito questi temi qui solo accennati.

Analisi di mercato

Quando hai rilevato questi aspetti passa all'analisi del **mercato**: le condizioni dell'ambiente in cui sei calato, ma anche dell'area merceologica in cui è collocata la tua azienda, costituiscono un contesto importante.

6. I clienti del takeaway e food delivery sono da considerarsi un target a sé stante.

Poniti alcune domande:

- Che cosa sta succedendo sul mio territorio/città?
- Come posso contribuire?
- Come posso cavalcare la situazione?
- Da quali problemi/rischi devo mettermi al riparo?
- Posso ottenere collaborazione dagli altri colleghi di settore? Da fornitori/partner?
- Quali aspetti del mio territorio sono legati al mio lavoro gastronomico? Quali possono esaltarlo?

Chiediti anche:

- Quali sono le novità del mio settore? E le tendenze in relazione a colori, impiatto, materie prime, ingredienti, ricette, tecniche, abbinamenti, esigenze o abitudini dei lettori e dei clienti?
- Esistono leggi, normative, adeguamenti che possono essere rischiosi o fruttuosi?
- Ci sono nuove tecnologie nella produzione (macchinari) o nel management (nuovi sistemi di gestione, magazzino, acquisto, organizzazione del lavoro, ottimizzazione della lavorazione e della vendita, relazione e ottimizzazione del cliente, promozione e distribuzione dell'offerta, comunicazione e vendita ecc.)?

La brand promise

Analizzati questi vari aspetti è ora di ritornare sul profilo descrittivo del tuo ristorante e cercare di estrarne una promessa: la brand promise.
Che cosa farà la tua azienda?
Immagina una frase semplice chiara e sintetica che tutti possano comprendere: questo esercizio aiuta focalizzare l'attenzione sulla tua unicità.
Chiediti in che cosa sei unico rispetto:

- al tuo territorio;
- ai competitor;
- alle esigenze dei tuoi target;
- all'area merceologica;
- alle tendenze del mercato.

La risposta a queste domande ti porterà a individuare la tua value proposition, quell'elemento specifico e univoco che ti distingue, ti fa emergere dalla massa di proposte ristorative e convincerà i tuoi lettori, clienti, futuri ospiti a scegliere e ricordare la tua ospitalità.

Il progetto aziendale

Delineata la tua unicità, è tempo di sviluppare il progetto aziendale, includendo:

- definizione dell'offerta in termini quali-quantitativi;
- piano economico di gestione (compresi approvvigionamenti, finanziamenti, investimenti);
- definizione del pricing;
- strategie di vendita e distribuzione;
- stesura dell'organigramma (le persone: quante e quali?) e il flusso di lavoro (come lavoreranno);
- strategie e strumenti di marketing;
- strategie e strumenti di promozione;
- strategie e strumenti di comunicazione.

Non entriamo nello specifico della gestione aziendale, della definizione del prezzo, dell'organizzazione del lavoro; piuttosto ci concentriamo sul marketing di relazione, sulla comunicazione, promozione e vendita soprattutto sui canali digitali.

Progettare la tua comunicazione e promozione

Prova a trovare una risposta a queste due domande: perché abbiamo suggerito di partire dai bisogni degli ospiti? Perché consigliamo di trovare fonti accurate e studiare, leggere, confrontarti con i colleghi?
Se non conosci il tuo pubblico ti sarà difficile costruire, ottimizzare la tua proposta ristorativa e ottenere un adeguato successo; inoltre, potresti avere difficoltà nel comunicare la tua offerta, nei luoghi giusti e con le debite modalità.
Conoscere il percorso di maturazione del bisogno, di informazione e formazione sul prodotto, di ricerca e selezione dell'offerta, risulterà utile e indispensabile per comunicarla (raccontare la tua storia e condividere quella di partner e colleghi, narrare valori e aneddoti sottesi al tuo lavoro), promuoverla (farne comprendere i benefici e gli aspetti di valore anche rispetto ai competitor) e pubblicizzarla laddove occorra (acquistare spazi a pagamento o annunci per migliorare la visibilità di brand e proposta commerciale).
Da mesi affrontiamo l'argomento in gruppi di discussione su Facebook. Molti ristoratori insistono sulla preparazione di piatti eccellenti, sulla rivisitazione delle ricette della tradizione, sulla selezione degli ingredienti e sulla sperimentazione di tecniche di cottura su nuovi macchinari. Ci stupiamo, perché quasi nessuno cita due elementi indispensabili per il successo del locale: il racconto della proposta culinaria offline (ossia l'accoglienza in sala) e online (ossia la presenza digitale). È come se il lavoro del ristorante fosse relegato alla sola cucina e terminasse quando il piatto esce e va in sala.
Nell'analisi di Touchbistro ci ha colpiti moltissimo un dato relativo agli elementi qualitativi e di contenuto che determinano e influenzano la scelta del ristorante.

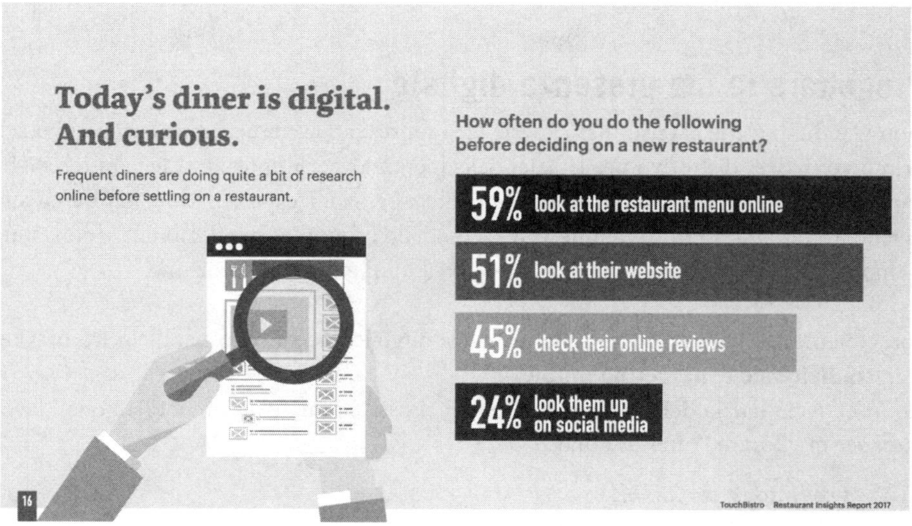

Figura 2.5 Criteri di ricerca e selezione online. Restaurant Insights Report 2018. © TouchBistro

Metà dei commensali ha dichiarato di scegliere un ristorante che offre prodotti locali, a chilometro zero, ma anche attenti alla lavorazione, a una proposta naturale e leggera, vegetariana, gluten free e vegana. Questo non significa che sono tutti vegetariani o maniaci del food. Indica l'attenzione alla qualità ma anche ai valori, alle motivazioni etiche e ambientali. Al rispetto per le scelte alimentari di parenti e amici che ci accompagnano nell'esperienza del gusto al ristorante.

> Non possiamo far finta di nulla, dobbiamo comunicare storie e visioni così come ci vengono richieste.

Il cliente sviluppa consapevolezza, esprime un bisogno, scopre i prodotti e servizi che lo soddisfano, è attratto da questi ultimi, matura aspettative verso il brand, interagisce con esso attraverso svariati punti di contatto e molteplici canali ormai, quasi esclusivamente, su web o mobile.
Soprattutto i millennial leggono recensioni online (31%), si confrontano sui social media (15%), cercano Menù online (81%).
Diventa strategica la **tua presenza digitale** per alimentare alcune caratteristiche fondamentali:

- comunicazione e branding;
- definizione degli obiettivi di marketing e di vendita;
- monitoraggio e valutazione di azioni e investimenti;

- correzione, ampliamento o sostituizione di strategie in tempo reale.

Progettare la tua presenza digitale

Non vi è dubbio che la customer experience rappresenti la nuova arena competitiva e il primo vero asset distintivo per le aziende, superando per importanza le caratteristiche compositive di un prodotto, addirittura qualità e prezzo. L'esperienza del lettore/cliente diventa centrale soprattutto online, dove il modello economico e relazionale si consolida e amplifica ottimizzando anche i costi relativi a marketing e promozione.

Anticipiamo qualche dettaglio sulla presenza digitale, facendo un parallelo tra **marketing tradizionale** e **marketing online**.
Conosci già la **teoria delle 4 P** del marketing classico, i quattro elementi sui quali lavorare, per migliorare l'offerta? Sono:

- Prodotto (o servizio).
- Prezzo.
- Posto (location).
- Promozione.

Bene! Funziona anche online: analizziamola punto per punto.

Prodotto

Chi sono i tuoi clienti? Quali sono i loro obiettivi e bisogni? In definitiva, come il tuo prodotto aiuta o soddisfa il tuo cliente? Posizionamento e visibilità rappresentano solo metà della battaglia: convinci i clienti potenziali che il tuo prodotto è quello giusto ed è migliore della proposta dei competitor.

Prezzo

Il prezzo è legato al valore. Va allineato ai prezzi di mercato e dei competitor diretti. Se sei troppo costoso, il tuo prodotto non vende. Se sei troppo economico, i margini di profitto sono ridotti e rischi di essere percepito come proposta di valore inferiore. L'informazione più ricercata dagli utenti è il Menù, non solo per visualizzare i piatti, ma anche per comprendere se sei all'altezza delle aspettative e del loro portafoglio. La visibilità va rivolta al tuo target.

Posto

Studia un'accurata strategia di local marketing per agevolare la ricerca e la localizzazione su mappe interattive. È importante che individui in quali piazze virtuali i tuoi utenti ti stanno cercando e dove farti trovare: motori di ricerca, schede local business, portali, food app, social media.

Promozione

Individuati i media, quali strumenti e strategie adotti? Comunicare, promuovere, pubblicizzare? Stai creando un database di contatti profilati, suddivisi per tipologia di relazione? Fai promozione attraverso le newsletter? Come hai intenzione di vendere online?

Casi di studio

Online e offline sono due mondi, ormai senza confini, in cui fare business. La tua offerta ristorativa deve risultare coordinata, allineata e costante.
Qui presentiamo tre esempi: il primo nato offline e declinato al digitale; il secondo scaturito online e poi approdato nel mondo "reale" e il terzo progettato accuratamente, senza distinzioni tra mondo virtuale e realtà. Ispirati.

Da offline a online: Carlo's Bakery

Carlo's Bakery[7] è una piccola pasticceria nata nel 1910 nel New Jersey e acquisita dalla famiglia Valastro nel 1964. Attualmente è gestita dal pasticciere di quarta generazione Buddy Valastro.
Nel 2009 Buddy conduce il programma televisivo *Il boss delle torte* a cui si aggiungono altri show e reality di pasticceria. Grazie al successo ottenuto, Buddy apre il Cake Boss Café a Manhattan nel 2013. Le due pasticcerie sono mete di visite e tour gastronomici da tutto il mondo, con file interminabili per essere serviti. La catena Carlo's Bakery si amplia, con ventuno pasticcerie in US e una in Brasile.
Specialità? Oltre alle torte che l'hanno resa celebre, spopolano i cannoli siciliani.

La sfida

Passare da una comunicazione mainstream ad affrontare nuovi canali di promozione. Carlo's Bakery punta sul personal branding e sulla figura di Buddy Valastro, facendo leva sulla notorietà garantita dal piccolo schermo. Ha saputo coniugare il gusto americano – dolci eccessivi, ricchi di creme e topping – con i sapori tradizionali dell'Italia meridionale e del Made in Italy. Ora deve avvicinarsi ai giovani e comunicare attraverso nuovi media, creando una solida e coerente presenza digitale.

Risultati

- Sito web con e-commerce (pasticceria, utensili, accessori e componenti d'arredo).
- Account Twitter: 230.000 follower[8].
- Pagina aziendale Facebook: 1.882.000 fan[9].

7. http://www.carlosbakery.com (ultima consultazione: 2 marzo 2018).
8. https://twitter.com/CarlosBakery (ultima consultazione: 2 marzo2018).
9. https://www.facebook.com/carlosbakery (ultima consultazione: 2 marzo 2018).

- Account Instagram: 1.593.000 fan[10].
- Profilo Pinterest: 223.220 follower[11].

Da online a offline e ritorno: Puok Burger Store

Puok Burger è una hamburgeria di Napoli, format molto in voga, crocevia tra stile americano e tradizione nostrana, che sfrutta le opportunità dello street food contemporaneo. Come nasce? Egidio Cerrone, conosciuto sui social network e sul web come **Puok e Med**, è una vera e propria web star, e ha questi numeri:

- Facebook: 220.000 fan[12].
- Blog: Le avventure culinarie di Puok e Med.
- Profilo Instagram: 135.300 follower[13].
- Puok e Med Tv su YouTube: 317 iscritti.

Nell'estate 2016, sull'onda del successo online, apre una hamburgeria al Vomero, nella zona collinare di Napoli; è un piccolo locale che serve panini da asporto. Nel Menù sono previsti sei hamburger standard più uno speciale che cambia ogni mese.
I più gettonati? Django (carne selezionata, bacon croccante, provola, cipolla caramellata e anellone di cipolla) e il Mammà (dalla tradizione napoletana: polpetta fritta, provola, parmigiana di melenzane e fonduta di provola al basilico).
Ovviamente comunica quasi esclusivamente online. Ecco i numeri del locale:

- Pagina Facebook: 204.380 fan[14].
- Profilo Instagram: 78.310 follower[15].
- TripAdvisor: 1.105 recensioni con media di 4 palle.
- canale YouTube Puok Burger: 228 iscritti.

Il progetto ci ha colpito, perché ha reso possibile sviluppare un concept partendo dal personal branding di una star del cibo, un **influencer**, che ha investito e capitalizzato la sua notorietà traducendola in un'attività commerciale, facendo leva su capacità imprenditoriale e lungimiranza comunicativa.
Il nostro consiglio? Non trascurare il website. Dai più visibilità al Menù, non sempre disponibile nei diversi canali in cui è possibile promuoverlo. Punta su local strategy e sui video.

---

10. https://www.instagram.com/carlosbakery (ultima consultazione: 2 marzo 2018).
11. https://it.pinterest.com/carlosbakery (ultima consultazione: 2 marzo 2018).
12. https://www.facebook.com/puokemed (ultima consultazione: 2 marzo 2018).
13. https://www.instagram.com/puokemed (ultima consultazione: 2 marzo 2018).
14. https://www.facebook.com/puokburger (ultima consultazione: 2 marzo 2018).
15. https://www.instagram.com/puokburger (ultima consultazione: 2 marzo 2018).

Offline a online allineati: Pizzeria Re Denari

Re Denari[16] è una pizzeria e friggitoria inaugurata nell'agosto del 2016 a Salerno. Propone la classica pizza napoletana utilizzando ingredienti di qualità a chilometro zero, nel rispetto della stagionalità dei prodotti. Antonio Langone, il giovane pizzaiolo a cui è stata affidata la gestione della cucina, ha ottenuto un titolo mondiale nel 2012 nella categoria gluten-free e il locale punta sull'ampia scelta di pizze senza glutine. Ricavata in una vecchia casa coloniale, la pizzeria ha 110 posti a sedere, con posizione non centrale ma favorita da un parcheggio gratuito riservato ai clienti.

La sfida

Lo start-up di una nuova pizzeria su Salerno non era certo impresa semplice. Salerno non è Napoli ma parliamo comunque di una città con oltre 130 pizzerie nel solo centro urbano, alcune attività con anni di storia alle spalle. Tutti gli investimenti promozionali e la strategia sono stati orientati al digitale.

Obiettivi

Ecco gli obiettivi prefissi:

- posizionare il brand sul mercato locale e regionale;
- costruire una solida reputazione;
- offrire un prodotto di alta qualità;
- conquistare la nicchia del gluten-free sul territorio;
- ottimizzare le prenotazioni.

Strategia

Queste invece le strategie messe in campo:

- content marketing;
- social media marketing con investimento costante in Facebook Ads (circa 400 € al mese);
- gestione proattiva delle recensioni su TripAdvisor;
- digital PR con coinvolgimento di blogger e instagramer;
- storytelling di prodotto e territorio;
- personal branding del pizzaiolo;

Risultati in 12 mesi (agosto 2016-agosto 2017)

- 18.000 follower su Facebook Page[17] (seconda pizzeria più seguita a Salerno).

16. http://www.redenari.it (ultima consultazione: 2 marzo 2018).
17. https://www.facebook.com/redenarisalerno (ultima consultazione: 2 marzo 2018).

- 700 follower su Instagram[18].
- Top5 delle pizzerie più apprezzate su TripAdvisor in città, Top10 dell'intera provincia.
- 67.890 pizze sfornate.
- Scontrino medio: 13,00 euro.

Il parere degli specialisti

Siamo in chiusura del capitolo e crediamo di aver trasmesso a fondo quanto sia importante studiare, progettare ed evolvere l'identità aziendale, senza lasciarsi condizionare dal digitale ma riuscendo a coglierne le opportunità, in termini di ascolto degli utenti e futuri ospiti.
Abbiamo chiesto ad alcuni specialisti come le tematiche del loro settore e una giusta declinazione digitale possano aiutare il ristoratore a ottimizzare la propria offerta, partendo dalla centralità dell'utente e della sua esperienza, ovvero dalla customer experience (CX) dell'ospite. Ecco i preziosi consigli che hanno dato.

Susana Alonso, wine blogger[19] e consulente web marketing

Il **vino di qualità** è certamente un asset centrale per un ristorante moderno ed è un prodotto che ha dimostrato capacità di adattarsi molto bene alla comunicazione online: un pilastro fondamentale per la promozione del locale.
Molti clienti appassionati scelgono il ristorante anche per la sua carta dei vini e per le opzioni di abbinamento proposte con i piatti: identificare uno stile narrativo efficace, intreccio di storytelling ed esperienza, è un'ottima occasione per parlare sia di natura sia di cultura e per trasmettere un'identità.
Gli spazi standard di comunicazione nel web di oggi sono i blog, i social media e il sito web del ristorante: crea post dedicati al vino o agli abbinamenti, articoli di qualità e pubblicazioni regolari che aggiornino sulle offerte tematiche, su pranzi o cene a tema, eventi di degustazione, e che trasmettano passione e attenzione verso il cliente.
Pagine sociali attive e post coinvolgenti aiutano a convogliare traffico al sito e in ristorante e a sostenere la reputazione: trasmetti l'esperienza che il ristorante farà vivere, nella maniera più vivida possibile.
L'**abbinamento fra cibo e vino** è un tema sempre più *hot* sui social media, utile per favorire l'interazione: chiedi agli utenti con quale vino abbinerebbero un certo piatto o viceversa. Andare al ristorante è diventato un modo per imparare e per acquisire competenze: più un ristorante contribuisce al dialogo fra appassionati, traducendo la terminologia tecnica in un linguaggio comprensibile ai non esperti, più aumenta la sua reputazione. Trasmetti passione, competenza e personalità, per aprire le porte di un mondo all'ospite potenziale.

---

18. https://www.instagram.com/redenari (ultima consultazione: 2 marzo 2018).
19. http://sorsidiweb.com/blog (ultima consultazione: 2 marzo 2018).

Mauro Rosati, direttore Fondazione Qualivita[20]

Lo street food e in generale tutte le nuove formule di distribuzione del cibo sono modalità di ristorazione più vicine al target giovane che, oggi, difficilmente si approccia alla ristorazione classica ma preferisce esperienze gastronomiche più semplici, veloci ed economiche. Gli strumenti digitali sono il collegamento più naturale per connettere le imprese e le nuove generazioni, grazie alla capacità di dialogo diretto, incentrato soprattutto sul racconto. Per questi motivi, negli ultimi anni, molti chef anche stellati hanno realizzato progetti dedicati al cibo di strada, attraverso una rivisitazione della loro esperienza culinaria, con l'obiettivo di ingaggiare un pubblico che si stava progressivamente allontanando dalla loro proposta enogastronomica mainstream.

Lo street food ha introdotto un nuovo concetto di esperienza gastronomica, che possiamo definire "destrutturata", cioè capace di rompere la struttura consolidata da decenni di predominanza del modello di ristorazione tradizionale.

Il processo è alimentato dalle tecnologie, di cui il settore si è avvalso per la propria crescita, dalla varietà dell'offerta culinaria e dalla dimensione di socialità allargata che solamente "il mangiar con le mani" ha saputo riproporre con forza.

La semplicità di fruizione del prodotto, la possibilità di relazioni sociali, la velocità rivestono un ruolo fondamentale, al pari di ingredienti e ricetta.

Lo street food fa riavvicinare il ristoratore ai propri clienti, eliminando quel muro che per anni è stato un ostacolo alla crescita per entrambi. La "vetrinizzazione" del cibo e il contatto diretto con lo chef mettono in moto nuove dinamiche esperienziali che includono, in maniera naturale, lo scambio di informazioni e l'interazione.

Sonia Massari, ricercatrice in food e design[21]

Il food design[22] può aiutare il ristoratore a vendere di più e meglio?

Sì, ma solo se il ristoratore inizia a prender coscienza e a fidarsi della figura professionale del food designer, lasciandogli la possibilità di studiare lo scenario, per individuare quali sono i veri problemi e quindi trovare le soluzioni, partendo dalle opportunità già presenti. Il food designer non usa le tecniche del marketing e non si concentra sui bisogni del ristorante: prepara le condizioni per il processo d'innovazione nel mercato.

Una nota importante: **il food design non è il design culinario**. Il designer si distingue dallo chef per competenze professionali e obiettivi, perché la creazione di una esperienza di cibo non è detto che debba provenire da un piatto. Il designer progetta l'interazione tra il cibo e l'utente, tra gli utenti stessi, tra il cibo e il suo territorio, tra la cucina e la sala.

Le **tecnologie digitali e di Rete** si sono inserite in maniera forte nelle attività di esplorazione e di selezione del cibo, fornendo potenti mezzi di comunicazione che incidono sulle scelte d'acquisto e sull'orientamento alimentare del cliente. Piuttosto che di gusti, parlerei di valori.

---

20. http://www.qualivita.it (ultima consultazione: 2 marzo 2018).
21. http://www.gustolab.com (ultima consultazione: 2 marzo 2018).
22. Vedi il libro: Dario Mangano, *Che cos'è il food design*, Carocci, Roma 2014.

Il food designer deve **progettare prodotti, servizi e sistemi** per la ristorazione che esaltino la dimensione esperienziale del singolo, adatta a una domanda sempre più informata, preparata ed esigente.
Il design oggi non è chiamato solo a progettare interazioni e a supportare esperienze, ma sempre più spesso deve risolvere le crisi di identità.
Obiettivo: permettere all'utente finale di riappropriarsi di un rapporto con il cibo. Ricondurlo alla sua dimensione culturale. Saper progettare vuol dire basarsi sulle persone e sui valori umani, non tanto sul "cliente", escogitando soluzioni sempre più "human value centered" e meno "user centered".

Lucia Galasso, antropologa dell'alimentazione[23]

I social media convogliano velocemente innovazione, strategie imprenditoriali e pubblicitarie per massimizzare il lavoro di un ristoratore. Oggi il marketing è sempre più visto in simbiosi con altre discipline, quali sociologia, psicologia e antropologia: lo studio del consumatore diventa olistico.
Dall'interdipendenza con altre dottrine nasce perciò un **marketing comportamentale ed emozionale**, per raggiungere il consumatore finale non con un bombardamento di messaggi, ma preoccupandosi del suo stato d'animo e dei suoi più reconditi desideri. Non è un caso che adesso lo storytelling aziendale sia uno degli strumenti più potenti con cui raccontarsi al cliente: una storia suscita emozioni forti, che vogliono essere sperimentate, tanto più sono in risonanza con i nostri ideali.
Il consumo di un piatto, in un particolare contesto, e il suo vissuto sono intesi come un set di pratiche culturali. Giulio Sapelli ha definito "etnoconsumerismo" questo nuovo paradigma che studia il comportamento culturale dei consumatori.
Partire da questi presupposti permette al ristoratore di inserirsi nei social media in maniera più impattante, meno superficiale, arrivando a consegnare realmente dei valori ai potenziali clienti. Essi diverranno i nostri principali ambasciatori, non semplicemente condividendo il nostro logo, ma facendo di quanto vissuto un'esperienza da raccontare più volte, grazie a quel soddisfacimento dei bisogni e dei desideri che è alla base di ogni buon piano di marketing.
Purtroppo in Italia lo studio dell'**antropologia del business** applicata al mondo dell'enogastronomia non è ancora presente, ed è un vero peccato perché all'estero, specialmente nel mondo anglosassone, è ormai la chiave di volta per arrivare al consumatore.

Takeaway

Come **sviluppare la tua offerta** nel mondo digitale sarà il cuore del percorso che affronteremo, di capitolo in capitolo. Possiamo sintetizzare quanto visto sin ora raccomandando un grande lavoro sull'offerta ristorativa e sulla qualità del prodotto, un'equilibrata organizzazione, gestione del lavoro e delle

23. antropologialimentare.it (ultima consultazione: 2 marzo 2018).

risorse umane ma, soprattutto, rispetto per il cliente e per la centralità dei suoi bisogni e valori, da cui parte ogni momento della tua attività professionale, compresa la fase di concept e progettazione del tuo ristorante.

Consiglio 1
Familiarità. Crea un clima – sia al ristorante sia sui tuoi spazi web e nella tua comunicazione – familiare, vicino, intimo, per trasmettere sicurezza e fiducia. Familiare non significa necessariamente confidenziale. Anche un ristorante elegante e gourmet può utilizzare questo approccio.

Consiglio 2
Semplicità. Usa una comunicazione semplice ossia intuitiva, immediata, facile da apprezzare e comprendere. Diretta non significa banale o elementare, quanto piuttosto alla portata dei bisogni degli ospiti.

Consiglio 3
Sicurezza. Il pubblico italiano è attento a qualità e sicurezza. Per questo è orientato verso una cucina naturale e salubre, poco lavorata. Anche online racconta, con trasparenza, proprietà nutrizionali, caratteristiche, ingredienti, provenienza, dosi, ricette. Condividi i sapori, non nasconderli!

Consiglio 4
Efficienza. Ci vogliono tempi rapidi, e con razionali priorità, di ordinazione e consegna, di gestione del lavoro, di risposta pubblica in Rete, via email, tramite messaggio diretto sui social media. Efficiente deve essere anche il tuo brand quando comunica il ristorante con coerenza e trasversalità.

Consiglio 5
Scalabilità. Progetta tutto, realizza un pezzo per volta, nell'ottica dell'investimento graduale. Crea strumenti e strategie implementabili. Non si getta mai via nulla!

3

Come progettare la tua identità di marca

Che fine ha fatto la semplicità? Sembriamo tutti messi su un palcoscenico, e ci sentiamo tutti in dovere di dare spettacolo.
Charles Bukowski

L'**ingrediente segreto per non fallire**, evitare di buttar soldi, intraprendere percorsi di comunicazione o promozione errati, accumulare una pessima reputazione sulle piattaforme di recensioni, sbagliare la progettazione del Menù e ritrovarsi con la sala vuota, rischiando di assottigliare il profitto, è presto detto: *non fingere ed essere se stessi.* Non dipende solo da te, ma anche dal progetto marketing e comunicazione che hai creato con lo staff di consulenti selezionati.

Conclusa l'analisi tracciata sin qui, è ora di passare all'azione e creare un piano marketing per concretizzare lo studio svolto. Questo passaggio spesso costringe a mettersi in discussione e applicare dei cambiamenti.

Si tratta realmente di ripensare e spesso riprogettare parti importanti del tuo lavoro. Sei pronto? Proviamo a entrare in argomento con un esempio.

Immaginiamo che il tuo ristorante punti su un'offerta allineata con il territorio ma, proprio per questo motivo, difficilmente distintiva. Che la concorrenza sia forte, soprattutto nell'ora del pranzo, portando via buona parte della tua clientela. Che la tua identità di marca e la tua comunicazione siano un po' datate e per nulla coerenti, che tu non risponda alle recensioni e non ti preoccupi minimamente di verificare cosa si dica in Rete del tuo locale.

Verdetto: un disastro.

Soluzione: calma e procedi per gradi.

Dall'analisi comprendi, inesorabilmente, di dover effettuare un radicale rinnovamento nella conduzione del tuo locale, che si basa sui seguenti cambiamenti.

1. Evoluzione nell'identità/immagine aziendale:

- Modifica logo, colori, interior design, ricalibrando il concept del ristorante e allineandoli alla vera anima e unicità della tua proposta, magari attraverso uno stile più attuale e invitante per il tuo potenziale cliente.
- Adatta l'ambiente interno ed esterno a questa nuova immagine.
- Scatta fotografie di qualità ed emozionanti, relative all'offerta e all'identità rinnovata del ristorante.
- Produci nuovo materiale pubblicitario e aggiorna tutti i canali digitali.
- Crea un nuovo storytelling basato su preferenze e valori dei nuovi clienti.

2. Evoluzione nell'offerta gastronomica:

- Includi tradizioni/piatti/ingredienti dimenticati che probabilmente i competitor stanno trascurando e per i quali è in atto una vera e propria mania (per esempio sei l'unico sul territorio ad aver compilato una ricerca sui grani antichi e individuato fornitori di qualità, ricette o metodi di lavorazione e cottura che vi si adattino): massimizza la tua specializzazione.
- Reinventa o rielabora ricette classiche, sempre molto richieste, ma che il tuo tocco personale aiuterà a differenziare dalle proposte concorrenti.
- Includi contorni a buon prezzo che si abbinino bene ai prodotti migliori.
- Includi una carta di bevande, cocktail e liquori sposabili all'ingrediente principale o ideali per i business lunch (cura il food pairing ricercando accostamenti arditi ma innovativi e attuali).
- Progetta un Menù con nuovi piatti e nuove bevande.

3. Messa in atto di azioni di marketing digitale:

- Attiva o migliora la tua attrattività sui due principali social network: Facebook e Twitter (maggiormente usato da professionisti).
- Aggiungi uno o due social media orientati al visual (Instagram o Pinterest).
- Cura un blog all'interno del sito web, per condividere contenuti su interessi e lifestyle dei clienti potenziali.
- Progetta la promozione del Menù online in ogni modo possibile.
- Idea un concorso sui social network per ravvivare i tempi morti del mercoledì e del giovedì (per esempio una campagna con hashtag utile a favorire il coinvolgimento degli utenti).
- Ottimizza i profili del ristorante su portali specializzati come TheFork e

TripAdvisor, food app o portali del territorio per attrarre nuovi clienti.

4. Rinnovamento dei sistemi di prenotazione e distribuzione:

- Progetta un sistema di prenotazione sul tuo sito web intuitivo e funzionale ai tuoi obiettivi.
- Valuta l'iscrizione a un portale di prenotazione ristoranti intermediato (TheFork, Quandoo ecc.) utile sia a farti conoscere sia a ottimizzare le prenotazioni nei giorni e in fasce orarie più deboli.
- Personalizza e automatizza le tue azioni marketing: inizia con un rudimentale CRM (Customer Relationship Management), un semplice database suddiviso per clienti, potenziali clienti, iscritti alla newsletter, in cui man mano potrai aggiungere abitudini, preferenze, gusti per mirare sempre meglio le tue azioni promozionali e di vendita.

Prima di qualunque altra azione, noi consigliamo di partire dalla definizione, progettazione o restyling della tua identità di marca.

Che cos'è l'identità di marca o brand identity

I grandi brand raramente nascono per caso e, comunque, all'iniziale scintilla creativa fa seguito, sempre, uno studio accurato e due ingredienti non opzionali: il tempo e la competenza.

In buona sostanza, devi impiegare attenzione e cura nel progettare la tua identità aziendale (tempo) utilizzando le giuste conoscenze ed esperienze (competenza): brand design, graphic design, web design, marketing, comunicazione. Se non le possiedi all'interno del tuo staff, cerca consulenti e professionisti validi e specializzati in outsourcing.

Pensi di disegnare da solo il tuo logo e poi, magari, un giorno si vedrà?

No! Rischi di creare danni di immagine o, ancor peggio, un'identità errata e il tuo business difficilmente potrà decollare.

Pensi di scegliere i colori che piacciono ai tuoi famigliari o per gusto personale?

Non è la strada giusta da seguire! Il corredo cromatico è uno degli elementi fondamentali del progetto identitario, coinvolge principi di psicologia e percezione visiva, va studiato sulla base degli elementi fin qui analizzati.

Pensi di selezionare quel carattere tipografico calligrafico, pieno di fronzoli e di riccioli che fa tanto chic?

No! Il professionista al quale hai consegnato la tua analisi aziendale saprà proporti alcune soluzioni in grado di coordinarsi ed esaltare le caratteristiche della tua cucina, dei tuoi obiettivi di business e di pubblico.

L'**identità di marca**, o **brand identity**, non è limitata alla sola comunicazione visiva ma racchiude e coinvolge il tuo DNA aziendale, la tua storia, il tuo futuro imprenditoriale, il tuo staff, i tuoi clienti presenti e futuri. È l'indicatore di successo in grado di determinare se sei destinato a navigare nell'enorme massa di locali che sopravvivono e "tirano a campare" o se saprai emergere, distinguendo tra mille la tua proposta e personalità. Se sei convinto, possiamo continuare.

Brand strategy e brand creation

Il lavoro comincia con la **brand strategy**, la strategia che collega e integra tutti gli elementi dello studio compiuto per definire e declinare la tua offerta commerciale. Partendo dalla conoscenza delle tue potenzialità e delle aspettative del tuo pubblico, sei riuscito a costruire una brand promise, una promessa per il tuo target che custodisce tutto ciò che sei, la visione e la filosofia che desideri trasmettere al cliente. C'è dentro il tuo valore (value proposition). Sei pronto, dunque, a estrarre la tua USP (Unique Selling Proposition), ossia il tuo argomento unico di vendita.
La brand promise si compone di poche parole in grado di sintetizzare ed esprimere la tua personalità, quell'elemento che permetterà al cliente di riconoscerti, non dimenticarti e sceglierti fra tanti.
Sei unico per la location, le ricette create, gli ingredienti scelti, per lo stile d'impiatto, per l'abbinamento con il beverage, per l'uso di un'erba aromatica ma anche per come racconti la tua storia, ospiti i bambini, fai sentire a loro agio gli intolleranti al glutine, per come sveli i tuoi segreti, fai assaggiare i tuoi gelati, usi il local marketing, coinvolgi i tuoi ospiti, condividi valore sul blog ecc. La tua unicità è dentro di te (identità): devi solo progettare come farla emergere, renderla visibile, nonché farla percepire come affidabile e autorevole (immagine).
Questo processo richiede lavoro duro e accurato dal quale scaturisce tutta la tua attività marketing. Stai costruendo solide fondamenta sulle quali l'impresa farà crescere quello speciale legame tra brand e cliente, frutto di relazione e fiducia, capace di durare una vita, magari attraversando generazioni. È un passaggio imprescindibile da non sottovalutare o, addirittura, ignorare.

Entriamo nella fase di progettazione e creazione della tua identità di brand (corporate brand del ristorante, personal brand per lo chef o il manager): la **brand creation**, ovvero il passaggio dall'analisi alla creazione del logo e degli altri elementi della comunicazione visiva.
L'identità del tuo ristorante ha di certo una *valenza estetica* (comunicazione gradevole, positiva, immediata) ma, soprattutto, deve avere coerenza con la tua visione e missione, in ogni ambito o artefatto attraverso i quali viene presentata. Dal Menù all'insegna, dall'interior design al website, al biglietto da visita, alla cartellonistica, alla ricevuta fiscale, ai social media, all'immagine fotografica, agli articoli sul blog, all'email e agli eventi.
Deve avere poi una *valenza funzionale*: essere cioè utile e facile da contattare e comprendere. L'identità del tuo ristorante viene codificata e trasmessa: si fa brand. Costruire la tua identità di marca implica lo studio della relazione con clienti e utenti, dunque il progettare la **brand experience**, l'esperienza del tuo ospite offline e online, quella che abbiamo già raccontato essere parte della customer experience (CX).

Il lavoro è appena iniziato. Ora devi fare **branding**, gestire la relazione tra il tuo ristorante e il pubblico, in modo che la tua identità venga percepita sempre in modo armonico, rafforzandosi. Facciamo una breve sosta sulla creazione della brand identity.

Componenti dell'identità di marca

Una brand identity distintiva e riconoscibile, attorno alla quale poter progettare un universo visivo coerente, dal materiale stampa alla comunicazione digitale, è ciò che il cliente vede, sente, tocca e riconosce di te.

Il primo contatto avviene, di solito, attraverso strumenti e interfacce stampate o digitali: il logo, la tagline (slogan che riassume la tua essenza), i colori, gli elementi visuali, lo stile e il tono di voce della tua azienda. La brand identity permette di entrare in relazione con i clienti e conquistarli.

Basta a convincerti che rappresenta un asset e uno strumento importante per la tua azienda? Il leitmotiv della fase di creazione è sicuramente **l'originalità**, perché occorre progettare un kit di elementi, strumenti e pratiche che distinguano, evidenzino e aiutino a memorizzare un brand rispetto a tutti gli altri, che trasversalmente manifesti la sua unicità. Proviamo a tracciare un elenco delle componenti essenziali su cui lavorare quando si progetta o riprogetta l'identità del ristorante.

Nome

Questo elemento è fondamentale e spesso trattato con superficialità, creando poi gravi difficoltà in diverse situazioni e scenari. Fai brainstorming e seleziona una rosa di possibili nomi. Questa prima scelta deve sposarsi con la tua offerta, proposta e filosofia di cucina, la location e il target che possiedi o al quale stai mirando. Deve scaturire dal concept, innanzitutto, e affinarsi con la tua vision e mission.

Ora prova a restringere le possibilità valutando alcuni aspetti:

- Ci sono altri competitor con questo nome? Sei proprio sicuro che chiamare il tuo locale "Ristorante Duomo" o "Piazza Duomo" sia una buona idea?
- Esistono altri brand con lo stesso nome, magari con relativo marchio registrato? No, non puoi chiamare il tuo locale "Cannavacciuolo Bistrot"!
- Hai verificato online che il dominio relativo al nome da te selezionato sia libero in tutte le estensioni (.it, .com, .pizza, .restaurant, .bio ecc.)[1]?
- Hai fatto una ricerca, veloce, su Google?
- Il tuo nome è immediato e memorabile? Pensa a marchi come Nike, Amazon, Barilla, Lavazza, Noma, Maido, Gaggan.
- Il tuo nome include un luogo geografico? Ti conviene? Esempio: sei a Taormina ma vuoi chiamare il tuo locale "Ristorante Roma", perché sei in una via che porta

1. Da qualche anno è possibile comprare nuove estensioni, ancora poco utilizzate, ma che nella logica di protezione del brand possono essere valutate.

quel nome o perché è la città in cui hai studiato. Hai valutato bene i problemi che questa scelta potrà presentare in futuro nella comunicazione, nella localizzazione da mobile, nel posizionamento sui motori di ricerca ecc.?

- Il tuo nome può contenere doppi sensi (pensiamo al nome di certi ortaggi e frutti) o un significato negativo se tradotto in altre lingue? Pensiamo alla Mazda, che lanciò un modello chiamato "Laputa". Non abbiamo i risultati delle vendite in Spagna...
- Dietro al nome, c'è una storia da raccontare?
- Hai scelto il nome solo perché pensi possa aiutarti nel posizionamento su Google? Non è così utile: meglio ripeterlo più volte ad alta voce, verificando che sia piacevole e convincente.
- Hai usato il tuo nome e cognome? Pensaci molto bene! Se il tuo business non riuscisse a sfondare al primo colpo, legheresti un fallimento alla tua persona.
- Vuoi scegliere un nome di pura invenzione? Devi esserne molto sicuro, perché sarà difficile evocare emozioni, ricordi, associazioni di idee.
- L'hai comunicato, con un breve sondaggio, al tuo staff, amici e clienti? Cosa ne pensano?

Logo

Segno tangibile della tua essenza, è il simbolo creato per rappresentare il tuo ristorante. Ti accompagnerà per lunghi anni, probabilmente per sempre, passando attraverso diversi restyling utili ad aggiornare e rendere più attuale la tua immagine.
Vuoi fermarti un attimo e rileggere queste righe ad alta voce? Vogliamo che tu inizi a comprendere il grande ruolo che il logo riveste nel buon andamento del tuo business.
Attraverso colloqui tra agenzia e ristorante, questionari e workgroup conoscitivi iniziali, vengono focalizzati visione e obiettivi che originano alcuni **concept**, tra i quali individuare il più adatto. Selezionato il concept ideale e più efficace, si traccia una serie di **bozzetti** per identificare la soluzione perfetta: è bene elaborare il **logo** in bianco e nero, perché dovrà risultare convincente e riconoscibile anche senza colore; verrà preparata poi la proposta colori, determinante non solo per donare vita e brio al tuo segno ma anche per raccontare la tua storia ed evocare spirito e visione del tuo locale.
Il logo (o marchio) nella maggior parte dei casi rappresenta il primo momento di incontro e interfaccia tra brand e cliente: il primo amore non si scorda mai. Rendilo memorabile, quindi, perché il logo è l'elemento principale della tua identità visiva.

➔ Guarda l'esempio nella sezione "Studio del logo" dell'Inserto a colori per avere un'idea di questo tipo di attività.

Colori

Oggi, grazie ad avanzati studi di fisica e psicologia cognitiva, conosciamo ogni dettaglio sulla **percezione del colore**, ma un tempo le scelte cromatiche erano guidate soltanto dall'istinto – prima degli studi sulla teoria della luce, da Newton a Goethe. Alcuni colori ispiravano sentimenti positivi: il verde ci ricorda la natura, il marrone la terra, l'azzurro il cielo sereno e l'acqua placida ecc. Un altro elemento discriminante è il legame tra colore e cibo: la percezione cromatica ci aiuta a comprendere se il cibo è maturo o acerbo, cotto o crudo, commestibile o avariato. Pensa a come certi cibi violacei o scuriti ci disgustino. Il rapporto è così stretto che spesso il food identifica e denomina una particolare *nuance*: rosso fragola o ciliegia, giallo limone, verde menta o nomi di colori come pesca, albicocca ecc.

La scienza, poi, ci insegna che il colore non è altro che un'elaborazione visiva generata dai segnali nervosi che i fotorecettori della retina inviano al sistema nervoso centrale. La percezione visiva è quindi creata a tutti gli effetti dal nostro cervello e, come tale, è capace di provocare risposte emotive e atteggiamenti psicologici diversi.

Lo studio di questo fenomeno, collegato alla neurofisiologia, prende il nome di "psicologia del colore". Quando progetti la brand identity del tuo ristorante tieni a mente i principi e i meccanismi che sottendono queste teorie, seguendo la legenda che ti abbiamo preparato. Ricorda, però, di non lasciarti imprigionare da schemi troppo rigidi.

- **Verde**: simboleggia la freschezza e la natura. Particolarmente indicato per brand di alimenti biologici, biodinamici, naturali.
- **Blu**: evoca solidità, stabilità, forza e armonia. Spesso usato come colore industriale o tecnologico. Ricorda anche l'acqua e il cielo ed è utilizzato spesso per raccontare ristoranti di mare.
- **Viola**: spiritualità, immaginazione, libertà. Nell'agroalimentare non è molto usato perché in taluni casi può essere associato a un prodotto troppo maturo o non commestibile[2].
- **Giallo**: Felicità, gioia, solarità. Usato, soprattutto, per i brand della panificazione e nelle imprese produttrici di farina, perché evoca il colore dei frumenti maturi. Difficile da trattare come sfondo, per la leggibilità. Può risultare molto eccitante e stancante soprattutto se occorre leggere corpose parti di testo. Quindi occhio alla selezione delle giuste tonalità.
- **Rosa**: colore scarsamente associato al cibo. Romantico, sognante, delicato. Esistono alcune sfumature che possono donare un tocco vintage o di tendenza, magari associate a colori complementari e di contrasto interessanti.
- **Rosso** e **arancione**: intensi colori emozionali, stimolano l'aumento del battito cardiaco e del respiro. Inoltre – forse non è cosa molto nota – questi colori, applicati nel settore alimentare, stimolano i consumatori a mangiare di più e

2. Il colore viola è molto amato da un pubblico femminile e giovane. Il colore Pantone 2018 è proprio ultraviolet.

più velocemente. Non a caso molti leader della ristorazione fast food (uno su tutti la catena McDonald's) hanno scelto il rosso come proprio colore aziendale, utilizzandolo anche in dettagli d'arredo come tovaglie e tende, pareti o pavimenti dei locali. Colore molto dinamico con forte potenziale comunicativo, possiede sfumature ancora più interessanti, come il rosso chiaro (vintage e trendy) o nei toni scuri, come il bordeaux, più eleganti e adatti anche a un ristorante gourmet, magari in territori vocati al vino.

Il rosso è il colore più utilizzato nella ristorazione.

Le informazioni e i consigli sull'uso dei colori sin qui descritti non vanno applicate alla lettera, perché nella selezione della **palette colori** entrano in gioco molti altri fattori oltre alle convenzioni merceologiche e alle reazioni della psicologia cognitiva.

Il tuo compito principale è, infatti, identificare e raccontare la tua personalità, la tua storia e, soprattutto, relazionarti a un target che ha gusti, abitudini, interessi e segue specifiche mode e tendenze.

Pensiamo agli scatti fotografici su Pinterest o Instagram legati alla food photography: se ne scorri un gran quantitativo e con frequenza, noterai delle costanti e delle predominanze. Per esempio il 2017 ha eletto come colore Pantone dell'anno il verde greenery[3] e, per tutto l'anno, è stato un prolificare di ricette a tema con ingredienti verde brillante, tra i quali dolci e torte contenenti il the matcha. Per non parlare del Millennial Pink, vero colore-icona per i ventenni che ha contagiato anche alcuni prodotti alimentari, vedi per esempio la bevanda proposta da Starbucks[4].

➔ Guarda le immagini della sezione "Studio dei colori" nell'Inserto a colori per trarre ispirazione.

Tipografia

Altro elemento essenziale, più che mai sottovalutato, è la scelta dello **stile tipografico**: comprende la selezione del font, l'uso del lettering, spaziature, variazioni tipografiche, infine le regole di formattazione e disposizione del testo nello spazio grafico.

Carattere e famiglia tipografica ben progettati possiedono una specifica personalità e determinate caratteristiche. È bene individuare, anche qui con l'aiuto di un professionista, quelli che meglio si sposano ed esaltano la tua anima e identità. Queste scelte di stile andranno a comporre il tuo mood, delineando una vera e propria impronta visiva per il tuo brand.

Proprio per questa ragione non lasciarti condizionare dal solo gusto personale o dai trend del momento, evita di imitare lo stile di grandi brand o famosi competitor.

3. https://store.pantone.com/it/it/color-of-the-year-2017 (ultima consultazione: 2 marzo 2018).
4. https://www.starbucks.com/menu/drinks/refreshers/pink-drink (ultima consultazione: 2 marzo 2018).

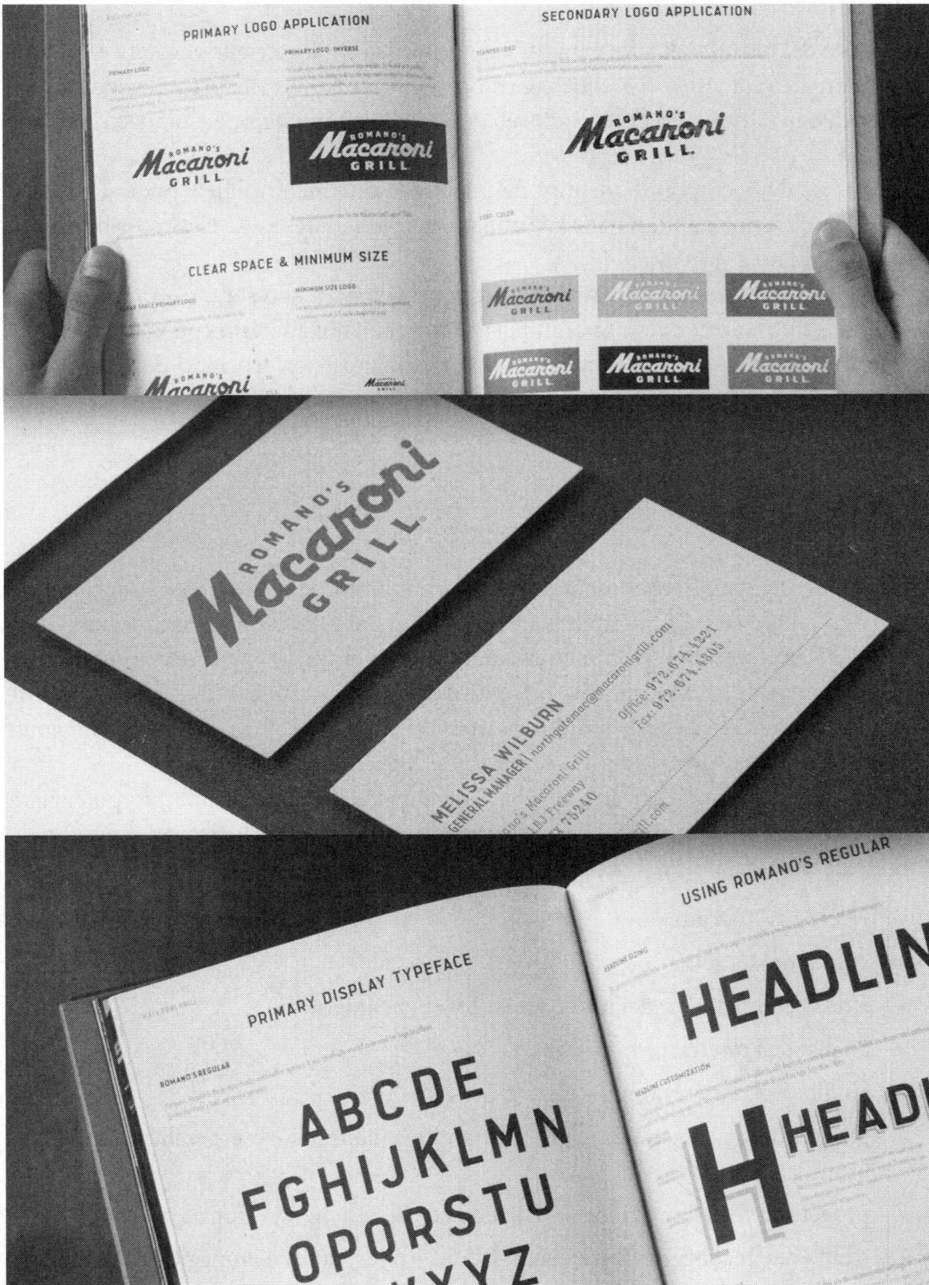

Figura 3.1 Romano's Macaroni Grill. L'accostamento di due font è ideale per una scelta tipografica efficace: la tua impronta visiva. © Superbig Creative

Manuale del brand

Il **manuale del brand o di stile** è un'utile guida all'uso del logo e alla gestione e applicazione di un'identità visiva coerente, coordinata, integrata, fino alla progettazione e produzione di ogni strumento grafico, di web design, di comunicazione e rappresentazione del brand.
Nel manuale della corporate identity del tuo ristorante includi linee guida di stile ed esempi d'applicazione d'immagine coordinata, nei vari contesti e scenari possibili, in un modo immediato e funzionale.
Per identificare il tuo stile narrativo in relazione al mood, allo stato d'animo che vuoi trasmettere, alle emozioni e format di narrazione che vuoi adottare con la tua comunicazione visiva, puoi scegliere immagini di piatti luminose, colori chiari e ispiranti sentimenti positivi e serenità. Se invece ciò che vuoi raccontare è piccante come la cucina, segui l'esempio di Gordo Taqueria, dove anche la tagline è "infuocata".

➔ Lo trovi nella sezione "Linee guida visive" dell'Inserto a colori.

Questo è uno strumento fondamentale per garantire la corretta e coerente attuazione nel tempo di ogni tua strategia di identità, di comunicazione, di promozione, di pubblicità e di vendita del tuo business. Il manuale è un utile tool per la **comunicazione interna** (utile a trasmettere i tuoi ideali alla brigata, la metodologia di lavoro, la visione e missione aziendale) e per la **comunicazione esterna** (verso tutti coloro i quali intervengono sui tuoi progetti: partner, media, event marketer, PR, influencer, fornitori).
Sintetizziamo per praticità i vari passaggi da compiere, faticosi ma utili per potenziare e far crescere ogni aspetto del tuo business, ovvero le fasi dell'ideazione, creazione e gestione del tuo manuale del brand:

- ricerca di mercato;
- studio dei target;
- studio comparativo dei tuoi competitor (benchmarking);
- analisi dell'offerta;
- studio di naming (nome) e tagline (slogan);
- progettazione di una strategia di branding (come, dove e perché usare il tuo brand);
- progetto o restyling del logo – corredo colori e tipografia (font e loro uso);
- studio del linguaggio visivo (uso di forme, icone, grafica e immagini fotografiche);
- creazione del manuale (linee guida per la brand identity);
- studio dell'immagine coordinata (visual design applicato a website e altri canali online);
- studio del design complementare (insegne, cartellonistica, display, gadget);
- studio del design strumentale (Porta Menù, porta listini, Porta Conto);

- studio del packaging design (per esempio imballaggi per sottoli, confetture o etichette vino);
- studio dello stationery design (per fatture, ricevute, carta intestata, buste, biglietti da visita ecc.);
- impostazione della comunicazione cartacea (brochure, dépliant, pieghevoli, locandine, volantini, cataloghi, book e così via).

➔ Trovi un esempio di applicazione corretta del manuale del brand nella sezione "Linee guida visive" dell'Inserto a colori.

Lungo questo percorso dovrai declinare con cura il tuo brand e la tua identità visiva, valutando ogni possibile contesto o qualsiasi applicazione presente e futura. Devi conoscere non soltanto il punto di partenza, ma la direzione che vuoi intraprendere.

Come gestire il tuo brand e fare branding

Dalla strategia alla progettazione: tocca ora al **branding**.
Dopo aver delineato la tua identità, inizia un lungo processo di comunicazione e relazione. Tutto scorre e si consuma velocemente, è l'identità di un'azienda che garantisce una costante: è il filo rosso che lega storia, tradizione ed evoluzione futura. Suo compito è rassicurare e convincere il cliente, conquistarlo, rinnovandone costantemente la relazione di fiducia.
Cerchiamo di comprendere due aspetti: in primo luogo, la brand identity va progettata seriamente, perché **rappresenta le solide fondamenta del business** in ogni sfumatura e applicazione. In secondo luogo, va curata, trasmessa e amplificata nella relationship con il pubblico, di cui vive e si alimenta. Questa attività di gestione, nutrimento (nurturing) e diffusione prende, appunto, il nome di branding. L'obiettivo è trasformare uno stereotipo, scontata conferma delle aspettative dell'utente, in *icona*, espressione di un'offerta autentica, unica e memorabile: è un iter obbligato per qualsiasi brand e attività imprenditoriale e si ottiene con un buon progetto strategico, un eccellente design, un **ottimo e strategico piano di branding**.
Riassumiamo quali azioni, in concreto, devi compiere:

- Definisci chi sei.
- Indica chi sarai e quali sono i tuoi obiettivi.
- Spiega perché esisti.
- Indica perché e in che cosa sei diverso.
- Individua le chiavi emozionali e sentimentali che guideranno l'ospite nella selezione e nell'acquisto, orientandolo *ad hoc*.
- Sostieni il brand design in ogni fase di creazione del tuo progetto (dal logo alla costruzione degli strumenti online e offline).

- Stila le linee guida per utilizzare tecnologia e strumenti.
- Definisci il tono di voce e lo stile, quando progetti contenuti e piano editoriale.
- Traduci in relazioni con l'utente visioni e obiettivi (da identità a immagine).
- Stabilisci un contatto duraturo e costante.

Possiamo qui classificare il branding in due tipologie principali:

1. **Personal branding**: è l'insieme di strategie e di azioni ispirate al marketing d'impresa ma mirate alla promozione di una persona. Esempi: il freelancer che si occupa di fotografia, il food blogger, il giornalista gastronomo, il sommelier, lo chef.
2. **Corporate branding**: si concentra sulla promozione dell'intera azienda, piccola o grande che sia.

Per alcuni settori, talvolta occorre applicare, miscelandoli, i due approcci: caso emblematico è proprio quello dello chef che opera nel ristorante. Pensa alla comunicazione dello chef Antonino Cannavacciuolo (personal branding)[5] e del suo ristorante Villa Crespi (corporate branding)[6].
Abbiamo individuato il tipo di branding e l'approccio comunicativo, partendo dal tuo brand, dall'identità strategica, esperienziale e visuale della tua azienda: lo studio e il lavoro accurato sulla tua immagine e unicità aziendale creano una forza centripeta e attrattiva. Una leva fondamentale che aiuta prima a farti conoscere, poi a farti riconoscere e, infine, a ispirare fiducia.

Sette consigli per creare il tuo progetto di branding

Ecco alcuni **importanti suggerimenti per fare branding**, quando promuovi, racconti, comunichi la tua identità partendo dai benefici dei tuoi ospiti, relazionandoti con essi, mettendoti a loro disposizione prima ancora di conoscerli personalmente.

1. **Semplicità**: sii naturale e diretto (l'utente riceve molti stimoli e apprezza chi arriva dritto al punto anticipando problemi e offrendo vantaggi e soluzioni).

   Consiglio: esponi il Menù con i prezzi, anche online. Racconta con trasparenza, e il supporto di un visual design essenziale, cucina e locale.

2. **Trasmetti con chiarezza quanto il tuo brand sia vivo e dinamico**, una personalità definita e forte, con tratti e voce distintivi.

   Consiglio: non aver timore di esporti a commenti e recensioni, rispondi sempre proattivamente in modo educato e disponibile, usa un linguaggio (e un visual) senza inutili fronzoli, anche se il tuo ristorante è stellato.

3. **Crea un chiaro brand positioning**, scova la tua micro-nicchia e colloca il tuo brand nel mercato in base ad alcuni evidenti indicatori: prezzo, convenienza,

5. https://twitter.com/Antoninochef (ultima consultazione: 2 marzo 2018).
6. https://www.facebook.com/villacrespi (ultima consultazione: 2 marzo 2018).

qualità, esperienza, tradizione, innovazione, obiettivi, distribuzione, comunicazione, promozione, servizio, cura del cliente, gestione della crisi, produzione con piatti limitati o dedicati a un evento, ingredienti stagionali, personalizzazione, customer experience ecc.

Consiglio: sii il brand giusto, nel posto giusto, per il target giusto! Offri adeguate motivazioni per sceglierti, tornare e consigliarti agli amici. Non fare tutto "così così"... molto meglio una sola cosa ma al top!

4. **Racconta la tua esperienza**, pensando a persone che si relazionano a persone. Questa la ricetta vincente, a prescindere dalla storia e tradizione della tua azienda. È un approccio che crea empatia.

   Consiglio: ispirati a colleghi famosi o altri brand come Levis[7], Ikea[8], Virgin[9] e Starbucks[10]. Lo hanno capito pochissimi in Italia, soprattutto, nel nostro settore. Ti proponiamo alcuni esempi virtuosi: il neo tri-stellato Ristorante St. Hubertus[11], l'Enoteca Pinchiorri[12], il Ristorante da Vittorio[13], Villa Crespi[14].

5. **Scatena emozione con buon umore e ironia**, evitando di scadere nel melenso o sarcastico, soprattutto, non mancare mai di rispetto. Eleganza e *savoir faire*, sempre.

   Consiglio: trovato il tuo tono di voce e il tuo stile, ricorda che un pizzico di humor, se spontaneo, può rivelarsi la spezia giusta per dare intensità e sapore alla relazione con l'ospite, che si ricorderà di te.

6. **Conosci te stesso (altrimenti è impossibile orientare il tuo lavoro)**, soprattutto, conosci il tuo pubblico: i desideri, i bisogni, le aspirazioni, i sogni, i gusti, cosa detesta, cosa ama. Solo così saprai come muoverti per attrarlo e risultare irresistibile.

   Consiglio: investi tempo nell'ascolto della tua audience, utilizza un gestionale clienti (CRM), anche essenziale, sul quale appuntare, organizzare gusti e preferenze dei tuoi ospiti.

7. **Resta sempre te stesso, con il tuo tono di voce e il tuo stile**. È importante che tu sia coerente e attento a progettare con cura ogni dettaglio, in ogni possibile variante.

   Consiglio: immagina i tuoi piatti e trova il fil rouge che li lega tutti, anche i più disparati (dal secondo di carne al piatto vegano, dal primo al dessert). È la firma

---

7. http://www.levistrauss.com/our-story (ultima consultazione: 2 marzo 2018).
8. http://www.ikea.com/ms/en_AU/about_ikea/the_ikea_way/history (ultima consultazione: 2 marzo 2018).
9. https://www.virgin.com/virgingroup/content/our-story-0 (ultima consultazione: 2 marzo 2018).
10. https://www.starbucks.com.au/The-Starbucks-Story.php (ultima consultazione: 2 marzo 2018).
11. http://www.rosalpina.it/it/storia-relais-chateaux.htm (ultima consultazione: 2 marzo 2018).
12. https://enotecapinchiorri.it/storia-2 (ultima consultazione: 2 marzo 2018).
13. https://www.davittorio.com/it/chi/la-storia.html (ultima consultazione: 2 marzo 2018).
14. http://www.villacrespi.it/la-storia.html (ultima consultazione: 2 marzo 2018).

che devi tradurre in segno, linguaggio, colore e far percepire ed emergere in ogni punto di contatto (touchpoint) offline e online. Deve trasparire anche dalla tua comunicazione visiva e di racconto.

Tre fasi del branding

Quello della brand identity è un argomento vasto e complesso, ci auguriamo che la nostra breve introduzione sia stata sufficientemente stuzzicante e interessante, perché costituisce le fondamenta e la struttura portante del tuo business. Investi tempo e il giusto budget in essa, sia in fase di startup sia in caso di restyling completo della tua azienda e comunicazione.

Fare branding non è un divertente passatempo (in realtà, se affrontato con lo spirito giusto, può risultare un'attività molto appagante), ma l'unico modo per conoscere te stesso, il tuo business e ottimizzare il ciclo di vita del tuo marchio.

Hai accuratamente lavorato sulla definizione della tua identità di marca, per poi passare alla fase di brand design, in cui si progettano e creano artefatti per mostrarla e comunicarla in tutto il suo splendore. Ora sei nella **fase operativa del branding**, che si divide in:

1. **Brand awareness**: sono tutte le attività volte a creare consapevolezza intorno al tuo marchio e alla conoscenza/notorietà del tuo ristorante.
2. **Brand loyalty**: riguarda ogni azione sviluppata per accrescere la fiducia nei confronti del brand del tuo ristorante e la percezione di autenticità, di relazione sincera e personalizzata con il tuo marchio.
3. **Brand reputation**: parliamo di strategie di gestione della reputazione e cura della relazione con i clienti, al fine di incrementare fidelizzazione e passaparola.

In ciascuna delle fasi sopra descritte o per qualunque azione tu stia compiendo, soprattutto in Rete, è indispensabile che monitori le reazioni alla tua comunicazione.

Ascoltare l'audience e monitorare le opinioni sul brand

Il **brand monitoring** (o media monitoring) è una pratica che ti permette di intercettare le conversazioni online tra gli utenti, articoli, citazioni, post e blog relativi a diversi argomenti, in primo luogo al tuo ristorante.

È vantaggioso utilizzare strumenti e tecniche di monitoring, anche per analizzare che cosa si dice in Rete dei propri diretti competitor, di determinati prodotti o servizi, le notizie di settore o i trend del momento.

Puoi monitorare le "conversazioni" usando parole chiave, hashtag o mention manualmente. Esistono, poi, numerosi tool (free o a pagamento) che automatizzano alcuni passaggi e permettono di controllare in real-time tutto ciò che viene pubblicato e che risulti interessante per i propri obiettivi.

I ristoratori nostrani sono, solitamente, poco attenti a questa attività, presi come sono dai loro molti impegni in cucina. Spesso si limitano a una rapida occhiata ai commenti

o post sui propri profili social. In realtà il *buzz*, il "chiacchiericcio" intorno a un tema o a un brand, può venire intercettato e orientato, alimentato, portando a risultati sorprendenti.
Sia su Internet, con la ricerca per parole chiave, sia con il social listening, ascoltando le conversazioni tra utenti, puoi pianificare attività fondamentali per la tua digital strategy. Scopriamo alcuni dei vantaggi che il tuo ristorante potrebbe ottenere.

Migliorare il customer service and care

Se controlli solo i tuoi post e le notifiche su Facebook, menzioni e Retweet su Twitter e poco altro, molto probabilmente stai tralasciando una percentuale molto alta di buzz che ti riguarda. Non ignorare che oltre il 70% delle conversazioni è associato ad hashtag o alla semplice citazione del nome del ristorante.
Con un monitoraggio più accurato, sarai in grado d'intercettare repentinamente e curare problemi o esigenze manifestate e, perché no, trasformare letteralmente i sogni in realtà.

Sapevi che gli utenti hanno smesso di telefonare alle società di telefonia e preferiscono lamentarsi su Twitter o Facebook, perché in questo modo il loro problema è sotto gli occhi di tutti e viene, dunque, affrontato e risolto più velocemente? Probabilmente lo hai già fatto anche tu.
Il monitoraggio di conversazioni "indirette" di questo tipo risulta utile per:

- intervenire tempestivamente in caso di commenti negativi o lamentele;
- migliorare assistenza e cura del cliente, intervenendo nelle discussioni;
- far sentire protagonisti i tuoi ospiti o futuri clienti, intercettandone i bisogni.

Individuare e "ingaggiare" influencer e brand advocate

Se scandagli con attenzione la Rete, puoi scoprire se il tuo ristorante è citato da blogger, giornalisti, fornitori o influencer.
Esempio: se proponi un nuovo Menù o in occasione di un importante evento presso la tua struttura, analizza le condivisioni e i rilanci dei tuoi post sui social media, dei blogpost e dei comunicati stampa, per identificare VIP, esperti e appassionati foodie, nuovi potenziali brand advocate e influenzatori con cui collaborare[15].

Raccogliere e spingere contenuti prodotti dagli utenti

I clienti si fidano degli altri clienti, che siano amici degli amici, lontani conoscenti o sconosciuti. Quindi, sfrutta i contenuti prodotti dagli utenti: non averne timore. Recensioni, fotografie, post, commenti devono essere intercettati e "usati" per la strategia promozionale[16].

15. Per un approfondimento, leggi il Capitolo 9.
16. Ne riparleremo ai Capitoli 9 e 10.

Ascoltare e rilanciare i contenuti ha due obiettivi: utilizzare contenuti già prodotti e valorizzare ruolo e importanza dei propri "ambasciatori".
Esempio: hai organizzato un evento sulla terrazza vista mare del tuo ristorante e i clienti hanno realizzato molti scatti fotografici poi condivisi sui social media. Se rilanci questi contenuti sullo stesso social media, non avrai problemi né responsabilità, per quanto concerne copyright o utilizzo di foto che mostrano ospiti riconoscibili. Se funzionali ed efficaci per la tua comunicazione, prediligi queste rispetto a immagini realizzate e postate da te.
È più complesso usare una tecnica cross-mediale. Se fai lo screenshot di una recensione e la posti su un altro social media, puoi avere dei problemi. Studia una tattica efficace nel rispetto della privacy e del diritto d'autore: oltre a tutelarti, coinvolgerai gli utenti facendoli sentire veri protagonisti[17].

Anticipare i competitor (e conoscere le loro strategie)

Risulta utile monitorare le conversazioni online dei e sui competitor: è un buon esercizio studiare e valutare le strategie degli avversari, senza bisogno di assumere detective o rubare segreti industriali. Resta aggiornato anche su news e tendenze in modo da **anticipare le mosse dei colleghi**: se sei first mover (primo a proporre una determinata offerta), sarà più facile creare brand loyalty e autorevolezza. Precorri i tempi e innova. Se si parla di un territorio o di un prodotto o piatto, intervieni e consolida la tua expertise; se lo farai con costanza e professionalità, potrai ben presto diventare portavoce di quella specialità.

Come fare brand monitoring

Un'osservazione periodica, costante, tassonomica e organizzata della reputazione online di un brand è pratica, utile ma complessa. Ne abbiamo appena individuati i benefici ma, per compiere in modo rapido, analitico e automatizzato queste operazioni, occorrono strumenti in grado di gestire tre azioni fondamentali: identificare, analizzare e archiviare dati o elementi da utilizzare poi nelle proprie strategie. Ne consigliamo alcuni:

1. **Google Alert**[18]. Strumento free di Google, consente di scansionare la Rete utilizzando alcune chiavi di ricerca (nomi di piatti, del brand, dei competitor, tendenze alimentari, la cucina del tuo territorio, la tua specialità ecc.).

   Consiglio: cura con attenzione il settaggio dei vari parametri di ricerca per evitare risultati inutili e ridondanti.

2. **Mention**[19]. Strumento freemium, ovvero con prova gratuita del tool di base e upgrade a pagamento per aggiungere complessità e funzioni. Con la soluzione base puoi agevolmente monitorare il tuo brand, facendoti arrivare un report sulle citazioni quotidianamente alla casella di posta collegata al tuo profilo.

---

17. Federica De Stefani, *Le regole della Rete*, Hoepli, Milano 2017.
18. https://www.google.it/alerts (ultima consultazione: 2 marzo 2018).
19. https://mention.com/en (ultima consultazione: 2 marzo 2018).

3. **Hootsuite**[20]. È il tool più noto per la programmazione dei post sui social media, utile per il tuo lavoro di creazione e distribuzione di contenuti. È usato anche per il brand monitoring, soprattutto su Twitter, o per creare ricerche in base a specifiche keyword. In un'unica dashboard puoi gestire con facilità buona parte dell'attività di content curation[21].

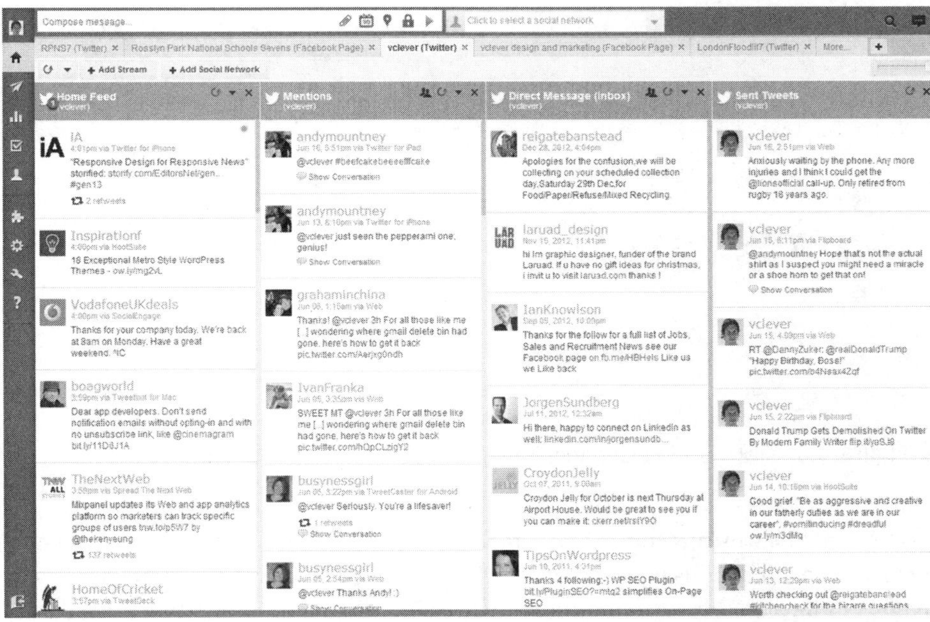

Figura 3.2 Hootsuite: due strumenti in uno, automatizzi la distribuzione dei contenuti e monitori il tuo brand.

4. **Talkwalker**[22]. Esiste una versione con interfaccia in italiano, elemento da non sottovalutare. Puoi richiedere una demo gratuita ma l'utilizzo della piattaforma è a pagamento. Con il tool, molto versatile:
   - individui cosa dicono i consumatori del tuo brand, di campagne ed eventi;
   - misuri il sentiment verso il tuo ristorante;
   - verifichi le performance delle tue campagne (con report automatici e commentati);
   - analizzi ogni tipo di risorsa, anche visuale, con un sofisticato sistema di riconoscimento delle immagini;
   - fai benchmarking della concorrenza;
   - cerchi influencer per orientarli nei tuoi progetti;
   - individui tendenze e opportunità.

20. https://www.talkwalker.com/it.
21. Vedi il Capitolo 7.
22. https://www.talkwalker.com/it.

Figura 3.3 Talkwalker: brand monitoring completo con abbonamento.

Esistono molti altri strumenti di brand monitoring utili e validi: attenzione, però, a non perdere tempo. Individua una piccola rosa di possibili tool, magari provali attraverso una demo gratuita o un abbonamento base free. Scegli quelli più in sintonia con le tue corde, di semplice gestione e organizza periodiche analisi dei risultati che raccogli. Ricorda che ogni dato individuato dev'essere incasellato in uno strumento di raccolta generale, anche un semplice foglio di calcolo su GoogleDocs, condiviso con i tuoi collaboratori.

Casi di studio

Caso di studio 1: Häagen-Dazs, una storia di redesign

Häagen-Dazs crea gelati confezionati di alta gamma, con ingredienti di qualità, naturali, no OGM dal 1961, partendo da NYC sino a divenire un'icona del gelato luxury in oltre 90 Paesi e con 800 store dedicati.
La linea di gelati premium della General Mills lancia il più grande restyling di marca nella sua storia di 56 anni, perché la sua immagine è solida ma troppo classica ed elegante. Deve conquistare i millennial con una identità rinnovata, parlando la loro lingua, incontrandoli nel gusto e nei luoghi di ritrovo digitali.

Obiettivo

Diventare un brand più autentico, diretto e sincero, anche se l'autenticità non è sempre stata il suo forte. Il naming Häagen-Dazs sembra ereditato dalla mitologia scandinava, in realtà è un nome d'invenzione che doveva ispirare proprio quella provenienza per un gelato nato, invece, nel Bronx e venduto per la prima volta a Brooklyn, NYC.

Strategia

Storie vere, relazioni emozionanti e valori condivisi: questo chiedono ai brand i millennial. Così l'azienda inizia un restyling che parte nella primavera 2017 da Londra per allargarsi in tutto il mondo e concludersi in US nell'estate 2018.

Il brand refresh include: nuovo logo, packaging design aggiornato, piani di ristrutturazione per i suoi oltre 800 negozi in tutto il mondo, attivazione di strategie di marketing locali e una nuova campagna pubblicitaria. La tagline è: "Everyday Made Extraordinary". Nuovi video per la TV e il digitale evidenziano ai giovani come il gelato renda ogni esperienza straordinaria.

Il logo viene aggiornato e accoglie una palette colori più dinamica e giovane. Si abbandona la classica combinazione oro/nero/bianco, superando così la convenzione cromatica di una palette luxury. Il nuovo packaging è progettato da una dozzina di artisti e designer da tutto il mondo.

L'evento clou è un pop-up: il 19 maggio 2017 a Londra si organizza un evento-esperienza immersiva, multi-sensoriale e instagrammabile, intitolata "La mia vita straordinaria", attraverso una serie di sale interattive ispirate a ingredienti e fasi della lavorazione del gelato di Häagen-Dazs: una festa coreografata per tutti i sensi, che esalta l'aspetto gourmand così di tendenza.

Ogni ospite partecipa a un contest: carica le proprie migliori fotografie utilizzando l'hashtag #MyExtraordinaryLife. Il premio? Veder apparire il proprio viso, scansionato e ricreato in versione 3D, su uno dei gelati a stecco Häagen-Dazs.

Da qui parte la partnership con l'evento tennistico più famoso al mondo: Wimbledon 2017, con un gusto limitato (fragole e crema) e dedicato ai partecipanti ma anche distribuito con Amazon PrimeNow, scelto come sistema di food delivery.

Il progetto di rebranding è planetario e coinvolge un marchio storico e famoso. L'elemento che emerge è l'importanza del marketing mix, studiato e programmato in ogni dettaglio, utilizzando media e strategie trasversali ma con obiettivi convergenti: annunciare il rilancio dell'offerta commerciale rinnovata.

➔ Nella sezione "Studio dei colori" dell'Inserto a colori puoi ammirare le scelte di palette e brand identity fatte dall'azienda. Un esempio di alto livello, da cui possiamo imparare tanto.

Caso di studio 2: SalentOsteria, cura del brand design per un ristorante alberghiero

Hotel e ristoranti sono due facce della stessa preziosa moneta: l'accoglienza italiana, con le sue tradizioni e le sue enormi opportunità di crescita. Se un brand alberghiero decide

di sviluppare la propria identità di marca, creando uno spin-off per il servizio ristorativo, si aprono scenari di opportunità interessanti.
Avrai certamente notato come la ristorazione alberghiera stia (finalmente) crescendo e migliorando: una scorsa all'elenco delle stelle della *Guida Michelin* lo rende lampante. La ristorazione non può autoescludersi da un nuovo modo di comunicare, ricercare informazioni e acquistare. Brand e digital identity sono essenziali per servizi e prodotti legati a esperienze ed emozioni sensoriali, come il food.
Per far emergere queste esigenze, raccontiamo la storia del nuovo marchio SalentOsteria[23], anima ristorativa di un residence di Torre dell'Orso, Oasi Salento[24]. I proprietari sono partiti dalla comunicazione identitaria di marca e dallo sviluppo di un linguaggio visivo comune che, però, fosse in grado di rappresentare un servizio consapevole e autonomo di ristorazione alberghiera.

Strategia

Il linguaggio visivo è condiviso, sia nelle scelte tipografiche - il logotipo ripercorre forme e font del brand principale - sia nella palette cromatica - uno dei colori complementari del logo dell'hotel qui diventa protagonista (l'arancione).
Partendo dalla simbologia originale del brand, una palma stilizzata immersa nelle onde salentine, vediamo la prima evolvere in forchetta e le seconde farsi più morbide, tramutandosi in pasta sinuosa e invitante. I simboli sono avvolti dal rassicurante e caldo abbraccio del cerchio.
Il passo successivo è stato la creazione del manuale del brand con regole sull'utilizzo di logo e identità visiva del marchio e relative applicazioni, dall'insegna al biglietto da visita, dalla divisa informale della brigata di sala ai Menù e Porta Conto[25].

Obiettivi e sfida principale

- Esaltare l'appetibilità del servizio ristorativo, di una struttura rinnovata nella nuova gestione e con un Menù volto a potenziare la tradizione dei piatti pugliesi e a valorizzare tipicità e stagionalità delle materie prime utilizzate.
- Comunicare in modo equilibrato la nuova struttura.
- Far comprendere che il ristorante alberghiero è parte integrante dell'azienda, allineato per qualità e gestione, ma che al contempo conserva dignità e autonomia, soprattutto negli orari d'apertura.

Risultati

Sono aumentati sensibilmente i clienti esterni e risultati particolarmente graditi i Menù pensione dei clienti alberghieri, con incremento degli extra, delle recensioni favorevoli

23. https://www.facebook.com/salentosteria.
24. http://www.oasivacanze.it.
25. Il caso di studio continua nel Capitolo 5, dedicato al menu design.

e dei commenti entusiastici da parte di tutti gli ospiti per il nuovo restyling. Nell'estate 2017 sono stati registrati 2.631 coperti con Menù alla carta e 2.355 Menù pensioni. Per la prossima stagione l'azienda ha programmato di "far portare via" un pezzo di esperienza del gusto, con gadget e prodotti brandizzati.

➔ Vai nelle sezioni "Studio dei colori" e "Linee guida visive" per confrontare quanto descritto in questo caso studio con il risultato visivo ottenuto per il SalentOsteria.

Takeaway

Consiglio 1

Non dare mai nulla per scontato. Chi scopre il tuo brand, guardando uno scatto fotografico di un tuo piatto o leggendo una recensione, può non conoscere nulla di te: la tua storia, la tua arte, i tuoi sforzi, le tue ricerche, la relazione con la tua brigata, la cura del dettaglio. Non sa che accogli con il sorriso e fai sentire tutti a loro agio: non ancora. È tuo compito trasmettere la tua essenza con pochi sapienti tratti: la tua brand identity si fa immagine. Non nasconderti e non recitare un personaggio.

Consiglio 2

Raccontati con coerenza, continuità e con il giusto tono di voce. Così potrai comunicare a molti target diversi contemporaneamente. Ai clienti fedeli, a chi ti ha scoperto da poco, a chi ha sentito parlare di te e a chi sta per incontrarti. Sarai uno, unico ma versatile. Punta alla semplicità.

Consiglio 3

Ascolta. Crea. Distribuisci. Misura. Misurare non significa procedere per tentativi o senza una strategia, quanto piuttosto avere una solida personalità aziendale che ti consenta di mettere in atto un piano B, anche se il piano A non ha funzionato, senza per questo snaturare la tua immagine.

Consiglio 4

Cura la guest satisfaction. Concetto caduto un po' nel dimenticatoio, ma che troviamo ancora attuale. Curala, perché è fondamentale che il cliente si trovi bene e sia il centro dei tuoi obiettivi d'accoglienza. Non è un limone da spremere o un gingillo con cui trastullarsi con battute da bar. Il costo di acquisizione di un cliente nuovo è molto più alto del costo di fidelizzazione. Perdere un buon cliente per superficialità o scarsa professionalità ha un prezzo elevato.

Consiglio 5
Inizia dalla brand identity per procedere poi con il branding: ricorda, è un processo che non ha mai fine, perché accompagna il tuo marchio ogni giorno del tuo lavoro, per sempre.

4

Come progettare (e far funzionare bene) il sito web

Dio è morto, Marx pure e anche io non mi sento troppo bene.
Woody Allen[1]

Tutto il mondo è online, sempre più frequentemente su dispositivi mobili, dove si condividono per lo più immagini, video e recensioni. Sono cadute molte barriere tra persone e brand, però le prime ricercano sempre più attenzioni, cure e autenticità, non amando bugie e scuse. I secondi devono offrire risposte adeguate, in tempo reale, con trasparenza e sincerità.
Nonostante un mondo in trasformazione e sempre più orientato a una comunicazione breve e frammentaria, fondata su condivisioni tra user più propensi a scaricare app che a ricercare approfondimenti, il **sito web del ristorante** è un punto di riferimento importante per la promozione della tua offerta commerciale.
È l'unico luogo in cui realmente hai il pieno controllo del tuo messaggio. Estensione online del tuo locale, è lo strumento digitale per eccellenza, vero e proprio patrimonio aziendale. Quindi, anche se viene spesso criticato e molti studiosi ne prevedono l'estinzione, continua a essere allo stato attuale il tuo punto di riferimento sul web.

1. Attribuzione dubbia, forse Eugéne Ionesco.

Importanza della presenza online in un mondo evoluto

Il tuo ristorante non può più ignorare il dirompente mondo "mobile", accontentandosi di un sito web cool e gradevole. Se desideri attirare più persone nel tuo locale e allargare il ventaglio dei clienti, garantisci al website compatibilità con questo universo, progettandolo in ottica mobile-friendly o, meglio, device-friendly. Il mondo digitale della comunicazione induce l'utente a passare con frequenza da un dispositivo all'altro (multi-channel), spesso usandone contemporaneamente più di uno (cross-channel).
Secondo i risultati di recenti sondaggi, il 63% degli utenti usa dispositivi diversi per trovare un'azienda nelle vicinanze (local search): ristoranti e altre strutture ricettive dominano nei risultati delle ricerche.
Sai bene, inoltre, quanto sia importante collezionare ottime recensioni per il tuo business. Il mondo odierno è dominato dalla review economy: ogni ristoratore desidera recensioni online, e al contempo ne è terrorizzato; vuole recensioni in grado di stimolare il passaparola e attrarre nuovi clienti nel proprio locale. I clienti, prima di scegliere il tuo ristorante, vogliono consultare i Menù, anche quando sono fuori casa e a pochi passi da te.

> In un nuovo panorama di opportunità digitali così varie e frammentate, è fondamentale far convergere l'attenzione verso un proprio spazio web, il sito aziendale, progettandolo con approcci innovativi – chiamalo come vuoi: responsive web design o adaptive web design – per costruire la migliore esperienza utente possibile.

Con tutto il lavoro in cucina, in sala, nell'organizzazione delle attività, nella selezione della materia prima, di vini e bevande, può apparire folle dover trascorrere ore a leggere, rispondere e curare la propria immagine online. Valuta bene: oggi sono le uniche energie che vale la pena spendere per promuovere e vendere il proprio ristorante.

Perché il sito web è il tuo strumento principale

Nonostante si continui a ripetere che il sito web sia uno strumento morto e stecchito, **opportunità digitali** e **obiettivi di business** trovano proprio qui uno spazio Internet dedicato, di proprietà e di gestione/accesso del ristoratore. Qui nessuno richiede pagamenti né per prenotazioni ottenute né per incrementare o migliorare la visibilità e le prestazioni dello strumento. Non hai limiti né di accesso né di visualizzazioni o performance se non quelli garantiti dalla qualità e accuratezza con la quale hai progettato, sviluppato e gestito il sito.
Puoi includere ogni elemento del tuo business, senza dimenticare quanto sia prevalentemente uno **strumento di distribuzione** e vendita. Oltre a raccontare, condividere emozioni, valori e informazioni utili, deve offrire soprattutto risposte a domande, dubbi ed esigenze, proporre soluzioni vantaggiose e intriganti, favorire contatto e acquisto o prenotazione del tavolo.

Allinea quindi il visual design del tuo sito web al progetto di comunicazione, all'offerta commerciale e alla tua brand identity[2].

Secondo uno studio di OpenTable del 2015, l'84% degli utenti fa tappa sul sito web ufficiale, durante il percorso di ricerca e selezione di un ristorante: non possiamo vacillare né gestire male l'accoglienza del nostro ospite nel nostro locale virtuale, quando è solo a un passo da quello nel mondo reale.

Gli obiettivi di business da includere rientrano in tre aree: branding, digital PR e marketing e vendita.

Branding

Il tuo website - spesso parte del percorso obbligato nel processo di selezione e acquisto della dinner experience - non solo traduce la tua filosofia e la tua storia in uno spazio web accogliente che anticipa servizio e offerta: è anche un luogo in cui raccontare le tue ricerche, il tuo lavoro, le promozioni, gli eventi e le novità da assaporare. È uno strumento fondamentale per fare *branding* e, quindi, divulgare, far conoscere, costruire autorevolezza e generare affidabilità verso il brand.

Digital PR

Attraverso il sito web puoi far nascere, nutrire e consolidare relazioni con tutti i tuoi interlocutori:

- **clienti acquisiti** che visitano costantemente il sito in cerca di nuovi piatti e Menù, novità su eventi, scatti fotografici o news dal blog;
- **futuri clienti** che iniziano a conoscerti e instaurare un rapporto di fiducia, curiosando tra le portate e, soprattutto, sul blog aziendale, fino alla richiesta di informazioni su come raggiungerti o prenotare;
- **fornitori e partner** che si aggiornano sulle news, magari condividendo e collaborando a guest post e commentando sul blog;
- **lettori** appassionati di cibo e buongustai che trovano interessanti i tuoi appassionati articoli con consigli di cucina, ricette o in cerca di notizie fresche sulle nuove tendenze. Leggendoti, impareranno a conoscerti ed entreranno a far parte della tua community;
- **media e influencer** costantemente alla ricerca di nuovo nel settore e fresco da proporre, informazioni da rilanciare. Poco per volta puoi acquisire notorietà e diventare un interlocutore interessante anche per player così ostici.

Marketing e vendita

Il sito web non è solo una vetrina: è necessario abbandonare questa visione superficiale. Piuttosto, è uno strumento che propone la tua filosofia di cucina, promuove e vende il

2. Per la descrizione del percorso virtuoso di creazione del website: Nicoletta Polliotto e Luca Bove, *Ingredienti di digital marketing per la ristorazione*, Dario Flaccovio Editore, Palermo 2017.

tuo prodotto, guidando l'attenzione del lettore verso un nuovo ruolo di cliente, favorendone il contatto telefonico, l'invio di email, la richiesta di prenotazione o l'acquisto diretto. Questo tool deve essere funzionale all'aumento del tuo fatturato, puntando a massimizzare il profitto, con razionali percorsi di vendita e di customer service. È il tuo venditore digitale, il tuo butta-dentro virtuale.

Come progettare

Scopriamo insieme alcuni punti chiave e qualche consiglio utile per creare un **website gestibile, funzionale e capitalizzabile** – garanzia di un fruttuoso investimento, abbattendo l'obsolescenza – senza dilungarci su dettagli tecnici.
Primo passo: avvalersi, sempre, della consulenza di professionisti validi e progettisti preparati ad affrontare le sfide del settore attraverso brand design, web design, content marketing e marketing digitale. Saranno loro a gestire – consigliandoti e illustrandoti tutti i passaggi – l'**acquisto del dominio**, la selezione del **servizio hosting** (spazio web sul quale sarà ospitato il tuo sito web) e **server mail** (per creare e organizzare le tue caselle di posta). Questi servizi vanno riconfermati annualmente con un piccolo costo di rinnovo e gestione.
Secondo passo: ideazione, progettazione e creazione del website. Occorrono competenze e abilità che coinvolgono comparti del sapere e professionalità differenti che devono armonizzarsi e lavorare all'unisono: user experience design, web design, sviluppo e programmazione, content marketing, digital marketing. D'altro canto l'importanza dello strumento giustifica la necessità di un progetto accurato.
Terzo passo: pubblicazione del sito web e promozione attraverso campagne – advertising, digital PR, link building – e comunicazione mirata – ufficio stampa e social media marketing. Il sito deve essere sempre monitorato, aggiornato, nutrito.

Alcune raccomandazioni sulla progettazione del website

Crea un website da non rottamare dopo 3 mesi

Realizza uno strumento aggiornabile, grazie a un CMS (Content Management System)[3], misurabile con un sistema di analisi (web analytics), in linea con il tuo progetto di digital marketing, facilmente condivisibile con i social media.

Assicurati che il web design sia responsive (RWD)

Come già accennato, è importante progettare un sito web che si adatti al formato dello schermo (Responsive Web Design) e a qualsiasi dispositivo dal quale l'utente cerca. Solo così sarà garantita un'esperienza cross-channel: l'utente inizia una ricerca a lavoro, da computer fisso, procede in viaggio da smartphone e conclude a casa, consultandosi in famiglia da tablet o notebook.
Dal 2015 lo stesso Google suggerisce di utilizzare l'approccio responsive nella progettazione e creazione di siti web. Siamo sicuri che la tua agenzia di fiducia saprà ben

3. Strumento per la gestione e l'aggiornamento in autonomia dei tuoi contenuti.

consigliarti in questo campo. Se non altro, ora conosci bene l'iter corretto da seguire e i termini da utilizzare.

Valuta il mobile first

Ormai è storia: nel 2007 il primo smartphone e nel 2016 il grande sorpasso sui computer, prima in termini di dispositivi venduti e poi di connessione. Devi progettare il tuo sito web pensando agli utenti da mobile.

Immagina e anticipa non solo la disposizione adeguata degli elementi – immagini, bottoni ecc. – ma anche le funzionalità e modalità di interazione da mobile: clicco/scorro e preferisco utilizzare il meno possibile la tastiera.

Google premia i siti web ottimizzati per il mobile (per un periodo li ha anche etichettati esplicitamente, con la dicitura "Mobile Friendly" affiancata a risultati di ricerca virtuosi), nella SERP[4]. L'importanza di possedere un sito mobile friendly è duplice: da un lato queste soluzioni vengono premiate da Google favorendo il ranking locale[5], dall'altro, più importante, rendono soddisfacente l'esperienza dell'utente. Immagina un cliente che individua il tuo website tramite ricerche locali e che da smartphone, però, non riesce a navigare o consultare le pagine. Si rivolgerà subito altrove.

Pensa a un'architettura dei contenuti ben... architettata

I contenuti (visivi e verbali) sono, probabilmente, il motivo principale di visita da parte dell'utente. Un'organizzazione semplice ed essenziale di tutti i contenuti informativi, descrittivi ed emozionali è fondamentale.

Immagina di dover organizzare il Menù per i tuoi clienti. Disponi tutti i piatti e poi li dividi in portate: se noti una disparità nel numero di proposte tra i vari gruppi, li sposti o elimini. È inutile creare un'interminabile lista di portate. Non puoi includere troppi antipasti rispetto al numero dei primi piatti, vero?

Organizzare i contenuti per il website usando il principio di priorità aiuta a modellare un sistema di navigazione molto naturale, un menu con pochi elementi, semplice, essenziale e molto funzionale per i lettori.

Questo lavoro di snellimento aiuta anche a proporre un layout – disposizione degli elementi nello spazio – leggero e minimale, facilmente consultabile e navigabile, soprattutto, da dispositivi mobile. Contenuti disposti logicamente garantiscono risposte alle ricerche in tempi assai più brevi.

Pensa alla filosofia del sito web

Racconta la tua storia e la tua filosofia di cucina, crea uno spazio dedicato al personal branding dello chef. Non dimenticare un blog aziendale, che sarà utilissimo per posizionare contenuti sui motori di ricerca, incrementare la visibilità, generare autorevolezza

4. Search Engine Results Page. Ne parleremo ampiamente, per ora vai su https://it.wikipedia.org/wiki/Search_engine_results_page (ultima consultazione: 2 marzo 2018).

5. Vedi il Capitolo 6, dedicato a queste tematiche.

verso il target e in riferimento al proprio stile culinario. Includi sempre la pagina navigabile dedicata al Menù, la più visitata.
Predisponi dei *punti di conversione* (call to action) per favorire l'azione - bottoni con i quali l'utente può compiere una determinata azione: contatto, compilazione di un form per bloccare un tavolo o prenotazione diretta, attraverso un sistema di restaurant ordering online.

Cura la fotografia e l'aggiornamento delle immagini

Ricorda di includere immagini affascinanti: crea un reportage fotografico di alto livello, racconto fedele della tua arte gastronomica. Proteggi, con una pagina dedicata ai copyright, sia i contenuti testuali sia il materiale fotografico. Approfondiremo questo argomento nei capitoli successivi, parlando di Menù, di content marketing e di local content.

Visibilità e posizionamento: dal brand positioning alla SEO

Il tuo posizionamento nel mercato di riferimento o brand positioning - a chi può piacere la tua offerta, per quale ragione, come ottimizzarne la presentazione per essere individuato e scelto - va allineato anche su web.
Visibilità e posizionamento online non sono più solo questione legata ai motori di ricerca, Google in prima linea. Vedremo come negli ultimi anni sia cambiato, evolvendosi e frammentandosi, il percorso di ricerca dei clienti, moltiplicando i dispositivi e gli strumenti sui quali bisogna essere presenti o da valutare nella stesura del piano strategico.
Nonostante ciò, il **posizionamento sui motori di ricerca** continua a essere un passaggio indispensabile e molto rilevante per le performance della presenza online. Ottimizza, quindi, tutti i contenuti e le risorse che proponi all'interno del tuo spazio web, così da rendere facilmente rintracciabili le informazioni e gradevole e fruttuosa l'esperienza con il tuo brand.

Posizionamento

Ruolo rilevante è rivestito dal web copywriting, l'insieme di principi e tecniche di scrittura di testi modellati e plasmati sul medium web, per trasmettere in Rete informazioni sulla propria azienda.
Questi contenuti costituiscono uno tra gli elementi utili a ottimizzare un website e uno dei fattori di ranking[6] utilizzati da Google, e altri motori di ricerca, per posizionare risorse online, in risposta alle domande/interrogazioni compiute dagli utenti in fase di ricerca e inserimento delle query[7].
La SERP è un elenco di risultati in ordine decrescente di rilevanza - secondo parametri calcolati dagli algoritmi dei vari motori - e presentati all'utente dopo che ha inserito le sue parole chiave (keyword) nell'apposito spazio di ricerca[8].

---

6. Insieme di elementi che influiscono sul posizionamento di una risorsa su Google.
7. L'azione di interrogare i motori di ricerca attraverso l'utilizzo di parole chiave.
8. Per approfondire: Francesco de Nobili, *SEO Google*, Hoepli, Milano 2017.

Parole di ricerca che dovranno essere sapientemente utilizzate e tematizzate nei contenuti delle tue pagine web, al fine di renderne possibile individuazione e valutazione da parte dei motori di ricerca (nello specifico, degli spider web)[9].
Come individuare le parole chiave da inserire nel proprio sito web e nel blog?
Esistono strategie molto sofisticate per individuare le keyword giuste da collocare nelle aree e pagine. Il nostro consiglio: vestire i panni del possibile utente è sempre un buon inizio in fase di analisi, magari con l'aiuto di alcuni strumenti che Google mette a disposizione, gratuitamente:

- Google Suggests[10];
- Google Trends[11];
- The Rhythm of Food, che monitora le tendenze delle parole sul food[12].

L'insieme delle tecniche per ottimizzare le risorse online prende il nome di SEO (Search Engine Optimization), approssimativamente divisibile in due parti fondamentali: attività on-site e off-site.
Le **tecniche on-site** riguardano tutti gli accorgimenti per migliorare la visibilità del sito web, agendo direttamente sulle pagine; quelle **off-site** sono legate alla sua promozione e alla relazione digitale.
Contenuti curati ti aiutano a inserire valide keyword in punti strategici. Utilizzare un buon CMS permette di personalizzare questi aspetti per ogni singola pagina.
Non solo di contenuti si "nutre" l'algoritmo di Google. I fattori che influenzano il posizionamento sui motori di ricerca sono molti e segretamente custoditi. Di certo, sappiamo che i seguenti parametri hanno un loro peso:

- anzianità del dominio;
- correttezza semantica e snellezza del codice di programmazione;
- presenza di parole chiave nel title e nella description;
- frequenza di aggiornamento dei contenuti;
- architettura dei link interni al sito;
- numero e qualità di link inbound (in entrata), soprattutto se da siti autorevoli;
- ottimizzazione delle schede di localizzazione, per esempio Google My Business;
- attività di local listing[13];
- indirettamente, presenza efficace sui social media.

9. https://it.wikipedia.org/wiki/Googlebot (ultima consultazione: 2 marzo 2018).

10. Quando inserisci parole nella query, ti vengono automaticamente suggeriti degli abbinamenti: spesso sono quelli utilizzati dagli altri utenti.

11. Oltre a usarlo regolarmente per stare al passo con le tendenze, controlla sempre il report di fine anno, che segnala le ricerche più interessanti, divise per nazione. Guarda le più cercate del 2017 qui: https://trends.google.it/trends/yis/2017/IT/ (ultima consultazione: 2 marzo 2018).

12. Google ha ideato questa piattaforma animata che divulga le tendenze della ricerca sui motori: http://rhythm-of-food.net/ (ultima consultazione: 2 marzo 2018).

13. Vedi il Capitolo 6, dedicato alla local search e a come valorizzarla.

Usabilità e user experience

Si fa un gran parlare di digital transformation, di accrescere competenze, strategie, strumenti digitali e tecnologici per allinearsi alle esigenze rinnovate dei clienti e migliorare il business, evolvendolo. È necessario, per progettare un cambiamento non fine a se stesso ma focalizzato su un processo utile e concreto.

Per non sbagliare, concentrati sull'esperienza dell'utente o UX (user experience), insieme di sensazioni e reazioni dell'utente quando utilizza un prodotto, un sistema o un servizio, che include anche le percezioni personali su utilità, semplicità ed efficienza (Figura 4.1).

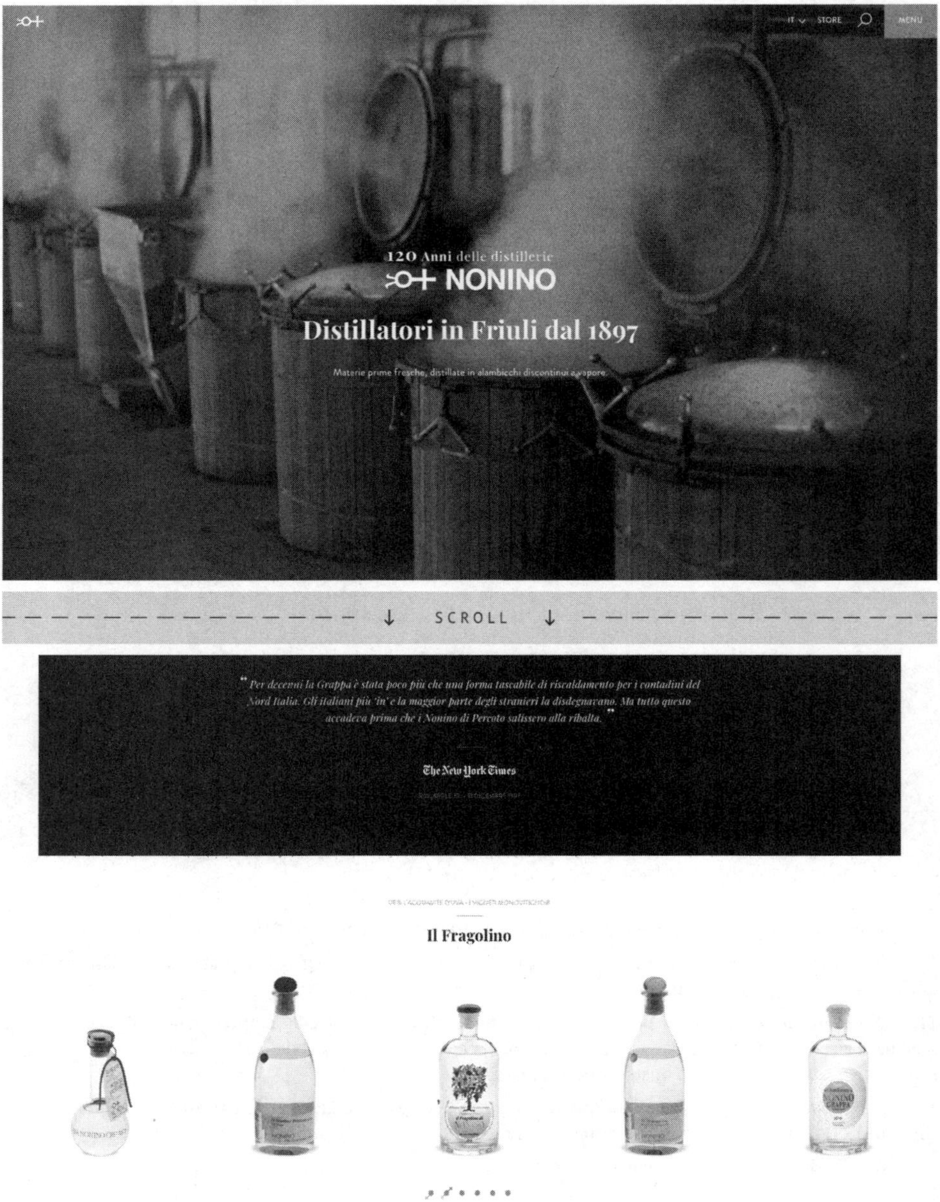

(Sotto e pagina a fianco)

Figura 4.1 Grappa Nonino: restyling dell'identità di marca e UX curata per il nuovo sito web. © Alkemy

Punta alla ricerca di un'esperienza utente sempre migliore, accompagnata da un graduale e costante inserimento di **nuove tecnologie** – dalla comanda al CRM, dai sistemi di prenotazione al management del personale – e dall'acquisizione di **nuove competenze digitali**. Puoi prevedere, per esempio, un piccolo percorso di formazione tua e di una parte dello staff, per ogni nuovo strumento che adotti.

Considera queste caratteristiche durante la creazione del sito web, puntando all'**usabilità** – grado di facilità e soddisfazione percepite durante la navigazione. Per raggiungerla, devi immaginare i bisogni e le domande che il lettore manifesterà, costruendo lo strumento intorno a queste esigenze.

Intervista a Christian Caldato sulla UX

Abbiamo molto a cuore usabilità e user experience: l'argomento meriterebbe un approfondimento importante perché la UX è attività essenziale, trasversale e abbraccia ogni fase del lavoro. Per tirare rapidamente le fila, abbiamo realizzato una breve intervista a Christian Caldato, neuromaketer e customer experience researcher di TSW.

Che cos'è il neuromarketing e perché è così importante quando si progetta la UX online del cliente?

Il **neuromarketing** è un campo di ricerca interdisciplinare che collega psicologia, neuroscienza ed economia con lo scopo di comprendere maggiormente come le persone si comportano nelle fasi di acquisto e in tutti i touchpoint del customer journey. Ormai è evidente che le scelte e le percezioni dell'uomo non siano basate solo sull'analisi del vantaggio economico. Il neuromarketing permette di indagare, secondo logiche scientifiche, tematiche che prima non erano accessibili: per esempio permette l'analisi delle emozioni e di come queste possano modificare il comportamento. Questo approccio è importante, perché si sposta il focus del customer journey dal prodotto all'esperienza delle persone, progettando strumenti che si allineino maggiormente alle reali esigenze, aumentando le probabilità di soddisfazione.

Il neuromarketing ha una "formula magica" da adottare nella comunicazione online e nelle interfacce (siti web, food app, blog aziendale, Menù online) oppure devo aggiustare il tiro in corsa, quando il mio sito web è pubblicato?

Il neuromarketing non fornisce nessuna formula magica, ma ci permette di avere delle informazioni per differenziarci dalle altre esperienze. Il nostro prodotto, e in particolare la sua comunicazione, si adatta ai cambiamenti del target. Basti pensare a com'è cambiata la nostra esperienza di acquisto online. Quanto tempo serviva per caricare un'immagine con il modem 56k? E quanto oggi? Non siamo più disposti ad accettare lacune accolte in passato:

ora l'attesa genera stress. Maggiore è lo stress, maggiore è la probabilità di abbandono. L'elemento che è mutato è lo standard dell'esperienza. L'unico modo per fornire la miglior esperienza possibile ai nostri consumatori è quello di misurarla costantemente.

Esistono buone pratiche per costruire un'interfaccia intuitiva, naturale e che rispecchi l'identità del ristorante?

Dal punto di vista del neuromarketing esistono diverse buone pratiche per riuscire a semplificare l'esperienza dell'utente. Solo quello che genera attenzione può essere memorizzato quindi, prima di tutto, attiriamo l'attenzione dei nostri utenti. Una volta raggiunto questo obiettivo, dobbiamo far vivere un'esperienza piacevole, in modo tale da aumentare la probabilità di essere memorizzati e scelti: dobbiamo rendere immediatamente disponibili e adeguate le informazioni cruciali per le esigenze dell'utente. Il primo obiettivo, per chi vuole fornire un'esperienza all'altezza delle esigenze della propria clientela, è di ridurre stress inutili. In un mondo che ci sovrastimola, l'unico modo di riuscire a distinguersi è quello di offrire soluzioni semplici a problemi chiari. Se è soddisfatto l'utente, i risultati che conseguirai soddisferanno anche te.

Conversione: da obiettivi e target a risultati

Nonostante la grande diffusione ed evoluzione dei siti web di e-commerce, ancora oggi due volte su tre i carrelli vengono abbandonati prima dell'acquisto.
È importante renderti visibile, farti trovare dagli utenti attraverso i motori di ricerca e conquistarli con un racconto intrigante e ricco di informazioni utili e mirate. Però, che succede se il potenziale cliente, giunto a questo punto, è finalmente pronto a prenotare il tavolo ma non trova il modo di farlo?
Ovviamente occorre predisporre un percorso semplice che consenta, da un lato all'utente di approfondire e curiosare, dall'altro di prenotare o contattare.

Strategia e percorso tecnicamente ineccepibile sono fondamentali per favorire la **conversione**: il passaggio da lettore a cliente o a lead (utente che lascia dati e contatti).
Ti sarà utile mettere in gioco alcune tattiche per favorire l'incontro con il tuo brand.

1. **Asseconda il bisogno di sicurezza**: usa termini chiari, soprattutto sulle CTA[14], e quando il cliente sta per lasciare un suo riferimento o prenotare un tavolo. Mettere in evidenza testimonial (testimonianze di collaboratori, fornitori, influencer) e recensioni aumenta l'indice di serenità del compratore.

14. Le CTA (Call To Action) sono inviti a compiere un'azione sul sito web.

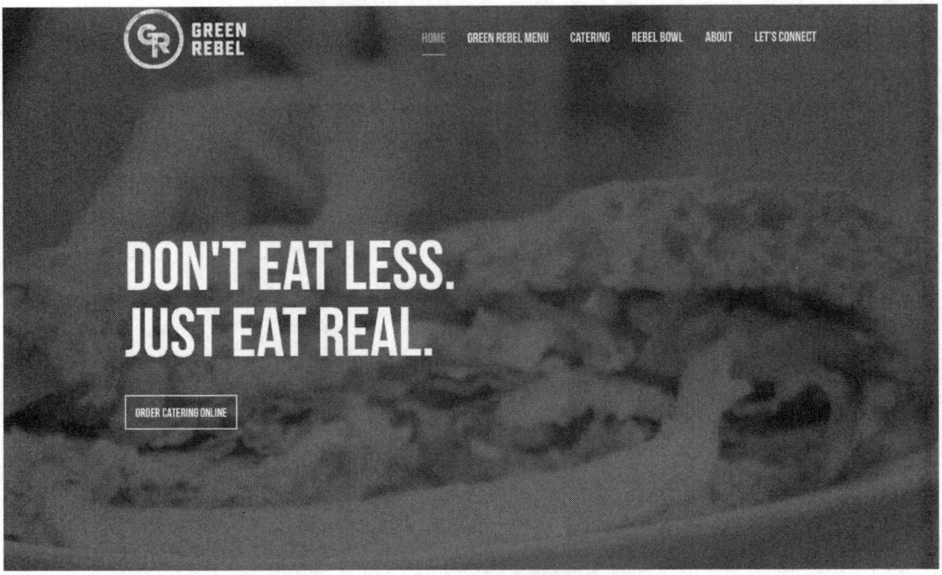

Figura 4.2 Green Rebel Canada: homepage con bottone per prenotazione catering. © Brandify

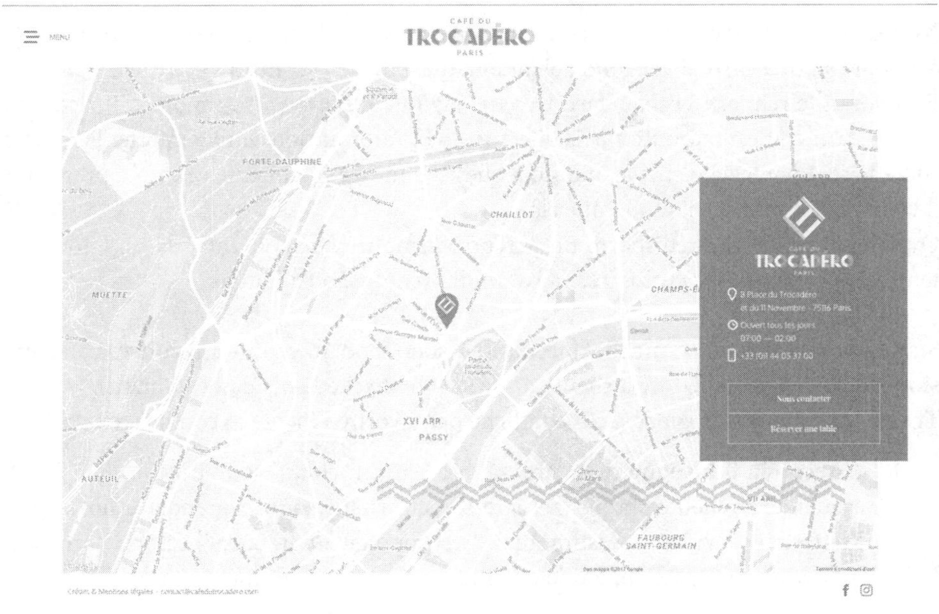

Figura 4.3 "Prenota un tavolo" al Café du Trocadéro a Parigi. © LesBullesCréatives

2. **Usa l'effetto esca**: all'acquisto di un Menù degustazione, il cliente risulta indeciso tra due offerte, situazione che può ostacolare la vendita. Se affianchi una terza soluzione lievemente migliorativa ma molto più costosa, il cliente non avrà dubbi a optare per l'offerta di medio prezzo, evitando risolutamente la più economica.

3. **Usa sapientemente gli "sconti"**: secondo te è più attraente uno sconto di 5 euro subito o una riduzione di 8 euro applicata al pasto successivo? Offri un beneficio, anche piccolo ma immediato: conquisterà rapidamente il tuo pubblico. "Prenota subito e ottieni una degustazione free dalla nostra nuova carta dei dolci". Che ne dici?

4. **Fai leva sulla riprova sociale:** gli utenti sono perennemente insicuri, non sanno se fidarsi. Si sentiranno subito rassicurati, se altri avranno già dimostrato di sostenere il tuo brand[15]: cura i tuoi profili ed evidenzia il tuo successo sui social media, per esempio attraverso un widget che segnali automaticamente i post su Facebook e Twitter.

5. **Evita il paradosso della scelta**: troppe immagini, testi lunghi ed eccessivi, link non mirati e azioni da compiere poco chiare creano un'enorme confusione. L'utente si sentirà sovrastato e disorientato, poco propenso a completare un'azione di contatto o di acquisto. Semplifica l'esperienza d'uso.

6. **Non dare nulla per scontato**: non credere che i clienti abbiano le tue stesse informazioni e i medesimi bisogni. Evita contenuti troppo tecnici, criptici o prolissi, come anche troppo semplicistici o, addirittura, poco curati e non adatti a essere fruiti online. Vesti i loro panni, immagina di ignorare l'esistenza del tuo ristorante. Pensa come loro!

7. **Non lesinare informazioni**: devi fornire informazioni semplici e le giuste opportunità di approfondimento: il cliente così sarà più facilmente conquistabile (e in modo duraturo!).

Come stabilire goal misurabili

Allinea i tuoi obiettivi e stabilisci dei goal. Poi devi misurare e controllarli, per non rendere vano il lavoro svolto. Ti consigliamo di partire con Google Analytics.
Il tuo sito web, appena pubblicato online, dev'essere lanciato, promosso, poi curato e seguito, aggiornandolo costantemente e anche controllandone i risultati. Esistono molto strumenti analitici, alcuni free e altri a pagamento ma, tra quelli gratuiti, per semplicità d'uso e funzionalità offerte spicca **Google Analytics**[16]. Ideata e rilasciata nel novembre del 2005, è la piattaforma più usata al mondo per monitoraggio e analisi di vari aspetti quali-quantitativi del traffico online verso un sito web o un blog aziendale.

15. Come da consiglio numero 1.
16. https://support.google.com/analytics/answer/1009692?hl=it (ultima consultazione: 2 marzo 2018).

Obiettivi: monitorare periodicamente il tuo sito web ti aiuta a soppesare l'indice di raggiungimento dei tuoi obiettivi. Comprenderai meglio i bisogni insoddisfatti e le domande inattese dei tuoi lettori, strategia utile per valutare e calibrare percorsi errati o da migliorare.

Come utilizzare in modo semplice Google Analytics?

È sufficiente includere un codice di monitoraggio in tutte le pagine del website. Questo si preoccuperà di inviare ogni sorta di dato al sistema analitico. Se sei seguito da un consulente, raccomandiamo, per aiutarti nell'interpretazione dei dati, di farti configurare un accesso in lettura e seguire le evoluzioni del tuo website.
Con cadenza mensile/settimanale misura le seguenti statistiche:

- **Numero di visitatori**: il dato preso da sé è poco utile, ma inserito in un quadro analitico più ampio mostra i contenuti sui quali conviene puntare e migliorare. Analizza i visitatori, nuovi o di ritorno, e scopri le pagine maggiormente visitate.
- **Engagement rate**: tempo di permanenza e pagine preferite. Il tempo di permanenza può essere relativo: i tuoi contenuti sintetici ma esaustivi possono soddisfare e far convergere su una CTA efficace. In generale, è utile cercare di aumentare la permanenza per contenuti di approfondimento come ricette, blog, info sugli eventi del territorio.
- **Media pagine per visita** (average pages): per quanto tempo gli utenti si fermano sul sito web, in relazione al numero di pagine visitate? Il tuo contenuto è interessante? Quali aree migliorare?
- **Indice di rimbalzo** (bounce rate): quanti utenti atterrano sul tuo sito web senza fermarsi e uscendone dopo pochi secondi? Le motivazioni possono essere molteplici, tra le più frequenti: tempi troppo lunghi di caricamento della pagina (ottimizzala!), pagine confuse, inefficace schema di navigazione, contenuti, visual design e layout che ostacolano la lettura (pensa a un restyling delle pagine e ottimizza l'architettura dei contenuti).

Puoi scoprire molte altre informazioni: lingua utilizzata, Paese di provenienza, referral (siti di provenienza), tipologia del dispositivo di navigazione, quali keyword e risultati organici su Google funzionano meglio... e tanti altri dati.
Puoi personalizzarne dashboard e parametri di controllo: per esempio, settare dei goal per monitorare specifici form di richiesta, integrare sistemi di booking online, altre funzionalità di contatto e misura delle conversioni.
Approcciati con gradualità allo strumento, imparando man mano a leggere, incasellare e confrontare dati in modo sempre più complesso. Migliora i contenuti, sistemando quelli poco efficaci, e sfrutta gli argomenti che riscuotono maggior successo.

Figura 4.4 Google Analytics: misura il traffico, la media di permanenza sulle pagine e il bounce rate sul tuo website. © Comunicazione nella Ristorazione

Priorità: creare una funzionale architettura dei contenuti

Questo approccio è fondamentale: individua **funzioni** – azioni che devono compiere gli utenti, con obiettivi da raggiungere – e **contenuti** – storie che vuoi raccontare e messaggi da trasmettere – da includere nel sito web.

Disponi su un tavolo tutti questi contenuti, prova a creare raggruppamenti di elementi comuni e affini, dividendoli per "categorie". In seguito, tenendo sempre presenti i tuoi obiettivi e le valutazioni sulla User Experience già fatte in fase di analisi, elencali in ordine di priorità e urgenza, stilando una graduatoria tra i più importanti e gli argomenti da mostrare prima ai tuoi lettori. Hai così individuato uno schema generale delle pagine/aree che comporranno il tuo sito web.

Questa è la base dell'architettura dei contenuti.

Consigliamo un approccio content first. Parti dai contenuti, ponendoti queste domande:

- Per chi sto realizzando questo tool (**target**)?
- Quali sono le azioni fondamentali che desidero svolgano gli utenti (**bisogni/obiettivi/funzioni**)?
- Quali informazioni devo trasmettere?
- Quali parti della mia storia devono conoscere?

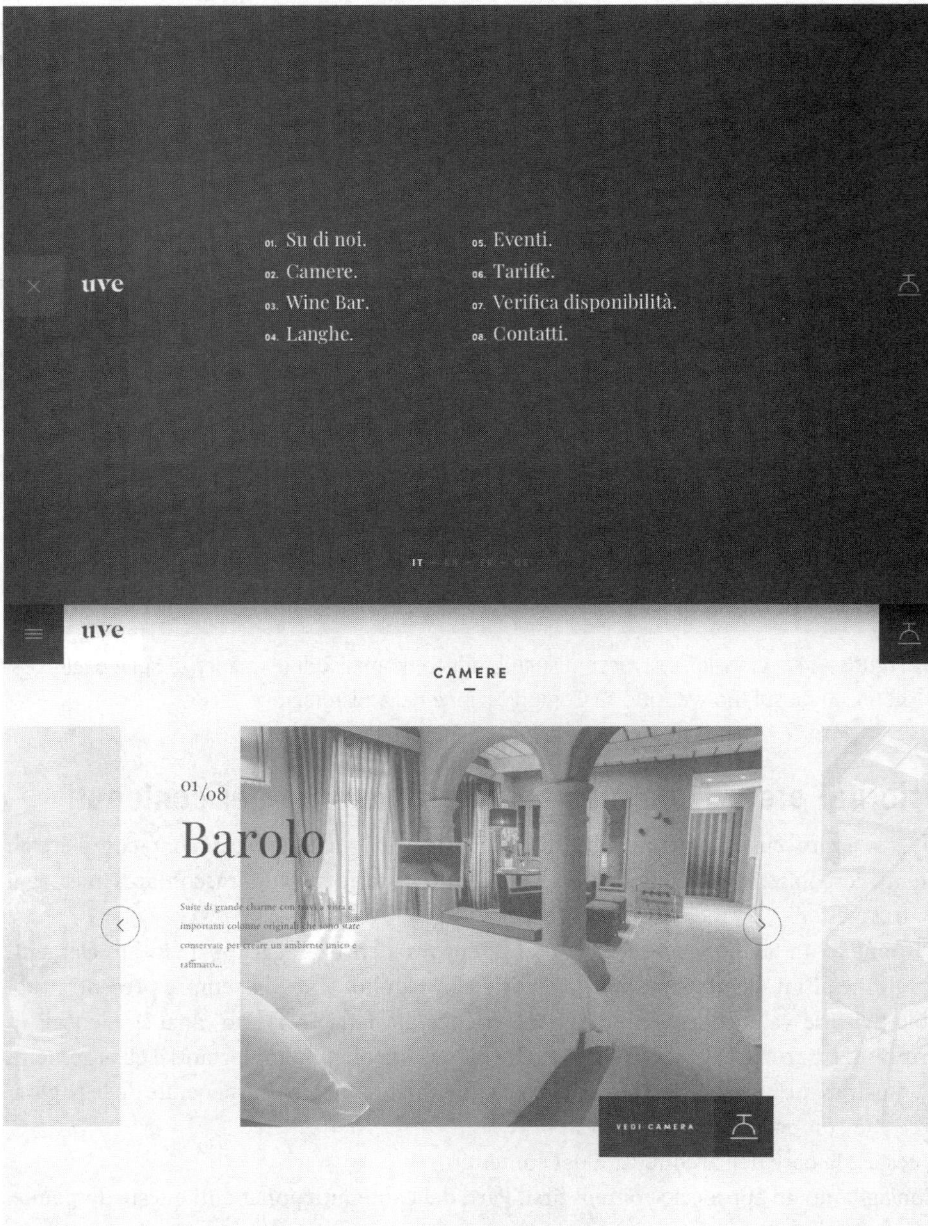

Figura 4.5 Uve Rooms & Wine Bar, La Morra, Langhe: efficace architettura dei contenuti. © AQuest

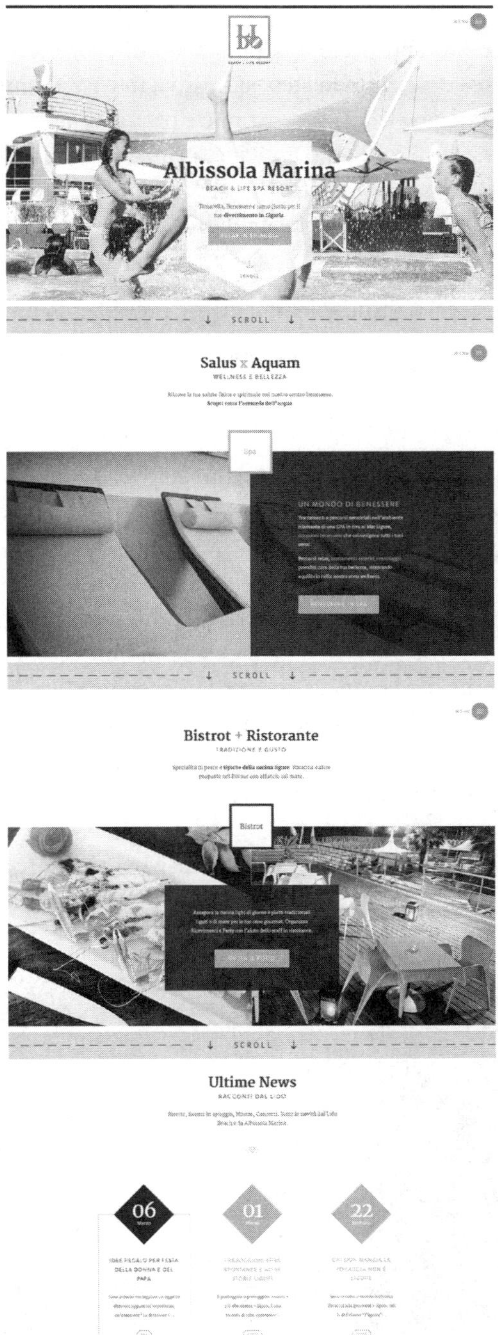

Figura 4.6 Lido Spa & Resort: funzionale architettura dei contenuti. © Muse Comunicazione

Flessibilità

Il primo aspetto di questo approccio è la possibilità di progettare in modo modulare, aggiungendo nuove aree e funzioni in step successivi, in base a tempo e budget disponibili. Pensa con largo anticipo alla comunicazione e promozione del ristorante, compresa la controparte digitale: inizia con largo anticipo, prima del lancio del tuo locale, mentre definisci la tua offerta e lavori al progetto di brand identity.
Può essere necessario suddividere in più moduli la creazione del website. Un possibile percorso:

- progetta il lancio del website solo in italiano, prevedendo un modulo multilingua;
- includi un form di richiesta e prenotazione tavolo, cui agganciare un futuro sistema di booking online diretto;
- predisponi le basi per un blog aziendale, da attivare successivamente.

Elemento essenziale è che tu conosca a fondo tutti gli step del progetto di comunicazione e li pianifichi sin dall'inizio. La fretta, la gestione di ritardi ed emergenze non devono in alcun modo ostacolare il tuo lavoro online: non iniziare con uno strumento approssimativo e raffazzonato, cui aggiungere funzionalità una sull'altra senza criterio e progettazione. Questo è il modo più rapido per creare un Frankenstein digitale, che dovrai cestinare rapidamente, perdendo così tempo e denaro. Piuttosto: programma, pianifica, prevedi, misura e ricomincia da capo. Questa è la strada giusta.
La *flessibilità* si riferisce anche a un metodo di progettazione elastico che renda il tuo sito web un tool aperto e implementabile, soprattutto adattabile a molteplici utenti, su diversi dispositivi, con svariate modalità di fruizione e risposte a differenti bisogni, percorsi, momenti di ricerca o di acquisto.
Per costruire la migliore esperienza utente possibile e per sfruttare al massimo le potenzialità della Rete, consigliamo, come già accennato, l'approccio **RWD** (Responsive Web Design).

Figura 4.7 Responsive Web Design, per un'esperienza utente funzionale da qualsiasi device.

Cosa includere nel sito web

Ti proponiamo ora una rapida carrellata degli elementi che devi includere e alcuni passaggi da non trascurare quando progetti e realizzi il sito web del ristorante.

Identità di marca: come raccontarla

Abbiamo affrontato come raccontare il brand, riflettendo su come progettare l'identità di marca del tuo ristorante – logo, tagline, colori e typography – e poi sulla contestualizzazione della tua comunicazione visuale in vari ambiti, fino al website, hub e centro nevralgico dei tuoi strumenti digitali.

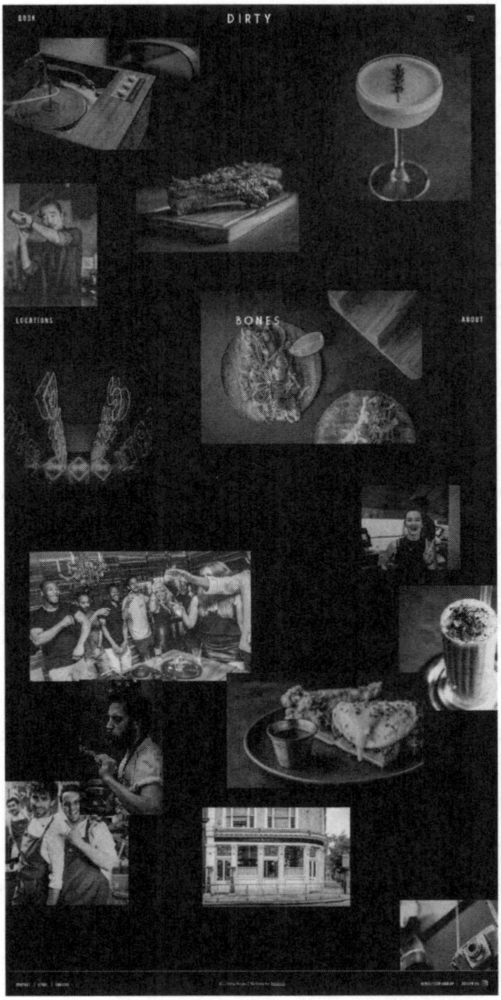

Figura 4.8 Dirty Bones: ristorante US a Londra, fa leva su lifestyle e condivisione valori. © Superrb

Inutile, quindi, insistere sulla necessità di **coerenza** e **trasversalità** della comunicazione. La stessa atmosfera, la stessa filosofia, messaggi e tono di voce armoniosi devono trasparire con autenticità in ogni strumento, soprattutto sul *medium* digitale. Qui il tuo cliente ti scopre, ritorna e ti consiglia agli amici: entra a far parte della tua community.
Per questo è sbagliato parlare solo di "sito web esteticamente bello e di tendenza!".
Lo spazio web non va progettato per vanità o orgoglio, quanto per rafforzare il legame con i bisogni dei clienti. Altro sostantivo da associare alla comunicazione sul sito web è **autenticità**. Dai contenuti alla declinazione del brand: applicare principi e canoni della tua brand identity allo strumento web creerà il mood giusto per illustrare la tua offerta, intercettare e coinvolgere il target in linea con la tua proposta culinaria, pronto a diventare tua futura clientela.

Layout e interfaccia utente

Dopo aver definito funzionalità e albero di navigazione – grazie all'architettura dei contenuti – colloca tutti gli elementi nello spazio fluido della/e pagina/e del website. Incasella tutti gli aspetti identificati: logo, menu di navigazione, eventuali colonne laterali, l'area dei contenuti, elementi in evidenza come Menù, offerte, eventi ecc.
Nasce così il **layout,** che dovrà essere flessibile per ogni contesto, dispositivo, utente, determinandone i percorsi e il raggiungimento degli obiettivi. Prevedi e studia percorsi adatti ai diversi tipi di target – come millennial all'uscita di scuola, professionisti in cerca di un rapido business lunch ecc.
Sonda e immagina anche gli *approcci di fruizione* dei tre tipi principali di utenza:

- Esperta: vuole piccoli assaggi di informazioni e poi si tuffa sul suo obiettivo.
- Curiosa: vuole informazioni dettagliate, prima di provare qualcosa di nuovo.
- Cauta: vuole sapere tutto in anticipo, deve fidarsi.

Ti lasciamo con una manciata di consigli sull'argomento, che la tua agenzia di fiducia saprà realizzare e trasmettere con dovizia:

- non affastellare troppi elementi: l'utente non farà che confondersi;
- crea una gerarchia e struttura chiara, dimensionando correttamente titolo, sottotitolo, corpo del testo, elementi grafici e immagini;
- disponi pochi contenuti e dà respiro alla pagina con un adeguato white space, spazio vuoto;
- sfrutta le immagini in modo da convogliare l'attenzione verso le risorse più importanti;
- componi la pagina con la regola dei terzi, come in fotografia.

Figura 4.9 Per la composizione del layout applica la regola dei terzi fotografica. © M.Boulton

CMS: un sistema per aggiornare il tuo sito web

Quale **CMS** (Content Management System) adottare? Un sistema di gestione facilita l'aggiornamento di contenuti del sito web: Menù, eventi, gallerie fotografiche, post del blog aziendale.
Il più conosciuto e utilizzato al mondo è WordPress[17], strumento perfetto per gestire i tuoi contenuti, anche se nasce con un forte focus sulla creazione di blog. È la scelta più popolare, garantita da un'ampia community di sviluppatori e designer che ne implementano funzionalità – attraverso **nuove soluzioni** (plugin free o a pagamento) – conoscenza e divulgazione, grazie a **discussioni** in gruppi e forum.

Pagine principali

L'architettura dei contenuti è un lavoro di asciugatura, astrazione, schematizzazione molto importante. Quando avrai organizzato con cura le tue informazioni, percorsi, aree e pagine forniranno in modo naturale uno strumento agile, maneggevole e intuitivo. Ti sembrerà di avere tutto a portata di mano. Di seguito le principali aree che consigliamo di includere, ricordando che ogni ristorante è uguale solo a se stesso.

Homepage

Fornisci poche informazioni, le essenziali e più ricercate dal tuo target specifico. Fai emergere con forza la tua personalità: questa pagina è molto importante, punto di atterraggio della maggior parte di clienti e utenti. È la tua reception online, dalla quale orienti l'utente verso informazioni per lui essenziali: ora il Menù, ora il modo per contattarti e prenotare un tavolo. Dalla homepage devi poter accedere a tutte le macro aree interne. Fai sentire l'utente sempre sicuro delle scelte e dei percorsi da seguire.

Menù

Abbiamo già detto che è la pagina più importante del tuo sito web. Molti dei tuoi colleghi la omettono, gravissimo errore, perché in realtà è una delle pagine più ricercate e visitate dagli utenti che desiderano informazioni sull'offerta di un ristorante. È la più convincente in termini di conversione: dopo aver visionato il Menù[18], il cliente chiama, contatta per la prenotazione.
Elabora e proponi tutti i tuoi Menù: à la Carte, Menù stagionali, Menù del giorno, Menù cerimonia oppure dedicati a specifici eventi (degustazione, cena a tema ecc.). Esponili con semplicità, in modo esauriente e costantemente aggiornato: devono esprimere con chiarezza costi e ingredienti.

Ricorda che con il tuo Menù puoi raccontare ed esprimere:

- l'elenco delle portate e dei piatti tra cui scegliere;

17. Consulta https://it.wordpress.com (ultima consultazione: 2 marzo 2018).
18. Dedichiamo il Capitolo 5 a questo tema.

- la filosofia e lo stile del locale;
- l'attenzione ai dettagli e alla cura degli ospiti;
- il livello, la qualità di cucina e accoglienza;
- l'attenzione a intolleranze o speciali categorie di ospiti: anziani, bambini, sportivi ecc.

Se la progettazione avviene implementando in modo corretto codice e contenuti - sarà compito della tua agenzia occuparsi di questo - puoi favorire Google e altri bot di motori di ricerca nell'individuare i Menù all'interno delle pagine, al fine di renderli più visibili e in evidenza nelle SERP. Proprio per questi motivi **sarebbe bene evitare l'uso di Menù in PDF**, tra l'altro soluzione scelta dalla maggior parte dei ristoranti italiani. Comprendere questo aspetto e proporre Menù con una soluzione più SEO friendly rappresenta già un enorme vantaggio.
Google sta assegnando sempre più importanza alla visibilità dei ristoranti, favorendone la ricerca sul proprio motore. Da poco ha inserito una nuova tab, Menu (su Google My Business), per mettere un nuovo link alla pagina omonima: diventa quindi indispensabile crearla[19].

Contatti

Il tuo lettore può decidere di contattarti in qualsiasi fase della sua navigazione, non deve incontrare difficoltà nel raggiungimento di questo obiettivo: può costarti una conversione. Includi indirizzo, numero di telefono, email, info sugli orari di apertura, giorno di chiusura e dettagli sulla location, in ogni pagina. Dove? In intestazione, piè di pagina o sidebar (barre laterali): è una scelta che dovrai affrontare con la tua agenzia.
Aggiungi link ai diversi media sociali e ai canali di recensione, per stimolare condivisione e ulteriore fiducia negli utenti, favorendo la decisione di cenare presso il tuo locale. Crea una pagina dedicata in cui riassumere tutte le modalità di contatto, le indicazioni per raggiungerti rapidamente. Massima ospitalità, ancor prima che il cliente metta piede nel locale.

Chef e staff

Altre pagine importanti sono, rispettivamente, la sezione dedicata allo chef (per il personal branding) e l'area dello staff, con la brigata di cucina e di sala - utili testimonial. Il fatto stesso che queste pagine siano presenti o meno racconta molti dettagli del tuo brand e dell'organizzazione del tuo locale.

Eventi

Questo è lo spazio in cui includere eventi e percorsi di degustazione che proponi nel tuo locale. Trasmetti anche informazioni sul tuo territorio e sulle relative novità gastronomi-

19. Vedi l'approfondimento nel Capitolo 6 dedicato al local marketing.

che: manifestazioni vitivinicole, raccolta olio/vendemmia, sagre e festival, seminari o corsi dedicati alla gastronomia, visite in cantine e aziende di produzione o trasformazione ecc. **Consiglio**: prevedi una sezione dedicata agli eventi del territorio, soprattutto se vocato al turismo. Aiuta a posizionare i tuoi contenuti e a intercettare turisti o curiosi attratti da quella specifica manifestazione, specialmente se vi leghi un'offerta o un Menù dedicato.

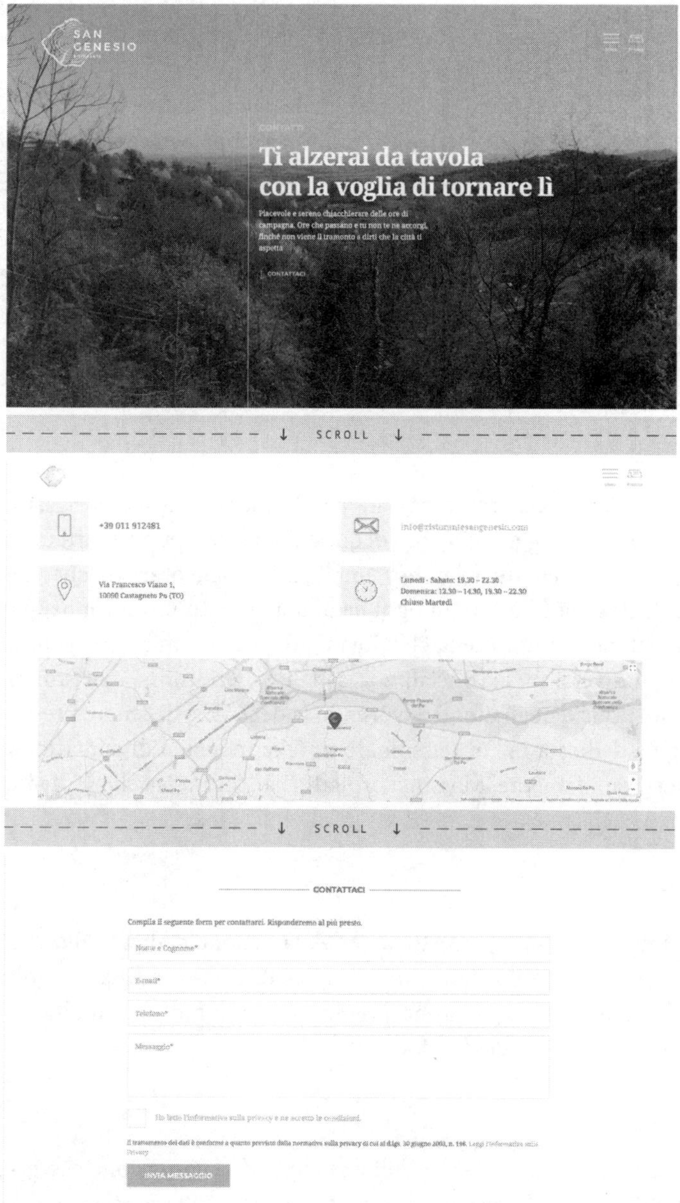

Figura 4.10 Pagina contatti del website del Ristorante San Genesio. © Nuova San Genesio

E se ometti chef e staff?

Scenario 1

Ipotizziamo che sul tuo sito non esista l'area dedicata allo chef: cosa può immaginare il cliente? Il primo pensiero corre alla qualità, alla notorietà e allo spessore dell'arte culinaria dello chef. L'utente potrebbe pensare che non sia sufficientemente bravo o creativo, che ci sia un alto turnover, tanto da non garantire un adeguato livello nella preparazione del piatto o, infine, che il locale dia poca importanza alle persone e alla filosofia di cucina.

Scenario 2

Immaginiamo che non esista la pagina staff. L'utente potrebbe percepire un'interfaccia fredda, poco amichevole, fatta di soli piatti e salette. La comunicazione non è fatta da "umani" per "umani", tanto da risultare fredda e impersonale. Chi troverà il cliente quando entrerà nel ristorante? Il personale sarà sorridente, disponibile, familiare, competente?

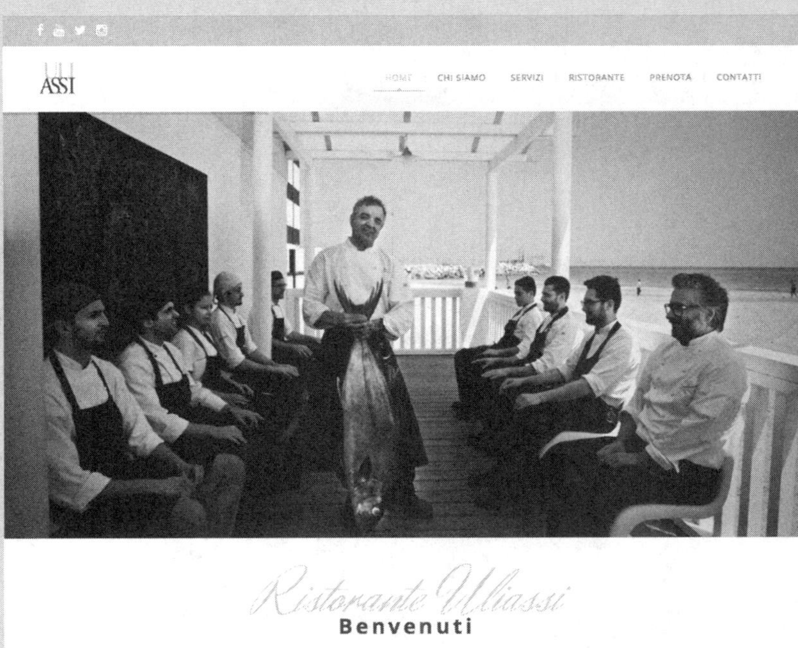

Figura 4.11 Uliassi: homepage di benvenuto, in cui si viene accolti da chef e staff. © Uliassi

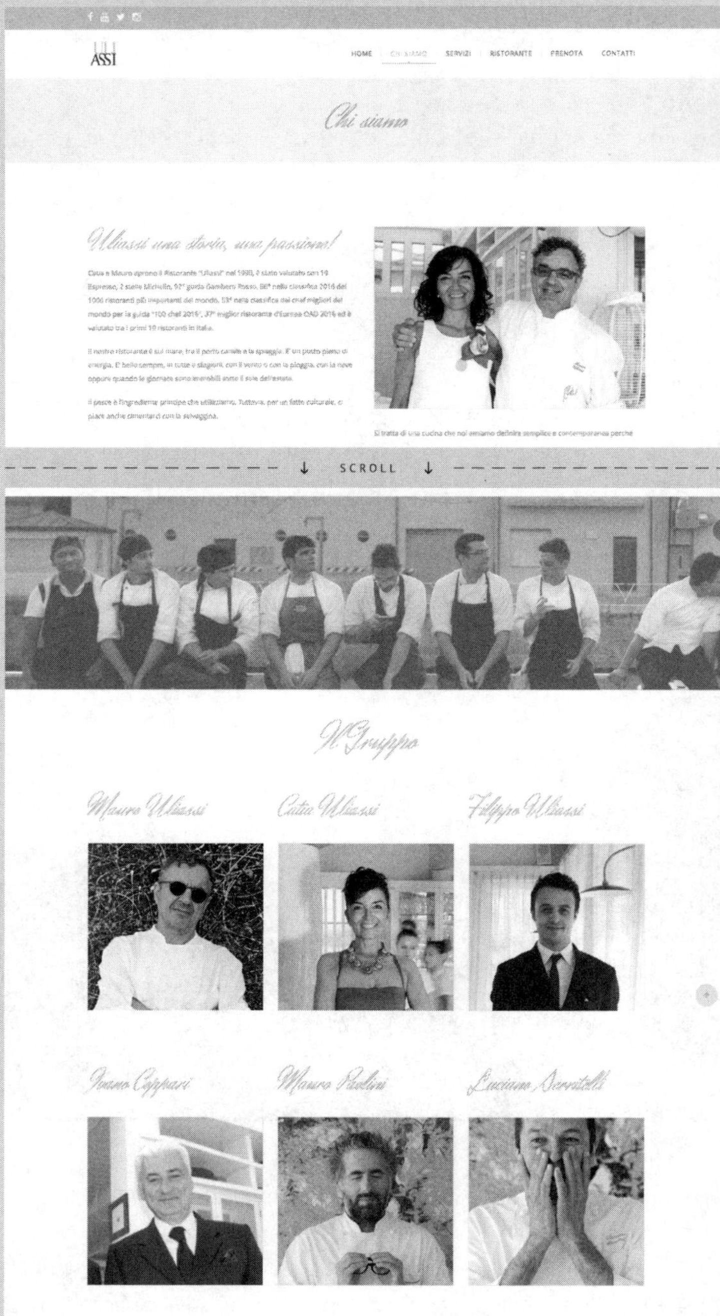

Figura 4.12 Uliassi: la pagina "Chi siamo" punta, soprattutto, sulle persone. © Uliassi

Blog

Riteniamo strategico che il blog aziendale sia incluso nel sito web. È il diario online del tuo ristorante, ideale per pubblicare e promuovere articoli, immagini e video.
Il blog è uno strumento prezioso per obiettivi marketing, per l'alto indice di visibilità sui motori di ricerca e per i contenuti che, se ben scritti e sapientemente curati, attraggono potenziali lettori verso il website[20].

Dicono di noi

Se il ristorante è stellato, oppure ha ricevuto premi speciali e ospita molti eventi, può valere la pena riportare informazioni, senza risultare però autocelebrativi. Piuttosto, crea un'area testimonial, dando voce al contadino, all'allevatore, al fornitore vitivinicolo che racconta l'esperienza del lavoro con il tuo chef.
Se il tuo ristorante ospita eventi prestigiosi o il tuo chef è un noto personaggio pubblico, predisponi un **media kit** scaricabile, contenente immagini fotografiche, video, comunicati stampa, news e altri elementi che reputi importanti.
Non dimenticare che i contenuti devono convincere: non ne è immune la pagina "Dicono di noi"; soprattutto se utilizzi testimonial, pensa a un format fresco e innovativo. Occhio al copywriting: un testo ben scritto può risultare una leva di conversione molto potente.

Prenotazione del tavolo

Apriamo solo una breve parentesi, dato che chiuderemo il manuale con un capitolo interamente riservato all'argomento. Consigliamo di utilizzare un form semplice ma ben strutturato per la richiesta di prenotazione, con una policy di booking e di privacy chiara e definita, onde evitare incomprensioni o sovrapposizioni.
Utilizza se possibile un widget per la prenotazione diretta, usufruendo di servizi quali Quandoo, TheFork o Yelp (booking non ancora operativo in Italia). Valuta piattaforme che consentano di gestire il direct booking dal tuo sito web e s'interfaccino al tuo gestionale.

Gallery

L'uso di fotografie e immagini non solo è fondamentale per raccontare, affascinare e convincere i tuoi ospiti, ma risulta essere una delle componenti primarie della visual identity. Parte del tuo stile narrativo[21], l'immagine fotografica racconta la tua identità, in modo molto efficace, semplice e diretto.
Attenzione all'orientamento delle fotografie e a un utilizzo coerente della luce e della composizione. Applica uno stile di post produzione uniforme (il tuo manuale di stile dovrebbe prevedere anche questo aspetto).

---

20. Vedi il paragrafo dedicato alla creazione e all'aggiornamento del blog aziendale.
21. Ne parleremo abbondantemente nel Capitolo 7, che tratta l'argomento del visual content.

Figura 4.13 Website di Osteria Francescana: immagini fotografiche macro che avvolgono. © Team99

Mappa e geolocalizzazione

Anche questo tema verrà approfondito in un capitolo dedicato, anticipiamo solo alcune argomenti, per uno sguardo generale[22]. Il posizionamento del tuo sito web per chiavi di ricerca locali (contenenti indicatori geografici) funziona, a patto che il website contenga alcuni elementi e sia realizzato con alcune accortezze.
Includi indirizzo completo del tuo ristorante, sempre identico e corretto: con località, via e civico, CAP e numero di telefono, orari di apertura e giorno di chiusura. Esporta da Google Maps la mappa con le indicazioni del tuo ristorante. Non dimenticare le immagini fotografiche del tuo locale: sono dettagli utili anche per il **posizionamento locale**. Inserisci questi dati nella sezione "Contatti" oppure crea una pagina "Dove siamo".

Come utilizzare il sito web

Hai creato uno strumento importante come il sito web, ora devi prevedere una campagna di "lancio" per tua presenza online:

- organizza un evento per la presentazione del nuovo sito web;
- pianifica una campagna di promozione del nuovo spazio;
- allinea tutta la tua comunicazione offline e online, segnalando la tua nuova presenza online;
- elabora un piano editoriale periodico, per arricchire e aggiornare i contenuti;
- progetta una piccola campagna advertising su Google AdWords[23] e/o su Facebook Business[24].

Prevedi lancio e gestione del website già in fase di progettazione.

Blog aziendale

Il blog aziendale, associato al tuo sito web, può trasformarsi in una vera e propria piattaforma di marketing, se include contenuti di qualità indirizzati a un pubblico specifico per creare influenza sociale, coinvolgere i lettori, creare traffico di ricerca organico e generare profitti, attraendo audience profilata.
Per fare blogging non è sufficiente sedersi alla scrivania e scrivere: decretarne il successo significa lavorare sulle relazioni, con creatività e accumulando esperienza. La maggior parte dei tuoi colleghi, quei pochi che hanno sperimentato il blog non ricavandoci benefici immediati, si è arresa, abbandonando lo strumento vuoto di contenuti e con articoli datati. Ciò può creare un pericoloso effetto boomerang, e l'immagine potrebbe risentirne.
Le cause più frequenti di fallimento, per blog e content marketing, sono legate a:

22. Vedi il capitolo riservato ai temi del local marketing.
23. https://adwords.google.com/intl/it_it/home/ (ultima consultazione: 2 marzo 2018).
24. https://www.facebook.com/business (ultima consultazione: 2 marzo 2018).

- scarsa qualità dei contenuti prodotti;
- aspettative non realistiche o affrettate;
- costo di produzione e gestione importanti: un collaboratore interno o esterno deve produrre, pubblicare, rilanciare e gestire gli articoli.

I tuoi lettori si aspettano un certo livello di professionalità, hanno gusti ed esigenze chiari e ben definiti, spetta a te allinearti ai loro bisogni e non viceversa. Forma uno staff qualificato per la creazione e gestione del content marketing oppure utilizza professionisti con competenze creative e di marketing, che conoscano la tua identità, i tuoi progetti e il tuo pubblico.

Altra grande opportunità è quella di ospitare **guest blogger**: foodie, giornalisti, colleghi chef, personaggi autorevoli per il tuo settore (influencer)[25].

Se ti avvarrai del **guest posting, otterrai questi vantaggi immediati**:

- aumento della visibilità e della notorietà del tuo brand, grazie al coinvolgimento degli ospiti che aiuteranno a diffondere e condividere l'articolo;
- arrivo sul tuo blog di un traffico mirato e interessato, se l'ospite è stato ben selezionato;
- creazione di una rete di esperti con i quali sviluppare, anche in futuro, progetti o eventi (digital PR);
- aggiunta di nuovi punti di vista nei tuoi contenuti e di risorse utili per i lettori.

Scegli uno stile comunicativo più corale (e quindi meno autoreferenziale) per il tuo blog: la fiducia del lettore aumenterà.

Come rilanciare i contenuti con i social media

Nel marketing digitale strumenti, strategie e tattiche sono legati gli uni agli altri. Un vero e proprio habitat comunicativo, con una logica simile agli ecosistemi naturali o, meglio, all'approccio olistico della medicina alternativa.

Per questa ragione, la tua presenza sui social media e sui social network - Facebook, Instagram, Pinterest, Twitter ecc. - può essere utile al blog e alla promozione dei suoi post[26]. Proponendo contenuti interessanti e a tema, puoi attirare più traffico di quanto tu possa immaginare, attraverso un widget di semplice installazione - dedicato ai lettori che vogliano condividere sui propri profili (Figura 4.14) - oppure rilanciandoli sulle pagine social ufficiali del tuo ristorante (Figura 4.15).

Il **social media marketing** è un'attività in real-time, garantisce riscontri ed engagement in tempi piuttosto rapidi. Un contenuto pubblicato ora può iniziare a generare traffico verso il tuo sito in pochi minuti. Ma questo sarà argomento di un intero capitolo.

---

25. Il Capitolo 9 è riservato all'influencer marketing.

26. Per approfondimenti tecnici avanzati: Bonaventura Di Bello, *SEO & Social per WordPress*, Hoepli, Milano 2016.

Figura 4.14 Widget di condivisione sui social media. © CnR – Comunicazione nella Ristorazione

Figura 4.15 Rilancia i contenuti del blog sui tuoi profili social. © CnR – Comunicazione nella Ristorazione

Far decollare il sito web: posizionamento, promozione e pubblicità

Hai visto che non basta possedere buoni strumenti, occorre farli funzionare a dovere e coordinarli con progettualità. Nel tuo piano marketing, quindi, dedica una parte importante alla promozione del sito web e dei contenuti che man mano includerai[27].

Pensa a come costruire la tua community tra clienti, prospect e semplici curiosi che un giorno ti assaggeranno o, semplicemente, diverranno ambasciatori del tuo brand, aiutandoti a far conoscere la tua azienda. Qualcuno che segue per anni il tuo blog potrebbe prenotare un tavolo, sicuramente un giorno consigliarlo alle sue cerchie di contatti. Crea la tua **rete sociale** utilizzando le piattaforme più adatte al tuo business.

Componi con cura una **mailing list**, un solido database diviso per clienti, prospect e lettori: usa anche il blog aziendale, sfrutta e stimola l'iscrizione alla newsletter per incrementare il tuo database di liste profilate, utilizzando in modo professionale l'**email marketing**, che permette di segnalare i contenuti nuovi e interessanti ma anche, in modo mirato, offerte e nuovi Menù. Creando buoni contenuti, potrai garantirti materiale perfetto per una campagna di email marketing. Attenzione alle normative legate alla privacy, che dovrai rispettare con cura. Sono in arrivo, per maggio 2018, nuove disposizioni e adeguamenti per il trattamento dei dati personali di clienti e contatti.

Progetta un **programma di fidelizzazione**, segnalandolo sul sito web, sul blog e attraverso i canali social: il costo di acquisizione di un cliente nuovo è molto più alto del

27. Ispirazione: Ale Agostini e Claudio Gagliardini, *Fare business con Google*, Hoepli, Milano 2015.

costo di gestione del cliente acquisito. Potresti includere welcome gift, card con sconto fedeltà, offerte "Porta un Amico" ecc. Utilizza il website per l'iscrizione ai programmi di fidelizzazione: altro sistema per ordinare e accrescere il tuo database di contatti. **Nota Bene**: al cliente interessa lo sconto ma la cosa che gradisce di più è essere riconosciuto, apprezzato. Preferisce un'accoglienza personalizzata e dedicata. È il miglior premio che tu gli possa riservare: chiamalo per nome, ricorda le sue intolleranze e abitudini, il tavolo preferito, il cameriere preferito. Cosa c'è di più bello di quando, in un locale, il barman chiede: "Signore, le porto il solito?".

La promozione non finisce qui: abbiamo parlato, nel paragrafo sulla visibilità, di link building e article marketing. Presto affronteremo l'influencer marketing e le digital PR[28], l'ufficio stampa tradizionale e web.

Un suggerimento: prevedi la creazione e gestione di annunci pubblicitari o **advertising** – in prevalenza su Google – per migliorare branding e affluenza al tuo sito web, vendere di più e meglio[29].

Casi di studio

Caso di studio 1: Oste Romano, quando al website aggiungo il blog aziendale

Il gruppo Ranucci possiede e gestisce tre ristoranti che si affacciano tutti sullo stesso slargo, rinominato "La piazzetta dell'Oste", a Milano Porta Romana. La loro cucina, tipica romana, punta sulla qualità delle materie prime e sul legame con le radici dei piatti tradizionali del Centro Italia.

La sfida

Comunicare i punti di forza dei tre ristoranti e riunirli sotto un unico ombrello, rafforzando il brand Ranucci. Come far convivere la comunicazione dei valori di accoglienza, genuinità, legame con il territorio e rispetto delle tradizioni, con la milanesità, l'internazionalizzazione di accoglienza e marchio?

Obiettivi

I loro obiettivi:

- brand positioning: mercato milanese e nazionale, future espansioni in USA;
- rafforzare il brand genitore "Ranucci";
- declinare le identità dei tre locali nella città di Milano;
- preparare il lancio internazionale con la nuova apertura a Miami.

28. Vedi il Capitolo 9.

29. A questo proposito consulta Andrea Testa, *Digital marketing con AdWords*, Hoepli, Milano 2017.

Strategia

Il sito web del gruppo[30], in due lingue, italiano e inglese, punta agli spazi dedicati ai quattro ristoranti: Giulio Pane e Ojo, Osteria Casa Tua, Ristorante Abbottega e il neonato Ristorante Osteria Baiocco a Miami. Il colpo di genio è stato allineare al sito web del gruppo il blog aziendale[31].
Il **content marketing** è stato articolato sui social media, principalmente Facebook, con le brand page dei tre ristoranti italiani e il blog aziendale. La narrazione è costruita sulla figura dell'oste romano che si rivolge in prima persona ai propri lettori, lasciando trapelare la vocazione da osteria che si contrappone, per approccio, valori e obiettivi, alle nuove mode della ristorazione. I contenuti del blog partono dall'analisi dei trend food e dalla ricerca keyword.

Risultati (ottobre 2016 – ottobre 2017)

Facebook:

- 5.000 nuovi Like sulle pagine Facebook;
- copertura organica: +768%;
- utenti coinvolti sulla Pagina: +487%;
- interazioni con i post: +357%;
- Like: +69%;
- dati fatturato: +15% (tre ristoranti del gruppo in Italia);
- dati prenotazione tavoli: +14,5 %.

Ottimi risultati, ottenuti grazie a un dettagliato progetto di content marketing e all'utilizzo del blog aziendale. Una più accurata definizione e caratterizzazione della brand identity dei tre ristoranti (visual, logo e typography) – siamo sicuri – garantirebbe ulteriore successo.

Caso di studio 2: Vigilius Mountain Resort, ristoranti alberghieri raccontati con semplicità

Tutta la struttura, realizzata dall'architetto Matteo Thun, è stata progettata dal punto di vista architettonico e del funzionamento tenendo fede a un solido concept: Eco e non Ego. Il lusso è semplicità, purezza e pace, perché l'hotel di montagna 5 stelle Vigilius Mountain Resort[32], abbarbicato sul Monte San Vigilio in Alto Adige, non è raggiunto da strade ma solo da una funivia. Il luogo è pieno di energia, la natura ti sovrasta.
Narrare sul web una realtà di questo tipo richiede sensibilità e rispetto. Strategia per affrontare questa sfida: la semplicità.

---

30. http://ranuccigroup.com/it (ultima consultazione: 2 marzo 2018).
31. http://ranuccigroup.com/it/la-piazzetta-dell-oste (ultima consultazione: 2 marzo 2018).
32. https://www.vigilius.it/it (ultima consultazione: 2 marzo 2018).

Per rendere omaggio all'ecosostenibilità e al recupero del contatto con gli elementi e con i materiali della montagna, tutta la comunicazione si è tinta di essenzialità e di colori naturali. L'architettura dei contenuti, asciutta ed essenziale, ha restituito un'esperienza dell'utente immediata e intuitiva, sintetizzata in una manciata di "verbi": *Arrivare, Gustare, Stare Bene, Ritrovarsi, Informare.*

Le call-to-action accompagnano la navigazione, fatta per lo più da passaggi tra un'immagine e contenuti ispirati, con un footer che mostra costantemente:

- "semplicemente richiedere", bottone con link a un form di richiesta disponibilità;
- "semplicemente prenotare": bottone che rimanda al direct booking online;
- "semplicemente chiamare": bottone che consente una rapida telefonata.

Come viene presentata la cucina? Lo chef è discreto e legato alla sua squadra: mostra le mani che impastano, gli ingredienti della montagna e i piatti. Semplice eleganza, di una bellezza "senza trucco" che incanta al primo sguardo. La cucina è declinata nelle tre proposte: Ristorante 1500[33], Stube Ida e la Taverna.

Il Menù sorprende per l'ardire di recuperare e accostare sapori montani e l'attenzione dedicata alle intolleranze e alle abitudini alimentari personali.

Indimenticabile l'icona della stella alpina che "racconta" i piatti montani.

Il sito web conquista: quando la comunicazione parla da sé e con tanta naturalezza, anche al professionista restano ben pochi elementi da aggiungere.

Take away

Consiglio 1

Per la creazione del tuo website, **rivolgiti a un'agenzia di provata esperienza**, che conosca il tuo settore e mostri un portfolio di qualità. Evita il fai da te, prevedi un percorso di affiancamento e formazione di uno staff interno al tuo ristorante per la gestione del sito web e la produzione di contenuti.

Consiglio 2

Includi contenuti di valore: produrre una buona comunicazione genera la conversione, quindi il raggiungimento degli obiettivi di business, branding e vendita. Favorisci in ogni modo la condivisione sui social media dei tuoi contenuti.

Consiglio 3

Comprendi questi obiettivi nella creazione del tuo sito web: comunicare (clienti – prospect – lead), promuovere (offerta e brand reputation), vendere worldwide 24h; fare customer service in real-time.

33. https://www.vigilius.it/it/gustare/ristorante-1500 (ultima consultazione: 2 marzo 2018).

Consiglio 4

Non produrre contenuti di scarsa qualità: creare un website con leggerezza o poco curato potrà fare solo danni. Rischi di sperperare tempo e denaro, con aggravio per la tua immagine.

Consiglio 5

Hershey Chocolate Company è l'azienda che rifornisce l'esercito americano delle famose barrette di cioccolato, dal 1800. I nostri nonni la ricordano perché ha creato un gusto da associare alla Liberazione da parte delle truppe US, nel '45. A proposito dei clienti, Milton Hershey diceva: "Dai loro qualità. È la miglior forma di pubblicità". Oggi, **questa qualità va raccontata e anticipata online**.

5

Come progettare il tuo Menù

Vediamo i nostri clienti come ospiti invitati a una festa e noi siamo i padroni di casa. È compito nostro migliorare, un po' ogni giorno, gli aspetti più importanti della customer experience.
Jeff Bezos, CEO e fondatore di Amazon

Non c'è contesto in cui queste parole siano più adeguate del servizio ristorativo: il modo migliore di invitarli a una festa è dare ai clienti un'**accoglienza confortevole**. Accomodàti al tavolo e creata la loro comfort zone, abbiamo la condizione ideale per una relazione perfetta: noi lavoreremo con serenità, venderemo di più e meglio, ottimizzando la nostra reputazione e la crescita futura. Loro saranno felici.
La prima interfaccia alle emozioni che ti appresti a servire è la sala con la sua accoglienza, che raggiunge il momento-verità con la consegna del Menù al tavolo.
Il Menù è lo strumento di vendita, branding e promozione più potente e trasversale di cui tu disponga, per il tuo ristorante.
Progettare il tuo Menù (**menu design**) non è un compito banale né da prendere con leggerezza. Non è un'attività *una tantum*, da replicare come fotocopia per mesi o per anni. È uno strumento che va analizzato e ingegnerizzato con cura, che cresce e si evolve giornalmente sulla base di valide e consolidate linee guida.
Il Menù è frutto di un equilibrio, anzi della costante ricerca del proprio equilibrio. Si ottiene bilanciando i seguenti parametri:

- troppi piatti/pochi piatti;
- troppo costoso/poco costoso;

- grande ampiezza di gamma (pesce, carne, vegan, gluten-free, pizza) o specializzazione (i dessert restaurant, la pizzeria);
- trendy/tipico.

Non esistono rigide regole generali. Contestualizza il tuo progetto rispetto al mercato di riferimento, al tuo pubblico e alla concorrenza (su questa dovrai scovare vantaggi competitivi).

Creare un Menù significa donare razionalità e pragmatismo all'arte e alla creatività della propria cucina.

Strumento di vendita e branding

Quando crei un nuovo piatto, sai di dover puntare su pochi ingredienti dominanti e qualche elemento complementare. Il Menù è l'ingrediente principale della tua comunicazione. Prima di essere puro strumento di vendita, rappresenta l'interfaccia del tuo brand: online, sui tavoli o esposto fuori dal ristorante sui menu board.
Attraverso questo tool vendi piatti, racconti filosofia e storia della tua cucina e del tuo locale, ottimizzi il fatturato. Il Menù influisce su ogni euro in entrata o uscita dalla tua attività ristorativa.
Il **Menù cartaceo**, unica promozione della tua offerta che il cliente leggerà sicuramente e integralmente[1], è indispensabile e spesso sottovalutato dagli operatori. **Online** offre, in aggiunta, opportunità di attrazione e persuasione nella fase della scelta del locale.
Questo strumento deve sottostare a una normativa molto rigida, al fine di tutelare i diritti e la salute dell'ospite; elemento che si rivela utile anche per il ristoratore.
Sappiamo che il Menù va esposto:

- all'esterno del ristorante: menu board su cavalletto o a bacheca;
- all'interno del ristorante: menu board a fianco o dietro al bancone;
- sui tavoli: menu tent, più adatto a locali, caffetterie, fast food, bistrot, Menù turistici, degustazioni, proposte con poche portate/piatti;

e consegnato al tavolo dai camerieri.

Deve contenere o richiamare indicazioni sul trattamento di alcuni alimenti e indicare, chiaramente, la presenza di allergeni. Lo spirito giusto, per progettarlo in modo fruttuoso, sta nell'utilizzare queste regole come un'opportunità per convincere più agevolmente il tuo cliente: non vederle come una mera complicazione.
È necessario che tutti i tuoi Menù siano sempre coerenti tra loro, nel **visual design** – allineandosi alla tua brand identity, secondo le regole di stile previste dal manuale del

1. Tempo di lettura medio di 109 secondi. Vedi pagina 39 della ricerca del Centro Studi Gallup, http://scholarworks.gsu.edu/cgi/viewcontent.cgi?article=1000&context=hospitality_facpub (ultima consultazione 2 marzo 2018).

brand e della comunicazione – e nei **contenuti** – numero dei piatti, tipologia e quantità. Ovunque. Questa regola te la dettiamo noi!

Tendenze nel Menù

I ristoratori hanno preso coscienza: sta sensibilmente diminuendo il numero di piatti proposti all'interno del Menù, approccio che sta facendo il giro del Pianeta.
Per decenni, complice la diffusione di nuove abitudini alimentari e intolleranze, si è pensato di aumentare l'offerta per risultare più competitivi. Pratica lanciata dalle grandi catene che ha contagiato anche i ristoranti indipendenti e le piccole realtà locali.
Si verifica, ora, un'inversione di tendenza, conseguenza delle ricerche più recenti sull'efficacia dei Menù. In realtà, un minor numero di proposte, ben calibrate, porta a una maggiore qualità esecutiva e organolettica, a un miglior livello e una maggiore velocità di servizio e, soprattutto, a un minor rischio di scarti.

Prendendo spunto da questa tendenza, suggeriamo un approccio profittevole, prendendolo a prestito dal mondo del design: Less is more, che potremmo tradurre in "meno è meglio", allineandoci a uno stile di vita che all'opulenza e alla complessità preferisce semplicità e minimalismo, allo sfarzo e allo spreco – pensiamo alla lotta #NoWaste alimentare – contrappone una "decrescita felice", proponendo un Menù più essenziale. Pochi elementi, ben disposti nello spazio, meglio si intonano a un nuovo stile di vita, rafforzati anche dal sostegno della scienza.

Ricorda, infatti, che nel mondo della comunicazione:

- ciò che è meno contorto è più diretto e comprensibile;
- la semplicità è preferibile alla complessità;
- la sintesi è più efficace della verbosità.

Ci piace qui citare la **legge di Hick**:

Il tempo necessario per prendere una decisione varia in funzione del numero di opzioni disponibili, aumentando proporzionalmente.

Se applichiamo questi principi alla progettazione del Menù, è chiaro che aumentando il numero delle proposte incrementa proporzionalmente la difficoltà – da un punto di visto visivo e psico-cognitivo – a individuare l'elemento desiderato, creando indecisione e confusione nel cliente.

Utilizzare un numero inferiore di proposte (alleggerendo il carico cognitivo) e ideare una progettazione grafica ben curata rende più piacevole la customer experience e profittevole la vendita. Sarà più semplice puntare sulla rotazione dei piatti, ponendo maggiore attenzione all'utilizzo dei "freschi" del giorno, alla stagionalità e all'approvvigionamento a chilometro zero.
Risulta più agevole, cosa non banale, narrare i piatti e trasmetterli al personale di sala e più comodo comunicare online la propria offerta, promuovendola a dovere. I "tuttologi" hanno vita breve: individua, esalta e proponi con semplicità la tua identità culinaria.
Per brevità e utile esercizio, ti riassumiamo i cinque errori più comuni:

1. **Menù schizofrenico**: c'è dentro di tutto un po', senza concept o stile di racconto, per attirare il maggior numero di clienti. Sta sicuro che finirà per non convincere nessuno.
2. **Menù chilometrico**: lungo, zeppo di piatti e di descrizioni. Crea problemi di approvvigionamento e produzione, confonde gli ospiti, allunga il processo di ordinazione e rende difficile massimizzare i profitti.
3. **Menù striminzito**: pochi piatti limitano l'offerta all'essenziale. Di facile gestione ma, se progettato senza criterio, rischia di mostrare un'offerta troppo povera, noiosa o sbilanciata, soprattutto per gli habitué.
4. **Menù modaiolo**: mostra un'offerta legata alla sola moda del momento. Rischioso, perché le tendenze vanno e vengono, a meno che tu non apra un pop-up restaurant.
5. **Menù ambizioso**: selezione di piatti di alta qualità, materia prima costosa e/o di difficile approvvigionamento, di elaborata preparazione, complesso da presentare e dai nomi altisonanti o descrizioni improponibili. Sei sicuro di farcela? Se poi cercassi di riconvertirlo verso la semplicità potrebbe sembrare un ridimensionamento o un'ammissione di fallimento.

Compresa l'ampiezza da assegnare al tuo Menù e l'importanza di allineare i piatti alla tua offerta gastronomica, soffermiamoci su un altro punto.
Come abbiamo ricordato, questo strumento deve rispettare e coordinarsi alla tua **identità visiva**, alla tua **corporate identity** e alle **linee guida** richieste dal brand, come nel caso di SalentOsteria descritto nel box.
Questo esempio e un altro (quello del Porta Menù e listino bevande del Ristorante Zenobi, realizzato qualche anno fa e già riproposto) sono presenti

➔ nella sezione "Menù" dell'Inserto a colori: osservali e studiali con attenzione.

Non dimenticare di progettare un Porta Menù robusto e durevole, che faciliti l'aggiornamento delle proposte in carta.

Figura I.1 Studio del logo di Safac s.r.l., azienda di consulenza e distribuzione macchinari e impianti per gelaterie, pasticcerie, Horeca. © Muse Comunicazione

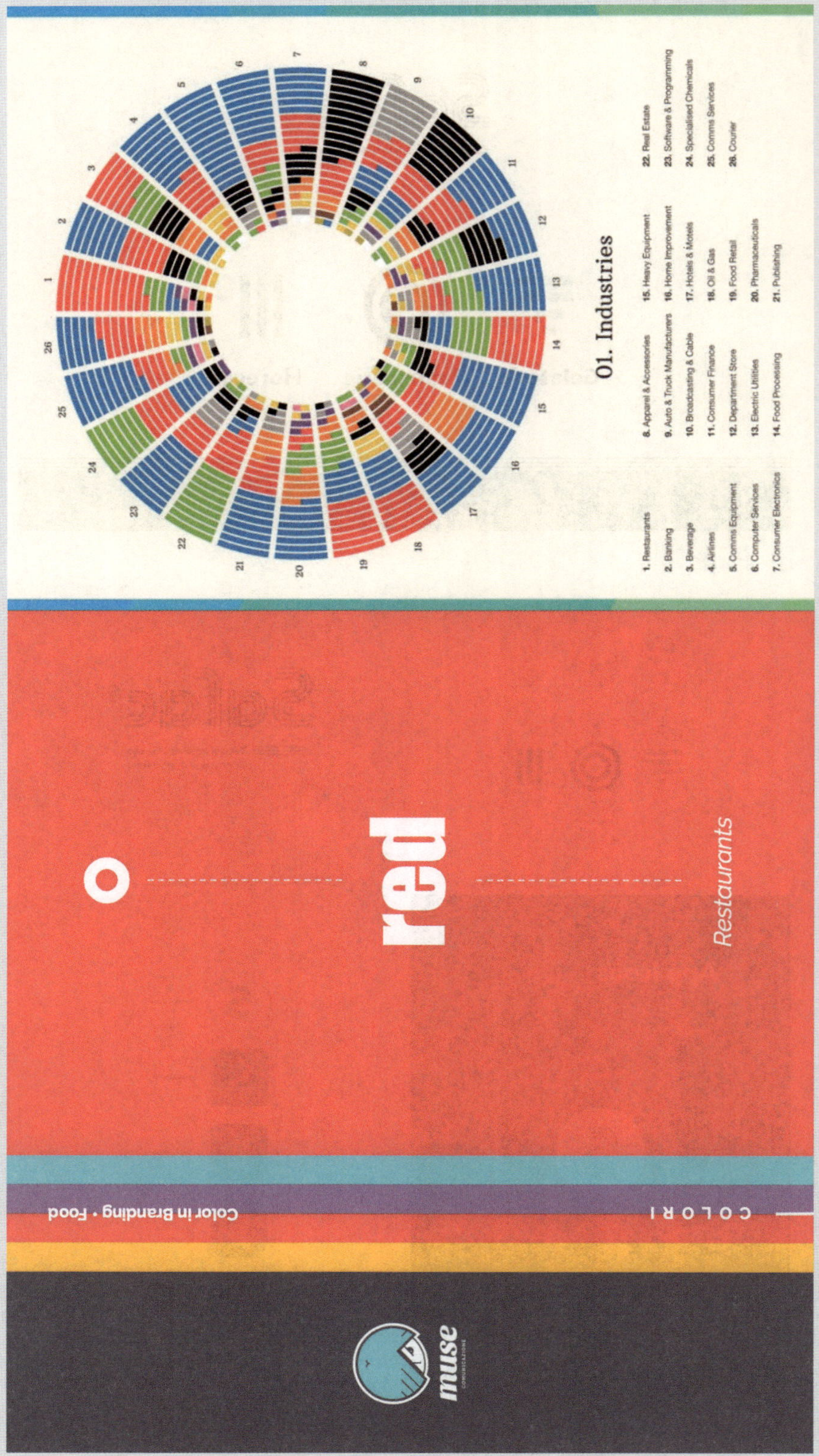

Figura I.2 Brand colour per aree merceologiche: per i ristoranti è il rosso.

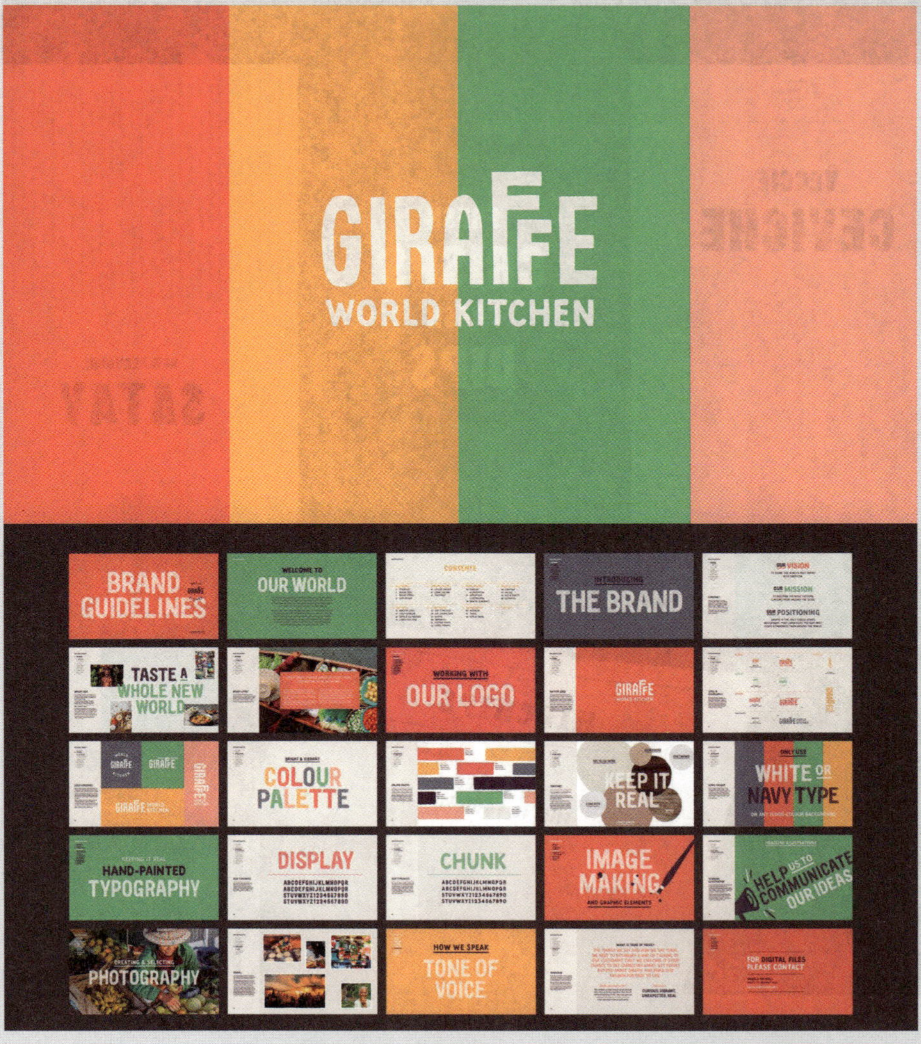

Figura I.3 Restaurant Giraffe: selezione da palette colori del brand. © Engage Interactive

Figura I.4 Hipchips: selezione da palette colori. Sceglie il bianco/nero. © raggededge.com

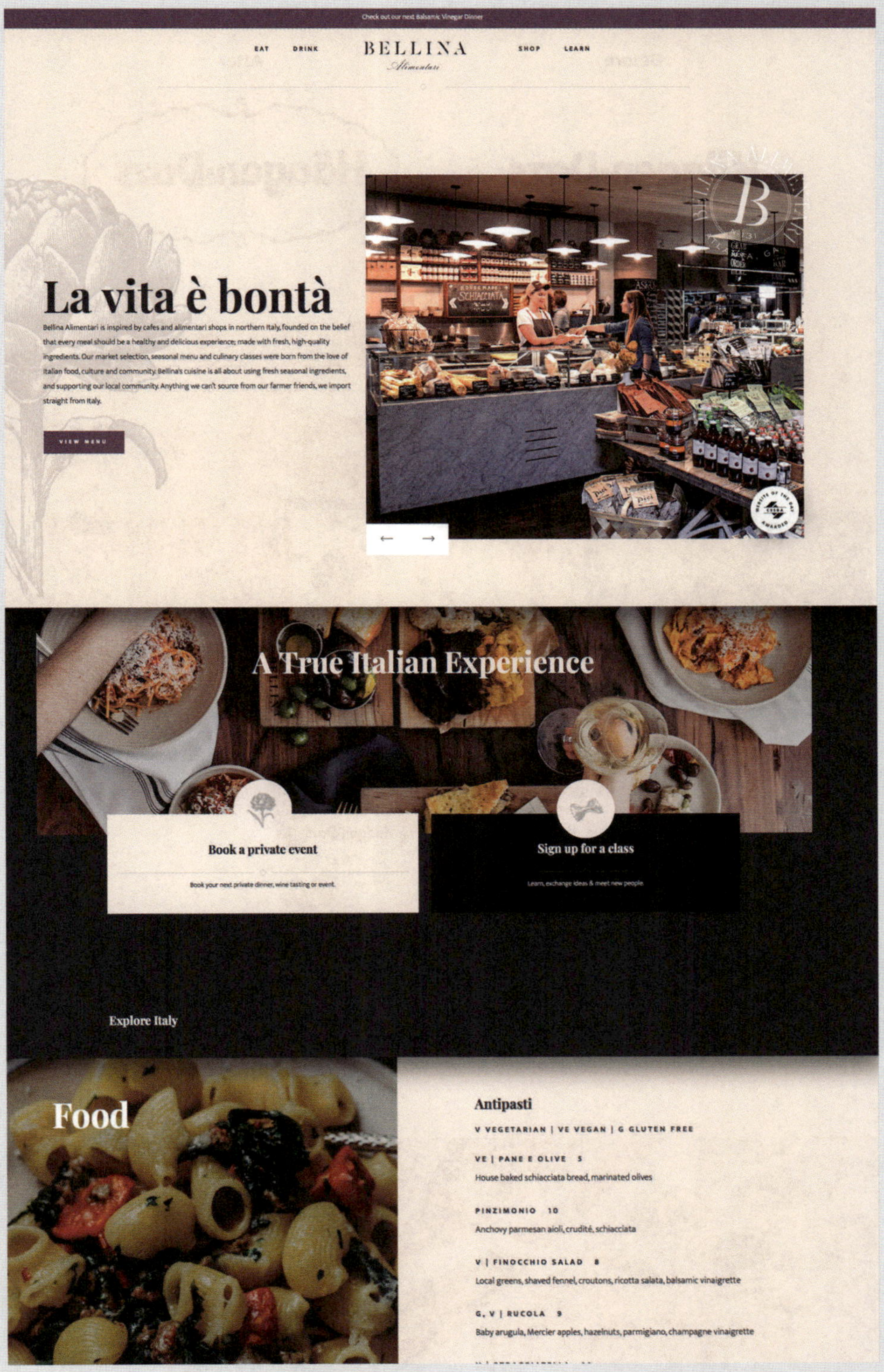

Figura I.5 Bellina Alimentari: palette colori vintage con predominanza di rosa antico. Target: i millennial. © Visual Soldiers

Figura I.6 Rebranding Häagen-Dazs: palette colori e brand identity a confronto. © Häagen-Dazs

Figura I.7 Ristorante SalentOsteria, spin-off di Oasi Salento Residence: palette colori e logo. © Muse Comunicazione

Figura I.8 Stile visivo brillante e piccante per Gordo Taqueria. © Focus Lab

Figura I.9 Linee guida visive con icone, illustrazioni, interior design per Giraffe. © Engage Interactive

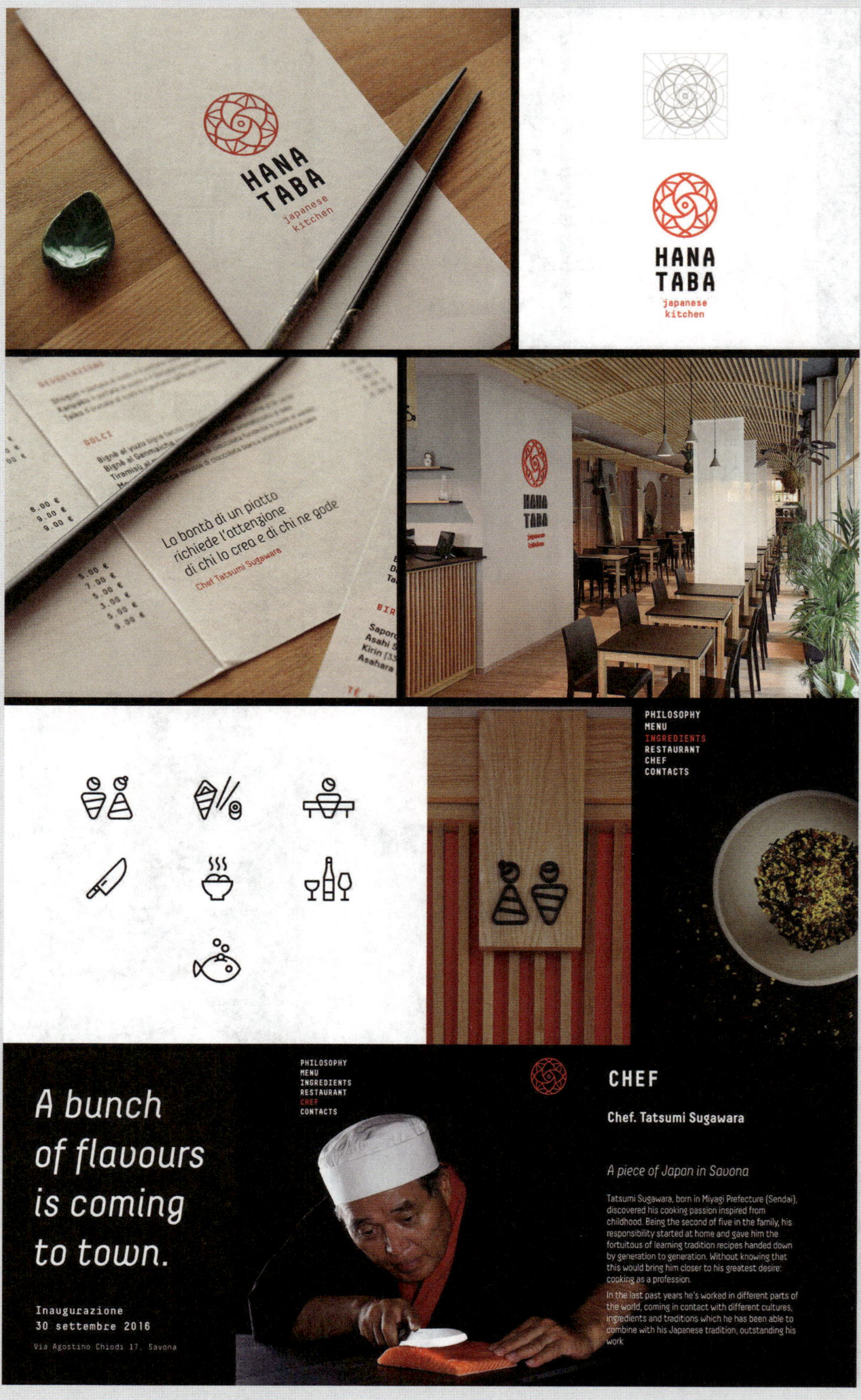

Figura I.10 Applicazioni del manuale del brand: dall'interior design allo studio delle icone. ©hanataba

Figura I.11 Manuale del brand e guida di stile per SalentOsteria: applicazioni. © Muse Comunicazione

Figura I.12 Porta Menù, Menù e Porta Conto di SalentOsteria, in linea con la brand identity. © Muse Comunicazione

Figura I.13 Porta Menù e Menù del Ristorante Zenobi coordinato a brand identity e comunicazione aziendale © Muse Comunicazione

Figura I.14 Menù: tool vendita, branding e marketing. Allinealo alla tua visione aziendale. © StudioCosmos

Figura I.15 Menù: tool vendita, branding e marketing. Comunicazione coerente, Menù sempre coordinato[1] © LanderProject

1. https://ilbixtrot.it/ (ultima consultazione: 2 marzo 2018).

Figura I.16 Menù cartaceo e online con l'utilizzo di immagini che narrano i piatti. © Capra e cavoli

SalentOsteria: menu design in osteria

Chi si occupa di ristorazione sa che il Menù è strumento di vendita e interfaccia per il suo brand: se ben progettato aiuta a vendere piatti, raccontare la storia della cucina locale, ottimizzare il fatturato.
SalentOsteria[2] ben lo ha compreso e propone una soluzione **Porta Menù** comoda, resistente e riutilizzabile. La realizzazione grafica appare curata e coordinata alla brand identity. Lo strumento è creato in cartoncino rigido con plastificazione opaca soft-touch, waterproof e anti graffio. Per il ristoratore è sufficiente stampare il Menù, periodicamente aggiornato, su fogli A3 trattenuti da un elastico in colore coordinato: il pranzo è servito!

Per salutare in modo discreto ma memorabile il cliente, viene proposto un utile promemoria con tanto di QR Code per interagire via smartphone con la Pagina Facebook: scontrino e fattura sono serviti all'interno di un utile e simpatico **Porta Conto**, sempre coordinato.

Menù offline e online

Il Menù, tool fondamentale nella proposta e vendita della propria offerta gastronomica, dev'essere coerente in tutte le declinazioni e contesti in cui è presentato, sia **online** sia **offline**. Ne riassumiamo le relative caratteristiche.
Il **Menù online**, pubblicato sul website, è il cuore pulsante nonché la pagina più visitata. Ricorda di adottare un approccio responsive nella progettazione delle pagine, che garantirà la compatibilità con diversi dispositivi, e utilizzare un CMS che renda facile l'aggiornamento. Anche online occorre studiare molto bene l'architettura dei percorsi gastronomici. Pensa a un Menù à la Carte da rinnovare stagionalmente e un Menù del giorno da cambiare e aggiornare frequentemente.
Potrebbe essere utile, per esempio, un layout a card associato a immagini, in stile catalogo Pinterest. Sarà efficace, rapido e stuzzicherà l'appetito dei lettori.
Evita i Menù in PDF da scaricare, perché di difficile lettura e posizionamento sui motori di ricerca. Preferisci l'HTML, che garantisce – se progettato a dovere – anche un layout stampabile e ben impaginato.
Sarà comunque semplice aggiornare e aggiungere, togliere, cambiare i piatti con rapidità ed efficacia. Attento alla freschezza e attualità dei contenuti: sono fondamentali per utenti e motori di ricerca.
Abbi un occhio di riguardo alla leggibilità, per rendere la lettura del Menù immediata, naturale e, soprattutto, comprensibile.
Online hai ancora meno tempo per convincere l'utente: puntare su Menù facilmente aggiornabili, in base alle stagionalità e alla disponibilità, contribuisce a creare una customer experience senza intoppi, memorabile e convincente.

2. Vedi il caso di studio illustrato nel Capitolo 3.

Attenzione: prevedi una prima traccia di menu design nel tuo manuale del brand!

Utilizza un'architettura dei piatti semplice e immediata (Figura 5.1).

Figura 5.1 Ottimo esempio di Menù online: Ristorante del Cambio Torino. © Adoratorio

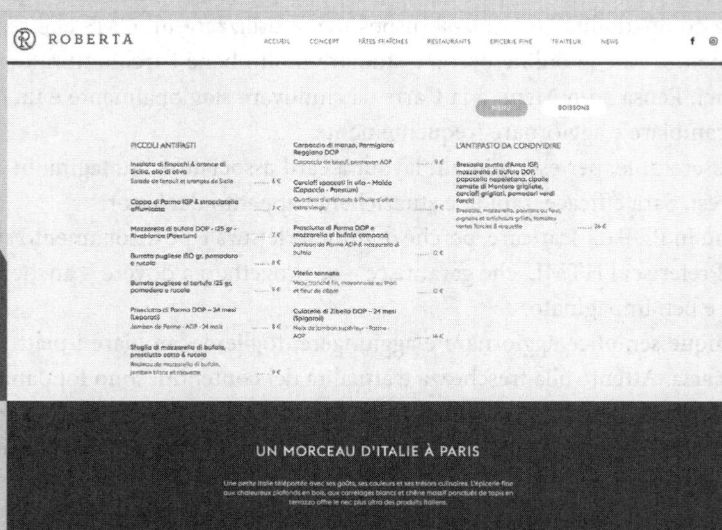

Figura 5.2 Menù online della Trattoria Roberta. © Roberta

Indica i prezzi, i lettori apprezzeranno trasparenza e disponibilità: fallo in modo chiaro, anche se i veri protagonisti dovranno essere i tuoi piatti. La progettazione grafica del Menù riveste qui un ruolo fondamentale. Nostro compito è attrarre l'attenzione del lettore sui contenuti: nomi dei piatti e descrizioni (Figura 5.2).

Aggiungi una invitante e chiara **call-to-action** – un bottone per favorire il contatto o la prenotazione del tavolo – stuzzica l'appetito dell'utente convincendolo all'acquisto (Figura 5.3).
Ricorda anche che, a parte alcuni sistemi di Menù digitali e interattivi che funzionano invece del cartaceo durante l'esperienza del pasto, il Menù online precede l'esperienza gastronomica, quindi riveste ruolo fortemente persuasivo nel perfezionare la scelta e la prenotazione. Prima di scegliere il ristorante, un alto numero di utenti cerca il Menù sul website che diventa, così, leva fondamentale nel percorso di selezione e acquisto del prodotto. Ne abbiamo già sottolineato il ruolo determinante nel branding online e nel posizionamento sui motori di ricerca[3].

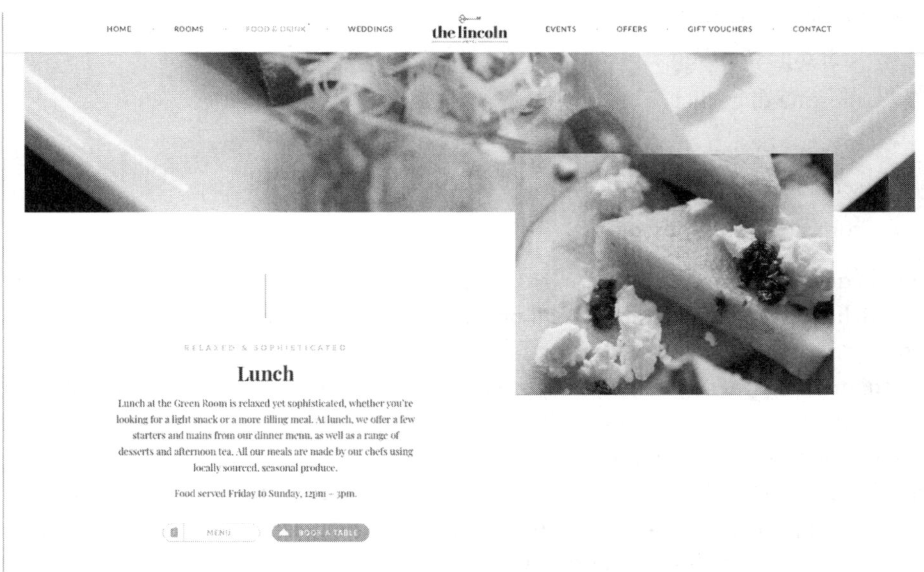

Figura 5.3 Ristorante del Lincoln Hotel: eccellente la doppia call-to-action con Book-a-Table. © Shotgun Front

Per il **Menù offline**, attento alla componente tattile e sensoriale del cartaceo: utilizza materiali naturali sia nel Menù sia nel Porta Menù. Scegli carta naturale, martellata, con superfici soft touch, selezionata in linea con l'identità individuata e delineata per il

3. Consulta il Capitolo 4, dedicato alla costruzione del sito web.

tuo brand e la tua cucina. Fai sempre attenzione ai dettagli: per esempio il Porta Menù dev'essere antistrappo, anti graffio, anti macchia, lavabile e resistente. Sii impeccabile nei tuoi strumenti, come lo sarai con la tua cucina e con il servizio.

Menu design e menu engineering: definizioni e opportunità

Entriamo, ora, nei dettagli della progettazione del Menù.
Che cosa si intende per menu design?
È l'insieme di strategie e tecniche per progettare uno strumento di vendita e branding per il ristorante, performante e coerente (online e offline).
Partiamo da un assunto: il **Menù** influenza le scelte dei clienti e l'organizzazione del lavoro, per migliorare il fatturato e quindi il profitto.
Può fidelizzare il cliente, facendolo affezionare sempre di più al tuo brand, e favorire il passaparola, l'acquisto dei piatti per te più vantaggiosi in termini di food cost – influendo su fatturato e revenue. Infine, comunica la tua identità aziendale con coerenza e forza.
Lavorando con cura al Menù design, studia e prevedi d'incorporare i seguenti fattori:

- fascia di prezzo;
- brand positioning;
- filosofia di cucina;
- interior design e stile del locale;
- servizio e stile di accoglienza;
- corredo comunicativo.

Il menu design è composto da menu engineering (food cost, tecniche di vendita, applicazione della psicologia per aumentare il profitto) e menu merchandising (organizzazione di testi e messaggi, immagini e colori, forme e linee nel layout del Menù).
Ricordiamo che il termine menu engineering è stato coniato nel lontano 1982 da due professori della Michigan State University School of Hospitality Business; oggi è una vera disciplina accademica in US.
Pone le sue radici nella ricerca del Boston Consulting Group, iniziata nel 1970. In Italia è arrivato da poco, spesso con sterili formulette tradotte dall'inglese e applicate meccanicamente a un'offerta ristorativa profondamente differente da quella di origine.
Riassumendo, il processo di menu engineering[4] è basato su quattro fasi:

1. studio del food cost (valorizza e quota i piatti e i percorsi)[5];
2. catalogazione delle voci di Menù in base a livelli di profitto e popolarità;
3. progettazione del Menù;

---

4. Per una definizione di menu engineering: https://en.wikipedia.org/wiki/Menu_engineering (ultima consultazione 2 marzo 2018).

5. Per un approfondimento: Franco Luise, *Food Cost. Calcolare in cucina*, Bibliotheca Culinaria, Genova 2015.

4. test e sperimentazione con i clienti.

I migliori specialisti sostengono che una progettazione accurata (menu design) e la creazione di un personale e sperimentato metodo di lavoro possa aumentare i profitti di un ristorante dal 10% al 15%, su base continuativa.
Occorrono preparazione, studio e molto tempo per creare questi processi, metterli in atto e poi sperimentarli per farne crescere i risultati. Rifuggendo dalle regole-fotocopia sopra accennate, il vero modello che ci sentiamo di proporti è una gestione complessiva del Menù, che parta dal concept, passando dalla creazione dell'offerta alla brand identity, sino alla sua ingegnerizzazione e all'organizzazione, alla gestione di personale, approvvigionamento e servizio. Consigliamo quindi un approccio al menu management, ispirato all'ottimo lavoro manualistico di chef Franco Luise[6].
Qui non entriamo nello specifico di tematiche come la gestione del food cost, costi di impiatto, di servizio, né ci soffermiamo sulle scelte di ingredienti, ricette e acquisto materie prime: raccomandiamo di studiare accuratamente questa parte, essenziale e determinante. Dedichiamo, però, un po' di attenzione all'organizzazione gerarchica dei piatti.
Intanto, è importante organizzarli e dividerli in macro aree, le **portate**, in modo equilibrato senza prevaricare o creare sbilanciamenti. Se sei un ristorante classico, o un'osteria, non è opportuno costruire un Menù con 2 antipasti, 10 primi, 2 secondi, a meno che il tuo concept non sia fortemente orientato a una tipologia specifica di piatto. Un esempio è il format di **Capatoast**[7], dove la parte da leone nel Menù è costituita da un florilegio di toast, con l'accostamento di alcuni piatti secondari.
Prima raccomandazione, quindi, è una distribuzione equilibrata. Devi poi analizzare ogni singolo piatto, determinando la tipologia, individuando notorietà e gradimento ma anche vantaggio e profitto.
Classifica ogni articolo inserendolo in una di queste quattro grandi categorie:

1. **Star**: elevata redditività e alta popolarità.
2. **Plow-horse** (cavalli da tiro): bassa redditività e alta popolarità.
3. **Puzzle**: alta redditività e bassa popolarità.
4. **Dog**: bassa redditività e bassa popolarità.

Questo ti aiuta a eliminare piatti, ruotarli, sostituirli o lievemente modificarli in base ai criteri citati. Potrebbe essere interessante promuovere o evidenziare piatti molto vantaggiosi che non riscuotono adeguato successo. Questa analisi aiuterà a migliorare, con spirito critico, il tuo lavoro e il revenue del ristorante.
Come conoscere, intercettare aspettative e reazioni dei clienti, per migliorare le vendite? Cosa ha a che fare la psicologia con l'elenco dei piatti?

6. Vedi Franco Luise, *Il Menu Management. Kitchen Evolution*, Bibliotheca Culinaria, Genova 2012.
7. http://capatoast.it, la prima tosteria italiana (ultima consultazione: 2 marzo 2018).

La risposta a entrambe le domande è: misura il gradimento, la frequenza e quantità di acquisto, le reazioni durante il pasto, raccogliendo recensioni da parte del cliente; classifica ogni singolo piatto che proponi.
Potrai così individuare:

- L'**ordine da assegnare ai piatti**. Ricorda di includere poche voci per ogni portata, descrizioni brevi e appetitose, spazio intorno al testo per facilitare la lettura.
- Il **colore giusto** da usare per il tuo Menù, in linea con la tua identità di marca, coordinato al racconto e alle tonalità che stimolano, predispongono emozioni positive.
- Il **font e il corretto uso della tipografia**: le scritte devono essere leggibili, espressione della tua comunicazione visiva, capaci di attrarre.
- Il **prezzo vincente**: metti i costi in ordine decrescente, con indicazioni chiare ma non in evidenza (in questo può aiutare l'eliminazione di virgole, centesimi, sottolineature, puntinati o del simbolo €).

Un recente studio ha dimostrato che l'80% delle vendite proviene, solo, dal 16% dei piatti del Menù. Probabilmente è necessario iniziare a progettarlo meglio per massimizzare il tuo profitto[8].

Figura 5.4 Ottimo esempio di Menù in tre parti: cena, weekend brunch, dessert. © DirtyBones

8. https://www.eater.com/2017/4/21/15107772/restaurant-menu-best-sellers (ultima consultazione 2 marzo 2018).

Menù: ingredienti per la ricetta perfetta (online e offline)

Come progettare il Menù perfetto per il tuo ristorante?
Partiamo da **sette buone pratiche** e consigli su cui invitiamo a riflettere:

1. Crea il Menù con il metodo "dal vicino al lontano": parti dai tuoi clienti attuali ma pensa ai prospect, dai locali ai turisti, viaggiatori d'affari e clienti che verranno appositamente per assaggiare i tuoi piatti.
2. Le voci del Menù vanno testate e confrontate con la concorrenza. Sia in termini di costo sia in qualità e gusto. Se un piatto non è il migliore, ottimizza la ricetta. Puoi arrivare anche a eliminarlo o sostituirlo: è fondamentale uno sforzo critico e obiettivo.
3. Ogni piatto possiede ricetta e specifiche: definisci la porzione nei dettagli, dalle dimensioni, dalla decorazione e dagli accompagnamenti al modo di presentarlo. Il piatto deve essere replicabile dal tuo staff, rendere in profitto e in qualità esecutiva, costantemente e a lungo termine.
4. Il Menù viene monitorato quotidianamente e gli articoli vengono introdotti e/o rimossi periodicamente. Analizza anche il numero dei piatti venduti, le reazioni dei clienti e misura, costantemente, costi e profitto.
5. Per tutti i piatti, fai analisi costo/prezzo. Se il piatto ha un prezzo superiore alla concorrenza, la sua qualità deve giustificare la differenza di prezzo. Attenzione!!! Giustificare il prezzo più alto solo per quantitativo/dimensione maggiore è molto rischioso.
6. Calibra con cura i prezzi dei piatti in cui hai margine più ampio (bevande, stuzzichini, antipasti, dessert ecc.). Se gli antipasti sono troppo costosi, gli ospiti potrebbero non essere propensi ad acquistare un dessert o un aperitivo. Antipasti, dessert e alcuni tipi di bevande sono extra che il cliente non ha programmato di acquistare.
7. Su tutto, la strategia di pricing deve essere bilanciata al tuo concept, alla qualità di servizio e al livello cui aspiri.

Colori

Come analizzato nel capitolo dedicato alla creazione del website, la "psicologia del colore" influenza comportamenti e decisioni del cliente. In questa fase del lavoro, hai già identificato la **palette cromatica** della tua comunicazione e scelto i colori principali del tuo brand, riferimento anche per il menu design.
Ricorda, sempre, che leggibilità e usabilità sono determinanti: individua, con l'aiuto del progettista o agenzia di fiducia, accorgimenti e accostamenti che favoriscano la lettura e

la fruizione. Se il Menù sarà illustrato, abbi cura di coordinare tutti gli aspetti di visual e di impaginazione. Da non sottovalutare anche le tonalità dei tuoi piatti e delle tue creazioni.

Layout

Nella progettazione grafica del Menù, la distribuzione degli elementi nello spazio, il layout, assume un ruolo fondamentale.

Sia consulenti sia importanti testi ripropongono e consigliano frequentemente un layout del Menù, ispirato al presunto modello di lettura del cliente, ideato dal designer William Doerfler nel 1978. Questo schema teorizza l'esistenza di Sweet Spot (punti dolci/caldi) in cui posizionare le proposte culinarie che il ristoratore vuole vendere di più. Pur essendo una teoria senza fondamento empirico, si consolida sin dal 1987 quando, soprattutto in US, si afferma come vera e propria convenzione dell'industria ristorativa, diffondendosi in tutto il mondo.

Alcune ricerche del già citato *Gallup* avanzavano dubbi sull'efficacia di questa teoria, già dagli anni '90, ma la vera occasione per smantellare le suddette ipotesi si è presentata grazie al recente studio della ricercatrice Sybil Yang, della San Francisco University, che nel 2012 sembra confutarle definitivamente (Figura 5.5). Attraverso un software di tracciamento dei movimenti oculari (eye tracking) di un campione selezionato di utenti, analizza e verifica che la lettura di un Menù standard segue, in realtà, il percorso di un libro classico: dall'alto verso il basso e da sinistra verso destra (in occidente). Conclusione che, probabilmente, già la nostra personale esperienza ci suggeriva!

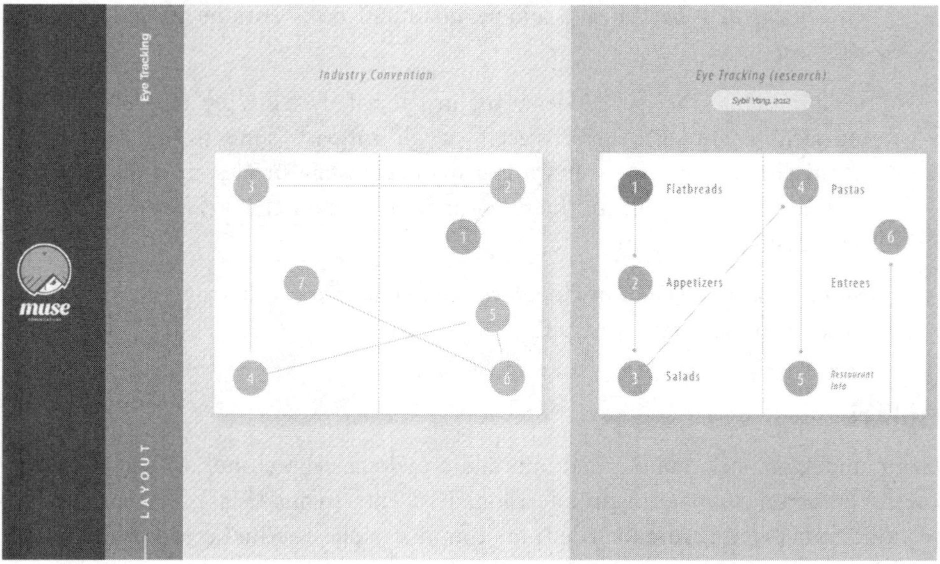

Figura 5.5 Modello convenzionale con Sweet Spot vs modello lineare di Sybil Yang, 2012.

Scoperti gli stereotipi che NON funzionano, come puoi strutturare il layout del tuo Menù? In attesa che ulteriori studi legati alle applicazioni del neuromarketing ci offrano altri dati e approfondimenti, consigliamo di progettare un layout semplice, che faccia buon uso di spazi pieni e vuoti, agevoli la lettura e l'identificazione degli elementi principali in un percorso di lettura, appunto, lineare.
Per evidenziare un piatto o un percorso che vuoi spingere (Figura 5.6), utilizza dei box o proponi la tua scelta principale all'inizio del Menù. Promuovi i piatti più fruttuosi e particolari anche con **Menù dedicati** (consigliati dallo chef, piatti del giorno, piatti più scelti dai clienti).

Figura 5.6 Layout: evidenzia un piatto attraverso un box (online/offline).

Come accennavamo a inizio del capitolo, non eccedere nel numero delle proposte; metti in ordine di prezzo decrescente, consapevole che il cliente tenderà a comprare il piatto dal costo intermedio, a meno che il prodotto più caro non venga raccontato magistralmente.
Sono molto amati i piatti che evocano freschezza, fanno pensare a un percorso sano, naturale, con prodotti appena raccolti, pescati o prodotti. Sembra tutto più buono e di qualità. Soprattutto, ispira fiducia e aumenta la credibilità e l'autenticità della tua offerta.
Né troppo pieno né troppo lungo, il tuo Menù avrà piatti e prodotti esposti in modo semplice e coerente, senza generare confusione.

Tipografia

Indica lo stile, la disposizione e l'aspetto di lettere, numeri e simboli del testo: è l'aspetto visuale della parola scritta.

È importante per la leggibilità, per rendere gradevole e poco faticosa la lettura. Ovviamente, anche la **scelta dei caratteri** e di una **buona composizione tipografica** del Menù va compiuta nell'ambito del lavoro di studio e di ideazione della brand identity[9], perché riveste un ruolo importante nella comunicazione di caratteristiche, stile e filosofia della propria cucina.
Questi gli obiettivi cui deve ispirarsi:

- leggibilità;
- attrattività;
- usabilità;
- visibilità (capacità di distinguere gli elementi giocando sul contrasto sfondo/lettera).

Text is a User Interface.
Jakob Nielsen

Descrizioni

Devono essere accessibili e naturali anche lo stile di scrittura e il tono di voce attraverso i quali racconti i tuoi piatti. La menu description è utile a descrivere il piatto, segnalare gli ingredienti ma, al contempo, collocarlo in una specifica atmosfera che avvolga, affascini e convinca il cliente.
Nel testo è obbligatorio indicare, secondo normativa, gli allergeni e segnalare, quando richiesto, il trattamento della materia prima. Per evitare il sovraffollamento, aiutati con immagini e simboli grafici come le **icone**[10] (spicy, veggie, gluten free ecc.); dimostrerai così attenzione alla cucina salutistica, apprezzata e amata da tutti. Guarda il bel caso online di ShakeShack, con le indicazioni per gli allergeni e la tabella nutrizionale[11].
Per la description del piatto segui la regola del **TL;DR** (Too Long; Didn't Read): deve essere breve ma incisiva.
Includi sempre tre elementi preziosi: il nome del piatto, la descrizione degli ingredienti e il copy sell, copywriting convincente, magnetico, irresistibile.
Il **titolo del piatto** deve avere il giusto equilibrio tra descrizione ed evocazione. Meglio evitare nomi troppo ardimentosi del tipo: "Gocce di rugiada sulla brughiera, avvolte dalla brumosa nebbia dei pascoli scozzesi, con riduzione di aceto balsamico".
Necessario anche l'**elenco degli ingredienti**. Se il tuo locale è in zona turistica, frequentato da pubblico internazionale, consigliamo di prevedere Menù in lingua: ogni utente potrà percepire questo strumento come curato e dedicato.
Nella descrizione includi qualche spunto **copy sell** (testo che spinge all'acquisto) non limitandoti a elencare gli ingredienti: usa un testo evocativo che possa stimolare l'inte-

9. Vedi il paragrafo dedicato alla tipografia, nel Capitolo 3, dove si parla di ideazione, creazione e gestione della brand identity.

10. Vedi il successivo paragrafo dedicato all'utilizzo delle immagini.

11. https://www.shakeshack.com/food-and-drink/ (ultima consultazione 2 marzo 2018).

resse dell'ospite. Spiega perché quel piatto è nel tuo Menù: è una tradizione di famiglia? È il tuo dessert preferito da bambino? Hai ricostruito una vecchia ricetta del territorio? Hai intervistato le anziane di un paesino e scoperto i segreti di una tradizione culinaria antichissima? L'umanizzazione di un piatto aiuta a elevarlo e condurlo fuori dalla "gabbia" della mercificazione: si traduce in esperienza.
Se tra gli ingredienti ve ne sono alcuni di partner prestigiosi e/o esclusivi, includi questi brand nella descrizione: concorrono a migliorare la percezione della qualità del prodotto.
Fai leva su: presidi Slow Food, prodotti certificati e protetti, territori premiati o prestigiosi (le Langhe, un borgo storico, una location che è un brand per i turisti ecc.), grandi brand, icone del cibo e del buon bere. Termini come "biologico", "biodinamico", "naturale", "senza solfiti", "senza pesticidi", se sono parte integrante della tua cucina, vanno valorizzati. Questo impiego delle parole giuste aumenta la sensazione di valore della tua offerta.
Non dimenticare, all'occorrenza o quando richiesto, di descrivere tecniche di cottura e preparazione: il cliente è sempre più sensibile a queste tematiche, pronto ad accogliere curiosità, esperienze e informazioni sulle innovazioni che apporti in cucina.

Immagini

Le **immagini** colpiscono e catturano l'attenzione, sono più memorabili delle parole e, quando ben prodotte e curate, aumentano l'indice di conversione all'acquisto. Noi ti consigliamo di valutare la progettazione di un Menù con immagini, se in linea con la tua identità.
In principio i Menù illustrati - spesso con risultati poco edificanti - erano utilizzati esclusivamente da ristoranti orientali e fast food. Anche questo approccio è cambiato, complici i new media e l'esplosione di immagini e icone.
La cucina orientale, in questo settore, sperimenta e osa molto, rendendo il Menù per immagini più elegante, essenziale e leggibile. Diminuisce il numero degli elementi, dà spazio a immagini e illustrazioni con estrema cura nel progetto grafico.
L'utilizzo delle icone aiuta molto nella categorizzazione dei piatti o nell'indicazione gli allergeni. È un valido aiuto anche nella creazione di percorsi del gusto: Menù di mare, di carne, vegetariano, vegano, di raw cuisine, sportivo, light ecc.

Si accennava a sperimentazioni nell'uso delle immagini: tra le varie esperienze, la più originale è quella proposta da Gaggan, chef numero uno per la guida Asia 50 Best Restaurants[12]. Ha realizzato un Menù offline, su pergamena, interamente raccontato con le emoticon. Una soluzione che ha fatto il giro del mondo, tanto da fare tendenza ed essere imitata e applicata un po' ovunque.

---

12. http://www.theworlds50best.com/asia/en/2017-The-List/1-10/Gaggan.html (ultima consultazione 2 marzo 2018).

Figura 5.7 Utilizzo delle icone: segnalazione degli allergeni nel Menù di SalentOsteria. © MuseComunicazione

Figura 5.8 Legenda per Menù a emoticon, proposta innovativa del ristorante Gaggan. © Gaggan

La sempre maggior cura riservata al progetto grafico del Menù per immagini non si ferma qui, perché sempre più il mondo occidentale della slow & gourmet cuisine ne sta sperimentando l'uso, talvolta con eleganza, efficacia e ottimi risultati estetici e di vendita. Un esempio tutto italiano è quello di *Capra e Cavoli* a Milano[13], ristorante vegetariano che non solo ha trovato il modo di allargare il suo pubblico, trasformando il concetto di ristorante di nicchia in luogo di esperienza, ma ha saputo farlo grazie anche al successo del suo Menù illustrato, che aiuta a raccontare le storie dei percorsi, 23 favole in cui perdersi.

In Rete, l'immagine è doppiamente utile: l'utente può sceglierti e prenotare anche per il fascino che esercita; inoltre il racconto visuale è più piacevole e porta un'esperienza più profonda anche in fase di ricerca informazioni. Ispirati ai cataloghi dell'e-commerce, con card di piatti come schede prodotto (Figura 5.9). Sarà molto semplice abbinare efficaci call-to-action per favorire la prenotazione: leggi gli ingredienti o prenota il tavolo.

Figura 5.9 Menù online con immagini, in stile scheda prodotto: nome, descrizione, prezzo.

Materiale

Occorre prestare grande attenzione alla scelta dei materiali nella progettazione del Menù cartaceo. Obiettivo è garantire da un lato resistenza e durata dello strumento ottimizzandone il costo, dall'altro che la sensazione trasmessa al tatto sia quella ricercata. Sì, quindi, a progetti ecosostenibili, tattili, evoluti. Se hai bisogno di aggiornare con frequenza le tue

13. http://www.capraecavolimilano.it/ (ultima consultazione 2 marzo 2018). ➔Trovi un estratto dal Menù nella sezione "Menù" dell'Inserto a colori.

proposte, consigliamo un Porta Menù con cover robusta ma non dozzinale: è orribile ritrovarsi a sfogliare il solito prodotto in similpelle marrone, con bustine in plastica trasparente, dalla pizzeria al ristorante cinese, al locale gourmet.
Esistono soluzioni personalizzate interessanti che coniugano praticità e resistenza.
Per il Menù digitale puoi optare per uno sfondo a tinta unita oppure utilizzare texture leggere che simulino l'essenza di un materiale fisico, come carta o tessuto. Puoi ricorrere all'utilizzo di un pattern[14] che funga, al contempo, da ornamento e richiamo visivo all'identità del brand. Ricerca, questa, parte integrante della fase di creazione del manuale del brand. Il Menù online dovrà trovare il giusto equilibrio tra leggibilità, abitudini di ricerca dell'utente - favorendo posizionamento, visibilità e individuazione degli elementi - e personalità del locale, capace di anticipare le sensazioni della tua proposta.

Neuromarketing

Il neuromarketing è il collegamento tra neuroscienza, studio della psicologia cognitiva e comportamentale e il marketing: grazie ai risultati di questa nuova disciplina, apprendiamo nozioni utili a comunicare un brand e vendere meglio un prodotto[15]. Misura le reazioni degli utenti - "prevedendole" - durante il percorso di ricerca, di scelta e di relazione con il brand.
Con l'aiuto dei principi del neuromarketing possiamo stuzzicare l'appetito, influenzare il ritmo e le sensazioni del pasto, aumentare la soddisfazione, far percepire il conto adeguato, fidelizzare, favorire il passaparola. Applicandoli al menu design, è possibile raggiungere i seguenti obiettivi:

- influenzare le scelte dei clienti;
- migliorare l'organizzazione del lavoro (cucina e sala);
- stimolare l'acquisto di piatti vantaggiosi (food cost);
- ottimizzare fatturato e quindi il profitto;
- fidelizzare il cliente, stimolando la fedeltà verso il brand;
- solleticare il passaparola;
- comunicare la brand identity.

Takeaway

Consiglio 1

Pensa il business ristorativo partendo dal menu design: è una scelta strategica in termini di crescita aziendale. Il Menù si rivelerà un utile strumento di misurazione del tuo successo.

14. https://it.wikipedia.org/wiki/Pattern (ultima consultazione 2 marzo 2018).
15. Nel Capitolo 4 riprenderemo l'argomento.

Consiglio 2
Non abbandonarti a un approccio romantico verso il tuo Menù. Di sicuro, deve rispecchiare il tuo stile e filosofia di cucina ma, ancor di più, assicurarti che il piatto proposto sia sostenibile e garantisca adeguato margine. Possono coesistere piatti equilibrati con altri dai margini di profitto bassi ma dalla motivazione molto forte. In questo caso, migliora la proposta, anche sotto il profilo del revenue.

Consiglio 3
Conosci i tuoi clienti: quando crei il Menù parti dalle loro esigenze. Quindi studia e analizza, sempre, le loro reazioni, sia online per non perdere le vendite sia offline per non aggiudicarti una sgradita recensione negativa.

Consiglio 4
Conosci i tuoi limiti e le tue eccellenze. Stila l'elenco dei piatti che desideri servire. Chiediti se sei in grado di preparare in tempo, garantendo la qualità adeguata, in ogni situazione, per ogni piatto. Puoi mantenere le promesse fatte ai tuoi clienti? Perché il Menù questo: una promessa.

Consiglio 5
Allinea staff di sala e cucina: mostra agli operatori della brigata di sala come si cucina quel piatto, quali ingredienti occorrono. Fai test di presentazione del piatto. Ricorda: un piatto non può essere narrato a dovere da chi non l'ha assaggiato, metabolizzato o non ne conosce le fasi peculiari o le caratteristiche di creazione.

6

Come creare una strategia di marketing locale per il tuo ristorante

Può, forse, una distanza materiale separarci davvero dagli amici? Se desideri essere accanto a qualcuno che ami, non ci sei forse già?
Richard David Bach da *Nessun luogo è lontano*

Una forte strategia di mobile marketing è utile a tutte le imprese di qualsiasi area merceologica, con una o più sedi locali, ma nessuna azienda può trarne tanto giovamento quanto il **ristorante**.
Vediamo in quale panorama stiamo muovendoci. Nel 2022 si stima che i dispositivi mobili saranno 5,5 miliardi, soprattutto, grazie all'aumento del loro utilizzo in Paesi come India, Cina e Africa[1].
La ricerca da mobile ha superato quella da desktop, soprattutto dei local business – attività con una sede fisica come negozi, hotel, bar – che includono, chiaramente, i ristoranti[2]. Lo stesso Google[3] conferma che nove utenti su dieci, dopo aver ricercato un'informazione da mobile, compiono rapidamente un'azione che ne è diretta conseguenza. Il 95% degli utenti da smartphone cerca un'informazione locale e un'alta percentuale prosegue poi contattando l'attività (il 77%); di questi, il 61% la chiama e il 59% la visita.

1. http://www.thedrum.com/news/2017/07/24/mobile-users-surpass-55bn-2022-fueled-growth-india-and-china (ultima consultazione: 2 marzo 2018).
2. Gianluca Diegoli e Marco Brambilla, *Mobile marketing. Nuove relazioni nuovi clienti*, Hoepli, Milano 2016.
3. https://www.thinkwithgoogle.com/advertising-channels/mobile/the-mobile-movement/(ultima consultazione: 2 marzo 2018).

Tra gli utenti che cercano da mobile, il 44% acquista; tra questi, il 22% lo fa online, il 36% nel punto vendita (Figura 6.1).

Figura 6.1 Infografica da Google Mobile Movement Study. © Google

La situazione è promettente per il tuo business e vale la pena approfondire. Cosa si intende per ricerca localizzata?

È una ricerca che prevede l'utilizzo di alcune parole chiave accompagnate da un qualificatore geografico, quando l'utente non è vicino al luogo che sta ricercando: ricerca "near to". Nel campo della ricerca localizzata comprendiamo anche la tipologia "near me", che riguarda l'utente alla ricerca di un locale nelle immediate vicinanze quando è in giro, operata digitando semplicemente l'oggetto della ricerca.

Vediamo due esempi:

1. Near to: tra un mese devo spostarmi a Trento per lavoro. Dal mio ufficio di Torino ricerco locali, ristoranti e specialità che voglio assaggiare durante il mio viaggio.

2. Near me: sono a Trento per lavoro e, su Google, cerco un ristorante o un locale nei pressi della zona in cui attualmente mi trovo.

Quando un utente da mobile fa local search e trova una risorsa – sito web, scheda locale o contenuto generico – può compiere le seguenti azioni (Figura 6.2):

- contattarla;
- andarci direttamente;

- cercare la mappa e/o le indicazioni per raggiungerla;
- visitare il website;
- effettuare l'acquisto, entrando nel locale;
- effettuare l'acquisto online, prenotando un tavolo;
- fare passaparola;
- leggere o scrivere recensioni;
- piazzare il brand in una lista di preferiti.

Hai notato come qualunque azione compia l'utente da mobile, l'attività ne tragga un vantaggio?

Figura 6.2 Azioni in risposta al local content. Infografica da Google Mobile Movement Study. © Google

Promozione locale: come funziona?

Immagina questi percorsi applicati al cliente che, in giro con il suo smartphone all'ora di pranzo, cerca un luogo dove mangiare. Le potenzialità sono molte ed è indispensabile perciò lavorare a una personale strategia di local marketing[4].
In questo campo, come in tutte le fasi fin qui affrontate, è bene avvalersi della consulenza di specialisti e professionisti perché, pur prevedendo alcune procedure gratuite, come reclamare schede locali su specifiche piattaforme, questo aspetto non può essere affron-

4. Francesco Antonacci e Cristiano Carriero, *Local Marketing. Strategie per promuovere e vendere sul territorio*, Hoepli, Milano 2017.

tato con superficialità. Tant'è che le attività di local marketing non si esauriscono con l'attribuzione di alcune mappe virtuali ma implicano anche un approccio trasversale: dal website ai social media, dalla local search al marketing di relazione.
Iniziamo da un elenco di azioni base per predisporre una strategia di local marketing nel tuo ristorante.

Reclama e gestisci mappe virtuali e schede locali

Questo tipo di azione si opera su motori di ricerca e piattaforme come:

- Google My Business;
- Bing Places;
- Foursquare;
- Apple maps;
- Facebook Luoghi;
- Here.

Rivendicare le **schede locali esistenti** è necessario per ottenere correttezza e controllo delle informazioni - spesso inesatte - fornite dalle piattaforme e utilizzate da molti dei potenziali clienti.

Cura la SEO locale

Quando un potenziale cliente cerca un primo piatto in una città ad alta densità abitativa, come assicurarsi che il proprio ristorante risulti tra i primi nei risultati di ricerca e in posizione migliore rispetto ai competitor?
Come abbiamo già visto, rendere il website competitivo, con il posizionamento organico sui motori di ricerca, è abbastanza complesso. Vediamo alcune indicazioni elementari.
Ricorda di indicare sia sul sito web sia in altri spazi ufficiali online l'indirizzo e i recapiti corretti, riportandoli sempre in modo coerente. Può aiutare inserire, nei testi e in posizioni adeguate, certe parole che richiamino la location e la vicinanza con attrazioni turistiche e località di interesse sociale e istituzionale.
Non deve mancare il marketing di relazione, richiedendo e ottenendo link da autorevoli portali del territorio, punti di riferimento nella ricerca locale, con una strategia di link building - creazione di una rete di link utili alla visibilità - fondamentale per potenziare la diffusione e autorevolezza del brand sulla base di determinate chiavi di ricerca. La relazione serve a legare il proprio ristorante ad altre realtà locali o di settore.
Obiettivo: conquistare un certo numero di link inbound, link in entrata che puntino alle risorse o pagine. Curare le attività di link building è processo lungo e costante, ancor di più se parliamo del segmento local.
Gestisci il tuo posizionamento in tutti i motori di ricerca e non solo in Google. Collega i tuoi annunci Google AdWords al sito web. Ricorda: massima coerenza nelle informazioni che fornisci!

Suggerimenti pratici

Ecco cosa puoi fare subito per migliorare la tua visibilità locale e il posizionamento sui motori di ricerca:

- I risultati organici (non gli annunci pubblicitari a pagamento, quindi) legati a una ricerca local sono, principalmente, influenzati da link a tema che puntano alla risorsa. Investi del tempo a contattare enti turistici, associazioni no-profit, importanti player turistici e dell'accoglienza, istituzioni, musei, scuole, festival musicali e gastronomici, proponendo partnership o collaborazioni.
- Se il tuo brand viene citato da un articolo o fonte ma senza un link che punti al tuo sito web, contatta la fonte e concordane l'inserimento.
- Usa Google per trovare manifestazioni sul territorio: potrai parlarne su sito e blog, proponendo un'offerta *ad hoc*, per esempio, con possibilità di posizionarti nella ricerca di quell'evento territoriale. Oppure di diventare partner dell'evento e concorda l'inserimento del relativo link.

Cura le recensioni

Per la maggior parte delle imprese, soprattutto se locali, le testimonianze dei clienti sono utili a rafforzare e diffondere la fiducia verso il brand e conquistare nuove vendite. Non hai sempre sfruttato il **passaparola** e la raccomandazione dei tuoi clienti? Le stesse dinamiche, ora, sono presenti online. Devi imparare a gestirle e, quando possibile, valorizzarle. Vedrai quanto è rilevante anche sulla scheda locale di Google My Business. L'aiuto di clienti già affezionati è benvenuto. Trova un modo elegante per stimolare le loro recensioni. Se sei gentile e propositivo, si sentiranno coinvolti e considerati e vorranno promuoverti di loro iniziativa[5].

Crea grandi contenuti e condividili

Studiare una strategia di contenuti completa e curata è parte importante di un efficace programma di marketing, ne parleremo nel capitolo successivo. Per ora ti basti sapere che bisogna dedicarvi tempo e risorse. Non potrai copia-incollare qualcosa già scritto da altri né trascurare di **raccontare il tuo territorio**, la città, la sua storia e gli eventi che vi si svolgono. Fornisci informazioni locali adeguate: tra le varie piattaforme prediligi il tuo sito web, un blog aziendale o un blog di cucina che ti ospiti, i social media.

Condivisione social

Quando produci un contenuto di qualità, condividilo. La maggior parte degli utenti è molto attiva su piattaforme social come Facebook, per cui pubblicando la tua attività e coinvolgendo i tuoi clienti, potrai fidelizzare e dare visibilità agli amici degli amici.

5. Vedi il Capitolo 10, dedicato a recensioni e reputazione.

Promuovi offerte ed eventi, avendo cura di utilizzare una **comunicazione mirata a utenti del territorio o che frequentano la tua zona.**
Se gestisci una pizzeria a Sondrio e organizzi una serata di abbinamento con birre artigianali, invitare attraverso gli Eventi Facebook dei contatti siciliani o sardi non si rivelerà una strategia molto efficace. Addirittura alcuni potrebbero leggere il tuo invito con irritazione, classificandolo come spam.

Controlla e migliora con Google Analytics

Google Analytics è uno strumento gratuito, sofisticato ma facile da installare. È sufficiente l'integrazione di un breve snippet di codice all'interno delle pagine del proprio sito web. Puoi controllare così come interagiscono i tuoi lettori: **come e cosa digitano sui motori di ricerca per trovare la tua attività** oppure profilare gli utenti in base ad altri siti/link di provenienza. Sono informazioni molto utili per orientare le tue decisioni commerciali e la tua **comunicazione locale**. Affianca anche i dati analitici delle piattaforme social e tieni sott'occhio i risultati delle schede locali.

Local search e schede locali

Abbiamo già compreso a quali tipologie di ricerche ci riferiamo: "near me" (Figura 6.3), soprattutto (ma non solo) da mobile e "near to" (Figura 6.4), specialmente da desktop.

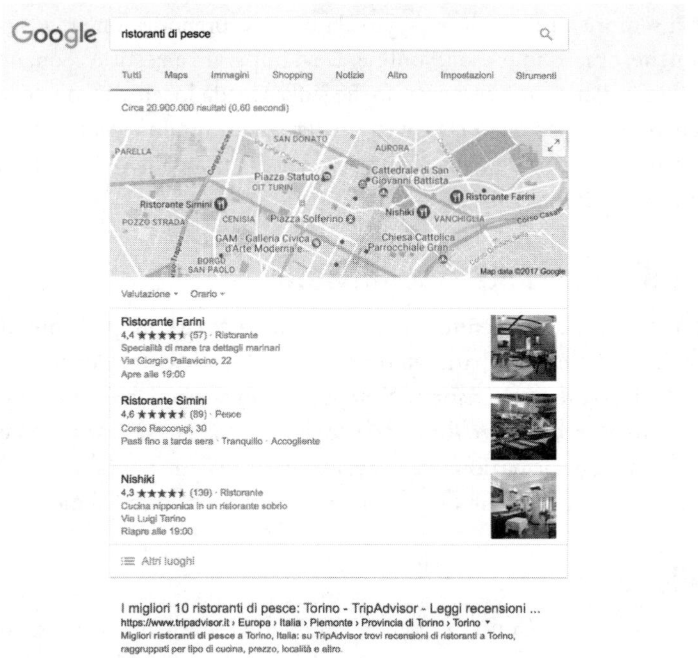

Figura 6.3 Esempio di ricerca "near me" da desktop: mi trovo a Torino e ricerco "ristoranti di pesce".

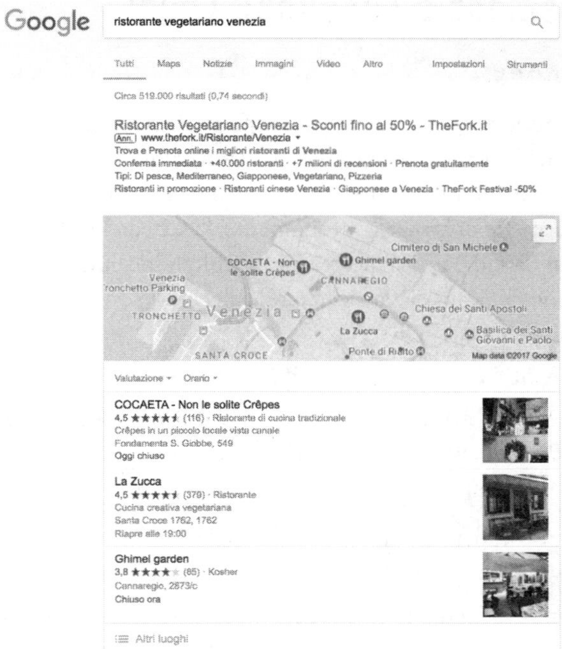

Figura 6.4 Esempio di ricerca "near to" da desktop: mi trovo a Torino e ricerco "ristoranti vegetariani venezia".

Per dominare una pratica di ricerca locale ormai diffusissima, devi preparare un piano di local listing, tenendo in considerazioni i principali motori di ricerca (Google, Bing ecc.), i principali sistemi di navigazione satellitare (Here) e di ricerca vocale (Siri, Google Home, Cortana ecc.).

> L'attività di local listing prevede l'inserimento di dati importanti e utili del tuo ristorante all'interno di directory, motori di ricerca, piattaforme locali o social media, principalmente Facebook.

Non dimenticare di inserire la scheda del tuo ristorante nei portali principali del territorio. Infine, valuta le food app, aggregatori di Menù o di locali, poiché i mobile searcher ne fanno uso sempre più frequente.
Ricorda anche che esistono piattaforme di restaurant ordering online che hanno sviluppato app di grande efficacia, come TheFork che integra un potente strumento di marketing di prossimità. Valuta anche sistemi di food delivery o prenotazioni per il takeaway.

> Elemento prioritario è reclamare e gestire autonomamente le schede locali attualmente disponibili e rilevanti ai fini della ricerca. Facciamone una piccola lista.

Google My Business e Facebook Local

Google My Business

Appurato quanto sia importante rivendicare la propria scheda locale, accertati se la tua sia già esistente o se la debba creare da zero. Procedi con calma, seguendo le indicazioni del sito web dedicato[6] e consultati, sempre, con un professionista.
Google My Business permette di creare, gratuitamente, la scheda local della propria attività con sede fisica, così da facilitare la ricerca tra i risultati locali da parte di potenziali clienti, attraverso sia Google Maps sia la ricerca globale.

Come appare la tua scheda e quali sono i percorsi

Dopo aver compilato con cura tutti i campi, avrai a disposizione diverse opzioni di visibilità, a seconda delle modalità di ricerca dell'utente. Ecco come potresti essere rintracciato:

- l'utente digita "ristorante" su Google Maps[7] nella tua zona: appare una lista di schede locali e, sulla mappa, alcuni tag locator, tra i quali il tuo locale (Figura 6.5);
- l'utente digita il nome del tuo ristorante sul motore di ricerca[8] e gli viene mostrato il Local Knowledge Panel, scheda che appare nella SERP sulla destra (Figura 6.6);
- l'utente digita "ristorante + nome della tua città" dal motore di ricerca, e il tuo ristorante appare prima dei risultati organici nel Local 3-Pack (Figura 6.7).

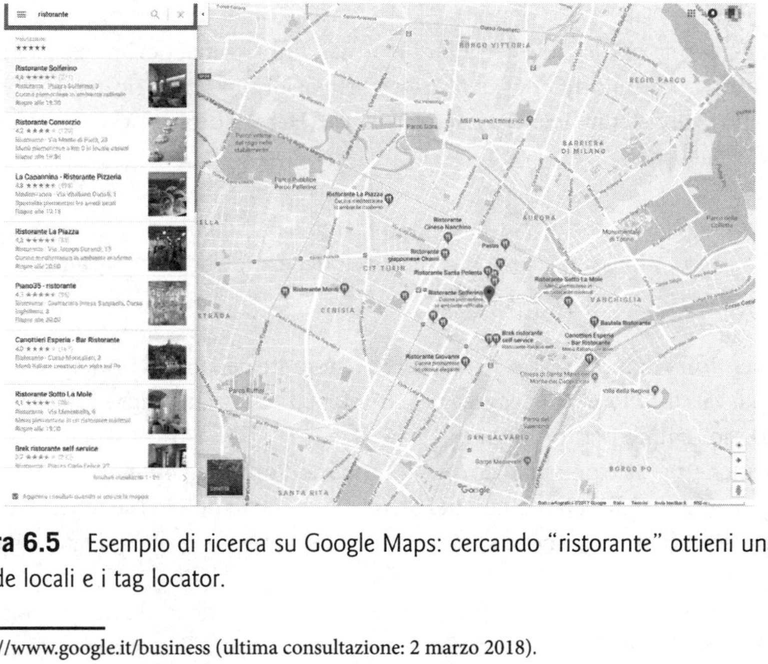

Figura 6.5 Esempio di ricerca su Google Maps: cercando "ristorante" ottieni una lista di schede locali e i tag locator.

6. https://www.google.it/business (ultima consultazione: 2 marzo 2018).
7. https://www.google.it/maps (ultima consultazione: 2 marzo 2018).
8. https://www.google.it (ultima consultazione: 2 marzo 2018).

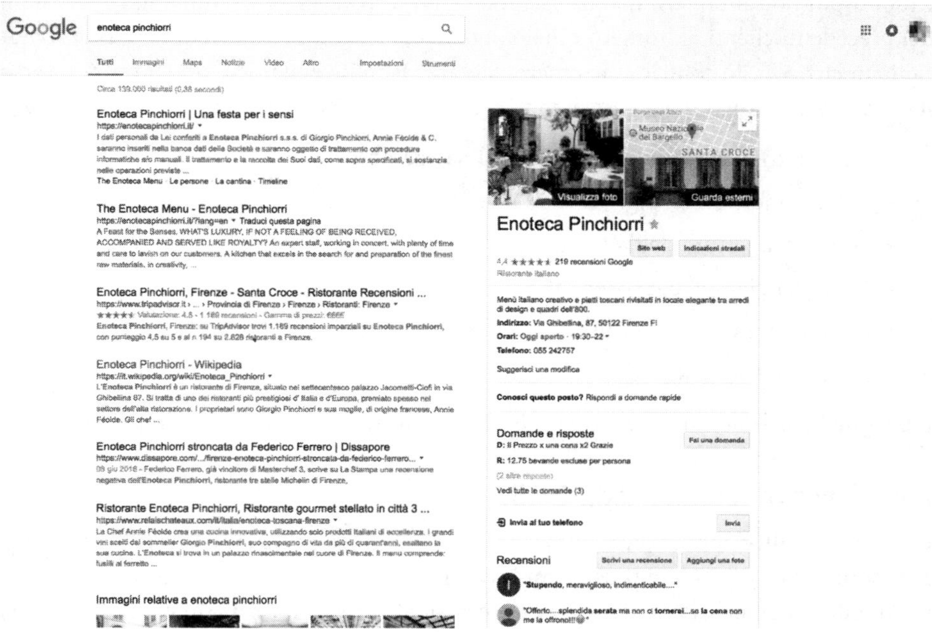

Figura 6.6 Esempio di ricerca su Google Search: cercando "Enoteca Pinchiorri" si visualizza il Local Knowledge Panel.

Figura 6.7 Esempio di ricerca su Google Search: cercando "Ristorante tipico Bologna" si visualizza il Local 3-Pack.

I tuoi ospiti potranno così trovare facilmente l'indirizzo, gli orari, ranking e recensioni dei precedenti clienti, il numero di telefono, il sito web, il Menù e le foto del tuo ristorante in elenco. Ciò contribuirà a incrementare visibilità e opportunità di traffico verso il tuo sito web. Non dimenticare di includere i seguenti dati nella scheda local di Google:

- indirizzo corretto: utile anche per il navigatore;
- recapiti telefonici: per facilitare il contattato da mobile;
- orari di apertura dell'attività;
- foto dei piatti e logo aziendale;
- foto panoramiche, per un'esperienza più immersiva e interattiva;
- sito web e altre info utili.

Funziona benissimo sia per ristoranti indipendenti sia per i locali di catena.

Cosa inserire nella scheda GMB

Google offre altre opportunità, come la possibilità di **prenotazione diretta dal listing.**
Facciamo un riassunto dei passi compiuti: hai scelto le tue strategie di local marketing e individuato quali schede rivendicare e con quali obiettivi. Prima di compilare la tua scheda, ricorda che la maggior parte delle ricerche avverrà da mobile: sfrutta la crescita di questa tipologia di traffico.
Obiettivo principale di Google è attingere a un'ampia scelta di fonti per rispondere alle domande in modo tempestivo, chiaro e corretto, soprattutto per utenti on-the-go da mobile, raccogliendo informazioni sulle attività business da quattro fonti principali: Google My Business, sito web ufficiale, utenti che usano Google – vedi recensioni e Q&A – fonti di terze parti. Meglio gestisci i tuoi dati, più migliori la tua visibilità e posizionamento e, anche, l'esperienza dell'utente. Informazioni carenti, parziali o totalmente inesatte possono generare una mancata vendita oppure offuscare la tua brand reputation, creando disservizio.
Quando la **scheda di un ristorante non è reclamata** dal gestore o non è debitamente compilata, possono sorgere una serie di problemi, come evidenziato dalla Tabella 6.1.

Tabella 6.1 Possibili errori nella scheda GMB e loro conseguenze.

Esempio di errori nelle schede	Effetto degli errori
La scheda orari è compilata male o è rimasta online una segnalazione di chiusura temporanea per restauro o vacanze	Il ristorante risulta chiuso e non viene preso in considerazione
Il geo-tag è stato posizionato male e mai corretto	Usando l'app di navigazione si arriva in un luogo sbagliato
Il Menù non è inserito, e c'è incuria nella compilazione della categoria o delle informazioni	Il locale viene scartato perché non è individuabile la tipologia
La fascia di prezzo non è indicata o è mal curata	L'utente intimorito passa a un altro locale

Inoltre, il cliente che prenota o arriva al ristorante senza debite informazioni è probabile che non sappia cosa troverà oppure che si sia creato aspettative non rispondenti alla realtà, che potrebbero tradursi in recensioni negative, altro problema da gestire. Ultimo buon motivo per compilare i dati correttamente: Google dà la possibilità di selezionare i risultati di ricerca in base al filtro "Aperti adesso": se un ristorante presenta orari sbagliati rischia di essere nascosto agli utenti che applicano questo criterio di selezione.
Ecco cosa puoi e devi includere nel listing su Google:

1. **NAP**: è un acronimo in inglese che sta per:
   - **Name**: il nome del tuo ristorante, per esempio "Ristorante Forchettina";
   - **Address**: indirizzo, corretto e sempre coerente, per esempio "Via del Cucchiaio, 10 bis, 10100 Torino";
   - **Phone**: recapito telefonico del locale.
2. **Categoria**. Ovviamente "Ristorante", ma anche le varie possibili declinazioni: pesce, vegetariano, internazionale, cinese ecc. Sii preciso e non avere fretta nella compilazione.
3. **Orari**. Abbiamo già sottolineato l'importanza degli orari per garantire che la tua scheda appaia al posto giusto nel momento giusto. Inserisci minuziosamente i vari orari in relazione agli specifici giorni. Attenzioni a giorni o periodi di chiusura.
4. **Descrizione**. Ricordati di completare la tua descrizione in modo semplice e con contenuti utili, che raccontino la tua proposta e filosofia di cucina in modo puntuale e stimolante, riferendoti sempre alla soddisfazione di bisogni e desideri del lettore.
5. **Immagini**. Come in ogni spazio web, nel **profilo** includi il logo della tua azienda, nella **copertina** un'immagine rappresentativa del tuo ristorante: scegli o l'ingresso del ristorante con insegna, la sala se vuoi puntare sul servizio o uno dei tuoi piatti, ma solo se è attraente. Includi nella galleria altre immagini soprattutto di piatti e fasi di preparazione in cucina.

Funzionalità e dati opzionali ma utili:

1. **Orari speciali**. Puoi anche indicare orari di apertura diversi rispetto ai quelli consueti: festività, eventi speciali o chiusure temporanee per ristrutturazione o vacanze. Una funzione perfetta per comunicare agli utenti che l'orario indicato è relativo a un'evenienza specifica. Richiede un po' di tempo di attenzione ma è importantissima.
2. **Orari di punta**. Gli utenti potranno anche visualizzare gli orari di punta, la durata media della permanenza nel locale e l'eventuale attesa.
3. **Attributi**. Sono approfondimenti dell'offerta e del servizio, utili sia in fase di

ricerca sia per supportare l'utente nel capire meglio la cucina; infine, servono per avere più elementi di selezione e contatto. Vediamo ogni attributo nel dettaglio:

- **Accessibilità**: si rivolge alle persone con disabilità, segnalando un ingresso, un tavolo adeguato, lo spazio adatto, ovviamente servi igienici dedicati.
- **Proposte**: indicano più info sulla cucina e sul beverage, per esempio alcolici, birre artigianali, cibo piccante, cocktail, menù per bambini, piatti vegetariani, vegan, gluten free ecc.
- **Ristorazione**: racconta la distribuzione e la tipologia, per esempio colazione, pranzo, servizio al banco, servizio al tavolo, da asporto, consegna a domicilio ecc.
- **Servizi**: raccontano il servizio, per esempio bar, toilette, seggiolini per bambini ecc.
- **Ambiente**: narra l'atmosfera del locale, per esempio accogliente, trendy, informale, romantica, storica ecc.
- **Frequentazione**: definisce il pubblico, per esempio ristorante per famiglie, clienti locali o turisti, studenti universitari ecc.
- **Pianificazione**: suggerisce come muoversi per la prenotazione, per esempio prenotazione consigliata, obbligatoria, con lunghe attese ecc.
- **Pagamenti**: dà info sulle modalità, per esempio accettate carte di credito, solo contanti ecc.

4. **Riassunti editoriali**. Qui ci sono brevi descrizioni create dal team "umano" di Google attingendo alla descrizione della scheda e dal tuo sito web (Figura 6.8).

Figura 6.8 Esempio di riassunti editoriali su Google Search, da dispositivo mobile e desktop.

5. **Ricerche local correlate**. Curando la compilazione degli attributi, puoi migliorare le opportunità di visibilità, per esempio con le **ricerche local correlate** proposte su Google Maps.
   Quando ricerchiamo un ristorante su Google ci vengono proposte delle soluzioni simili e affini, non solo per vicinanza o località ma anche in base agli attributi con cui sono stati classificati i ristoranti (Figura 6.9).

Figura 6.9 Esempio di ricerche correlate per l'utente che digita "ristorante cibreo".

Google Insights

Grazie alle statistiche proposte da Google My Business puoi scoprire come gli utenti riescono a trovare la scheda e cosa fanno quando la visualizzano. Le statistiche sono suddivise in sei sezioni:

1. **Come i clienti trovano la scheda**: puoi sapere quanti ti hanno trovato in modo diretto (ricerca basata sul nome o sull'indirizzo dell'attività) e quanti ti hanno scoperto (ricerca basata su categoria, prodotti o servizi offerti).

2. **Dove i clienti ti trovano su Google**: se provengono da motore di ricerca o da Google Maps.

3. **Azioni dei clienti**: qui puoi scoprire le azioni degli utenti all'interno della scheda locale (visite al sito web, richieste di indicazioni stradali, phone call).

4. **Richieste di indicazioni stradali**: qui c'è l'elenco dei luoghi da cui i clienti hanno richiesto indicazioni stradali per raggiungerti.

5. **Telefonate**: qui vedi le fasce orarie e numero chiamate degli utenti.
6. **Foto**: qui vedi il numero di foto nella scheda e la frequenza con cui vengono visualizzate.

Puoi anche monitorare i post (di questi ne parleremo in seguito) individuando il numero di visite che hanno ottenuto e il numero di click sul pulsante abbinato. Tutte le sezioni delle statistiche sono consultabili nella dashboard Google My Business.

Aspetti da tenere a mente

L'ecosistema digitale di Google è in continuo divenire, ma ultimamente le novità più ghiotte sono per i ristoratori: tieni conto della possibilità di **far prenotare i clienti direttamente dai risultati locali**. Utilizza la funzione post[9], utile per attrarre nuovi ospiti e creare una solida relazione con quelli che già hai.
Puoi raggiungere molti obiettivi con i post:

- condividere le offerte giornaliere o le promozioni attuali;
- promuovere gli eventi e informare i clienti circa i prossimi avvenimenti presso la tua sede;
- mostrare i tuoi prodotti top, evidenziare i nuovi piatti e altre novità;
- favorire il contatto, creando un bottone dall'elenco Google: "Prenotazione", "Registrarsi per una newsletter", "News sulle offerte" o "Acquisto".

Un'altra funzione da sperimentare è la tab **Menu**, sempre sulla scheda locale (Figura 6.10)[10].

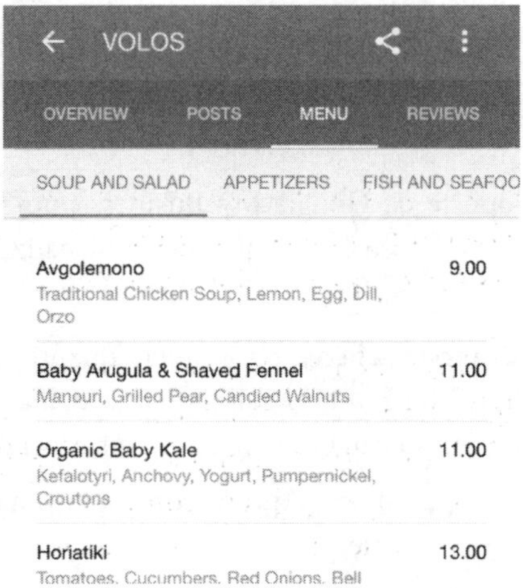

Figura 6.10 Tab Menu: un'occasione da non perdere per il tuo ristorante.

9. Segui la procedura per scoprire se puoi farlo anche con la tua scheda Google My business, https://posts.withgoogle.com/us (ultima consultazione: 2 marzo 2018).

10. Vedi l'approfondimento alla fine del capitolo.

Facebook Local: gli altri sistemi locali

Vero che le opportunità aumentano ma, allo stesso modo, anche i luoghi da monitorare e in cui tenere aggiornati i contenuti. Devi pensare alla tua presenza digitale come a un network coordinato di informazioni coerenti che comprende: sito web, scheda Google My Business e altre mappe virtuali, social media, sistema di prenotazione tavoli, food app, piattaforme di food delivery ecc.
Per ottimizzare la tua strategia locale, non ti basta gestire la sola scheda di Google: ci sono altri sistemi local dove essere presenti con tutti i dati corretti. Come Apple Maps, Here per i navigatori automobilistici, Bing Places, Foursquare, social media che integrano una funzione luoghi, come Facebook.
Quest'ultimo, come vedremo, è il social media più frequentato quindi più denso di opportunità per il tuo ristorante. Entra in Facebook Places[11] e rivendica la Pagina: il nostro consiglio è di agganciarla alla brand page del tuo ristorante, in modo da gestire un unico strumento con la duplice funzione, sfruttandone ogni possibile vantaggio.
Leggi l'intervista allo specialista, segui i link di approfondimento e sbircia in altre sezioni del libro, dove puoi trovare informazioni complementari e aggiuntive, anche sul tema food app[12]. Valuta e scandaglia ogni opportunità anche nuova e apparentemente fantascientifica: preparati, perché il futuro arriva veloce!
Considera sistemi di prenotazioni tavoli, di ordering online sia per il delivery sia per il takeaway. Tutti sono ovviamente basati sulla geo-localizzazione, alcuni hanno sviluppato importanti sistemi di marketing di prossimità, come TheFork.
Esistono alcuni tool che automatizzano la gestione del listing e aiutano a sincronizzare i vari dati: quando cresce il numero di spazi su cui monitorare la propria presenza online, è vantaggioso pensare a una strategia di marketing automation[13].

Vocal search: cosa sta cambiando?

In realtà sta di nuovo cambiando tutto. Dopo la rivoluzione del mobile partita dalla invenzione dell'iPhone nel 2007, stiamo per entrare in una nuova era: quella della **Vocal Search**. Gli studiosi prevedono ormai che, entro il 2020, la metà delle query sarà di tipo vocale ed eseguita attraverso intelligenze artificiali come Siri, Cortana, Alexa, Google Home ecc.
Il sorpasso delle ricerche mobile su quelle desktop ha contribuito a lanciare una nuova sfida per i brand: offrire agli utenti una risposta semplice ed esaustiva che soddisfi una domanda molto matura e diretta. L'utente non ha più né tempo né voglia di scorrere decine di risultati: conosce gli strumenti, li usa con destrezza, fa domande specifiche, vuole risposte non vaghe ma esaurienti, soprattutto quando cerca un ristorante o un hotel nelle vicinanze. Tendenza che si amplifica con l'ascesa delle ricerche vocali, dove si effettuano domande che richiedono risposte immediate.

11. https://www.facebook.com/business/help/174184552932540 (ultima consultazione: 2 marzo 2018).

12. Vedi il Capitolo 11, dedicato alle soluzioni di vendita online e di distribuzione del prodotto e del pasto.

13. Alessio Semoli, *Marketing Automation. Guida completa per automatizzare il tuo business online*, Hoepli, Milano 2015.

Come ottimizzare le tue risorse, in questo panorama?
Intanto, immaginando che le keyword saranno a coda lunga, non composte cioè da una o due parole ma da una vera e propria frase, una domanda. È improbabile che chiederò al mio dispositivo di bordo, in automobile, "cucina greca". Più probabile che io domandi: "Cerca un ristorante greco aperto qui vicino con Pita e Tzatziki nel Menù".
Quando progetti la tua comunicazione online devi ormai prevedere e individuare questa tipologia di parole chiave. L'utente farà sempre più spesso domande tipo "trova un ristorante vegetariano qui vicino" al proprio assistente vocale, soprattutto da smartphone. Quindi dovrai possedere una presenza curata su Google My Business. I risultati saranno influenzati da una buona strategia locale.
Prolifereranno ricerche legate a micro-momenti: "Come posso fare questo piatto? tagliare questo ingrediente? conservare questo alimento?". Oppure: "Quante calorie possiede il piatto X che mangerò da te tra 10 minuti?". E ancora: "Come arrivo da qui al tuo ristorante?". Su tutto: "Comparami i prezzi tra i ristoranti qui vicino". E infine: "Posso prenotare questo tavolo?".
Gli scenari futuri - oltre al riconoscimento facciale adottato come tecnologia da Apple con il suo iPhone X - prevedono uno sviluppo dei comandi vocali, amplificando l'interazione utente/dispositivo, complice lo sviluppo delle ricerche sulla AI (Intelligenza Artificiale).
Attenzione: la ricerca vocale non darà solo risultati su schermo - come la ricerca di Siri sull'iPhone - ma anche un risultato vocale, come telefonata diretta o altro tipo di risposta e nuovi sistemi di interazione. Cosa aspettarci poi con il diffondersi di **IoT** (Internet of Things, dispositivi indossabili come l'iWatch)? Presto prenoteremo il tavolo a voce, conversando con un robot: preparati e sii a prova di futuro.

> Inizia a intercettare, archiviare le domande e i dubbi che gli utenti condividono sui social network, sotto forma di commenti, post, recensioni, interventi nei gruppi e nelle community. Prova a rispondere con blogpost e video.

Futurama

Hai notato come Snapchat, Instagram, Facebook diano sempre maggior importanza alle Stories? E se presto queste storie si potessero ricercare con una vocal search? E se un giorno l'utente potesse guardare un piatto realizzato dalla tua cucina o una video-ricetta con il tuo chef protagonista e comandare al suo assistente vocale: "Condividilo sui miei account social"?

Intervista a Luca Bove, specialista di local search

Per capire meglio i recenti sviluppi e i cambiamenti legati alla local strategy[14], abbiamo coinvolto il collega Luca Bove, esperto italiano di local search e di promozione sulle mappe digitali[15].

Come si sta evolvendo Google My Business per le piccole imprese, in particolare per i ristoratori? Ci sarà anche in Italia la possibilità di scrivere post sulla scheda GMB?
Google My Business è un servizio in costante aggiornamento, dalla sua nascita a oggi, indispensabile sia per le piccole imprese sia per quelle con numerose sedi. Come altri grandi player, Google sta riservando grosse attenzioni e uno spazio crescente alle opportunità di visibilità per il ristorante.
Un'importante novità attiva è la possibilità, per i locali che servono cibi e bevande, di inserire **un URL aggiuntivo al Menù del ristorante**, con link al proprio sito web. L'utente potrà trovare subito l'offerta del Menù, direttamente nei risultati locali.
È disponibile anche l'**URL per le prenotazioni,** per inserire il link diretto al sito web per la prenotazione del tavolo. E non è tutto: Google ha anche stretto delle partnership con servizi di prenotazione tavoli, come per esempio thefork.it, misiedo.com, quandoo.it, ristoranteprime.it.
In questo modo gli utenti alla ricerca di un ristorante sulle mappe di Google, una volta scelto quello preferito, potranno cliccare sul link relativo, per esempio: "Prenota un tavolo: thefork.it", visualizzato automaticamente sulla scheda local dei ristoratori che aderiscono al programma. Un ristorante può partecipare anche a più di un programma di prenotazione tavoli di aziende terze e, in questi casi, Google può mostrare sulla scheda local anche due o tre link ai siti di prenotazione tavoli, incluso il proprio sito web.
Tra gli URL aggiuntivi ci può essere anche quello relativo agli ordini. Se un ristorante, infatti, offre anche il servizio di consegna a domicilio o ritiro presso la sede di cibi e bevande da asporto, può indicare un ulteriore URL del proprio sito, dove gli utenti potranno effettuare i propri ordini. Esempio: "Effettua un ordine: foodora.it".
Altro servizio lanciato è quello dei **post,** visualizzati direttamente nella propria scheda local su Google Search e Maps, anche per i business italiani, che in questo modo possono dare grande visibilità ai propri eventi, prodotti e servizi.
I ristoratori possono così pubblicare offerte per un determinato periodo, un evento che si terrà presso il proprio ristorante o promuovere i propri piatti speciali visualizzandoli direttamente nel Local Knowledge Panel e su Maps.
Nei post si possono inserire fino a 300 parole e una immagine, elemento molto attrattivo.
Piccolo trucco: un normale post di Google My Business resta online per 7 giorni, dopo sarà visualizzato solo da mobile; se invece crei un evento, puoi posticipare la data di scadenza anche dopo 20 o 30 giorni.

---

14. http://www.localstrategy.it (ultima consultazione: 2 marzo 2018).

15. Luca Bove e Nicoletta Polliotto, *Ingredienti di digital marketing per la ristorazione,* Dario Flaccovio Editore, Palermo 2017.

Molto utile anche la possibilità di inserire una call-to-action nei post. In questo caso è possibile selezionare un pulsante tra "Prenota", "Registrazione", "Acquista", "Vai all'offerta", con link al proprio sito web. Con i post puoi segnalare chiusure temporanee per lavori di ristrutturazione o per ferie. Il post va online in pochi secondi, visibile nella scheda local.

Le ricerche, complici la vocal search, stanno diventando sempre più delle domande a cui fornire delle risposte. Come potrà il ristorante creare delle vere e proprie Q&A?
Google ha lanciato ad agosto 2017 una nuova importante novità a livello mondiale: le **Domande e Risposte sui luoghi**. Gli utenti possono fare domande dirette su luoghi e attività che visitano, mentre i titolari delle attività e altri utenti possono rispondere direttamente. Lo stesso Google incoraggia i proprietari delle attività ad aggiungere alcune domande e risposte, in stile FAQ, per favorire l'utilizzo della funzione e fornire utili informazioni agli utenti e nuove opportunità per i ristoratori.
Ricorda: queste informazioni aggiuntive risultano immediatamente visibili nelle SERP. Ecco allora alcuni consigli: crea Q&A che rispondano alle reali esigenze degli utenti, in modo semplice e diretto, completo, facile e veloce da leggere. Gioca d'anticipo e intercetterai un pubblico profilato e realmente interessato a ciò che offri.
A proposito delle Q&A, questa opportunità ha un rovescio della medaglia: tutti gli utenti potranno porre o rispondere alle domande. Monitorale costantemente per evitare possibili problemi e intervieni tempestivamente con risposte ufficiali, quando necessario.

Un consiglio di local strategy per promuovere meglio il proprio ristorante su mobile?
Creare un ottimo sito mobile friendly, collegato alla scheda locale: questo è il punto di partenza di una strategia local. Compilare ogni parte e sfruttare ogni funzionalità della scheda locale. È possibile anche interagire con l'utente e ottenere importanti feedback: le recensioni, le Q&A. Bisogna ricordare, infine, che non c'è solo Google e quindi le raccomandazioni vanno applicate anche su **Apple Maps**, **Here** (presente su molti navigatori auto), **Bing Places**, **Foursquare** ecc.

Takeaway

Consiglio 1
Includi le tue strategie di local marketing in un contesto di più ampio respiro. Non copia-incollare gli stessi contenuti, modellali per ogni contesto e piattaforma, partendo dalle stesse linee guida del tuo piano marketing.

Consiglio 2
Non solo Google My Business. Abbiamo visto molte altre schede locali. Tuttavia, Google è il motore di ricerca più utilizzato nel mondo, soprattutto

in Italia. **Riservagli priorità**. Con passaggi graduali, reclamerai e compilerai tutte le schede necessarie e utili al tuo business.

Consiglio 3

Crea un local listing network, ossia un elenco di schede in cui aggiornare i dati. Obiettivo è automatizzarne la gestione. Inizia in modo semplice, creando su Google Drive schede dove inserire nome, accessi e dati di tutte le schede e le piattaforme.

Consiglio 4

Analizza i risultati e monitora gli interventi degli utenti: è indispensabile. Se non misuri, non capisci cosa fare o se stai facendo bene. Organizza l'attività di controllo una volta al giorno/settimana e ragiona con una logica real-time.

Consiglio 5

Guarda cosa fanno i tuoi competitor, anche nelle strategie locali, non per emularli ma per imparare. Se sono molto forti su un tema o una strategia, cerca un'alternativa. Se puntano a un festival del territorio con un grado di autorevolezza elevato, cambia argomento e scegli un gioco nel quale sarai più abile! Pendi, invece, dalle labbra dei tuoi utenti e monitora sempre i loro percorsi.

7

Come creare e distribuire buoni contenuti

Make the customer the hero of your story.
Ann Handley di MarketingProfs

Quando adotti gli strumenti digitali, stai compiendo un primo passo importante per l'attuazione del tuo piano di marketing. Hai acquisito la tua dotazione di "armi" per poter centrare il bersaglio: sito web, blog aziendale, profili personalizzati e brand page sui social media, schede locali. Non puoi, però, armeggiare archi senza frecce né manovrare automobili senza benzina. Devi progettare, creare, pianificare e distribuire in modo strategico i **contenuti** per popolare i tuoi strumenti.

Un approccio content first – ancora poco adottato nella ristorazione e in Italia in genere – sarebbe fruttuoso, perché prevede che i contenuti vengano ideati e organizzati nella fase iniziale di un progetto, plasmandone poi gli strumenti digitali.

Il ragionamento non fa una grinza: gli **strumenti** vanno costruiti intorno e su misura dei **contenuti**, composti sui bisogni dei **target**, per trasmettere i messaggi e i valori della propria **azienda**.

Quale stile di racconto sia meglio per te, dipende dal tuo ristorante e dalla tua audience: il tuo pubblico, costituito da clienti, prospect, contatti, fan, fornitori, partner, collaboratori, media di riferimento, influencer, istituzioni ecc.

Uno stile particolarmente efficace è lo storytelling, la trasmissione di un messaggio in forma di racconto o storia, in cui si riescano a veicolare contenuti e valori, per mezzo di un'avventura, una metafora, un aneddoto.

In questo modo la persuasione – qui scomodiamo i classici fino ad Aristotele e alla sua definizione di retorica – passa attraverso tre elementi importanti, che risultano irresistibili per chiunque:

- **Ethos**, l'etica, la condivisione di valori e di visioni – famiglia, tradizione, sostenibilità – intrecciata con la conoscenza e la competenza.
- **Pathos**, l'emozione – tenerezza, passione, tristezza, gioia, partecipazione.
- **Logos**, il pensiero, la razionalità – vantaggi, risposte, soluzioni, miglioramenti, occasioni, offerte.

Tu stesso, quando racconti un piatto al tuo ospite, stai narrando una storia. Gli chef nelle loro biografie spesso rivelano di una nonna che faceva la pasta o un babbo che li voleva dottori. Attraverso un vissuto intimo e familiare si veicolano forti segnali – legame alla tradizione, rispetto di valori, spirito di ribellione, creatività, diversità, appartenenza – che arrivano più forti, diretti e partecipati.

Scorri le storie degli chef Antonino Cannavacciuolo[1], Massimo Bottura[2], Luisa Valazza[3], Cristina Bowerman[4], Bruno Barbieri[5].

Pur se realtà diverse, hanno in comune un percorso, un viaggio, un'avventura, il superamento di un'avversità e il raggiungimento del successo. Il lettore si immedesima in questa storia: crea un'empatia, altrimenti complessa da instaurare.

Anche nella comunicazione del tuo ristorante devi piazzare il tuo prodotto in modo innovativo: il tuo brand c'è ed è parte integrante del tuo racconto. Fai in modo che la tua storia, anche se magari molto semplice, sia così avvincente e offra idee, valori, conoscenza da far superare la normale diffidenza nei confronti di chi "promuove e pubblicizza" se stesso. Il tuo storytelling deve essere credibile e ispirare maggiore fiducia.

In modo particolare con gli strumenti digitali sovraccarichi di informazioni, rumorosi, frequentati da lettori frettolosi e distratti, i tuoi contenuti – ricetta, piatto, materia prima, lavorazione – vanno raccontati in modo toccante, scegliendo gli argomenti giusti, il linguaggio adatto a interlocutori e contesto nei quali stai scrivendo e il tono di voce – *la firma del tuo comunicare.*

Contenuti: l'importanza di produrre comunicazione di qualità

Individuato il percorso che conduce l'utente a stabilire un contatto con te e a divenire cliente del tuo ristorante, ne hai compreso le opportunità di touchpoint, soprattutto da mobile. Vediamo come alimentare questa relazione e con quali argomenti.

1. http://www.antoninocannavacciuolo.it/origini (ultima consultazione: 2 marzo 2018).
2. https://www.osteriafrancescana.it/it/massimo-bottura (ultima consultazione: 2 marzo 2018).
3. http://www.comunicazionenellaristorazione.it/2015/10/intervista-a-luisa-valazza-cucina-stellata-al-femminile-parte-1 (ultima consultazione: 2 marzo 2018).
4. https://www.glass-restaurant.it/it/cristina-bowerman (ultima consultazione: 2 marzo 2018).
5. https://www.youtube.com/watch?time_continue=99&v=7Fseo277bRs (ultima consultazione: 2 marzo 2018).

Nella fase iniziale della relazione, i contenuti educativi e informativi rivestono un importante ruolo di consolidamento della fiducia nel marchio e agevolazione del processo d'acquisto. Uno studio recente conferma che, quando ancora il lettore non è cliente, leggere informazioni utili aumenta del 131% la probabilità di conversione e – dovendo scegliere tra una rosa di possibili marchi – l'83,6% opta per quello che ha fornito contenuti più istruttivi[6].

Quali possono essere, però, questi contenuti? La risposta, come sempre in questi casi, è: "Dipende!". Dalla tua offerta, dal tuo pubblico, dalla tua location, dai tuoi punti di forza ed eccellenza, dal tuo territorio, dalle persone che lavorano con te. Su tutto influisce il momento esatto in cui il tuo lettore entra in contatto con il tuo brand.

Come fare allora a scegliere gli argomenti, il linguaggio giusto, il format del contenuto e il tipo di risorsa da includere: testo, foto, video, blogpost, articolo ecc.?

Hai già una risposta a questa domanda: devi ascoltare il tuo pubblico, partecipare alle loro richieste/discussioni, conoscere domande, tendenze, parole chiave cercate, linguaggi usati e preferiti. Hai imparato a utilizzare strumenti di monitoring che permettono di focalizzare i topic più usati, le tendenze, mode e novità alle quali agganciarti.

Proponiamo un elenco generale di macro-argomenti intorno ai quali potresti individuare i temi più adatti e convincenti da usare nei vari strumenti, creando blogpost, articoli, video, post sui social media ecc.:

- ricette (testi, foto-ricette, video-ricette);
- informazioni nutrizionali o legate a dieta e *healthy food*;
- tradizione gastronomica e antiche ricette;
- uso, info, idee su alimenti o prodotti trendy (the matcha, avocado, curcuma ecc.);
- qualità e caratteristiche delle materie prime (certificate, protette, naturali, bio, presidi Slow-Food);
- territorio e cultura del posto;
- abbinamenti con vino e bevande;
- eventi territoriali, ricorrenze e celebrazioni agro-alimentari;
- servizio: mise en place, impiattamento, preparazione della tavola;
- etica e valori: rispetto degli animali, ambiente, attenzione alle intolleranze e alle abitudini di alimentazione diverse, lotta agli sprechi alimentari.

Per ricercare i temi più interessanti, inizia con strumenti semplici e gratuiti, per esempio quelli forniti dal kit di Google: prova anche Google Trends[7].

Un suggerimento: per conquistare il tuo lettore, evita di interromperlo mentre svolge attività che lo interessano, solo per proporgli la tua offerta a tutti i costi. Al contrario, diventa tu l'argomento principale di richiamo per lui.

6. Report di Conductor, luglio 2017, https://www.conductor.com/learning-center/educational-content-impacts-revenue (ultima consultazione: 2 marzo 2018).

7. https://trends.google.com/trends (ultima consultazione: 2 marzo 2018).

Come fare? Renditi utile: rispondi alle domande, anticipa i dubbi, risolvi i problemi. Divieni il suo punto di riferimento: se percepisce la tua autorevolezza e hai creato un clima di rispetto reciproco, di fiducia nei tuoi confronti, l'acquisto sarà naturale e spontaneo. Ciò significa che non puoi tradire le sue aspettative, abbandonando il blog da te curato e a cui si è affezionato oppure interrompendo il racconto dei tuoi segreti in cucina, condivisi su Twitter e Facebook. Proprio come non puoi smettere di cucinare ottimi piatti e accogliere con professionalità il cliente al tuo ristorante.
Quindi, scegli bene gli strumenti, i contenuti e la frequenza di pubblicazione, perché i lettori fedeli sono abitudinari, anche se sembrano "dormienti", ci sono e devi mantenere costantemente le tue promesse.
In un'era della comunicazione così dominata dalle fake news[8], è importante dimostrarsi affidabili, genuini e sinceri: il tuo impegno e la tua disponibilità verranno notati, seguiti e premiati.

Qualche argomento da sperimentare subito nella comunicazione del tuo ristorante

Parla dei tuoi piatti

Parlare del cibo, puntando sulla sensorialità, è una scelta vincente. Se l'obiettivo è conquistare il prospect che non ha mai assaggiato la tua cucina o il cliente, tentandolo per farlo tornare, l'unica chance che hai online è **evocare i sensi** messi in giuoco quando si gusta un piatto (la vista, il tatto, l'udito, l'olfatto, il gusto).

Figura 7.1 Roberta, ristorante italiano in Francia, racconta i piatti tipici con scatti fotografici curatissimi. © Roberta

8. http://www.comunicazionenellaristorazione.it/2017/11/informazione-alimentare-tra-fake-news-e-leggende-metropolitane/ (ultima consultazione: 2 marzo 2018).

Descrivi magistralmente piatti e materie prime, soffermandoti sulle qualità organolettiche, il sapore, nuove ricette, i piatti stagionali, i piatti consigliati dallo chef ma anche offerte, combo, eventi. Usa ogni risorsa di cui disponi: scatti fotografici, video, articoli, schede, grafiche, purché sia ben curata e professionalmente realizzata. Un esempio a proposito è in Figura 7.1.
Crea un blog o un magazine e fornisci un appuntamento periodico ai tuoi lettori: saziali con informazioni e racconti succulenti.
Guarda l'esempio proposto in Figura 7.2.

Figura 7.2 Ristorante Il Buco di Sorrento: cura il proprio magazine online *Il Buco Lifestyle.* © Media Soul

Parla degli eventi

Un altro modo per attirare ospiti e turisti è raccontare gli eventi, il tuo legame con essi o addirittura creare manifestazioni e momenti spettacolari all'interno del tuo locale: giornate di degustazioni che coniughino arte e cibo, rappresentazioni teatrali, concerti, mostre pittoriche ecc.
Lo hanno compreso molto bene quattro ristoratori vicentini residenti sui Colli Berici. Animati dal desiderio di far conoscere e rilanciare il loro territorio, hanno dato vita a un'associazione culturale, Le Buone Tavole dei Berici, creando un website con blog a tema e **organizzando eventi** per promuovere colori, profumi, tradizioni e creatività gastronomica della loro zona. Esempio raro e prezioso.

Figura 7.3 Le Buone Tavole dei Berici: associazione di ristoratori che trasmette valori con gli eventi organizzati.

Una buona pratica è mappare gli eventi del territorio, studiando i percorsi di ricerca dell'utente. Intercettare il flusso di locali e turisti interessati all'evento si rivelerà molto utile, sia per chi poi parteciperà sia per i curiosi e appassionati che avranno occasione di scoprire il brand e apprezzarlo.

Facciamo un esempio: quante persone ogni anno si spostano a Palermo per il Sherbeth Festival?[9] O ancora: quanti utenti foodie o curiosi raccolgono informazioni sull'evento senza parteciparvi? Noi stessi – pur appassionati e desiderosi di vivere questa esperienza – non siamo ancora riusciti, ma ogni anno leggiamo, ci informiamo, comunichiamo, curiosiamo nel desiderio di condividere l'esperienza. In entrambi i casi sia i ristoratori che **partecipano direttamente all'evento** – uno dei festival internazionali dedicato al gelato artigianale più importante, affascinante del mondo – sia quelli che ne parlano, magari dedicando un Menù ispirato alla manifestazione, rivelano profondità e lungimiranza imprenditoriale, qualità e attenzione ai bisogni degli utenti. Insomma: tanta brand reputation e acquisizione di autorevolezza.

Attraverso quali risorse puoi intervenire? Blog, offerte, immagini, campagne sui social media, Menù dedicati e promossi, fotografie e video.

Con quale stile? Usa un linguaggio semplice e diretto, colpisci per creatività e originalità. Sii divertente e intrattieni, entra nello spirito della festa!

9. https://www.sherbethfestival.it (ultima consultazione: 2 marzo 2018).

Figura 7.4 Proponi un piatto o un Menù dedicato all'evento. Ispirati allo stile della manifestazione.

Parla del territorio

Parlare della propria terra è sempre una mossa vincente. Puoi raccontare le materie prime (chilometro zero, filiera corta, prodotti naturali, prodotti tipici e genuini), la tradizione contadina o di pesca (cultura popolare, abitudini, storie, aspetti antropologici), la lavorazione e la cottura, la storia della tua famiglia e del tuo locale, la qualità del prodotto e delle scelte, la tua accoglienza. È il punto di partenza del tuo lavoro, e ne è anche il punto di arrivo, perché attrae i tuoi futuri clienti. Metti in gioco i sensi, le emozioni, le conoscenze. Usa i media più coinvolgenti, quelli in cui è più facile ed efficace veicolare storie e sentimenti. Un esempio sono i video (Figura 7.5)[10].

Figura 7.5 Spot nazionale della birra sarda Ichnusa. Regia David Holm e fotografia di Justin Henning. © Leo Burnett

10. https://www.youtube.com/watch?v=BpDohNkmEFY (ultima consultazione: 2 marzo 2018).

Parla del tuo locale

Racconta il dietro le quinte: la cucina, la preparazione della sala, l'impiatto, la scelta degli ingredienti. Con naturalezza, immagina che il lettore sia con voi ai fornelli. Umanizza il tuo brand e coinvolgi il tuo personale di sala e cucina: aumenta la lealtà verso il brand e favorisci la condivisione virale. Prediligi format brevi e se possibile in real-time, quali a esempio Facebook Live e le Storie di Instagram. Guarda come lo fanno da **Trippa**[11] a Milano (Figura 7.6).

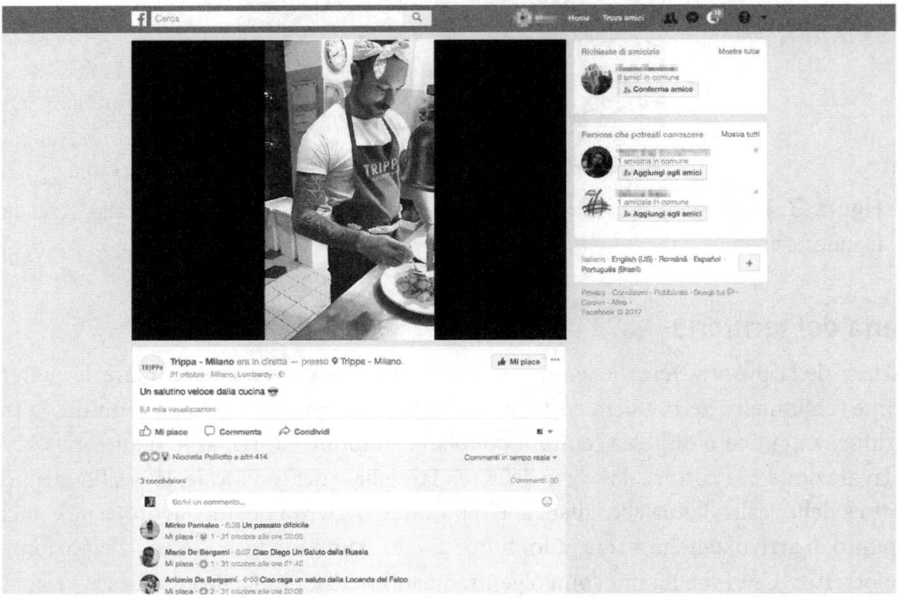

Figura 7.6 Facebook Video e Facebook Live: Trippa mostra il dietro le quinte in cucina.

Parla dei piatti legati a ricorrenze e festività

Hai imparato che certi alimenti, piatti, ricette vengono ricercati sia sui social media sia sui motori di ricerca, con frequenze e periodicità legati a stagionalità, eventi e ricorrenze. Guarda Pinterest, Instagram, Facebook, i food blog sotto Natale, Capodanno, Halloween, Pasqua, inizio estate ecc. Noterai come cambiano i colori e i topic con l'avvicinarsi di ogni singola ricorrenza.

Devi inserirti anche tu nel flusso comunicativo e riuscire a intercettare l'interesse su alcuni argomenti gastronomici: dalle ricette con la zucca al tradizionale dilemma pandoro vs panettone, lo spumante o lo champagne a Capodanno, uova, pecore e cioccolato pasquali. Esistono, però, anche micro-eventi e altre abitudini da cavalcare. Pensa alle "Virtù" del Primo Maggio teramano, agli gnocchi dei tanti giovedì romani[12], ai venerdì

---

11. https://www.facebook.com/TrippaMilano (ultima consultazione: 2 marzo 2018).

12. http://ranuccigroup.com/it/2017/11/13/italiano-gli-gnocchi-del-giovedi-la-ricetta-delle-feste (ultima consultazione: 2 marzo 2018).

dedicati al pesce, alle tante tradizioni legate a semina, raccolto, raccolta delle mele, uva, olive, agrumi.

Non esistono, per esempio, paesini o città nelle quali per tradizione la domenica a pranzo si mangia sempre un certo piatto? Racconta, condividi, riconduci alla memoria, gioca sulla nostalgia e fai leva sulle emozioni. Crea empatia.

Parla dei valori dell'etica e della sostenibilità

Abbiamo più volte sottolineato come convincere, coinvolgere e conquistare sul web passi molto spesso attraverso i "canali" dell'etica. I valori online seguono un percorso preferenziale, soprattutto perché gli utenti più esperti e avvezzi a condividere sono coloro che hanno molto a cuore questi temi.

Se proponi una cucina salutista o legata a verticali e nette abitudini alimentari o diete[13], avrai vita facile, ma **sostenibilità** e **attenzione per l'ambiente**, selezione delle **materie prime** sono temi trasversali che tutti potrebbero utilizzare, con profitto.

Puoi raccontare una storia, affascinare e coinvolgere il tuo uditorio in mille modi: attraverso una foto o video ricetta, con un blogpost ma anche creando un manifesto, un disciplinare, una policy, un decalogo. Guarda l'esempio dell'Accademia del Panino[14].

Alcuni consigli trasversali, pronti da applicare al tuo ristorante

Consiglio 1

L'**unicità** è il parametro principale che aiuta a emergere in un mondo competitivo. Ciascuno ha il proprio tratto distintivo. Pochi e validi contenuti sono un buon punto di partenza, ma bisogna aggiungere qualcosa: trova il tuo stile e il tuo caratteristico tono di voce, che sia trasversale al tuo progetto di content marketing.

Consiglio 2

Ci vogliono argomenti pertinenti. **Rivolgiti a un pubblico specifico**, focalizzando bene ciò che ti sta chiedendo e desidera. Se sei un brand che punta ad attingere al mercato locale, il tuo obiettivo dovrebbe essere di rispondere alle domande chiave poste dagli abitanti della tua città. Includi i bisogni del cliente nei tuoi contenuti e sperimenterai un crescente interesse e un rapido miglioramento nella reputazione.

---

13. Vedi l'esempio di Cruditaly che propone ricette e prodotti della cucina crudista (o raw cuisine), http://www.cruditaly.it/perche-la-cucina-crudista/dieta-crudista/ (ultima consultazione: 2 marzo 2018).

14. https://www.accademiapaninoitaliano.it/manifesto.html (ultima consultazione: 2 marzo 2018)

Consiglio 3
Spontaneità e autenticità non sono sinonimi di improvvisazione, anzi, **"fanno rima" con programmazione** e pianificazione minuziosa dei contenuti, del periodo/durata della loro pubblicazione.

Consiglio 4
Non fermarti al blog. Sosteniamo che il blog aziendale sia, allo stato attuale, un prezioso strumento, ma i tuoi contenuti sono ovunque. Diversificali in forma di video, infografiche, presentazioni e immagini. L'interazione del pubblico aumenterà esponenzialmente.

Consiglio 5
Ottimizza i contenuti per dispositivi mobili. In un mondo sempre più in movimento, concentrarsi sul solo traffico desktop può risultare deleterio.

Consiglio 6
Rispondi a commenti e richieste in real-time. Reattività ai feedback e "sangue freddo". Anche le risposte a post, commenti e, soprattutto, recensioni fanno parte della tua strategia sui contenuti. Utili a non perdere contatti, potenziali richieste di acquisto e a migliorare la reputazione, gestendo tempestivamente incidenti e crisi.

Content marketing: che cos'è e di quali fasi si compone?

Lo abbiamo già "evocato": gestire ottimi contenuti funzionali a migliorare il tuo marketing e la tua reputazione prende il nome di **content marketing**.
Cerchiamo, per un attimo, di accantonare la parte creativa, artistica, poetica dello scrivere e produrre. In questo caso puntiamo a risorse utili al tuo ristorante, per farti conoscere e vendere meglio il tuo prodotto. Ciò non significa che devi dimenticare creatività, originalità e componente estetica negli argomenti che userai. Ricorda, però, che tutti i tuoi sforzi devono essere funzionali agli obiettivi del tuo business.

Cosa significa, quindi, fare content marketing?
Utilizzare un approccio di marketing strategico, attraverso la creazione e distribuzione di contenuti validi, pertinenti ai tuoi obiettivi, indirizzati ai tuoi target e coerenti con la tua identità di marca, al fine di **attrarre** e **trattenere** un pubblico chiaramente definito e, infine, per **guidare il lettore verso una proficua azione**, tramutandolo in cliente.

Le aziende della ristorazione stanno approcciando solo ora queste strategie.

Considera che:

1. Contenuti pertinenti aumentano il **valore del marchio**, soprattutto in relazione alla percezione che il pubblico ha del tuo brand.
2. Buoni contenuti possono dare autorevolezza, incrementando fiducia e, dunque, aiutare a **vendere più tavoli**.
3. Google diventa sempre più "umano" e considera il contenuto ben scritto più utile delle sole parole chiave.
4. Un buon contenuto equivale a una buona presenza sui **social media**, ossia aumenta la tua influenza sociale.
5. Tutorial, ricette, lezioni convincono: devi creare **contenuti educativi** per il lettore.
6. La partecipazione e la passione vincono: devi creare **contenuti appassionati**.

Maneggiare buone risorse digitali deve rientrare nelle tue priorità ma è indispensabile studiare approfonditamente le dinamiche del content marketing:

- content strategy;
- content creation;
- content curation.

Content strategy

La strategia è utile, principalmente, per tre ragioni:

1. **Collegare il lavoro al proprio progetto**, rendendo ogni sforzo fruttuoso – scrivere un articolo per una rivista, comporre i testi per il website, creare i post per i social media del ristorante, pianificare il lavoro per il blog aziendale, realizzare brevi video, curare gli scatti dei piatti e della vita in cucina ecc.
2. **Allinearsi alla propria comunicazione**, per essere coerenti e ribadire la propria identità, in qualsiasi messaggio o contenuto trasmesso.
3. **Organizzare lavoro e tempo**, per far convergere ogni attività verso risultati unici.

Ricorda che devi:

- elencare in ordine di priorità e difficoltà i tuoi temi/topic (inizia sempre dai contenuti più utili e semplici);
- creare un'architettura ben organizzata dei contenuti e una rete di link interni (cross-linking), per esempio tra le pagine del sito web, tra gli articoli del blog e le diverse piattaforme ufficiali del tuo brand;
- individuare sempre le connessioni, anche in spazi esterni che possano linkare verso le tue risorse;

- intercettare le opportunità: temi molto di tendenza, siti autorevoli con cui collaborare, influencer, blogger ecc.;
- ottimizzare le risorse, rilanciare contenuti e distribuirli, promuoverli[15].

Ogni contenuto va pensato (in questa fase) con l'obiettivo di costruire un percorso di vendita/contatto e di accompagnare il lettore lungo questo "viaggio"[16]. La migliore qualità da mettere in gioco è la coerenza, con i traguardi prefissati.

1. Crea un documento con **obiettivi e scadenze**, scomponendo in piccoli goal realizzabili in tempi ravvicinati. Condividi il documento con il tuo team (su Google Drive). Soffermati su questo: trasformare gli obiettivi in task!

2. Crea un **archivio con tutti i dati** della tua azienda: il database dei clienti, i contenuti prodotti, video, immagini fotografiche, rassegne stampa web e cartacee, un elenco di tutti i profili e le schede in cui sei inserito online, brochure, tutta la comunicazione utilizzata sino a quel momento. Base da cui partirai per produrre i nuovi contenuti.

3. Estrapola le linee guida che garantiscano continuità ed evoluzione per il tuo brand. Componi un **piano editoriale** (includi metodi di engagement, stile del brand e creazione/distribuzione dei contenuti, tono di voce e linguaggi da adottare, policy di relazione e di risposta alle recensioni).

4. Costruisci la **migliore squadra di lavoro** possibile. Potrai anche essere estroso, abile nella scrittura o produzione di immagini ma, se sei lo chef (o il restaurant manager), devi occuparti di altro e non hai tempo o specialità per questo compito. Crea una piccola squadra interna, chiedi aiuto a un valido professionista esterno. Puoi capitalizzare i tuoi investimenti, formando alcuni elementi del tuo staff: in pochi anni renderai autonoma la tua produzione di contenuti.

5. La strategia deve intrecciarsi alle altre fasi e alimentarle. Non dev'essere un continuo "fare e distruggere", piuttosto un binario costantemente revisionato, utile a far viaggiare sempre più veloci i contenuti, misurando e controllando i risultati.

Per raggiungere i tuoi obiettivi:

- differenziati: trova ed evidenzia la tua USP;
- relazionati: crea una community e fai digital PR, individua media e influencer, usa gli UGC (contenuti generati dagli utenti);
- capitalizza le risorse: prevedi risultati misurabili e strategie, contenuti, tool riutilizzabili o implementabili;
- guida verso la vendita, puntando a contatti e obiettivi commerciali (conversione).

---

15. Vedi la fase tre di content curation.

16. Francesco De Nobili, *Strategie di content marketing*, Hoepli, Milano 2016.

Content creation

Attraverso il piano strategico hai individuato le mosse da compiere, ora si tratta di metterle in atto. Se nella prima fase eri protagonista insieme al consulente, la parte operativa non spetta a te (impossibile seguire tutto).

Tuo compito è controllare i risultati che ti verranno sottoposti mensilmente, come anche il rispetto delle linee guida prefissate. Sei coordinatore e revisore: i membri del team addetti alla creazione dei contenuti si allineano al piano editoriale e compongono il calendario editoriale, ti sottopongono dubbi o proposte e risultati. A campione puoi controllare post, articoli e immagini fotografiche prima della pubblicazione[17].

Content curation

Un calendario editoriale può essere molto di più che il luogo di impostazione del programma per i tuoi post imminenti: può trasformarsi in un mezzo per scambiare idee, pianificare le campagne sui social media e organizzare tutto quello che ci viene in mente. Da un'unica interfaccia, tu e i tuoi collaboratori avrete un riscontro immediato del tempo e dei vari canali nei quali includere o rilanciare i contenuti. Anche per questa attività, inizia con soluzioni semplici e gratuite. Su Google Docs puoi creare un foglio di calcolo con funzione calendario (troverai diversi template già pronti all'uso) diviso in colonne, una per ogni media utilizzato. Nei riquadri potrai includere l'argomento, l'URL o l'orario in cui programmare il rilancio sui social media[18].

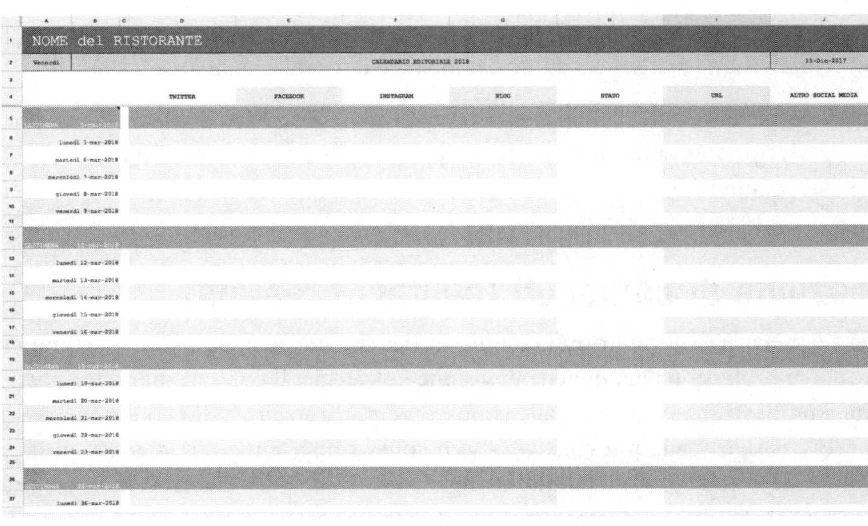

Figura 7.7 Esempio di calendario editoriale creato con Google Docs.

17. La creazione dei contenuti sarà sviluppata nella parte centrale del capitolo.

18. Luca Conti e Cristiano Carriero, *Content marketing. Promuovere, sedurre e vendere con i contenuti*, Hoepli, Milano 2016.

Un calendario dei contenuti può aiutarti a tener traccia di successi/fallimenti, in modo da prendere decisioni più performanti e che snelliscano il lavoro.
Ogni canale utilizzato ti consentirà di **programmare la pubblicazione** del contenuto: questo ti aiuterà ad automatizzare le attività nei momenti di maggiore operatività in cucina o in sala.
La distribuzione e cura del contenuto prevedono anche il **monitoraggio** (view, aumento del traffico, commenti, interazioni, condivisioni) e l'analisi dei risultati.
Quando dai in pasto una tua risorsa sul web, questa viene recepita e può essere utilizzata, commentata, rilanciata, copiata. In questa fase occorre essere pronti a gestire il contenuto post-pubblicazione, con attenzione e strategia. **Curare le conversazioni**, i commenti e le reazioni/feedback degli utenti, è fondamentale: sfrutta le opportunità e previeni le crisi.
Programma anche **riunioni periodiche**: non occorre siano troppo frequenti, soprattutto se hai lavorato bene con la strategia e hai creato ottimi strumenti per monitorare l'andamento del lavoro. Inizialmente potrebbero essere settimanali per calibrare bene tutte le fasi, poi quindicinali e, infine, attestate sulla cadenza mensile. Esistono, ormai, molti modi per tenersi in contatto: dalle chat alle email, alla condivisione di fogli di lavoro, a tool specifici di task management.

Un ipotetico percorso di distribuzione del contenuto potrebbe essere:

- creazione e pubblicazione di un blogpost;
- invio di newsletter con segnalazione;
- condivisione giornaliera sui social media (sui profili aziendali);
- segnalazione o contatto con influencer, blog/magazine di settore;
- partecipazione a discussioni nei gruppi o cerchie per proporre il tuo parere (e i tuoi contenuti).

Creazione di contenuti (content creation)

Soffermiamoci ora sul punto più complesso del content marketing: la **creazione**, che necessita di professionalità, nonché di visione e strategia. Il **content marketer** possiede abilità stratificate, che partono dalle conoscenze più tecniche – SEO, neuromarketing, web e UX design – alle più creative – web copywriting, fotografia digitale, post produzione video o audio – fino al marketing e alle tecniche di vendita. Conosce e studia accuratamente il settore merceologico cui il brand appartiene e del quale dovrà curare la comunicazione. Ha lavorato, con il ristoratore, alla creazione del progetto di comunicazione oppure ha preso visione delle linee guida e dei manuali di stile in possesso dell'imprenditore.
Quale approccio creativo utilizzare? Di sicuro, teniamo a mente i buoni principi della scuola di giornalismo anglosassone (**regola delle 5 W**).

- **Who**: a chi sto parlando (target);
- **What**: cosa sto dicendo (messaggio);
- **When**: quando pubblico (ora, frequenza);
- **Where**: dove pubblico (media, piattaforma);
- **Why**: perché (obiettivi).

Scrivi, componi, scatta immagini, crea grafiche pensando al tuo target e decodifica la tua offerta sulla base delle sue esigenze. Il **tono di voce** è quello del brand, il **linguaggio** va adattato a pubblico e media: ora più semplice, veloce, incisivo, ora più descrittivo e ricco di dettagli. Il lettore dovrà essere in grado di riconoscere, ovunque, la tua firma e avvicinarsi sempre più al tuo brand, abbracciandone l'unicità. Guarda con i suoi occhi e a ascolta con le sue orecchie: il tuo messaggio passerà con naturalezza, convincendolo all'istante.

Copywriting: contenuti validi per utenti e motori di ricerca

Nel Capitolo 4, dedicato alla costruzione di un sito web per il tuo ristorante, abbiamo parlato di SEO. Come promesso, aggiungiamo qualche consiglio per rendere i tuoi contenuti più appetibili agli utenti e, di conseguenza, ai motori di ricerca.
Ecco alcune buone pratiche per produrre testi e risorse di qualità.

Titolo della pagina

Il titolo (title) è influente per i motori di ricerca e, soprattutto, utile a catturare l'attenzione dei lettori che, online, adottano un tipo di lettura a scansione, al fine di verificare rapidamente quanto la risorsa possa essere di loro interesse.
Sarà uno dei primi elementi visualizzati nei risultati di ricerca. Crea con cura titoli brevi, specifici e descrittivi per ogni diversa pagina del sito, includendo parole chiave analizzate in fase progettuale (vedi la parte sottolineata nella SERP in Figura 7.8).

Descrizione della pagina

La descrizione (description) della tua pagina costituisce un sommario per i motori di ricerca e gli stessi utenti, mostrato insieme al titolo nei risultati di ricerca. Quanto più è esaustivo, attrattivo e arricchito delle giuste parole chiave, tanto più aumenterà la probabilità di veder cliccato il risultato. Occhio alla lunghezza: 160 caratteri sono più che sufficienti (Figura 7.8). Ricorda di crearne una specifica per ogni pagina, sottopagina o altra importante risorsa del tuo sito web.

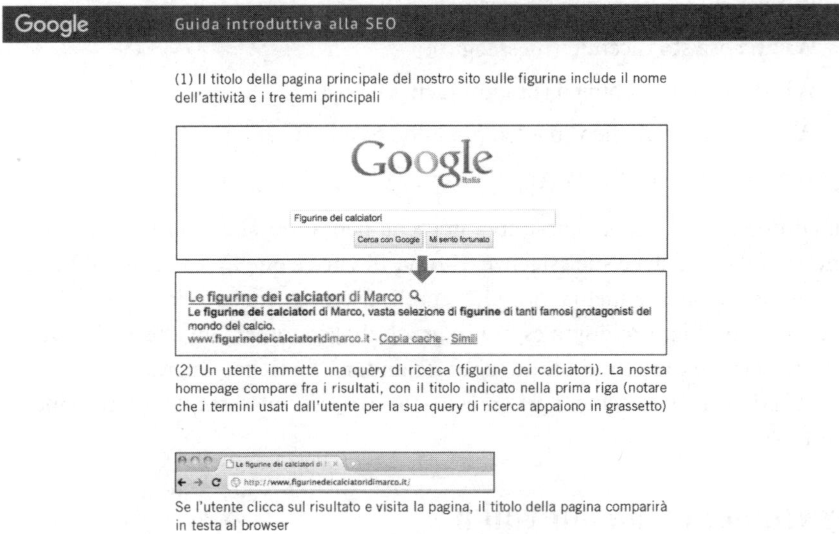

Figura 7.8 Guida introduttiva di Google alla SEO. SERP con title e description. © Google

URL descrittivi

Sia per facilitare la comprensione da parte dell'utente, sia per garantire un'organizzazione snella dei contenuti, è importante creare una valida struttura degli URL (Uniform Resource Locator), compito dell'agenzia che ti seguirà nel lavoro di progettazione. Questa serie di caratteri identifica l'indirizzo di una specifica risorsa o pagina sul web. Un esempio di struttura è www.nomedelristorante.it/menu-degustazione (Figura 7.9).

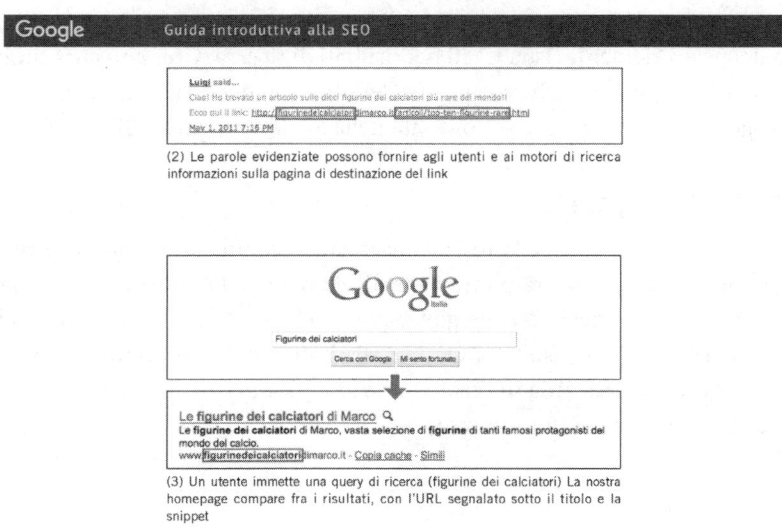

Figura 7.9 Guida introduttiva di Google alla SEO. Nella SERP è visualizzato anche l'URL. © Google

Site map e architettura dei contenuti

Sempre nell'ottica dell'organizzazione dell'informazione, crea una site map o mappa del sito web, collegando la pagina principale (homepage) alle pagine interne e queste tra loro. Non creare un albero troppo "profondo": più semplice e snello sarà il percorso delle tue risorse, più facile per i motori di ricerca sarà scandagliare e scovare i tuoi contenuti.

Contenuti di qualità: condivisi e linkati

Scrivere contenuti di qualità, ossia utili al tuo target di potenziali lettori e clienti, può sembrarti un'indicazione molto vaga, ma è quello che devi fare per migliorare visibilità e performance del tuo messaggio.

Rispondere alle aspettative e ai bisogni espressi in fase di ricerca, attraverso le query, ottimizza nel tempo la tua posizione e stimola il link inbound di portali, altri website e piattaforme autorevoli verso le tue pagine.

Se pubblichi informazioni interessanti, molti blog, magazine, social media, ma anche newsletter, chat di messaging, forum, gruppi di discussione potranno, potenzialmente, voler includere un link alle tue risorse. Questo concorrerà ad accrescere l'autorevolezza del tuo brand online, aumentando di pari passo il ranking delle tue risorse e migliorandone il posizionamento.

Il sistema di ranking di Google – complessa rete di algoritmi che ha il compito selezionare, analizzare e catalogare le risorse online – è continuamente affinato dal team di sviluppo per intercettare le risposte migliori a richieste, domande e bisogni degli utenti.

Suggerimenti per la creazione dei contenuti

Apparire nella prima pagina dei risultati di ricerca non è sufficiente. Il lettore che trova la tua risorsa dovrà ottenere risposte alle sue domande e soddisfazione dai contenuti.

Come fare?

Consiglio 1

Crea testi semplici e intuitivi da leggere, sia graficamente[19] che grammaticalmente. Preferisci un tono colloquiale, dai del "tu", punta ai benefici per il lettore, usa uno stile snello e diretto. Però, non risultare mai banale[20].

Consiglio 2

Non inserire testo nelle immagini, limitati all'uso delle didascalie.

19. Vedi la parte legata a colori, tipografia, layout nel Capitolo 4.

20. Scrivere per il web è un'arte: ti consigliamo uno specialista di content marketing ma soprattutto di formare qualcuno del tuo staff che manifesti questi talenti. Studia e fai studiare da fonti valide. Inizia da qui: Luisa Carrada, *Lavoro, dunque scrivo!*, Zanichelli, Bologna 2012.

Consiglio 3
Organizza il testo nella pagina in modo che il lettore sappia sempre dove si trova. Ricorda: paragrafi brevi, titolazioni per agevolare la scansione della pagina, menu di navigazione chiaro e sempre disponibile, link di approfondimento testuali o call-to-action per specifiche azioni richieste all'utente.

Consiglio 4
Aggiorna regolarmente informazioni e argomenti, grazie al CMS. Un blog aziendale può risultare utile a proporre contenuti freschi e attuali. Usa una corretta punteggiatura: scrittura rapida non equivale a una grammatica senza regole[21]. Evita un lessico troppo forbito o ricercato, meglio uno preciso, leggero e, soprattutto, in sintonia con la tipologia di target cui ti rivolgi. Controlla la correttezza di sintassi e ortografia. Rileggi ed edita i tuoi testi con attenzione, a caccia dei refusi.

Consiglio 5
Non copiare risorse di terze parti: prediligi originalità e genuinità, come in cucina. Quando pubblichi informazioni o notizie sei responsabile anche della loro veridicità, ne detieni la proprietà autoriale (copyright). Non dimenticare di tutelare le tue risorse online, includendo una pagina dedicata ai loro termini di utilizzo[22].

Visual marketing: parola alle immagini

Il mondo con cui il tuo business deve rapportarsi è profondamente cambiato ed è in continuo divenire. Il lettore, bombardato da una serie interminabile di messaggi pubblicitari, necessita di una comunicazione sempre più intuitiva e diretta. Nulla è più efficace del linguaggio visuale, per emergere tra migliaia di input promozionali. Pensa alla forza di un logo, di un colore, di un'illustrazione, di uno scatto fotografico. L'alto potenziale di condivisibilità che la foto di un piatto (o del cibo in generale) possiede è legato ai sensi così facilmente stuzzicabili. Se riusciamo poi a collocare questo scatto all'ora giusta, nel luogo e con il commento giusto, accompagnato da un adeguato corredo di segni e simboli (emoticons e hashtag), la viralità del nostro contenuto è garantita[23].

Tecnologia e ricerca per immagini

Le abitudini di ricerca degli utenti vanno verso un uso sempre maggiore delle risorse visuali: pensa alla ricerca per immagini di Google. Gioca sul riconoscimento delle imma-

21. Bice Mortara Garavelli, *Prontuario di punteggiatura*, Editori Laterza, Roma 2003.

22. Federica De Stefani, *Le regole della Rete*, Hoepli, Milano 2017.

23. Segui in tempo reale il flusso di immagini con l'hashtag #foodporn su Instagram e ti stupirai. https://www.instagram.com/explore/tags/foodporn.

gini anche la famosa app CaptionBot di Microsoft, nella quale puoi caricare una foto e ottenerne numerose informazioni[24]. Facebook stessa sta lavorando molto sul riconoscimento per immagini, soprattutto nell'area del riconoscimento facciale, ambito nel quale Apple ha anticipato tutti i player presentando a settembre 2017 l'iPhone X, dotato del dispositivo Face ID per lo sblocco del dispositivo.

Tutte le piattaforme sociali stanno investendo in ricerca visuale: in questo campo, Pinterest è la piattaforma social più all'avanguardia. Quando selezioni un'immagine, il sistema effettua una ricerca in grado di analizzare forme, colori e disposizione negli spazi per proporti altre risorse simili.

E ancora, l'app Amazon su iPhone permette di analizzare un prodotto che tu fotografi o di cui scansioni il barcode.

Mobile e l'invasione delle immagini

Potremmo continuare all'infinito con esempi che testimonino come comandi, funzionalità, descrizioni, narrazioni vedano il testo sostituito da un'immagine o da una semplice icona.

Dall'avvento del mobile la modalità di fruizione, la dimensione dello schermo, le esigenze di rapidità in risposta portano l'utente a prediligere questo tipo d'interfaccia.

Anche la comunicazione sui social media e nelle chat room fa uso sempre più spesso di segni, le **emoticon**, che da semplici simboli sono diventati vere e proprie illustrazioni, anche animate, con smile, oggetti, cibo e drink.

Google ha condotto con Twitter un esperimento, ora concluso, riuscitissimo: l'emoji search.

Anche oggi, se carichi un emoji nella query di Google, ottieni comunque un risultato attendibile e soddisfacente: prevalgono link a risorse contenenti quell'emoji ma puoi trovare anche risultati comprendenti il nome del piatto, alimento o termini affini che riguardano l'icona[25].

Perché usare le immagini

Le immagini sono immediate, veloci, memorabili e, in genere, più convincenti. Ricorda che gli stessi utenti sono propensi a condividere sui propri profili sociali sia le risorse visuali che il tuo ristorante mette a disposizione sia quelle prodotte da loro stessi (UGC marketing)[26].

Siamo sicuri che te lo aspettassi: parliamo ora di foodtography, la tendenza (o mania) di fotografare il piatto al ristorante appena presentato dal cameriere, senza neanche annusarlo, guardarlo, assaggiarlo. A molti può dar fastidio, ma per la promozione del tuo brand potrebbe rivelarsi una leva molto interessante: vediamo come.

---

24. Prova a inserire un'immagine su https://www.captionbot.ai e otterrai una descrizione e informazioni testuali.

25. Prova tu stesso: vai su https://www.google.it, copia e incolla un'emoticon e fai partire la ricerca.

26. Approfondisci nel Capitolo 9, nella sezione dedicata ai micro-influencer.

Nel 2012 la Carlson School of Management e la Harvard University conducono una ricerca intitolata “I rituali aumentano i consumi”, in cui dimostrano che chi fa precedere al pasto un piccolo rituale come quello fotografico percepisce più gratificante l’esperienza e più adeguati i prezzi dei piatti consumati.
Un’altra ricerca del 2016, condotta dalla San Diego University e dalla Saint Joseph’s University e intitolata “Il gusto dell’attesa”[27], stabilisce che i foodtographer percepiscono bontà e sapidità in modo sensibilmente più rilevante rispetto a chi non ha praticato tale azione.
In conclusione, ecco il percorso ideale: il cliente entra al ristorante, fa i suoi due scatti al piatto, poi condivisi con migliaia di contatti sui suoi profili social, taggando il locale su tutti i media, stimolando il passaparola sfrenato, paga ed è gratificato dall’acquisto; trova tutto gustoso, saporito e probabilmente lascia una recensione positiva su TripAdvisor. Basta aver pazienza e, magari, sfruttare a dovere questa contagiosa mania!

Benefici dei contenuti visuali

Il linguaggio visuale è universale e più facilmente comprensibile da utenti dalle molteplici nazionalità. Le immagini ben studiate aumentano la visualizzazione di articoli e pagine, risultano maggiormente persuasive, favoriscono il racconto della proposta; inoltre, rendono i contenuti più facilmente condivisibili sui social media.
Concludiamo ricordando che le immagini hanno il potenziale di attrarre e mantenere l’attenzione del lettore, guidare la scelta di un’azione specifica (click, contatto, rispondere a una CTA), influenzare positivamente la conversione e l’acquisto, perché ne anticipano sensorialmente l’esperienza e le emozioni a essa legate. Tutto ciò funziona in modo ancor più intenso con il cibo. Assicurati, dunque, che questo potente strumento sia perfettamente curato ed efficace sotto il profilo tecnico, estetico, comunicativo e di esperienza utente.

Immagini di qualità

È fondamentale l’utilizzo di immagini di qualità, con buona risoluzione, una composizione curatissima ma dall’effetto naturale. L’impatto visivo e percettivo non solo trasmetterà più facilmente il tuo messaggio, ma creerà un clima di gradevole ricettività nei confronti del tuo brand e della tua comunicazione, illustrando in modo semplice tutta la tua offerta.
Potrai raccontare per immagini che non hai solo il ristorante ma anche un bar, organizzi eventi, proponi anche servizio alberghiero. Non solo offri grigliate ma anche un ottimo carrello formaggi oppure hai un *Pastry Chef* molto creativo ecc.
Cura tutti questi aspetti sia che tu produca grafiche, infografiche, illustrazioni, Meme (GIF animate) con simpatiche caption, sia che punti sulle **immagini fotografiche**.

27. https://www.sju.edu/news-events/news/good-enough-to%E2%80%A6photograph-then-eat (ultima consultazione: 2 marzo 2018).

Come produrre e utilizzare la food photography

Produrre grandi fotografie di cibo è un'abilità difficile da possedere; anche questo un lavoro per professionisti, i food photographer, a cui consigliamo di rivolgerti per realizzare il servizio istituzionale del tuo ristorante. Ciò non esclude che una parte delle risorse fotografiche possa essere prodotta da te o dal tuo staff e che sia importante, anche per queste specifiche competenze, formare qualcuno all'interno del gruppo. Ti offriamo qualche spunto per affinare le tue conoscenze tecniche e utilizzare al meglio camera digitale o smartphone, realizzando scatti fotografici dei tuoi piatti, accattivanti e appetitosi, da usare per esempio sui social media.

Un esempio su tutti: Instagram, dove è possibile postare scatti soddisfacenti con poche competenze di base, quali la composizione, luce, messa a fuoco; aiutandoti magari nella post produzione con l'utilizzo di filtri e altri strumenti che l'app mette a disposizione.

Quindi devi migliorare le tue conoscenze tecniche ma anche avere ben chiaro uno stile da donare ai tuoi scatti e, come sempre, questo deve accordarsi al tuo progetto di identità, comunicazione e di content marketing.

Il cibo deve risultare appetitoso e scatenare tutti i sensi. Per ottenere questo risultato:

- racconta e descrivi l'essenza e gli ingredienti principali del piatto;
- esalta e non nascondere o cambiare colori e texture del cibo;
- metti in evidenza il piatto all'interno del tuo scatto;
- illumina il cibo in modo corretto (luce naturale, laterale).

Ricorda: l'immagine non dev'essere sgranata o sfocata.

Inizia a lavorare sui seguenti elementi per ottenere quanto appena descritto.

Luce

Utilizza una **luce naturale** diffusa e non diretta: aiuterà a creare un'illuminazione adeguata, senza falsare i colori del tuo piatto. Se prediligi un'illuminazione artificiale, adotta flash o lampade da studio. Occhio ai neon in cucina: sono il nemico numero uno dei sensori digitali.

Quindi, riassumendo: luce naturale e diffusa; no ai piccoli flash e luci artificiali integrate. Meglio uno scatto leggermente scuro a cui aggiungere un po' di luminosità in post-produzione.

> **Piccoli trucchi**: trova la location giusta per i tuoi scatti e usala sempre, all'ora più congeniale. Se l'illuminazione dalla tua finestra è eccessiva, utilizza tende bianche per diffondere leggermente la fonte di luce.

Composizione

È la disposizione degli elementi nello spazio fotografico. Risulta importante non solo la distanza tra gli oggetti ma anche la loro relazione gerarchica. La priorità va al piatto principale all'interno dell'inquadratura e, soprattutto, all'ingrediente principale. Se per esempio fotografi un piatto di pasta con i piselli, prezzemolo e tocchetti di peperoncino, l'elemento che deve emergere in primo piano, e perfettamente a fuoco, sarà la pasta, non certo un ciuffetto di erba aromatica.

Individua gli elementi da porre in primo piano, a fuoco e veri protagonisti. Poi disponi tutto il resto, immaginando i "personaggi secondari". Un treppiede risulterà estremamente comodo.

Il **tipo di inquadratura** da effettuare (dall'alto, frontale a 45° o 30°) dipende molto anche dalla tipologia di cibo da ritrarre: una pizza rotonda e piatta forse è più efficacemente raffigurabile dall'alto. Un hamburger o una serie di pancake, una torta nuziale o un panettone? Meglio posizionarsi ad altezza piatto (30°).

In genere, per ogni composizione gastronomica cui vuoi donare tridimensionalità e maggiore volume, risulta ideale la posizione a 45°, naturale e appetitosa, essendo il punto di vista più comune mentre mangiamo un piatto.

Puoi disporre i tuoi elementi nell'inquadratura, seguendo la **famosa regola fotografica dei terzi**: immagina il tuo fotogramma diviso da due linee verticali e due orizzontali in una griglia di nove rettangoli (attivabile su tutte le macchine digitali e gli smartphone). Posiziona il tuo soggetto principale all'altezza di uno dei quattro punti d'intersezione: prova e vedrai la differenza!

Per esercitare il tuo occhio, analizza fotografie celebri, ma anche disegni, illustrazioni, quadri e le inquadrature nei film.

Prima di scattare soffermati sulla **distanza dell'inquadratura**.

Vuoi raccontare un florilegio di piccoli dolcetti o una varietà di frutti colorati? Meglio optare per un'inquadratura panoramica.

Vuoi raccontare un piatto o la freschezza e morbidezza di un ingrediente? Avvicina l'inquadratura quasi a toccare con un dito il delizioso cibo (immagini macro).

Stile narrativo

Sii coerente con il tuo brand e con la tua filosofia di cucina, per essere riconoscibile e individuabile con un colpo d'occhio. Trova uno **stile di racconto personale** e replicabile in diversi contesti, per le diverse tipologie di immagini che andrai a realizzare: reportage istituzionali, album sui social media, book e brochure, immagini per riviste, guide, interviste ecc.

Scegli con coerenza le inquadrature (45° o dall'alto), lo stile compositivo, i colori di cibo e le luci, gli accessori e gli oggetti di scena.

> **Piccoli trucchi**: individua elementi che caratterizzano il tuo locale, che il cliente ritroverà al ristorante e in qualche modo puoi richiamare nelle tue immagini fotografiche. Resta fedele al corredo cromatico e stilistico della tua comunicazione. Non usare tessuti e tovagliati che si discostino molto da quelli che utilizzi in sala.

Styling fotografico

Acquisite le basi della fotografia per il food, inizia ad allenarti, leggi alcuni blog o libri dedicati per affinare le conoscenze tecniche. Fai esperienza nella composizione e nel rendere appetitosi, con piccoli dettagli, piatti che potrebbero risultare indifferenti.
Al di là della tecnica (la cui assenza spesso porta a produrre foto con luci sbagliate, non a fuoco, con colori falsati ecc.), fotografare il cibo è piuttosto difficile perché bisogna evocare profumi, gusto, croccantezza, fragranza usando solo la vista: il confine tra appetitoso e disgustoso, in food photography, è molto sottile.
Pensa a quanto sia complesso fotografare un piatto di pesce senza che risulti macabro, una zuppa evitando di trasformarla in una "sbobba" inguardabile, spezzatini e ratatouille riuscendo a descriverne gli ingredienti principali.
Qui entra in gioco un accurato styling, ossia la tecnica per preparare il set fotografico con il piatto posizionato nel modo giusto, con il cibo e gli elementi di contorno adeguati e disposti a favore di camera. Completano il lavoro: la ricerca, la selezione e il posizionamento degli arredi di scena e l'assistenza al fotografo durante lo shooting.
Tra gli arredi di scena, individua:

- **tovagliato o tessuti e materiali** che possano servire da base per il piatto, sfondo oppure complemento accanto al piatto stesso;
- **posate o accessori cucina** che siano evocativi della lavorazione precedente o anticipatori dell'assaggio: cucchiai, coltelli, colini, oliere, ciotole, bicchieri, bottiglie, brocche, fruste ecc.;
- **complementi d'arredo** e oggetti evocativi che raccontino il mood della proposta gastronomica: un piatto tipico può richiamare un'atmosfera rustica con una sedia in legno impagliata, un bricco in rame, tovaglioli e strofinacci in lino, un'antica lanterna a olio;
- **ingredienti crudi o semilavorati** che compongono il piatto – per una pasta al pesto procurati piantine e foglioline di basilico genovese, pinoli, tocchetti di formaggio, spicchi d'aglio ecc.

Piccoli trucchi: attento ai piatti quadrati o rettangolari. Possono dare problemi di angolazioni e nelle inquadrature. Preferisci un tradizionale piatto, piano e tondo.
Piatti e vasellame colorato possono donare un tocco di allegria e di originalità ma: fanno risaltare il cibo che vi si trova disposto? Rischi di sottrarre attenzione al vero protagonista del tuo scatto? Se devi fotografare una zuppa dal colore uniforme e in cui è difficile distinguere i componenti, aggiungi dettagli in colori contrastanti. Per esempio un passato verde uniforme può essere personalizzato con un filo d'olio dorato e qualche scaglia di formaggio. Disponi qualche ingrediente della zuppa in secondo piano, come zucchine, broccoli, cavoli, fagioli ecc. Usa pochi accessori, ben disposti e ben progettati: non rendere la scena caotica.
Poco ma buono è un adagio che funziona bene anche in questo caso.

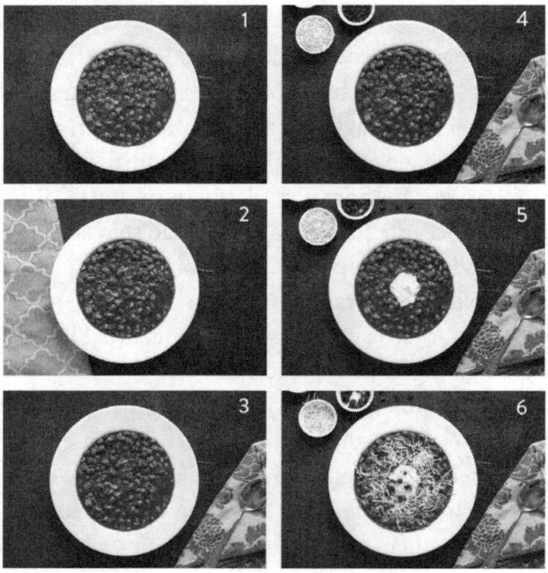

Figura 7.10 Fasi di preparazione di uno scatto fotografico e food styling. © Serious Eats

Immagini istituzionali (sito e blog) e immagini sociali

Sul tuo sito web, le immagini fotografiche assolvono a diversi ruoli:

- descrivono l'offerta;
- suggeriscono l'up-selling (mostrando altre offerte o altri servizi, come carta dei caffè o gli aperitivi, stimolandone l'acquisto);
- emozionano per creare attrattiva e guidare scelta e contatto;
- creano un'aura di fascino attorno al brand;
- evocano sensi che stimolano empatia per il marchio.

Non è possibile affrontare con leggerezza la produzione di questa risorsa, considerando anche che le immagini rivestono un ruolo importante per il posizionamento su Google. Oltre agli accorgimenti tecnici, soprattutto legati all'organizzazione delle immagini del sito web, è molto importante la compilazione dei tag <*Alt Image*>, una descrizione testuale accurata dell'immagine raffigurata.

Usa formati d'immagine come JPG, GIF, PNG. Proteggi sia i contenuti testuali sia, soprattutto, le immagini fotografiche, creando una pagina apposita dedicata al copyright dei tuoi contenuti, nello specifico dei tuoi scatti fotografici[28]. Attenzione ai diritti d'autore e di utilizzo dello scatto: leggi con molta attenzione il contratto che firmerai con il food photographer che cura l'immagine dei tuoi piatti.

Consigliamo di creare un reportage fotografico accurato iniziale su sala e location, che contenga ritratti dello staff (brigata di sala e di cucina), scene di preparazione e impiatta-

28. Federica De Stefani, *Le regole della Rete*, Hoepli, Milano 2017.

mento, ritratto dello chef e del maître, scatti dei piatti. Prevedi anche una decina di scatti dei piatti almeno una volta all'anno e, comunque, quando il Menù à la Carte viene rinnovato profondamente. Ovviamente produrrai scatti spontanei, durante la quotidianità, con retroscena della preparazione del piatto, per raccontare sui social media la storia e i segreti della creazione dell'esperienza gastronomica del cliente: di questo parleremo nel prossimo capitolo.

Visual marketing: come utilizzare i video

L'immagine fotografica non è l'unico visual content di cui ti devi occupare con attenzione e urgenza: il traffico su Internet sarà sempre più volto a scaricare o a visionare in streaming **risorse video**. Un'interessante ricerca di Cisco, risalente al 2016, restituisce uno scenario prossimo venturo con circa il 75% del traffico mobile occupato dai video[29]. Gli esperti marketing sono convinti che sia una risorsa da valutare urgentemente e molti brand, anche agro-alimentari, iniziano a utilizzarla in modo sapiente.
Come includere questa risorsa nella comunicazione del tuo ristorante, distinguendoti? Come creare contenuti video strategici e di qualità adeguata, dati i costi di produzione e post-produzione ancora molto influenti?

1. Produci pochi video ma di qualità e cerca di aumentarne al massimo la visibilità.
2. Favorisci la creazione di una community che segua i tuoi appuntamenti, per esempio sottoscrivendo il tuo canale YouTube.
3. Crea video brevi, arriva subito al punto, poi crea approfondimenti ma dissemina call-to-action *ad hoc*, per il contatto con te o altre specifiche azioni.
4. Favorisci la condivisione dei tuoi video, dedica tempo alla distribuzione attraverso i social media.

Come in ogni area di promozione, anche nel **video marketing** è necessario impostare un progetto strategico e un relativo piano d'azione. Anche in Italia è diffuso il modello "Help–Hub–Hero". Scopriamo insieme in cosa consiste:

1. **Hero video**: hanno come destinatario un pubblico piuttosto ampio e servono a promuovere, pubblicizzare e lanciare il brand. Sono video spettacolari e di grande effetto. Raccontano una vicenda commovente. Un esempio può essere il grande spot televisivo che racconta il brand, con una storia o un'allegoria[30].
2. **Hub video**: sono utili a costruire e rafforzare la community, partendo dai follower esistenti – e dai clienti ideali. Devi incontrare i loro bisogni conservando simpatia e spirito di intrattenimento, con valore aggiunto. Agisci più da YouTuber

29. Leggi il report Cisco "Visual Networking Index: Global Mobile Data Traffic Forecast Update, 2015–2020" a pagina 3, https://www.cisco.com/c/dam/m/en_in/innovation/enterprise/assets/mobile-white-paper-c11-520862.pdf (ultima consultazione: 2 marzo 2018).

30. Vedi lo spot del Panettone Motta per il Natale 2017, in cui si fa leva sul senso di esclusione che prova il... candito del noto dolce natalizio: https://www.youtube.com/watch?time_continue=9&v=scQHMPD03Xo (ultima consultazione: 2 marzo 2018).

che da inserzionista. Possono anche essere Facebook Live in cui sveli dei piccoli segreti della tua filosofia di cucina. Accresci la conoscenza del brand e fiducia.

3. **Help video**: sono rivolti principalmente ai follower ma adatti anche ad agevolare il posizionamento sui motori di ricerca. Sono la risposta a specifiche domande e spesso servono a soddisfare esigenze e risolvere problematiche. Tutorial (come tagliare verdure, cuocere il polipo, montare la maionese e le salse senza farle impazzire, eliminare un odore o un effetto sgradevole nella preparazione di un piatto, costruire un Menù vincente) o degli how-to-do (come le video ricette).

C'è anche un'altra utile distinzione da fare: intendi produrre un video come contenuto organico – da posizionare sui social media o sul tuo sito web – oppure come risorsa di **advertising** – per pubblicità su Google, Facebook o altre piattaforme?
Se intendi produrre un breve video pubblicitario ricorda che gli smartphone o i computer non sono "televisori connessi": necessitano di contenuti adatti alla fruizione, al dispositivo e alle scelte che verranno messe in campo dagli utenti durante la visione.

YouTube, Facebook, vlog e il live streaming

Appurato che il video è la risorsa del futuro ma che è costosa e difficile da produrre, opera scelte oculate per non perdere tempo e risorse, rischiando un effetto boomerang per l'immagine del tuo ristorante. Scegli il giusto mix: per esempio un video istituzionale, abbinato a brevi risorse da proporre live sui social media. Individua il/i canale/i o più media su cui pubblicarli.

YouTube

YouTube è la piattaforma di aggregazione di video prodotti da utenti e da aziende più diffusa al mondo. Proprietà di Google, continua a essere il terzo sito web più visitato al mondo e il secondo motore di ricerca sul Pianeta. Per questo viene utilizzato per identificare tendenze, brand e trovare spunti divertenti e di intrattenimento, utili anche per il proprio lavoro.
Utilizzare la piattaforma è gratuito. Un ristorante può aprire il suo canale e caricare video di ricette, di impiatto, di preparazione della tavola o sul servizio ai tavoli.
Perché non parlare di come scegliere luci, candele, fiori per la sala oppure di come individuare le erbe aromatiche e le verdure giuste andando a fare la spesa al mercato o dal contadino? Il nostro consiglio è di aprire un **canale aziendale**, caricare uno o più video istituzionali del ristorante, creare una o più playlist rilanciando buoni video del territorio e di enti, associazioni, partner prestigiosi. Qui potrai inserire periodicamente anche brevi video di tua produzione.
Ricorda di compilare con grande attenzione la parte relativa ai tuoi dati e ai link sia al sito web sia alle piattaforme social[31].
Trova il tuo stile di racconto, prendendo ispirazione da colleghi o noti YouTuber.

31. Vedi l'esempio del canale del Gambero Rosso molto curato nei dettagli, https://www.youtube.com/user/GamberoRossoTube (ultima consultazione: 2 marzo 2018).

Racconta le ricette in modo classico come il canale statunitense Food Wishes[32].
Punta agli how-to-do, come il semplice ma seguitissimo How To Cook that[33].
Prediligi ironia e un tocco goliardico? Valuta gli YouTuber canadesi Epic Meal Time[34].
Certo, questi VIP del web sono seguiti da milioni di iscritti, vere e proprie star. Possono, però, offrirti modelli e spunti da valutare contestualizzandoli alla tua cucina.
Ancor meglio il confronto con il videotelling dei tuoi colleghi. Abbiamo scelto per te il video di Pescaria, dello chef Lucio Mele, mentre prepara un delizioso panino. In questo video per tutto il tempo lo chef è presente con le sue mani e la sua arte ma il vero protagonista resta sempre il cibo, la cura con cui lo chef prepara l'esperienza del gusto dei propri ospiti[35]. Veramente ben realizzato, tanto da vincere il premio Sky per il miglior video promozionale nel 2016[36].
Se stai lanciando il tuo brand e hai deciso di dare rilievo comunicativo – dedicando una voce di budget importante – alla creazione di un video aziendale, prendi spunto dalla sapienza di racconto del video promozionale di Barossa, la wine valley del sud Australia[37] o dalla scelta di Barilla che affida alle food blogger[38] il racconto dei suoi sughi pronti, nell'ambito del progetto "Guarda tu stesso".

Facebook

Facebook dà priorità, in questo momento, alle risorse video, ma solo ed esclusivamente a quelle caricate sulla sua piattoforma: qui evita perciò link che puntino all'esterno (come l'acerrimo "nemico" YouTube).
I video devono essere brevi, di qualità tecnica accettabile: utilizza un tripode per supportare lo smartphone, in posizione orizzontale, per consentire immagine stabile e una buona composizione nell'inquadratura.
Una ricerca recente di Oracle Data Cloud dimostra che video anche brevi – visualizzati per pochi secondi – possono influenzare positivamente una campagna e aiutarti ad aumentare le vendite. Millennial e utenti molto giovani – consumatori convulsi di video, messaggi molto rapidi e frammentari – necessitano di risorse di minor lunghezza rispetto ad altre fasce di età. Certo, l'ingrediente principale deve sempre essere la creatività accompagnata a una grande progettualità.
I Facebook Live video, facili da realizzare direttamente con la tecnologia fornita da mobile e dalla piattaforma, potrebbero fare a caso tuo. Ecco alcuni esempi convincenti.

- Temi utili e how-to-do, conditi da simpatia e un tocco di toscanità, q.b.: questa la ricetta degli appuntamenti su Facebook live dell'Ortolano di Santo Spirito[39].

32. https://www.youtube.com/user/foodwishes (ultima consultazione: 2 marzo 2018).
33. https://www.youtube.com/user/howtocookthat/featured (ultima consultazione: 2 marzo 2018).
34. https://www.youtube.com/channel/UCYjk_zY-iYR8YNfJmuzd70A (ultima consultazione: 2 marzo 2018).
35. Video di Pescaria: https://www.youtube.com/watch?v=97gpV5lOC1Q (ultima consultazione: 2 marzo 2018).
36. http://www.bargiornale.it/barawards-2016-premi-e-premiati (ultima consultazione: 2 marzo 2018).
37. https://www.youtube.com/watch?v=vtFqMMjMSMc (ultima consultazione: 2 marzo 2018).
38. https://www.youtube.com/watch?v=3ih6cFk09Y0 (ultima consultazione: 2 marzo 2018).
39. https://www.facebook.com/Lortolano-di-Santo-Spirito-921369041345214 (ultima consultazione: 2 marzo 2018).

- I già citati "dietro le quinte" di Trippa a Milano[40]. Sulla stessa Pagina Facebook trovi anche il video aziendale, ben realizzato.

Prova a utilizzare le Stories, video (e non solo) su Instagram, Snapchat e ora anche su Facebook. Ricorda che sui social media, per "apparecchiare" un appetitoso video, devi:

- creare un contenuto breve, assolutamente sotto i 60 sec. e affascinante;
- non eccedere in lunghezza dei testi di didascalie o caption.
- ottimizzare per **piattaforme** (YouTube, Facebook, Snapchat) e per **dispositivi**: pensa prima mobile e ricorda che da mobile l'85% delle view è senza audio. Prediligi il formato quadrato, forse è il più adattabile;
- creare sottotitoli, brevi descrizioni oppure una didascalia adatta anche ai non udenti.

Come conquistare l'utente? Esortalo all'azione/contatto, con la giusta CTA.

Vlog

Vlog è la contrazione dei due termini: "video" + "blog", che identifica i blog in cui la principale risorsa utilizzata è il video. In realtà, il termine "vblogger" si è esteso anche agli YouTuber o agli utilizzatori di altre piattaforme.
Può essere uno strumento adatto a comunicare il tuo ristorante? Se nelle tue strategie stai riversando attenzione, investimenti e tempo nella creazione di video, può valer la pena optare per un vlog, anziché un blog classico. Devi garantire qualità e frequenza alla tua pubblicazione. In caso contrario, opta per la produzione di video live sui social media, decisamente meno costosi.

Audio marketing: il podcast

Lo confessiamo: in Italia questa risorsa è usata pochissimo e meno che mai nel tuo settore. Questa non è una valida motivazione per non valutarla: forse è un'opportunità che ancora nessuno è riuscito a intercettare, cogliere, cavalcare. Procediamo con ordine: con il termine podcast ci riferiamo a un episodio di una serie di pubblicazioni audio (talvolta anche video) che possono essere scaricate su di un dispositivo o ascoltate in streaming su Internet.
La risorsa podcast ha una crescita lenta, che la identifica non come una moda passeggera, ma come una risorsa sulla quale investire. Il passaggio dalla radio ai podcast assomiglia alla transizione dalla TV classica a Netflix e alle altre piattaforme web dedicate.
Segui il ragionamento: ogni giorno i nostri utenti sono letteralmente invasi da messaggi promozionali e da comunicazioni aziendali. La lotta sui media digitali per attirare l'attenzione del lettore è all'ultimo respiro!
Perché non valutare strumenti e risorse alternative, che si collocano in spazi che gli advertiser e i produttori di contenuti fanno più fatica a sfruttare? In quale momento è più complesso proporre dei contenuti, come testi da leggere, filmati da visionare,

40. https://www.facebook.com/TrippaMilano/videos (ultima consultazione: 2 marzo 2018).

immagini da guardare? Quando si guida, si viaggia in contesti scomodi – in piedi pigiati in mezzi urbani, al freddo sotto una pensilina, in bicicletta, a piedi – quando si lavora, quando si fa sport, quando ci si rilassa ecc. Quante sono le ore e le occasioni nelle quali i contenuti classici non risultano adatti? Moltissimi.

I suggerimenti di un esperto

Abbiamo chiesto qualche consiglio a Giorgio Minguzzi, creatore di podcast dedicati alla comunicazione e al marketing digitale che sta riscontrando un successo importante, Meritabiz[41]: "In effetti il podcast si colloca là dove altri contenuti sono impossibilitati a veicolare il tuo messaggio. Puoi lanciare un podcast ovunque e in qualunque momento: quando si aspetta il turno in banca o alla posta, mentre si cucina, lavora o porta il cane a passeggio".
A proposito dell'utilizzo del podcast da parte del ristoratore, Giorgio Minguzzi ha molte idee e spunti:

> *I podcast sono utili per formarsi e promuoversi.*
> *Formazione. Pensiamo a quanto poco tempo abbia chi manda avanti un locale. La formazione in aula è scomoda: i podcast sono sempre disponibili, in qualsiasi orario, anche per qualche minuto. Se interrompiamo l'ascolto, possiamo riprendere dove avevamo lasciato, quando possiamo.*
> *Di podcast ve ne sono di tutti i tipi, ma da quando ho ascoltato un podcast per becchini e uno per l'industria mineraria, ho capito che c'è sempre il contenuto giusto per ciascuno. Anche per i ristoratori, al momento soprattutto in inglese.*
> *Promozione. Insegnare ricette e qualche segreto di cucina è da sempre un cavallo di battaglia. Pensate però in maniera creativa – utilizzando per esempio una piattaforma quale l'italiana Speaker[42]. Potete informare i clienti sulle materie prime appena raccolte o pescate, su quello che sarà fuori Menù oggi. Niente male, no?*

Consigli di podcast cui ispirarti

- Su Meritabiz: una puntata dedicata al foodporn[43] e una al digital food marketer e all'influencer marketing[44].
- Su The Sporkful: un podcast in inglese su cibo e aspetti socio-culturali[45].
- Su Gastropod: vari podcast su cibo e scienza, antropologia e storia dell'alimentazione[46].

41. https://www.merita.biz/podcast (ultima consultazione: 2 marzo 2018).
42. https://www.spreaker.com (ultima consultazione: 2 marzo 2018).
43. https://www.merita.biz/foodporn (ultima consultazione: 2 marzo 2018).
44. https://www.merita.biz/digital-food-marketer (ultima consultazione: 2 marzo 2018).
45. http://www.sporkful.com/dan-and-the-sporkful (ultima consultazione: 2 marzo 2018).
46. https://gastropod.com (ultima consultazione: 2 marzo 2018).

- The Splendid Table: storie di cucina e ricette[47].
- iTunes: podcast in inglese dedicati al marketing della ristorazione.

Casi di studio

Nel corso del lungo capitolo, ti abbiamo segnalato casi cui ispirarti e raccontato qualche storia di brand e di ristoratori coraggiosi nell'utilizzo dei contenuti e nella scelta di media e strategie da adottare. Ne proponiamo ancora alcuni interessanti.
Noi, come sempre, forniamo buone pratiche ed esempi: il grosso del tuo lavoro sarà applicare, confrontare, studiare e disegnare dei percorsi di lavoro adatti per il tuo ristorante.

Caso di studio 1: tortellini Fini e #NoidiModena

Nel maggio 2017 il pastificio Fini progetta e lancia una campagna molto interessante. Idea due hashtag da utilizzare nella campagna social di condivisione:

- #NoidiModena
- #StoriadaAssaporare

Propone dei video bellissimi con un gradevole montaggio che raccontano una terra e la sua gente partendo dal piatto forte, il più diffuso e anche il più caratterizzante: il **tortellino**[48]. Pochi minuti di video ci accompagnano con leggerezza e autenticità alla scoperta dei suoi segreti. Quanto dev'essere grande? Come te lo propongono i ristoratori? Ma la sfoglia? E il ripieno? E come li serve un modenese DOC?
Il video cattura l'attenzione ed evoca ricordi o emozioni. Educa, perché contribuisce a conservare la tradizione, ne svela piccoli segreti, altrimenti a rischio di andare perduti. Informa, perché fornisce utili indizi per valutare e scegliere con criterio e attenzione la qualità del piatto.

Caso di studio 2: Ristorante Mugnaia di Ivrea, ufficio stampa e comunicazione tradizionale

Il ristorante La Mugnaia di Ivrea[49] nasce nel 2011, sotto la guida dello chef Marco Rossi in cucina e di Elisa Campa, sommelier e maestro di sala. La cucina profuma di attenzione e innovazione, due elementi – per chi conosce la storia di Ivrea e dell'imprenditoria rivoluzionaria di Olivetti – imprescindibili.
Scelgono un'agenzia (blu250) sin dalla creazione del progetto comunicativo, che contempla branding, social media su Facebook[50] e su Instagram[51], eventi, PR e ufficio stampa tradizionale.

47. https://www.splendidtable.org/(ultima consultazione: 2 marzo 2018).
48. Video *Noi di Modena*, https://www.youtube.com/watch?v=Mzire41Hg2g (ultima consultazione: 2 marzo 2018).
49. http://www.mugnaia.com.
50. https://www.facebook.com/RistoranteLaMugnaia (ultima consultazione: 2 marzo 2018).
51. https://www.instagram.com/lamugnaia.ivrea (ultima consultazione: 2 marzo 2018).

La sfida

Valorizzare e promuovere ogni piccolo dettaglio, dall'amore per le materie prime all'attenzione per il cliente. Per far ciò occorre creare un'immagine dello chef meno legata ai piatti tipici piemontesi ma vicina al territorio e ai prodotti naturali a filiera corta. Unire il lontano e il vicino, il noto e la scoperta del diverso. Come?

Obiettivi

- Aumentare la brand awareness lavorando sull'identità del marchio (I Fase).
- Stabilizzare sala e cucina (comunicazione interna) in modo da creare unione e condivisione (I Fase).
- Creare una base di clienti innamorati della cucina del ristorante (II Fase).
- Avvicinarsi al pubblico e ai potenziali clienti per portarli in ristorante, raggiungere l'audience (II Fase).
- Sviluppare brand loyalty e brand reputation anche offline (III Fase).

Piano operativo

Rossi e Campa, di concerto con l'agenzia, giocano con tre parole chiave: eleganza, genuinità, creatività. Sui social network lavorano su ricette e momenti personali di chef e dello staff, raccontando i più inconsueti: lo chef che va a raccogliere germogli, pietre lungo il fiume oppure mentre seleziona il formaggio al caseificio.
Per PR e digital PR contattano giornalisti, media, blogger ecc.
Nell'ambito ufficio stampa: preparano comunicati e articoli, contattano guide e magazine, blog ed e-zine.
Per fare event marketing organizzano una cena riservata agli operatori del settore dal titolo "Raccontare il cibo" (Cibo e foodtelling).
Lo chef si apre all'esterno, con incontri, fiere e show cooking.
Tutte le fasi sono accompagnate da una pubblicazione costante sulle maggiori riviste italiane.

Risultati

- Pubblicazioni di ricette, interviste e informazioni relative al ristorante, su *DOVE*, *la Repubblica*, *La Stampa*, *Gambero Rosso*, *Bell'Italia*, *La Cucina Italiana* ecc. (ufficio stampa ed event marketing).
- Inserimento del ristorante nelle guide più prestigiose: Gambero Rosso (2 forchette), *Guida Michelin*, guida de *L'Espresso*, guida *Identità Golose* ecc.
- Crescita della brand awareness, grazie alla diffusione sui media classici e sui social media (Facebook e Instagram).
- Crescita della brand reputation, con tracciamento delle linee guida per costante ed esponenziale incremento offline e online.

Figura 7.11 I piatti de La Mugnaia di Ivrea raccontano il territorio aprendo a nuovi orizzonti del gusto. © Maurizio Gijvovich

Caso di studio 3: pizzeria Bella&Brava, lo storyelling a misura di audience

Bella&Brava[52] è una startup nel settore ristorazione nata a Venezia nel 2016 per introdurre nuovi standard nel campo dell'alimentazione, impegnata nell'innovazione di uno dei piatti più noti della tradizione alimentare italiana: la pizza[53].

Una pizza non convenzionale, realizzata con una formula di preparazione e cottura messa a punto con l'aiuto di chef e nutrizionisti. Lo store di Venezia è il pdv pilota per un'innovativa catena Made in Italy, con espansione internazionale, inversione di tendenza rispetto alle multinazionali che distribuiscono la pizza in Italia, come Pizza Hut e Domino's.

Altra sfida: strutturare una strategia di comunicazione social coerente[54] con la visione del brand, attraverso la realizzazione di un brand identikit, strumento operativo per individuare gli aspetti chiave dell'identità della marca, fondamentali per costruire la brand persona[55]. Importante definire il tone of voice dei contenuti editoriali e lanciare i canali **Facebook** e **Instagram**, supportandone la visibilità attraverso una strategia media *ad hoc*.

Piano operativo

- Costante monitoraggio delle conversazioni online grazie a un piano di crisis management stabilito in precedenza, utile anche a presidiare le review lasciate

52. http://www.bellabrava.it (ultima consultazione: 2 marzo 2018).

53. Pizza agli onori della cronaca soprattutto da quando, il 9 dicembre 2017, l'arte dei pizzaiuoli napoletani è stata proclamata patrimonio dell'umanità dall'UNESCO.

54. Agenzia di riferimento: OpenKnowledge.

55. Ecco come creare i tuoi utenti-tipo https://www.weebly.com/inspiration/brand-persona (ultima consultazione: 2 marzo 2018).

dagli utenti sulla pagina TripAdvisor del brand.

- Organizzazione di eventi in store con il coinvolgimento di blogger e influencer.
- Cura della relazione sui social media, sia trasmettendo informazioni e condividendo conoscenza sia ascoltando l'audience per creare una community attiva.

Risultati

Oggi Bella&Brava può contare su quasi 6.000 fan su Facebook[56] e più di 2.500 follower su Instagram[57]; inoltre, sta per aprire il suo secondo store all'estero. La location? Ancora da scegliere tra le Top10 città identificate con l'analisi di social intelligence, che sfrutta la tecnologia di Image Recognition per individuare le foto di pizze in Rete, geolocalizzate nelle principali città europee, per capire "come e dove" questo piatto italiano è consumato e comunicato sui social media, in Europa.

Figura 7.12 Bella&Brava: tutto costruito a misura di audience, dal packaging alla pizza. © OpenKnowledge

Take Away

Consiglio I

Adatta allo strumento e personalizza per la tua audience. Il tuo contenuto è trasversale: attraversa gli strumenti ed è presente in ogni occasione di touchpoint con il lettore. Trova il format giusto – articolo, testimonianza, ricetta, racconto, immagine fotografica con caption ecc. – e la lunghezza adeguata: breve e orientato al visual per siti di microblogging come Facebook e Twitter,

56. https://www.facebook.com/BellaBrava.Venezia (ultima consultazione: 2 marzo 2018).
57. https://www.instagram.com/bellabravapizza (ultima consultazione: 2 marzo 2018).

dettagliato e approfondito per piattaforme come il blog aziendale o il sito web.

Consiglio 2
Misura i contenuti. È complesso misurare il ritorno dell'investimento diretto su un contenuto: puoi monitorarne l'andamento. È letto, c'è interazione, ha creato engagement, hai ottenuto traffico sul website, c'è stata una conversione?

Consiglio 3
Assumi i tuoi rischi creativi: produrre contenuti unici o percorrere vie sperimentali e pionieristiche – come audio o video marketing – può garantirti un'immagine di innovatore e farti emergere dalla mischia.

Consiglio 4
Non ridurre i contenuti a pura tendenza. Non svuotare le parole e le immagini riducendole a gusci vuoti, ideati solo per vendere. Rimani fedele al tuo marchio, alla tua filosofia e, soprattutto, non tradire la fiducia dei lettori. Il content marketing è il futuro della tua azienda perché offre un'esperienza e un valore autentico.

Consiglio 5
Formati e aggiornati quotidianamente o quasi. Scrivere e produrre buone risorse necessita di competenze.
Consulta, per esempio:

- white paper ed e-book del Content Marketing Institute[58];
- blog tematici come CMI[59], CnR – Comunicazione nella Ristorazione[60], Il mestiere di scrivere[61];
- blog tecnici come News Cred Insights[62], CopyBlogger[63], e Problogger[64].

Applica gli insegnamenti al tuo contesto e fai di semplicità virtù. Verrai sicuramente riconosciuto e ricordato per questo.

58. Scarica l'e-book free: http://contentmarketinginstitute.com/the-essentials-of-a-documented-content-marketing-strategy-36-questions-to-answer (ultima consultazione: 2 marzo 2018).
59. http://contentmarketinginstitute.com (ultima consultazione: 2 marzo 2018).
60. http://www.comunicazionenellaristorazione.it (ultima consultazione: 2 marzo 2018).
61. https://blog.mestierediscrivere.com (ultima consultazione: 2 marzo 2018).
62. https://insights.newscred.com (ultima consultazione: 2 marzo 2018).
63. https://www.copyblogger.com/blog (ultima consultazione: 2 marzo 2018).
64. https://problogger.com (ultima consultazione: 2 marzo 2018).

8

Come progettare e gestire la tua presenza social

La gente non compra quello che fai ma il motivo per il quale lo fai.
Simon Sinek della Sinek Partners

Un'azienda (un brand o un professionista) qualunque sia l'area merceologica di appartenenza, non può distribuire e vendere la propria offerta senza utilizzare strumenti e strategie digitali. Né, tantomeno, può evitare comunicazione e promozione sui **canali social**.

Prima di inoltrarti in questa selva di strumenti e contenuti, ricorda che tutte le generazioni, soprattutto i millennial, usano (e abusano) le piattaforme social, per informarsi e relazionarsi, costantemente connessi e veramente liberi solo quando si confrontano con altri utenti che vivono o hanno vissuto le stesse emozioni. È necessario, quindi, presidiare questi media favorendone le attività.

Come districarsi, però, in questo labirinto comunicativo?

La regola è sempre la stessa: "Parti da un progetto e procedi per gradi". Definire una strategia è fondamentale per non disperdere le energie e concentrarle sugli strumenti giusti, raggiungendo il pubblico che si desidera coinvolgere.

Per promuovere il proprio ristorante, è necessario sfruttare le piattaforme sulle quali le persone effettuano le ricerche. Gli utenti leggono recensioni su Google e TripAdvisor, chiedono consiglio su Facebook e si lasciano incantare dai piatti fotografati su Instagram. Sono questi i canali che dovrai costantemente monitorare, aprendo un profilo aziendale o reclamandone la scheda local.

Sito web, blog, gestione della local search e TripAdvisor, presenza sui social network: nessuno strumento sostituisce l'altro, anzi, sono integrati nel tuo sistema comunicativo digitale.
Chi saranno i tuoi interlocutori sui social media? I ricercatori della Brigham Young University[1] hanno suddiviso gli utenti di Facebook in quattro tipologie che, con debite sfumature, si adattano bene alla tipologia di utenti sui social.
Anche tra i tuoi lettori, molti apparterranno a una di queste quattro categorie:

- **Costruttori di relazioni**: connessi ad amici e familiari, mantengono e promuovono le relazioni, considerando i social media una sorta di estensione della propria vita, luogo in cui condividere pensieri, sentimenti e storie, con video e foto di esperienze e persone, anche più volte al giorno. Commentano e mettono Like con facilità. Sono il tuo pubblico ideale, non trovi?
- **Osservatori**: leggono incuriositi quello che fanno le altre persone: postano poche fotografie, non aggiornano spesso il profilo e tendono a non interagire troppo con gli altri utenti. Silenziosi, ma anch'essi prima o poi andranno in vacanza o al ristorante, no?
- **Divulgatori**: non condividono molti dettagli della propria vita privata, quanto piuttosto articoli, post per ridistribuire a tutti news e informazioni. Non aggiornano spesso profilo e immagine, ma sono utili passaparola e ambasciatori per how-to-do e contenuti di qualità: sotto a chi tocca!
- **Selfie-addicted**: vivono per ricevere l'attenzione degli altri, narcisisti o insicuri digitali. Come i costruttori, amano commenti, Like sui post di brand e influencer. Sono i nostri alleati per gli UGC content: foodselfie e foodtography sono loro pane quotidiano.

Tu che social user sei? In ogni caso, nuove abitudini e nuovi fruitori sono tendenze epocali e irreversibili: per relazionarti con i clienti e per la sostenibilità economica della tua azienda, devi adeguarti a tali modelli.

Social media: stato dell'arte

Viviamo una società perennemente connessa. In un contesto simile, come misurare la situazione dei social media per poter pianificare il lavoro sulle varie piattaforme? Come intercettare le tendenze e comprendere in quale direzione procedere, senza perdere tempo e denaro?
Quando costruiamo il percorso sociale per un ristorante la domanda più frequente in realtà è: "Quanti?". Quanti utenti. Quante persone. Quante opportunità, per ciascuno dei social media.
Ovviamente ogni piattaforma è diversa: alcune hanno una frequentazione mensile elevata, altre hanno meno utenti ma un'interazione più intensa e fruttuosa.

1. Ricerca sui comportamenti sociali 2017, https://www.igi-global.com/gateway/article/182731 (ultima consultazione: 2 marzo 2018).

I dati relativi agli utenti delle piattaforme sono precisi? No, cambiano ogni secondo perché il mondo online gradualmente si sposta sulle reti social. Nonostante ciò -anche se con ampio margine di errore – i quantitativi sono interessanti.

Numeri dei social media:

- **Facebook**: nato nel 2004, conta[2] 2,70 miliardi di user.
- **YouTube**: nato nel 2005, conta[3] 1,5 miliardi di utenti attivi/mese.
- **LinkedIn**: nato nel 2003, conta[4] 106 milioni di user.
- **Twitter**: nato nel 2006, conta[5] 328 milioni di user.
- **Instagram**: nato nel 2010, conta[6] 800 milioni di user/mese.
- **Google+**: nato nel 2011, conta[7] 540 milioni di user.
- **Snapchat**: nato nel 2011, conta[8] 301 milioni di user.
- **Pinterest**: nato nel 2010, conta[9] 200 milioni di user.

Queste "nazioni" virtuali hanno il potere di creare connessioni sociali con una velocità e una crescita esponenziale che non potevamo immaginare sino a cinque o sei anni fa.

Come puoi costruire la customer loyalty verso il tuo brand?

Parliamo di enormi, anche se faticose, opportunità per il tuo ristorante. Se è vero che i siti web e le piattaforme social sono efficaci nella promozione di prodotti e servizi, è altrettanto utile raggiungere un ulteriore obiettivo: la **fedeltà dei clienti**.
I social media offrono il vantaggio esclusivo di connettere brand e clienti in modo diretto: non cogliere l'opportunità di fidelizzarli sarebbe un grande spreco.
Abbiamo riassunto la creazione della brand loyalty in sei consigli:

1. Ascolta e interagisci con la tua audience.
2. Sviluppa un solido progetto di engagement.
3. Entra in relazione con i principali advocate (o brand ambassador)[10].
4. Individua influenzatori e pianifica la collaborazione[11].

---

2. Dati al 30 novembre 2017.
3. Dati al 30 giugno 2017.
4. Dati ad aprile 2016
5. Dati ad aprile 2017.
6. Dati a ottobre 2017.
7. Dati a ottobre 2013.
8. Dati a settembre 2016.
9. Dati a settembre 2017.
10. Vedi il Capitolo 9, nella sezione dedicata ai micro-influencer.
11. Vedi Capitolo 9, nella sezione dedicata agli influencer.

5. Proponi e condividi i tuoi contenuti migliori.
6. Coinvolgi partner - fornitori, enti, associazioni, consorzi, clienti storici - e il tuo staff: prepara e condividi testimonial e i "dietro le quinte".

Hai creato la giusta empatia? Questo è il punto di partenza del tuo lavoro sulle reti social.

Social media e la diffusione del food

È un mondo di influenze e contaminazioni. Il cibo influenza sempre di più la nostra vita e i nostri comportamenti nei percorsi di ricerca, scelta e relazione. Ha invaso ogni canale comunicativo, anche e soprattutto i **social media**, sui quali presenziamo per un enorme numero di ore durante l'arco della giornata. L'impatto dei social media e del loro modello comunicativo/relazionale è enorme, sia online sia offline, condizionando e insinuandosi anche negli altri media. Parlare di cibo è, da un lato, *yummy* - scatti di piatti, foodselfie, emoticon, espressioni onomatopeiche da "gnam gnam" in giù - e, dall'altro, stimola a esercitare la *critica* - commenti ai post di piatti e ricette, write-up che descrivono la propria esperienza gastronomica, consigli agli amici e contatti.
I consumatori rispondono proprio così a questi canoni:

- Il 93% ritiene le recensioni online influenti sulle proprie decisioni.
- l'84% si fida di review e delle raccomandazioni personali.
- Il 68% è disposto a pagare fino al 15% in più per lo stesso prodotto o servizio, se è certo di ottenere un'esperienza migliore.
- Il 75% delle persone ha acquistato perché ha visto un prodotto sui social media.

Abbiamo appena dimostrato come, social media e recensioni online rappresentino la riprova sociale[12] che consente ai ristoranti di svilupparsi e prosperare.
Come sfruttare questa chance con il Social Media Marketing?
È un investimento che richiede tempo, impegno e anche denaro. Se fatto correttamente, il ritorno sull'investimento è enorme. Semplifichiamo i tuoi obiettivi:

- Far sapere al mondo che esisti (brand awareness).
- Dimostrare che il tuo posto è migliore della concorrenza (brand loyalty).
- Stimolare il desiderio di assaggiare la tua cucina (brand reputation e conversione).

Gli step per la costruzione di un percorso social

Passaggio 1 – Crea sui social profili appropriati dei ristoranti

Il social media marketing dei ristoranti inizia con un compito di base: creare profili appropriati su Facebook, Instagram e Twitter. Attenzione: queste sono piattaforme

12. Uno dei sei principi che influiscono sulla persuasione e sulle scelte. Vedi di Robert Cialdini, *Le armi della persuasione. Come e perché si finisce per dire di sì*, Giunti Edizioni, 1989 (nuova ristampa luglio 2015).

scelte a titolo esemplificativo, ciascuno deve identificare i media più adatti ai propri obiettivi e target di riferimento.
Facebook e Instagram saranno i tuoi canali principali. Twitter può essere utilizzato in due lingue, soprattutto per il tuo mercato internazionale. Tutti i profili devono contenere: un'**immagine di profilo** (il tuo logo), una **copertina** (in linea con la tua identità, fatti consigliare dalla tua agenzia), una **breve descrizione**, un **link al sito web**, indirizzo e localizzazione, telefoni e contatti, orari di apertura, giorno eventuale di chiusura. Comune denominatore: la tua marca, unica e coerente.
Quando hai scelto questo libro, sfogliandolo in libreria, probabilmente la tua attenzione è stata catturata dalla copertina e dal titolo. Quando devi acquistare una bottiglia di vino, l'etichetta riveste un importante ruolo. Quanto conta il packaging di un prodotto alimentare? È diventato qualcosa di più di un bell'abito. Attento, dunque, alla tua identità di marca: cura le immagini e la creazione di pochi hashtag - uno è sufficiente - che identifichi il tuo locale.

Passaggio 2 – Social media monitoring

Il ristorante può beneficiare enormemente del **monitoraggio dei social media**, raccogliendo, in tempo reale, tutte le citazioni di chiavi di ricerca che hai prestabilito.
Puoi includere: il nome e l'hashtag, la mention (tuo account preceduto da @), topic relativi alla tua nicchia di mercato ecc.
Con il social monitoring punta:

- al monitoraggio della reputazione;
- all'influencer marketing e alla gestione degli advocate;
- a trovare clienti;
- a individuare media ed e-zine (ufficio stampa web);
- all'assistenza clienti.

Passaggio 3 – Prepara contenuti di qualità

Parti dalle linee guida del tuo progetto, declinalo alle strategie social. Crea un calendario editoriale per organizzare la pubblicazione. Produci buoni testi: anche se sono brevi frammenti di contenuti, curali minuziosamente. Non è così facile e scontato come tu pensi. Ottime fotografie sono parte integrante del marketing sociale.

Passaggio 4 – Ascolta, partecipa, coinvolgi, condividi

Sui social media come offline il tuo ristorante fa parte di una comunità. Parti dal tuo territorio e raccontalo, condividendo eventi locali e organizzandoli insieme ad altri colleghi e player. Attenzione sia agli eventi locali sia nazionali e internazionali.
Coinvolgi clienti, partner, esponenti del territorio, colleghi, collaboratori. Perché non cavalcare binomi, quali cultura e cibo, cinema e alimentazione, musica e food?

Ovviamente i social network saranno il canale attraverso il quale individuare, organizzare e promuovere ogni iniziativa.

Passaggio 5 – Trova clienti

Questo passaggio è omesso da quasi tutti i ristoratori italiani, perché ritengono sia troppo dispendioso, faticoso o non sanno da che parte cominciare. Se fai un buon monitoraggio dei social media e hai un progetto chiaro, si può fare!
Partecipa a gruppi di discussione su LinkedIn, su Google+, su Facebook. Tieni d'occhio attraverso # (hashtag) e @ (mention), intercetta le discussioni in cui chiedono consigli su ricette, pratiche di cottura e lavorazioni o su un posto nuovo in cui prenotare. Con eleganza inserisciti nella discussione, ricordando di apportare sempre valore aggiunto e rispondendo alle domande.

Passaggio 6 – Usa ogni mezzo

Puoi utilizzare anche gli emoji, perché sono una risorsa e, quindi, uno strumento di marketing. Prendi l'esempio di Twitter, su cui si può ordinare la consegna a domicilio a Domino's Pizza fin dal 2015. Utilizza ogni risorsa efficace a raggiungere i tuoi obiettivi. Come sempre: tanto buon senso e non strafare.

Passaggio 7 – La pubblicità vende ancora

Come vedremo ancora, soprattutto da mobile, può risultare soddisfacente l'utilizzo degli advertising, *in primis* su Facebook che offre il targeting geografico.

Passaggio 8 – Fai entrare il pubblico in cucina

Condividi momenti e aneddoti dal backstage del tuo ristorante: funziona per costruire relazioni con i clienti. Abbatti le distanze con il tuo pubblico, mostrando te e i collaboratori. Svelare i segreti, far vedere le persone che rendono speciali le loro cene farà la differenza. Rendi umano il tuo brand.

Passaggio 9 – Falli sentire "critici gastronomici"

Se ti dicessi che c'è un modo per misurare il feedback dei clienti, scovare piccole imperfezioni e magagne che sfuggono all'attenzione meticolosa del miglior restaurant manager, comprendere i gusti e i bisogni del cliente, capire quali piatti sono più graditi e perché, individuare punti di miglioramento per sala e cucina, favorire la fidelizzazione e stimolare un ottimo passaparola, ci crederesti?
Con il social media marketing favorisci, ascolta, leggi e rispondi alle recensioni[13].
Tutti sappiamo quali sono i punti critici del nostro ristorante: servizio lento, gestione delle famiglie con bambini, soddisfare i vegani o chi è affetto da gluten sensitivity ecc.

---

13. Approfondisci nel Capitolo 10.

Con le recensioni, forse, puoi scoprire come risolverli: ascolta i bisogni espressi dai tuoi ospiti.

Passaggio 10 – Impara a usare gli hashtag

Ogni social media li impiega diversamente: su Facebook non sono molto efficaci e ne è sconsigliato un uso eccessivo. Twitter è il luogo sociale nel quale sono nati. Instagram ne è diventato il regno.
Gli hashtag, correttamente adoperati, sono di grande aiuto in termini di visibilità. Ecco come devi usarli:

- entra nel flusso comunicativo di argomenti di tendenza, topic trend (TT);
- aggiungi un hashtag del tipo: #tuoristorante (vedi Passaggio 1);
- associa un hashtag del tipo: #nomedellatuacittà;
- crea una campagna sui social, sfruttandoli (es. #FotoFish, #CreaPizza ecc.).

Le prestazioni degli hashtag possono essere monitorate grazie alle social analytics, come spiegheremo in seguito.

Passaggio 11 – Influenza con gli influencer

Come spieghiamo nel Capitolo 9, l'influencer marketing si sviluppa principalmente sui canali sociali. Fatti guidare nella collaborazione da influenza, autorevolezza, competenza e professionalità. Oltre che dai social media, gli influencer ti aiuteranno sfruttando le loro piattaforme (blog, vlog, podcast, canali video).

Passaggio 12 – Fai sentire protagonisti i clienti

Le risorse prodotte dai clienti sono preziose e utili per arricchire di contenuti (credibili e condivisibili) i tuoi canali, sia per una campagna dedicata sia quotidianamente. Saranno i tuoi ambasciatori.
Ultimo tocco per "l'impiatto sociale": organizza tutto minuziosamente. Non basta esserci, occorre eccellere.

Il segreto della viralità: #foodporn e altri racconti

Come trasformare una buona comunicazione sui social media in un vero successo? Come raggiungere un numero di fan vertiginoso, rendendo i contenuti virali?
Quando si parla di **viralità**, il principio di Pareto[14] (regola 80/20) può venirci in aiuto: l'80% degli effetti è provocato dal 20% delle cause.
Possiamo applicarlo sia all'individuazione dei contenuti (20%) che portano maggiori risultati (80%), sia all'utilizzo del tempo: 20% speso per la creazione e 80% per la distribuzione e promozione, perché no?

14. https://it.wikipedia.org/wiki/Principio_di_Pareto (ultima consultazione: 2 marzo 2018).

Concentriamoci sulla quantità di contenuti che portano al successo (alto engagement, condivisioni, Like, commenti). All'inizio sono pochi, tutto pare che avvenga per caso: una serie di fattori si allinea portando il nostro post al successo.
In realtà anche il successo può essere formulato. Più che di una formula alchemica, trattasi di chimica: un **sapiente mix tra tecnica** - buon contenuto, capacità di ascolto, monitoraggio, studio dei dati analitici, degli strumenti - **e psicologia** dei processi percettivi, cognitivi e comportamentali.

Impariamo come rendere una storia virale.

1 – Provoca...

...Eccitazione: positiva o negativa, come timore, paura, gioia, rabbia, ansia, desiderio e sorpresa. Sono tutte emozioni che istintivamente attraggono e spingono a condividerne il "sentimento".
...Ammirazione: è generata da una storia che fa leva su elementi a noi cari - infanzia, ambiente, sentimenti, abilità perdute - presentata in modo straordinario. La voglia di condividere questa storia sarà immediata. Può riferirsi a un lavoro minuzioso (la tua ricetta preferita, per la quale occorrono ore di lavorazione), a una ricerca (un antico piatto perduto, la tradizione dei nonni), a una sperimentazione (nuovo metodo di cottura per antichi sapori). Può creare gioia, sorpresa. Aiuta a effondere nel pubblico la tua affidabilità e autorevolezza.
...Rabbia: decisamente un'ottima arma per scatenare le reazioni, ma pericolosa. Non provocare inutilmente i lettori. Molti lo fanno ma il confine tra Epic Win - grande successo dopo una accesa discussione sociale - ed Epic Fail - grave crisi sociale causata da una comunicazione fraintendibile o da una presa di posizione del brand negativa - è sottile e difficile da gestire.
Se ne parla molto, ma può giovare al mio brand? Questa la domanda cruciale.
Può essere efficace, se scegli un tema di attuale e accesa discussione e lo affronti sposando una posizione logica, ben argomentata e originale. Per esempio, potresti collocarti nella controversa discussione onnivori vs vegani con una posizione equilibrata e con un'offerta valida e versatile. Condisci sempre con gentilezza e una spolverata di ironia. Non basare l'intera strategia di content marketing su questa particolare emozione. Non osano neppure i grandi brand.
...Sorpresa: cosa ci sorprende? Scatenare l'emozione della sorpresa, sfidando le convenzioni, può essere colto e gradito a un pubblico medio-alto, con interessi e valori allineati alla tua proposta. Potresti colpire un pubblico che ama sperimentare ed è appassionato di innovazioni.
...Gioia: scatenati tra colori, forme evocative, impiatti originali, lavorazioni, sbuffi di farina. Poche parole e grandi immagini curate. Per il medesimo meccanismo psicologico, funzionano le fotografie di gattini, bambini, tramonti ma anche drink e dessert!

2 – Fai qualcosa di utile

Oltre l'emozione scatenata, un altro ingrediente è l'utilità. È semplice: il contenuto deve fornire valore, in una forma o nell'altra, ma se è utile a livello pratico ha molte più probabilità di diventare virale.
Esempi comuni sono le guide "How to..." e gli elenchi informativi che forniscono suggerimenti e trucchi. Ricette, consigli di cottura o conservazione. Adotta toni semplici e colloquiali, come fossero facili istruzioni: persisti, anche se inizialmente i risultati non sembrano arrivare, sii gentile e disponibile. La notorietà arriverà.

3 – Cerca l'originalità

Questo punto è un po' controverso. Se vai contro corrente, non ti accodi al consenso e al noto e rassicurante "così fan tutti" - che è una tra le leve della condivisione - probabilmente avrai difficoltà a risultare virale. Più che puntare all'idea originale, trova un approccio narrativo creativo.
Facciamo l'esempio della "riscoperta" della pasta all'amatriciana. Cavalca l'onda ma raccontando un dettaglio che tutti trascurano, impiattando con un piatto diverso dalla classica ceramica, immaginando una versione gluten-free o vegetariana.

4 – Cura la distribuzione

La distribuzione è una parte necessaria del processo. Avere un'idea geniale ma lanciarla così a caso sui social network non è sufficiente: il successo va progettato. Segnala ovunque i tuoi account e stuzzica la condivisione. Utilizza anche canali offline e tradizionali. I social media sono micce, spetta a te farle brillare.

Conclusioni: il segreto della viralità

Ovviamente il segreto della viralità sta nello spirito di partecipazione e nella disponibilità a crescere, innovare e mettersi in discussione dello stesso ristoratore.
Prendiamo a esempio l'opportunità della foodtography: se il ristoratore ha la disponibilità di agevolare questa pratica - diciamolo, non sempre ben vista - con ironia e leggerezza, favorendola tra clienti, i vantaggi sono assicurati. Ovviamente predisponi una connessione Wi-Fi più efficiente e veloce!
Molti ristoranti risolvono la questione con divieti - fanno riporre il telefonino dentro apposite cassette di custodia, appongono cartelli con il divieto di utilizzo oppure propongono sconti per chi non usa lo smartphone. Noi riteniamo queste soluzioni controproducenti! Potresti apparire poco inclusivo.
Rendi il tuo ristorante condivisibile, poni le basi per accogliere i tuoi ospiti in una comfort zone (anche) virtuale.

Campagne social media

Progettare, gestire una **campagna di comunicazione** e marketing digitale, in special modo sui social media, ha un indice di complessità, personalizzazione e contestualizzazione estremamente alto. Una campagna è un processo da realizzare creando un evento, un concorso, un sondaggio o un sistema per promuovere il brand, definito in tempistiche, obiettivi da raggiungere e target da coinvolgere. Può essere pubblicitario, organico o misto.

Segnaliamo, di seguito, sette errori da evitare quando si crea la propria campagna per lanciare un progetto, un nuovo Menù, un servizio o il tuo brand.

Errore 1 – Non prestare attenzione a ciò che viene detto sui social media

Due i task necessari: ascolto e monitoraggio. Crea la campagna social media ascoltando i bisogni degli utenti, tracciando i risultati, aggiustando laddove l'azione si rivela debole e rispondendo. Fornisci linee guida ai tuoi collaboratori.

Errore 2 – Non avere un piano strategico

Se la tua attenzione verso i social media è bassa, tendi a sottovalutarne l'effetto e a improvvisare. Non è questo il modo di affrontare una campagna. Piuttosto, predisponila quando avrai le idee più chiare e sarai stabilizzato con piattaforme, base di fan e strategie.

Errore 3 – Non coinvolgere lo staff

Non coinvolgere le brigate o tenere all'oscuro i collaboratori di una campagna in atto è deleterio. Inoltre, ti suggeriamo di avvertire il personale della policy di intervento e di partecipazione. I dipendenti sono essenziali per comporre contenuti, condividere quelli aziendali e mettersi in gioco.

Errore 4 – Puntare solo sui contenuti promozionali

Le piattaforme sociali non sono un semplice mercato in cui esporre la propria bancarella. Usare toni da commerciale o spingere, senza valore aggiunto, il messaggio promozionale, non significa proporre una campagna fruttuosa, anzi...

Errore 5 – Assenza dai social media quando il cliente li usa per il contatto

Molte volte ho sentito ristoratori lamentarsi perché contattati attraverso DM (messaggi privati) su Facebook. Se il tuo brand è presente su una piattaforma e lancia una campagna social, non puoi pretendere che l'utente aspetti una risposta ore o giorni. Se la tua attività sociale ha successo, sarai contattato via commenti, Mi piace, messaggi, continuamente, in real-time. Devi organizzarti.

Errore 6 – Lanciare una campagna su un numero eccessivo di piattaforme

Usare troppi canali corrisponde a non essere efficaci in nessuno di essi.

Non esiste un numero perfetto, dipende dagli obiettivi/target, dal tuo investimento, dal personale che impiegherai per questa attività. È importante, però, che la tua presenza risulti continuativa e partecipata.

Errore 7 – Non personalizzare i contenuti per i diversi canali

Prepari alcuni contenuti per raggiungere uno specifico obiettivo e li distribuisci automaticamente su tutte le piattaforme, senza valutare il tipo di pubblico e di media. Benvenuto nel club degli insuccessi garantiti!
Personalizza in maniera mirata e segui i feedback: usa **formule più adatte** per ciascun strumento (Facebook è diverso da Twitter); dei **contenuti personalizzati** (come un diverso formato delle immagini); un **linguaggio commisurato** alle diverse audience.
Quando lanci una qualsiasi strategia, predisponi anche un piano di gestione delle crisi, condiviso con i tuoi collaboratori. Fornisci loro linee di monitoraggio, di intervento e un responsabile da contattare non appena si verifica un problema.

Social Media, quali piattaforme

Quale piattaforma scegliere e quante? A una domanda così ricorrente, non c'è che una "generica" risposta: "Dipende!".
Fai catering? Facebook e LinkedIn.
Vendi street food? Instagram, abbinato al marketing di prossimità.
Hai un ristorante gourmet? Facebook, Twitter, Instagram, Pinterest.
Parli ai millennial? Instagram. Ai Baby Boomer? Facebook.
Utilizzi risorse video? YouTube e Facebook Live.
Devi operare una scelta personalizzata e contestualizzata. I social media si prestano bene alla spontaneità e all'intrattenimento ma molti marketer sembrano desiderosi di bombardare il loro pubblico solo con messaggi di vendita e marketing. Considera attentamente il tuo pubblico, i loro interessi, la tua tattica di coinvolgimento e progetta una strategia a lungo termine. Includi nei tuoi piani la costruzione di una comunità - unico modo per capitalizzare i tuoi investimenti sulle piattaforme social. Se gli utenti entrereranno in empatia con il tuo messaggio, vorranno sperimentare il tuo ristorante. Chiarito questo punto, puoi scegliere i tuoi canali social: qui ne evidenziamo opportunità, buone pratiche, esempi, idee e casi di studio.

Facebook

Dagli ultimi dati di ottobre 2017 del "Future of Business Survey"[15] emerge che due imprese su tre, in Italia, gestiscono una brand page Facebook e di queste la metà dichiara di aver aumentato le vendite grazie alla piattaforma. Nel nostro Paese abbiamo 30 milioni di utenti connessi ogni mese (l'87% dei quali segue almeno un

15. Sondaggio realizzato con Censis, OCSE e Banca Mondiale (su 49.000 PMI di cui 11.000 italiane).

brand). Essere presenti su **Facebook** è ormai necessario, perché è uno dei profili social che gli utenti danno per scontato di trovare e visionare, anche se hanno individuato l'azienda lungo altri percorsi.
Come anticipato, questo manuale non entra nello specifico della creazione della brand page di un ristorante, però offre linee guida e buoni consigli.
Ricorda che i contenuti devono essere di qualità e suscitare interesse nei tuoi lettori: i **risultati organici** nel News Feed dell'utente sono e saranno sempre minori rispetto ai **risultati a pagamento**. Ciò significa che, soprattutto per i primi, dovrai puntare su ottimi post per favorire un maggior numero di interazioni (Mi piace, commenti, condivisioni).
Questi elementi influiscono sull'algoritmo di **EdgeRank** di Facebook – proprio come in Google – il quale determina la presenza del contenuto nel News Feed di un fan della Pagina che lo propone. Tutto ciò porta a concludere che, su questo media, sarà sempre più necessaria l'inserzione a pagamento (Facebook Ads).

Facebook, le tab e altri strumenti

Sfrutta ogni funzionalità messa a disposizione dalla piattaforma, come le tab, grazie alle quali puoi ideare delle vere e proprie schede servizio, creare una vetrina per alcuni prodotti o presentare i tuoi Menù. Utilizza l'immagine di copertina per dare risalto alla tua attività, eventualmente valutando un video; non dimenticare il pulsante con per la conversione, ovvero una call-to-action per invitare le persone a **prenotare un tavolo**. A tua scelta "Chiama ora", "Invia una mail", "Prenota un tavolo" con il link diretto a un form o collegato al sistema di prenotazione online.
Dopo questa fase di settaggio iniziale, crea un piano editoriale con cui definire cosa, come e quando pubblicare. Questo ti permette di pianificare creazione e distribuzione dei contenuti, ottimizzando i tempi con la programmazione. Allineati con il tuo piano di comunicazione, rilancia le risorse del blog, ispirati ascoltando i tuoi lettori e cerca su Google Search.
Per le immagini, punta alla realizzazione di soluzioni di impatto e personali:

- utilizza Canva.com per aiutarti nella preparazione delle copertine;
- confeziona dei buoni scatti fotografici;
- ricerca su Pixabay.com (o altre risorse simili) immagini gratuite.

Suggerimenti di utilizzo

Fai un uso generoso del contenuto visivo – tra gli strumenti più potenti sui social media: illustrazioni, infografiche, immagini o video ecc.
Pubblica le foto dei tuoi piatti più appetitosi: attira foodie e amanti di quel tipo di cucina, stimolando la visita al tuo ristorante per provare le tue proposte culinarie.
Alcuni buoni spunti, oltre alla semplice foto dei piatti:

- Crea un concorso "Fan della Settimana" sfruttando la selfie mania. Eviti così anche problematiche sul copyright, dato che gli scatti sono postati dagli utenti.

- Gioca con i testimonial, ideando l'angolo "Impiegato del mese" (dai voce allo staff).
- Mostra in un video (how-to-do) come realizzare un tuo piatto forte.
- Prepara un video con il "dietro le quinte" della tua cucina (umanizza il brand).
- Lancia un gioco: per esempio, "Scopri gli ingredienti del nostro baccalà alla vicentina", con una serie di post-indizio.
- Crea un concorso: #IlMioBaccala, chiedendo di imitare la tua ricetta, postando lo scatto del piatto. Vince chi crea il piatto più simile al tuo: per esempio una cena per due oppure una consegna a domicilio.

Non dimenticare di studiare la concorrenza, per comprendere se altri ristoranti stiano sperimentando le tue stesse strategie. I colleghi possono essere fonte di ispirazione: ci vogliono umiltà e confronto.

Percorso strategico per Facebook

Passaggio 1 – Crea una base di fan interessati alla tua offerta

Non farti incantare dalle sirene, cercando di gonfiare a sproposito il numero dei tuoi fan: questi devono essere reali e veramente interessati alla tua offerta, altrimenti né interagiranno né acquisteranno né passeranno mai parola. I fan rappresentano la tua audience principale, composta da persone che per sesso, età, luogo, interessi e abitudini corrispondano al profilo del tuo cliente-tipo.
Invita i tuoi clienti a seguirti sulla Pagina, crea uno staff di amministratori che invitino i loro contatti, interessati e mirati, verso la brand page. Promuovila sul sito web, biglietti da visita, firma email e il resto del materiale promozionale. Utilizza le Facebook Ads "profilando" il bacino utenti in base alle caratteristiche del tuo cliente-persona e offri, con continuità e coerenza, contenuti interessanti e originali ai tuoi fan.

Passaggio 2 – Ottimizza la tua Pagina Facebook

Scegli il **nome** - possibilmente quello ufficiale del brand - grazie al quale tutti ti conoscono e individuano con facilità. Aggiungi nel nome un'indicazione geografica solo se strettamente necessaria (per esempio se esistono molti "Ristorante Porto Antico"). Il naming è strategia: vedi le scelte di Osteria Francescana[16], Villa Crespi[17], Ristorante Al Sorriso[18] ecc. Nella maggior parte dei casi è strategico usare "Ristorante + il tuo nome".
Esiste poi la **descrizione** per spiegare meglio chi sei e cosa offri. Aggiungi un'immagine o un video di **copertina** che catturi l'attenzione e un'immagine di **profilo** con il logo del tuo ristorante - sempre coordinando alla tua identità visiva.

---

16. https://www.facebook.com/MassimoBotturaOsteriaFrancescana (ultima consultazione: 2 marzo 2018).
17. https://www.facebook.com/villacrespi (ultima consultazione: 2 marzo 2018).
18. https://www.facebook.com/ristornatealsorriso.it. No, non è un errore di stampa. E no, non è il ristorante di chef Luisa Valazza (ultima consultazione: 2 marzo 2018).

Aggiungi immagini fotografiche con cura e gusto: attenzione che non siano sgranate, sfocate, non in linea con l'immagine del tuo brand.
Scegli la giusta categoria e sotto-categoria, ricordati di completare tutti i campi, di segnalare correttamente l'indirizzo della tua struttura e di raccontarti in modo semplice, naturale e coinvolgente: aggiorna costantemente il **Menù** nell'apposita sezione.

Passaggio 3 – Coinvolgi la tua audience e... falle venire l'acquolina in bocca!

La tua Pagina Facebook non è una vetrina, né uno spot pubblicitario con il quale tediare chi ti segue; piuttosto, è uno spazio destinato a creare una relazione con le persone che "per il tuo brand, contano!".
Condividi foto e video dei tuoi piatti, di ricette, eventi nel tuo locale, le immagini delle persone che vi lavorano, stuzzica gusto e vista con le foto delle tue prelibatezze, cercando di mostrarne le caratteristiche, la storia, la preparazione. Stimola i clienti a fare foto delle loro esperienze e magari a condividerle, geo-localizzandole, o utilizzando un hashtag creato per l'occasione. Non c'è miglior pubblicità del passaparola positivo!

Vediamo ispirazioni, una regola da tenere a mente e un esempio concreto da analizzare per declinarlo subito al tuo ristorante.

Ispirazioni

Nei tuoi post e nella tua comunicazione puoi **puntare sui valori condivisi** e cavalcare temi importanti: una campagna a sfondo benefico, la spinosa questione del rispetto verso le donne, la parità razziale, l'accettazione del diverso, i temi ambientali.
Ispirati alla campagna contro il bullismo realizzata da Burger King[19].

Idea: Crea una campagna (o aderisci a una esistente) e promuovila su Facebook utilizzando video messaggi.

Regola

Qui sottolineiamo un errore comune, da non commettere mai. Che bambini, vegetariani, vegani, clienti affetti da allergie, ospiti che conducono diete alimentari bizzarre possano far impazzire la sala e, soprattutto, la cucina è fuori dubbio. Che molti ristoratori non sappiano gestire in modo profittevole queste complessità tramutandole in opportunità, che si sfoghino sul web o nelle recensioni arrivando a fare sarcasmo sui clienti, è semplicemente intollerabile[20]. **Non pubblicare lamentele** sui gusti, tendenze, abitudini o esperienze che hai vissuto con i clienti!

19. https://www.youtube.com/watch?v=mnKPEsbTo9s&feature=youtu.be (ultima consultazione: 2 marzo 2018).

20. Esempio: gli chef si lamentano pubblicamente per le "finte intolleranze", https://www.instagram.com/p/BWkLnUFAdtU (ultima consultazione: 2 marzo 2018).

Idea: evidenzia su Facebook le tue peculiarità, fai emergere le qualità della tua cucina, la tua location e non creare false aspettative. Se sei un ristorante di pesce, non puoi puntare sui tuoi piatti vegetariani. Esalta la tua identità ma, al contempo, apriti agli ospiti vegetariani che accompagnano gruppi e famiglie. Racconta la tua anima culinaria, senza chiusure.

Un esempio concreto

Racconta il tuo progetto e la tua storia. Preparati il terreno creando una buona base di fan, anche aiutandoti con Facebook Adv.
Analizza l'esempio del progetto Edit[21], che non è solo un polo gastronomico costruito per valorizzare le idee gastronomiche e la storia culinaria di una città. È anche un processo di riqualificazione di un territorio – quartiere disagiato di Barriera di Milano a Torino – che passa anche attraverso il cibo che diventa/ritorna collettivo e conviviale. I contenuti fanno leva sulla condivisione e sul legame cultura/cibo, innovazione/storia.
Nota: suggeriamo di evitare l'eccessivo utilizzo di hashtag, come accade sulla brand page di Edit; inutile, su questa piattaforma.

Idea: allineati alla tua identità di marca.

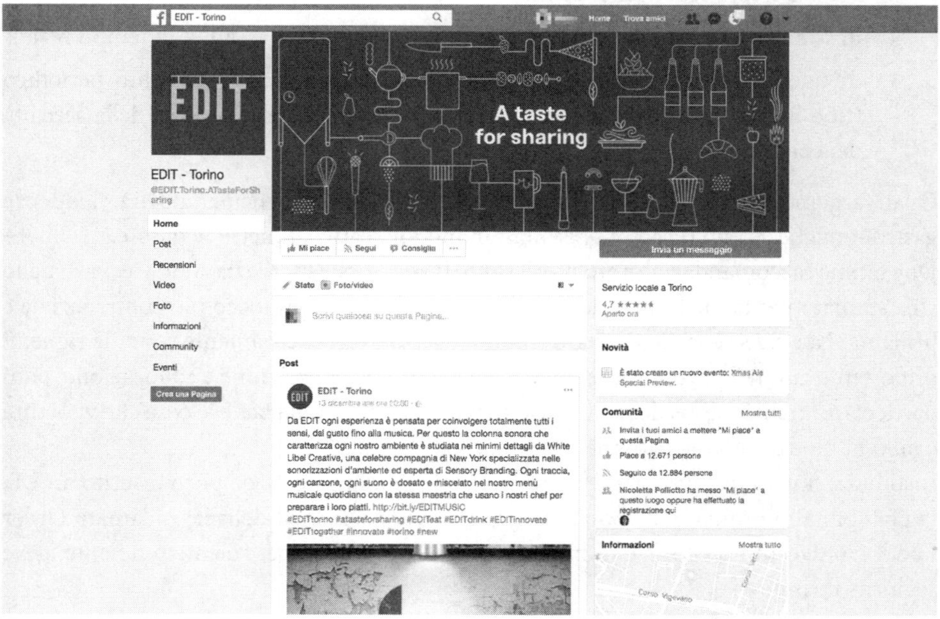

Figura 8.1 Pagina Facebook di Edit: immagini curate e valori condivisi. © Edit

21. http://www.edit-to.com/about (ultima consultazione: 2 marzo 2018).

Ricorda un **piano editoriale** che preveda gli argomenti di cui vuoi/puoi parlare, la preparazione di un file condiviso con il tuo staff, con il **materiale a disposizione** – foto, video... – e un **calendario** per stabilire i tempi di pubblicazione. Facebook può essere una vera risorsa per il tuo ristorante, basta approcciarlo in modo strategico.

Video e live

Abbiamo già citato, in precedenza, l'impatto che l'utilizzo di **Facebook Live** può avere sull'audience.

Già era molto gradito l'utilizzo della risorsa video, ma un Live ottiene dieci volte i commenti[22] di uno caricato, con una media di visione tre volte superiore. Porta Facebook in cucina con uno smartphone o fotocamera digitale e treppiede. Occhio all'audio, adopera un microfono di buona qualità (per esempio lavalier).

Inizia girando brevi filmati. Parti sempre da un progetto chiaro, per evitare gaffe e non riempire di cattive risorse la tua Pagina. Procura una grande esperienza al tuo ascoltatore e impegnati a fondo, perché il video Live può essere l'ultima spiaggia per migliorare la tua visibilità organica.

Utili anche i percorsi di ricerca alternativi, come per esempio Live Map[23]. Leggi la guida che trovi al link nella nota, perfetta per individuare spunti e stratagemmi fruttuosi[24], e ricorda:

- meglio creare aspettativa, promuovendo giorno e ora del live;
- di stimolare l'engagement (leggi e rispondi a commenti e saluti, in tempo reale);
- di fidelizzare e favorire la condivisione, creando un appuntamento periodico (tipo live settimanale dalla tua cucina), approfittando dei benefici della serialità dei contenuti.

Quali argomenti? La risposta è facile: ricette, segreti di cucina, novità, tendenze gastronomiche, eventi o Menù presentati in modo creativo, i dietro le quinte.

Due ultime raccomandazioni: attento al **tono di voce**, ossia lo stile da adottare. Parti dallo stile studiato per la tua brand identity, alleggerendolo con un tocco più confidenziale e brillante. Nei video è facile risultare troppo ingessati o eccessivamente sopra le righe. È importante curare la **presenza scenica** – trova una giusta posizione e collocazione, poni particolare attenzione alla luce, non uscire fuori campo, studia bene le cose che vuoi dire e fallo in modo sciolto e naturale.

Insomma, non c'è proprio verso di trascurare Facebook che ha da poco inserito, in US, la possibilità di ordinare il cibo attraverso un sistema di food delivery chiamato Order Food. L'universo Facebook è in movimento e il tuo ristorante, volente o nolente, deve seguirne il ritmo.

Buone riprese!

---

22. Leggi la guida per Facebook Live su https://newsroom.fb.com/news/2016/04/introducing-new-ways-to-create-share-and-discover-live-video-on-facebook (ultima consultazione: 2 marzo 2018).

23. https://www.facebook.com/livemap (ultima consultazione: 2 marzo 2018).

24. https://live.fb.com/about (ultima consultazione: 2 marzo 2018).

Instagram

Instagram, social media visuale per eccellenza, ha subito una continua evoluzione in funzionalità e utilizzo, sin da quando è diventato proprietà di Facebook. Nel 2016 dà la possibilità ai brand di aprire un account business, scelta che un ristorante non può evitare. In Italia è molto diffuso, con i suoi 14 milioni di user.

Il pubblico è attento ai messaggi densi di emozioni e buon gusto, prevalentemente composti da belle immagini catturate da smartphone – grazie a filtri e altre funzionalità messe a disposizione per la post-produzione – brevissimi testi e molti hashtag che aiutano a farti trovare e a narrare la propria storia.

Qui tutti i dettagli hanno un significato: il nome della pagina, la breve descrizione, la scelta del filtro da applicare alle immagini – anche l'utilizzo delle immagini senza filtro, accompagnate dal tag #NoFilter – come ti relazioni e rispondi, gli hashtag scelti. Tutto parla di te: gli utenti sono molto meno distratti rispetto a network generalisti come Facebook e si aspettano che tu lo sia altrettanto.

Le interazioni sono rapide, fatte di @ (citazioni, menzioni, tag) e # (hashtag utilizzati come vere e proprie parole chiave); lo scopo è di essere inclusi in flussi comunicativi tematici rilevanti per raggiungere nuovo pubblico mirato. Le reazioni devono essere tempestive.

Sfrutta ogni piccola opportunità: ascolta molto, segui e fatti seguire, seleziona e assegna gli hashtag più efficaci. Ispirati ai tanti colleghi d'oltremanica e d'oltreoceano ma, anche, ai molti casi italiani davvero illuminanti:

- Moro Ristorante: belle immagini, attenta selezione di hashtag[25].
- Borro Tuscan Bistro: molto valide le immagini, forse bisogna lavorare un po' sulla firma stilistica, adottando un'idea creativa più forte, come far leva sul food pairing per il quale sono fortissimi[26].
- Morso Burger: ottima linea editoriale, coerenti le immagini, netta l'identità, bravi[27].
- Fishing Lab: profilo di alto livello, che mescola sapientemente scatti a illustrazioni e grafiche, sempre con il claim giusto. Forse una puntina di coerenza in più lo renderebbe perfetto[28].
- Macha Café: ecco, se la perfezione esistesse, sarebbe il suo profilo[29].
- Crate Cafe, Indonesia: lavora tanto bene da non aver più bisogno del sito web – soluzione consigliata solo nel loro caso[30].

---

25. https://www.instagram.com/il_moro_ristorante (ultima consultazione: 2 marzo 2018).
26. https://www.instagram.com/tuscanbistro (ultima consultazione: 2 marzo 2018).
27. https://www.instagram.com/morsoburger (ultima consultazione: 2 marzo 2018).
28. https://www.instagram.com/fishinglab_allemurate (ultima consultazione: 2 marzo 2018).
29. https://www.instagram.com/machacafemilano (ultima consultazione: 2 marzo 2018).
30. https://www.instagram.com/cratecafe (ultima consultazione: 2 marzo 2018).

È un social media poco adatto a chi monitora le proprie piattaforme una sola volta alla settimana, perché legato all'interazione in real-time. Sceglilo se sai gestire un racconto per immagini di qualità, ricco di passione e che sappia emozionare. Può essere molto utile per creare una community di foodie o di appassionati del tuo brand, facendo leva su un valore forte, su una presa di posizione o una scuola di pensiero gastronomica importante.

Figura 8.2 Instagram: pagina di Beato Te a Milano. © Beato Te

Se dobbiamo trovare un difetto a questo canale, sta proprio nella rapidità con cui i messaggi vengono lanciati, letti, condivisi e consumati. Non spariscono ma tendono a perdere freschezza e attualità.
Un altro problema è costituito dalla difficoltà di veicolare traffico verso il sito web, a differenza della concorrenza social.

Qualche indicazione per portare più traffico al sito con Instagram

Suggerimento 1

Usa queste tecniche:

- Includi l'indirizzo del tuo sito web nella tua Bio.
- Nei tuoi post, rimanda al link del website incluso nella Bio, inserendo il testo: [Link nella Bio].
- Lancia una campagna tipo: "Scarica l'e-book con le ricette con un click sul [Link nella Bio]".

- Promuovi un nuovo piatto stagionale o un evento: "Segui il [Link nella Bio] e includi il codice sconto XYZ per provare il nuovo Menù".

Suggerimento 2

Crea un'Instagram Ads, ossia metti un annuncio. A differenza dei post organici, quelli a pagamento possono includere un link al tuo website.

Suggerimento 3

Se hai un account verificato su Instagram puoi includere "Vedi di più..." o "Leggi di più..." sulle Stories, includendo un link al website.

Come rendere performante la tua presenza su Instagram?

Abbiamo raccolto qualche idea da applicare subito in cucina.

Suggerimento 1

Usa gli hashtag giusti. Dati di ricerca rilasciati dallo stesso Instagram ci confermano che, se li utilizzi, hai il 12% di probabilità in più di fare engagement[31].

- Cerca gli hashtag più vicini al tuo brand per offerta, target, tendenze.
- Studia i tuoi competitor.
- Crea una lista di hashtag per il tuo piano editoriale.
- Usa un hashtag legato al tuo brand, a un evento o una campagna.

Suggerimento 2

Sii coerente con il tuo progetto comunicativo e, soprattutto, con il tuo piano editoriale. Crea un calendario editoriale per Instagram. Valuta appuntamenti settimanali o periodici, sfruttando l'aspettativa creata.

Suggerimento 3

Sii coerente con la tua brand identity e segui il tuo manuale di stile.
L'errore più frequente è utilizzare una palette colori differente da quella ufficiale o, anche, un tone-of-voice avulso dal proprio stile comunicativo. Non è così semplice esprimersi in modo naturale e intuitivo, causa la brevità della parte testuale del post e dell'utilizzo corposo di hashtag.

Suggerimento 4

Crea belle immagini. Anche se Instagram mette a disposizione filtri e permette di post produrre con semplicità una foto, non significa che tu debba partire da uno scatto

31. Report su Instagram http://get.simplymeasured.com/rs/simplymeasured2/images/InstagramStudy2014Q3.pdf (ultima consultazione: 2 marzo 2018).

insignificante o tecnicamente sbagliato. Studia, segui un piccolo corso di fotografia, meglio se specifico per la food photography. Cerca di mettere in pratica la regola dei terzi, attenzione alla messa a fuoco, illumina in modo naturale e diffuso la tua scena e l'oggetto del tuo scatto. Metti in pratica gli insegnamenti del Capitolo 7.

Suggerimento 5

Favorisci gli UGC. I clienti sono spesso più abili di te nel creare scatti divertenti e appassionati. Hanno più tempo per condividere le loro creazioni.

Per la tua location e i tuoi piatti utilizza colori, interior design, elementi decorativi, impiattamento spettacolare. Il tuo obiettivo è che diventi un must-have fare la foto in quell'angolo, con quell'oggetto o di fronte al tuo piatto (Figura 8.3).

Figura 8.3 Wall "instagrammabile" al The Ridler di San Francisco. © The Ridler

Pensa che a New York City i ristoranti sono scelti e prenotati solo se "instagrammabili". BuzzFeed ne ha tracciato una graduatoria[32], meta di visite dei turisti internazionali.
Hai notato quanto i social media tendano a imitarsi, copiando gli aspetti e le funzionalità maggiormente gradite al pubblico?
Quando **Snapchat** ha messo in campo il formato "Stories" – video e post condivisi in real-time che spariscono dopo 24h – nessuna altra piattaforma ci aveva ancora pensato. Instagram ha copiato l'idea creando le Stories e in poco tempo ha superato il suo ispiratore: accade più spesso di quanto tu creda.

Come usare le Stories

Su Instagram si tende ora a postare nelle Stories i backstage, i momenti più spiritosi in cucina, gli scatti più spontanei e non troppo riusciti. Le immagini più ricercate sono aggiustate e post prodotte utilizzando i vari filtri messi a disposizione dalla piattaforma e pubblicate sul profilo.
Nelle Stories puoi anche collocare le immagini dei piatti che stai preparando in cucina, stile del locale e dettagli in sala, con brevi filmati che ne raccontano gli allestimenti prima dell'arrivo dei clienti, permettendo di porre l'accento su un Menù o su una promozione, ogni giorno differente, dedicata ai follower.
Grazie alle Stories di Instagram puoi pubblicare foto personalizzate con filtri, sticker o disegni, oltre a poter inserire link cliccabili e taggare altri profili. Instagram è importante sotto il profilo strategico anche perché è il regno degli influencer (per il settore fashion ma anche per il food).

Pinterest

Non è il social media più popoloso ma è interessante, per la qualità e i contenuti presenti ma anche per l'alto traffico generato – click verso il website – e la forte propensione all'acquisto online degli utenti registrati.
Pochi, anzi pochissimi i ristoranti italiani che hanno scelto di utilizzare questa piattaforma, trascurando un'occasione preziosa. Perché non essere first mover?
Gli utenti gourmet amano Pinterest.
Con oltre 19 miliardi di immagini, "Food and Drink" rappresenta una delle categorie più estese presenti sulla piattaforma visual per eccellenza ed è in netta crescita. I dati 2017 ci confermano +46% di Pin dedicati a cibi e bevande (dati ufficiali Pinterest).

Come utilizzarlo?

Il primo passo è registrarsi e osservare cosa fanno gli altri, soprattutto i brand più esperti e con una valida agenzia alle spalle. Da questi prendi spunto per il tipo di contenuti e per lo stile di narrazione, non per copiare quanto per comprendere le potenzialità del mezzo.

---

32. https://www.buzzfeed.com/francineroettger/65-of-the-most-instagrammable-food-spots-in-nyc-307sw?utm_term=.wxDQ4dN3jJ#.kya0pNz3rE.

Individua gli argomenti che riscuotono maggior consenso di pubblico, chi seguire perché più autorevole e ascolta la tua audience.
Quindi devi creare il tuo piano editoriale: contenuti che vuoi/puoi pinnare, frequenza, fonti d'ispirazione o da cui *ripinnare*, macro-argomenti, stile narrativo ecc.
Ecco alcuni suggerimenti:

- Prepara un ottimo profilo: non dimenticare il logo e il link al sito web.
- Crea le tue Board (bacheche) con un nome identificativo ("Primi Piatti" oppure "Dessert", "Ricette di Natale", "What's for dinner?", "My favourite Colour"). A proposito, ricordi il colore Pantone dell'anno? Usalo[33].
- Realizza ottime immagini e salvale sulle specifiche Board. Includi il link al tuo sito web: sarà molto seguito.
- Quando trovi sul web immagini interessanti – anche quelle che produci tu, attenzione! – *pinnale* sul tuo profilo.

Figura 8.4 Account Pinterest del Ristorante Piccolo Arancio.

Piccola nota conclusiva: scarica l'app su iPad o Tablet, più rapida e comoda da utilizzare anche in cucina.

Twitter

Interessante per cogliere in tempo reale umori, tendenze e grandi eventi. Questo social media è molto più complesso da utilizzare nella comunicazione del proprio ristorante.

33. https://www.pantone.com/color-of-the-year-2018 (ultima consultazione: 2 marzo 2018).

Parti come sempre da obiettivi e audience. Diverse le tattiche per raggiungere clienti interessati, tutte legate alla velocità di comunicazione, all'attenzione degli utenti per le notizie e alle relazioni in real-time.

- Puoi puntare al newsjaking, la tecnica di agganciarsi con ironia e leggerezza alle news in tempo reale – molto valido lo staff di bCube con il loro cliente Ceres oppure Taffo Servizi Funebri[34].
- Puoi monitorare i TT (Topic Trend) usando quindi gli hashtag più seguiti.
- Idea un hashtag dedicato per il tuo nome ristorante, da usare per eventuali campagne sociali e, soprattutto, per gli eventi.

Iniziare con Twitter è un po' spiazzante: all'inizio sembra di non comprendere dinamiche, relazioni, direzione da intraprendere. Come su tutti i social media, devi imparare a conoscerlo, procedere lentamente e con un obiettivo in testa.
Procedi così:

- Apri con cura il profilo: metti il logo come immagine di profilo, seleziona un'ottima immagine di copertina, fai attenzione alla breve bio, che deve essere incisiva e stuzzicante.
- Ascolta competitor, monitora hashtag, inizia a seguire (Following) alcuni profili autorevoli e interessanti: colleghi importanti, enti, associazioni, del territorio, blogger e influencer, media, fornitori, clienti affezionati.
- Studia un piano per far crescere i Follower (i tuoi seguaci): punta a un numero di follower almeno tre volte più alto dei Following.
- Crea un piano editoriale e inizia a preparare Tweet – post di max 280 caratteri (sino a poco fa solo 140).
- Inizia: il Tweet non deve risultare un elenco scomposto ma una breve frase di senso compiuto, incisiva e illuminante. Pubblica sia in italiano sia in inglese. Usa gli hashtag (#): meglio verso la fine del micro-post. Menziona (@) partner se vuoi coinvolgerli strategicamente. Aggiungi immagini fotografiche curate.
- Rilancia il contenuto altrui: si chiama Retweet e serve, da un lato, a consolidare relazioni – con l'autore del Tweet, sempre da citare con RT + @ – e, dall'altro, a fornire informazioni ai tuoi lettori.

Alcuni profili che consigliamo di seguire:

- Chef Antonino Cannavacciuolo: @Antoninochef
- Chef Massimo Bottura: @massimobottura
- Twitter Food: @TwitterFood
- Starbucks Coffee: @Starbucks
- Chef Heinz Beck: @BeckHeinz

---

34. https://twitter.com/taffoofficial (ultima consultazione: 2 marzo 2018).

- Simone Rugiati: @simonerugiati
- Chiara Maci: @ChiaraMaci
- Muse Comunicazione (Travel e Digital): @musecom
- Comunicazione nella Ristorazione: @comristorazione

Starbucks[35] (colosso internazionale di caffetteria) gestisce un'interessante presenza su Twitter: propone spesso campagne sociali con l'intento di far leva sugli UGC e per favorire la brand reputation, lanciare un prodotto o una serie di eventi, inaugurare un punto vendita o ampliare la propria loyalty in uno specifico territorio.
È evidente la forte progettualità della sua comunicazione, come nel caso dei Menù temporanei: un esempio emblematico è costituito dall'Unicorn Frappuccino. Il prodotto è stato creato e venduto dal 19 al 23 aprile 2017. Per il lancio è stato ideato l'hashtag: #UnicornFrappuccino. Starbucks ha identificato un'attenzione crescente, sui social media e nel target intenzionato a colpire con questa campagna (teenager di specifici territori geografici), nei confronti del tema Unicorno. La campagna su un prodotto che dura pochissimi giorni, Unicorn Frappuccino, consolida il brand e incrementa le vendite là dove erano vertiginosamente calate.

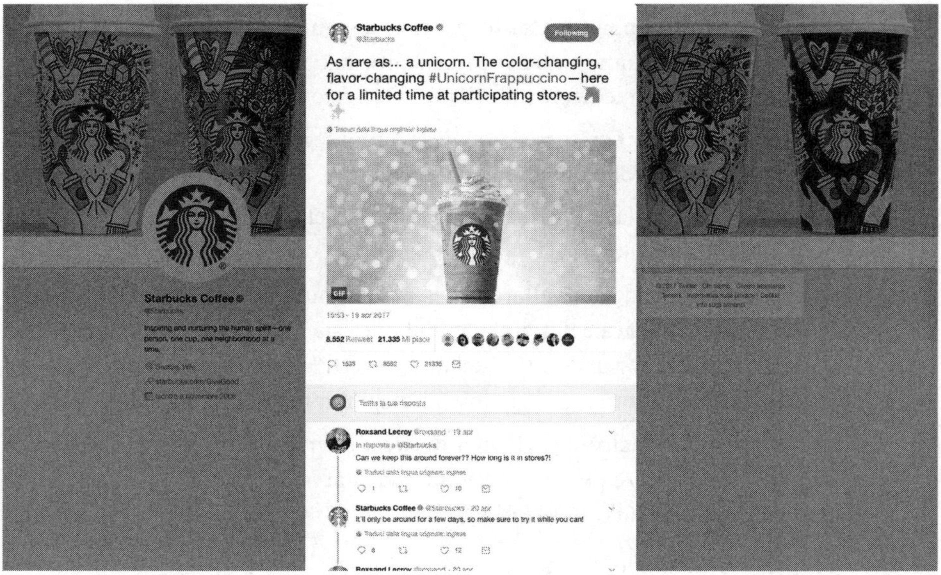

Figura 8.5 #UnicornFrappuccino crea l'urgenza, scatta la mania su Twitter. © Starbucks

Quali le regole da imparare?

Regola 1: rendi il tuo prodotto esclusivo, per esempio difficile da trovare e disponibile per un breve tempo. Crei così un forte stimolo persuasivo: quello dell'urgenza.

35. https://twitter.com/Starbucks (ultima consultazione: 2 marzo 2018).

How-to-do: crea un evento in cui (solo per una sera, per una settimana) ci sarà un guest chef che affianca il tuo executive chef. Oppure, insistendo sulla stagionalità, comunica che la cucina propone un piatto con zucca (fragole, ciliegie, asparago, carciofo, pescato fresco) per un periodo limitato, piatto segreto inventato dallo chef solo per questa stagione. Non dimenticare di associare un hashtag dedicato (o utilizzane uno popolare), per esempio #PumpinkMenu, e inizia a comunicare l'evento svelando man mano qualche ingrediente. Coinvolgi clienti e influencer che hanno assaggiato questo Menù o piatto, con selfie, recensioni, commenti.

Regola 2: coinvolgi i primi influencer del tuo brand, i tuoi collaboratori. Con la loro testimonianza, il grado di conoscenza del brand, la loro cerchia di contatti, possono rendere più autentica e partecipata la campagna/comunicazione.
How-to-do: condividi le tue strategie con il tuo staff, coinvolgilo e chiedi il suo parere e aiuto, proprio come fai durante il lavoro in cucina o in sala. Sono i primi e i più importanti testimonial, attraverso i loro Like e condivisioni daranno il via alla campagna. Possono partecipare con selfie, catturati mentre preparano o assaggiano il loro piatto. Crea dei mini video da condividere su Twitter e sugli altri social.

Regola 3: **il tuo social media team deve interagire e stimolare**, il più possibile, **i contenuti prodotti da utenti e clienti**, tenendo monitorato @ e #. Rispondi ai commenti e al materiale postato, segui i clienti, interagisci e ringrazia.
How-to-do: retwitta i Tweet realizzati dai tuoi clienti e follower, rispondi. Segui le notifiche: ringrazia con DM ogni nuovo follower. Si sentiranno apprezzati e oggetto di attenzioni, condivideranno con crescente motivazione i tuoi contenuti, pubblicandone in numero maggiore loro stessi.

Snapchat e i sistemi di messaging

Snapchat dal 2011 è il social media preferito dai ragazzi. Permette di inviare messaggi video e foto con l'aggiunta di caption, filtri divertenti ed emoticon. I messaggi (snap) durano pochissimo e poi scompaiono. Difficile da gestire per il brand. Ciò nonostante – soprattutto con la funzione Storia – può essere utile per comunicare e raccontare il brand.
Grandi marchi utilizzano lo strumento soprattutto per arrivare ai millennial: General Electric, National Geographic, GrubHub (compagnia di food delivery) ma, anche, la Nasa e Cisco.
Esistono anche gli Snap Ads, video a pagamento, ma ovviamente devi essere presente sul canal sociale e padroneggiare molto bene lo strumento. Se possiedi una gelateria, un'attività di street food, un locale notturno, un fast food, consigliamo di iniziare a esplorare questo strumento. Subito.

WhatsApp, con il suo miliardo di user al giorno, è un bacino immenso di opportunità, anche business. Attenzione a non applicare strategie troppo “push”, cioè non spingere

troppo le promozioni: un approccio da spammer potrebbe offuscare la tua immagine e dare un'impressione di scarsa professionalità, respingendo gli utenti.
Telegram è molto interessante, anche se non diffusissimo in Italia. Consente la creazione di liste alle quali gli utenti si iscrivono per ricevere in broadcasting le informazioni e, perché no, gli eventi, le degustazioni o un piatto speciale con il pescato fresco o con un frutto di stagione. Prerequisito? I clienti destinatari devono avere installata sullo smartphone la app di Telegram ed essere registrati al canale. È importante, dunque, che tu sia già autorevole e che distribuisca, attraverso gli altri media, la segnalazione all'iscrizione.
Non dimentichiamo i già citati chatbot su **Facebook Messenger**, che può anche essere utilizzato "manualmente" per lanciare proposte ed eventi. Ti consigliamo di approfondire questo strumento. Sperimenta, sempre con attenzione verso i tuoi interlocutori, seguendo le linee guida del tuo piano marketing.

YouTube

Non solo abbiamo visto quanto sia complesso (e spesso costoso) creare buone risorse video. Aggiungiamo, ora, che è un lavoro faticoso farsi trovare e aumentare le visualizzazioni del video su **YouTube**.
Per accrescere la tua visibilità su questo canale devi, prima di tutto, imboccare il giusto percorso, guidato da una solida strategia.

Passaggio 1 – Pensa alla ricerca

Quali sono gli argomenti che il tuo target segue e ricerca? Quali le domande che si pone quando cerca un video (un brand o un argomento) su YouTube?
Non dimenticare che è molto usato anche come un motore di ricerca. Quindi, immagina i percorsi che potrebbero compiere i lettori per trovare video che tu potresti produrre.

Passaggio 2 – Ottimizza posizionamento e visibilità

Produci un video e caricalo su YouTube - su un tuo canale (se sei lo chef) oppure su un canale dedicato al ristorante - con l'obiettivo di puntare alla massima visibilità, seguendo queste regole:

- Completa il **titolo** e la **descrizione** del tuo video, con parole chiave utili alla ricerca dello stesso. Aggiungi dei tag, etichette che aiutano a catalogare e classificare la tipologia di risorsa.
- Scegli una giusta **thumbnail** - miniatura o immagine d'anteprima al video. Trova il frame giusto, accattivante e descrittivo. Prediligi immagini in cui si vedano persone, preferibilmente di viso, con gli occhi bene in vista: risultano più efficaci. Se lavori su un piatto, studia un'immagine che sia altamente appetitosa.
- Trascrivi il contenuto del video sotto forma di testo. È utile per i non udenti ed è una funzionalità parecchio gradita da tutti i lettori.

- Programma l'upload dei tuoi video: i tuoi iscritti si abitueranno ad appuntamenti fissi. Tutte le settimane, ogni mese: più video carichi più YouTube ti darà priorità.
- Call-to-action: induci il tuo lettore all'azione, dato che lo hai catturato. Anche soltanto iscriversi al canale su YouTube oppure approfondire le video ricette, portando visite al tuo blog.

Passaggio 3 – Promuovi

Usa ogni altro strumento per comunicare la tua presenza su YouTube: dal cartaceo, alla firma inclusa nelle tue email, dal blog al website. Racconta e rilancia il tuo canale video, anche sulle altre piattaforme sociali. Su Pinterest, per esempio, puoi includere anche video: piazza un link verso il tuo canale, perché su questo social media il click d'approfondimento è molto comune.

Come già ricordato, su Facebook è sconsigliabile, e poco vantaggioso in termini di ranking, includere un link che porti fuori dalla piattaforma, soprattutto se verso YouTube.

Non eccedere in link che puntano da un social all'altro. Rischi di incorrere nell'effetto flipper, controproducente.

Se scegli di puntare su YouTube, considera le competenze necessarie a realizzare grandi video. Cerca nel tuo staff oppure, meglio, ricorri alla collaborazione di un video maker esterno.

Fai leva sulla serialità dei tuoi appuntamenti, ispirandoti alle principali *web series*, come quella di Bauli, *Lezioni di Morbidezza*[36].

Come verificare: strumenti di insight e misurazione

L'argomento è vasto: cerchiamo di fornire alcuni spunti senza essere frettolosi o superficiali. L'importante è essere consapevoli che la **web analytics** – l'insieme di tecniche, strategie e strumenti di misurazione delle performance – è fondamentale per verificare in tempo reale le bontà delle azioni intraprese, fare i debiti aggiustamenti in itinere e comprendere in che direzione investire ulteriore parte del tuo budget promozionale.

Nella fase di analisi e progetto della tua comunicazione e promozione online, abbiamo accennato agli **obiettivi da raggiungere** che devono essere concreti, ragionevoli, mirati e misurabili, identificando alcuni strumenti utili allo scopo.

Tutti gli strumenti che utilizzi, progetti o configuri, sono misurabili, quindi il punto critico del tuo monitoraggio è organizzare questa verifica periodica, coordinando i dati delle varie piattaforme di **insights**[37] e unificandoli in un unico quadro strategico.

Più facile a dirsi che a farsi, certamente.

Chiaramente dovrai utilizzare il già citato Google Analytics. Poi dovrai accedere alle varie sezioni di insights di tool e piattaforme che usi per promuoverti, come:

---

36. https://www.youtube.com/watch?v=WWxoaJF7n08 (ultima consultazione: 2 marzo 2018).

37. Così viene definito l'insieme dei dati raccolti nel tuo account social, concetto che supera il dato, diviene visione ma anche comprensione e comunanza con i comportamenti e le motivazioni dei tuoi fan.

- Facebook;
- Instagram;
- Twitter;
- Pinterest;
- Google+;
- Google My Business;
- TripAdvisor.

Prepara un foglio di calcolo - condividilo su Google Docs con i tuoi collaboratori - includendo i dati mese per mese delle varie piattaforme analizzate.
Abbiamo già parlato a lungo di Google Analytics[38], passiamo ora a una rapida sintesi sugli altri strumenti da monitorare.

Facebook Insights

Non fermarti al solo dato del numero dei fan. Integra più elementi, soprattutto relativi alle interazioni degli utenti. Studia con attenzione[39], perché interpretare gli insights non è un gioco da ragazzi. Elabora e prepara una strategia e un piano editoriale con l'aiuto di un social media specialist che possa affiancarti, per qualche mese, anche nella gestione e analisi dei Facebook Insights, allineandoli agli altri strumenti. Solo allora potrai iniziare a camminare da solo.
Intanto cerca di familiarizzare con i risultati, individuando mese per mese i seguenti dati:

- Mi Piace.
- Copertura (numero di persone a cui sono stati mostrati i tuoi post + numero delle azioni compiute: Mi piace, commenti, condivisioni).
- Visite (visualizzazioni delle tab e delle foto).
- Post e loro andamento.
- Persone (i tuoi fan e, soprattutto, chi ha interagito con te nell'ultimo periodo).

Pensa ai dati "in movimento" ossia verificane l'andamento relazionando i periodi. Solo così potrai comprendere come migliorare le tue performance.

Instagram Insights e altri social media

Su Instagram puoi misurare follower, visualizzazioni e interazioni.
Su YouTube, il numero di visualizzazioni, il tempo di permanenza, provenienza e anche le interazioni dell'utente.
Tutti gli strumenti digitali offrono evoluti sistemi di analisi e monitoraggio. Predisponi solidi obiettivi in modo tale che la misurazione verifichi il tuo operato, migliori le tue performance per raggiungere meglio e più velocemente i tuoi goal.

38. Vedi il Capitolo 4, dedicato alla creazione del tuo sito web.
39. https://www.facebook.com/help/search/?q=insights (ultima consultazione: 2 marzo 2018).

Come amplificare con l'adv

I contenuti organici non bastano più: occorre prevedere e gestire la promozione dei messaggi. Tra le varie strategie, oltre all'ufficio stampa e alle digital PR, dovrai valutare quella pubblicitaria, ossia l'acquisto di uno spazio o di una presenza o passaggio in cambio di denaro.

La pubblicità – o advertising online – offre molteplici opportunità che vanno accuratamente analizzate. Per scegliere il canale giusto, tieni conto di alcuni dati emblematici: la studiosa Mary Meeker ha recentemente dimostrato che l'85% delle Ads online (USA) è distribuito tra Google e Facebook[40], i due colossi "accti" nel 2016 dal *Financial Times* di aver creato un duopolio web che intercetta tutto il budget pubblicitario delle aziende[41].

Lasciamo perdere gli aspetti critici ed etici, veniamo a quelli commerciali. Sono probabilmente gli unici "media" sui quali valga la pena investire in promozione pubblicitaria.

Google Ads

Ovviamente parliamo del motore di ricerca numero uno al mondo, sul quale stai già lavorando per il posizionamento organico[42].

Le classifiche nelle SERP sono diventate molto competitive nel corso degli anni. Anche se la ristorazione italiana è ancora molto indietro nella comunicazione digitale, il tuo ristorante è in concorrenza con altri locali stand alone, con catene probabilmente internazionali (Starbucks, Roadhouse Grill, Domino's Pizza, Pizza Hut ecc.), siti di aggregazione recensioni come Yelp e TripAdvisor, e-zine e food blog, siti web di prenotazione come TheFork o Quandoo, di food delivery come Deliveroo e Just Eat, profili Facebook, recensioni Google e molto altro. Per migliorare la tua visibilità, valuta l'utilizzo della pubblicità digitale a pagamento.

Il sistema è PPC, ossia il tuo ristorante paga ogni volta che un utente clicca sul tuo annuncio. Un annuncio sponsorizzato su Google mette chi lo paga di fronte a un utente che ha effettuato una ricerca specifica, in una posizione evidenziata nella SERP. Se confezioni un buon messaggio e prevedi una landing page curata che favorisca la conversione, con due click puoi trovarti il cliente seduto al tavolo.

Facebook Ads

Il social network più frequentato al mondo è la piattaforma social che possiede più dati sugli utenti, in assoluto. Questi e altri elementi hanno trasformato Facebook in uno dei canali marketing più importanti per le aziende.

---

40. Analisi delle tendenze del marketing online 2017, Mary Meeker, pagina 15 di "Internet Trends", http://www.kpcb.com/internet-trends (ultima consultazione: 2 marzo 2018).

41. Articolo del *Financial Times*, giugno 2016 https://www.ft.com/content/6c6b74a4-3920-11e6-9a05-82a9b15a8ee7 (ultima consultazione: 2 marzo 2018).

42. Vedi i Capitoli 4 e 7.

Con gli strumenti messi a disposizione dalla piattaforma per creare annunci personalizzati, puoi affinare l'invio del messaggio pubblicitario selezionando i destinatari in modo molto mirato e funzionale agli obiettivi della tua campagna.
Considera l'utilizzo di Localized Facebook Ads, un formato di annuncio che Facebook consente di indirizzare a cerchie geograficamente ristrette di utenti. Puoi targetizzare l'inserzione, circoscrivendola esclusivamente alla tua città o, addirittura, a un singolo quartiere, raggiungendo in modo diretto il tuo target locale.
Ricordati di puntare a grandi immagini, pensa a un solido vantaggio da offrire a chi ti ha trovato e crea un punto di conversione facile e rapido. Aggiungi mappe e pulsanti per farti contattare direttamente o per ricevere indicazioni stradali per raggiungerti.
Il nostro consiglio è di farti seguire sempre da un professionista o agenzia: a ciascuno il suo mestiere.

Twitter Ads

Ora puoi promuovere i tuoi contenuti anche su Twitter: per iniziare informati nell'area di accesso per inserzionisti[43] dalla quale – in alto a sinistra – puoi anche accedere agli Analytics. Sono tre le strade da scegliere per farsi pubblicità su Twitter: Promoted Tweet, Promoted Account e Promoted Trend.
Investi solo se lo strumento è strategico per il tuo target. Informati approfonditamente sulle possibilità di visibilità[44].
L'ultima novità, in termini di promozione, è l'inserimento di una nuova Card, il formato creativo che rende il contenuto più coinvolgente per l'utente. Si tratta delle Video Website Cards, per invitare l'utente a visitare il sito e per interagire in modo più immediato. Se il video è una risorsa cruciale per la tua promozione, valuta anche questa formula di adv.

Casi di studio

Raccogliamo alcuni casi di studio in cui l'utilizzo sapiente, strategico e partecipato dei social media è stato determinante per decretare il successo del progetto. Appartengono a tipologie di business e di attività diverse, per dimostrarti come l'utilizzo della rete sociale possa essere un vero e proprio indicatore di successo, in ogni occasione, se calibrato sul target e sugli obiettivi aziendali.

Caso di studio 1: Euro Food Trip, come social(izza) un territorio

#EuroFoodTrip è stato il primo progetto di comunicazione turistica digitale congiunto tra due destinazioni europee: l'Emilia Romagna e la Costa Brava (Spagna). Sono due territori visti come competitor, con un prodotto turistico simile – enogastronomia,

43. https://ads.twitter.com (ultima consultazione: 2 marzo 2018).
44. https://marketing.twitter.com/na/en.html (ultima consultazione: 2 marzo 2018).

turismo attivo, balneare e culturale – che punta agli stessi target turistici – foodie, famiglie e turisti attivi – e mercati: Francia, Germania, Inghilterra e Nord America. L'idea nuova e unica in Europa: sperimentare le offerte turistiche reciproche e condividere il proprio know-how in termini di prodotto e di marketing!

La sfida

Intercettare turisti e viaggiatori internazionali in modo innovativo e fruttuoso facendo leva sul turismo enogastronomico. Mettere insieme due destinazioni competitor che hanno un'offerta turistica e obiettivi simili non è stato facile.

Strategia

Apertura mentale e desiderio di esplorare nuovi modelli di promozione da parte dei territori. Passione e competenza dei veri protagonisti delle eccellenze gastronomiche di entrambi i territori: chef, operatori turistici, produttori e ristoratori.
#EuroFoodTrip ha ideato United foodies to taste the World, tour con 5 top travel food blogger internazionali e un videomaker alla scoperta di entrambe le offerte turistiche ed eccellenze gastronomiche. Tra similitudini e diversità, simboli e tradizioni, il viaggio è iniziato a Girona e si è concluso a Bologna. Il progetto ha vinto il World Travel Awards 2017 come miglior campagna di marketing europea[45] e la nomination a Cannes Tourism & Cultural Film Festival 2017.

Obiettivi

Creare una nuova rotta turistica dedicata al turismo gastronomico in Europa.
Condivisione di know-how istituzionale, di intenti e obiettivi del settore privato delle due destinazioni, per la promozione congiunta sui mercati internazionali.

Piano operativo

Coinvolgere, fin dall'inizio del progetto, esperti travel food blogger provenienti dai mercati target, tramite l'agenzia di influencer marketing internazionale iAmbassador, che ha partecipato alla progettazione della campagna di comunicazione, ha portato alla creazione di contenuti sui diversi blog e account social che presentassero l'offerta turistica gastronomica congiunta. E poi la condivisione.

Risultati

Sul piano online/digital (periodo ottobre-dicembre 2016) sono stati ottenuti:

- creazione di 1 video collettivo virale[46];

45. http://www.iambassador.net/2017/10/iambassador-eurofoodtrip-campaign-wins-at-world-travel-awards-2017 (ultima consultazione: 2 marzo 2018).

46. Video #EuroFoodTrip https://www.youtube.com/watch?v=vxDSOZTzMSc (ultima consultazione: 2 marzo 2018).

- 25 articoli sui blog internazionali;
- 1.600+ menzioni #EuroFoodTrip sui social media;
- 40 milioni di OTS (Opportunities-To-See) sui social media, contenuti pubblicati relativi alla campagna;
- 300.000+ visualizzazioni (organiche) del video ufficiale del progetto.

Offline, invece:
- la collaborazione e organizzazione di eventi congiunti durante appuntamenti e fiere del settore turistico;
- la collaborazione tra due realtà importanti gastronomiche: Casa Artusi[47] e La cuina a Sils[48].

Caso di studio 2: Sweet World, il dolce mondo dei social media

Sweet World narra quotidianamente sui social media le avventure di questo polo dell'accoglienza a Schiavon, provincia di Vicenza, che riunisce quattro dolci mondi: Sweet Hotel, Ristorante alla Veneziana, La Brasserie Mediterranea, Cafè del Mar.
Quattro luoghi uniti da due concetti chiave: la cortesia e il gusto. Qui le persone lavorano con passione per far sì che il tempo degli ospiti trovi il giusto ritmo, tra antiche tradizioni e sapori e accoglienza contemporanea. L'azienda comunica, soprattutto, sui social media con la Pagina Facebook[49], il profilo Instagram[50] e l'account Pinterest[51].
Intervistati sulle motivazioni che li hanno spinti a scegliere questi canali, rispondono: "Semplice: i social sono il luogo che ci permette di continuare il rapporto con i clienti. Condividiamo il dietro le quinte del nostro Sweet World per tenerli ancora un po' lì con noi. I social media sono i luoghi dove promuovere eventi del territorio e dell'azienda".

La sfida

La difficoltà iniziale è di lanciare una nuova Pagina e un nuovo marchio cappello per le quattro realtà: Sweet World. È stato difficile cercare e trovare un filo conduttore nei post per raccontare i quattro mondi che, pur avendo in comune una filosofia molto chiara, hanno delle peculiarità che inevitabilmente li distingue.

Obiettivi

- Differenziarsi dagli altri brand, proponendo sempre contenuti originali.

---

47. http://www.casartusi.it/it (ultima consultazione: 2 marzo 2018).
48. http://www.lacuinaasils.com/esp/index.php (ultima consultazione: 2 marzo 2018).
49. https://www.facebook.com/sweetworldofficial (ultima consultazione: 2 marzo 2018).
50. https://www.instagram.com/yoursweetworld (ultima consultazione: 2 marzo 2018).
51. https://it.pinterest.com/yoursweetworld (ultima consultazione: 2 marzo 2018).

- Coinvolgere i fan, creando un mondo e una community.
- Far conoscere il nuovo marchio, sintesi di un team di persone che lavorano con passione e impegno... una grande squadra.
- Scrivere in maniera semplice ma diretta, chiara, autentica.
- Redigere un piano editoriale efficace.

Risultati (periodo 2014–2017)

- Numero fan Pagina Facebook ottenuti: 7.606.
- Alcuni post, nell'autunno 2017, toccano oltre 19.000 visualizzazioni, in modo completamente organico.
- Conversioni: aumento esponenziale di messaggi privati per conferme di prenotazione, aumento della richiesta informazioni sul Menù.
- 161 recensioni, con media di 4,5/5 e commenti, a dir poco, appassionati.

Figura 8.6 Sweet World, polo di accoglienza veneto, punta sui social media e sulla risorsa fotografica. © Sweet World

Caso di Studio 3: Trattoria dell'Acciughetta, socialtelling con garbo

In questo caso di studio partiamo da una persona che ha concepito un'idea trasformatasi in concept, declinata con mission, vision e obiettivi: Giorgia Losi (classe 1987), genovese, titolare della **Trattoria dell'Acciughetta**, piccolo locale che ha recuperato splendore, con una rinnovata identità. Un ristorante da 30 coperti, lanciato con una passione che si avverte (in tutti i sensi) e si riversa, spontanea, anche sul web. Fin dai primi minuti di vita, la sua Acciughetta "nuota" nei social network, facendo base sul sito web, dando

vita alla Pagina Facebook e i profili Instagram, Twitter, Pinterest, Google+, Google My Business, TripAdvisor, tutti costantemente monitorati e aggiornati.
I social media sono visti come una finestra inusuale sull'azienda: al suo interno sviluppa un personale tone of voice per comunicare verso l'esterno le peculiarità e il day by day di un posto di lavoro.

La sfida

Lanciare un ristorante nuovo, in un posto come Via Pré, sinonimo del degrado del centro storico genovese, senza mezzi economici, senza esperienza nel settore. Tutto ciò è stato possibile solo creando un piccolo grande team iniziale, con lo chef e socio Simone Vesuviano, accompagnando il lavoro quotidiano al ristorante con entusiasmo e passione, raccontando tutto fin dal primo giorno sui **social network** con linguaggio semplice e diretto.

Piano operativo

Un'offerta curata con una cucina attenta in modo da non disattendere le aspettative. In sostanza: prodotto di livello, comunicazione di qualità.
Morale: questo ristorante non vuole spendere in pubblicità ma investire in relazioni, soprattutto sui social media, giorno dopo giorno, raccontando le mille sfaccettature della vita del locale: piatti, team, piccoli aneddoti, eventi, video, corsi di cucina, Stories di Instagram improvvise e buffe, omaggi ai clienti ricorrenti.

Obiettivi

Rinnovare gli schemi della ristorazione genovese, molto, troppo, fedele alla tradizione e affermare sempre più la propria identità laboratoriale, in continuo movimento. La cucina è giovane, colorata, fresca, come i profili sui social media.

Risultati

Presenti su Facebook[52], Twitter[53], e Instagram[54], nei primi 6 mesi di attività del locale già è difficile trovare un tavolo libero. A quasi 3 anni dall'apertura il trend continua, anche in virtù delle buonissime (e moltissime!) recensioni ricevute dagli utenti e dai critici del settore. L'Acciughetta è stata inserita nella guida 2018 del Gambero Rosso, con un'emozionante recensione, e nelle guide dell'*Espresso* e de *la Repubblica*; trova sempre il modo di far parlare di sé.

52. https://www.facebook.com/acciughetta (ultima consultazione: 2 marzo 2018).
53. https://twitter.com/TDAcciughetta (ultima consultazione: 2 marzo 2018).
54. https://www.instagram.com/tdacciughetta (ultima consultazione: 2 marzo 2018).

Intervista allo specialista, Leonardo Bellini

Nel capitolo abbiamo "aperto" un ventaglio di possibili social media da esplorare e da scegliere nel caso siano utili agli obiettivi del tuo progetto. Il comune denominatore è il destinatario della tua comunicazione, essendo canali B2C, perfetti per relazionarti al cliente. Consigliamo però anche di creare un profilo su social media B2B, per incontrare colleghi e aziende, utili sia per informarti e condividere esperienze sia per le interessanti opportunità professionali, soprattutto se proponi business lunch, hai un'azienda di ristorazione collettiva o catering, ricerchi nuovi fornitori, vuoi sviluppare progetti sul tuo territorio, sei a caccia di contatti con media specializzati ecc. Chiediamo un parere a Leonardo Bellini[55].

Esistono social media particolarmente interessanti per stabilire relazioni di lavoro, contattare fornitori, individuare clienti B2B? Quali sono le opportunità concrete per un ristoratore?
Certamente LinkedIn, con più di 11 milioni di iscritti in Italia, di cui 1/3 professionisti, è il social network più vocato al business. Su LinkedIn trovi possibili partner o collaboratori da assumere, così come fornitori o potenziali clienti B2B.

Puoi tracciare un percorso semplice ma virtuoso per raggiungere questi obiettivi? Cosa consigli a un ristoratore su LinkedIn che non sa da che parte cominciare?
In termini di crescita di visibilità e di reputazione occorre tenere costantemente aggiornato il proprio profilo e pubblicare con regolarità contenuti qualificati su LinkedIn, sia status update sia articoli lunghi.
Un ristoratore potrebbe, per esempio, descrivere il processo di ricerca delle materie prime, degli ingredienti che utilizza nella propria cucina, così come parlare di ricette, nutrizione, alimentazione.
Inoltre, potrebbe partecipare a discussioni all'interno di gruppi specializzati su LinkedIn, come il tuo per esempio[56], e interagire con post specialistici di altri suoi colleghi, anche internazionali.
In tal modo potrebbe diventare nel giro di alcuni mesi un punto di riferimento, seguito e considerato non solo da colleghi ma anche da potenziali collaboratori che desiderano lavorare per lui e, perché no, clienti di strutture business.
Infine, potrebbe utilizzare la ricerca avanzata per trovare nuovi e giovani talenti o creare un'inserzione su LinkedIn per ricercare personale da inserire nel proprio organico, strutture ricettive o turistiche con cui creare partnership e collaborazioni. Una "piccola" piazza dedicata alle discussioni d'affari.

---

55. Consulente di marketing e tecnologie digitali dal 1996, docente e autore di numerosi manuali, tra i quali *Fare Business con il Web*.

56. Chiamati in causa da Leonardo, cogliamo l'occasione per segnalare i nostri due gruppi di discussione e per invitarvi a partecipare:
Destinazione Turismo, https://www.linkedin.com/groups/4420427;
DMR – Digital Marketing Ristorazione, https://www.linkedin.com/groups/8456933.

Intervista alla specialista, Sara Caminati

Cerchiamo di riassumere l'approccio al mondo sterminato delle reti sociali. Come scegliere e organizzare il proprio lavoro senza perdere tempo e venire risucchiati in meccanismi improduttivi, fatti di notifiche, commenti strampalati e distrazioni ipnotizzanti? Chiediamo a Sara Caminati[57], docente e consulente di social media marketing, di tracciarci un semplice percorso.

Il mercato delle conversazioni si è tramutato nel mercato delle bagarre e nella confusione di un suq. Come può il ristoratore far sentire la sua voce in mezzo a tutto questo frastuono sociale?

Cercare di emergere in un contesto in cui ciascuno di noi riceve ogni giorno milioni di messaggi risulta decisamente difficile. La comunicazione online si basa sull'informazione, la conversazione e il conseguente sviluppo di relazioni. Di recente, però, tutto ciò sta assumendo connotazioni molto diverse. La grande quantità di strumenti che abbiamo a disposizione per far sentire la nostra voce e la velocità con cui questi viaggiano rendono necessaria una strategia mirata a catturare l'attenzione dei nostri interlocutori, facendoli appassionare al nostro mondo di valori.

Quello che oggi premia è la capacità di comunicare in modo semplice, diretto, cercando di fornire informazioni utili al nostro pubblico. Coltivare la relazione, guidare, affiancare, suggerire, rappresenta un altro aspetto altrettanto importante per cercare di emergere e farsi riconoscere.

Pianificazione: come organizzare le proprie brigate nella gestione dei social network? Occorre assumere qualcuno che si occupi di comunicazione e di social monitoring?

Un ristorante può scegliere di coinvolgere le proprie brigate sia per la creazione di contenuti sia per l'aiuto nel coinvolgimento dei clienti. Ciò che accade dietro le quinte produce contenuti ottimi per comunicare la propria attività attraverso la Rete. Lo stesso vale per ciò che succede in sala: le foto di una serata a tema, dettagli dell'allestimento dei tavoli, il coinvolgimento dei clienti e la richiesta di feedback direttamente da parte del personale possono essere altrettanto cruciali per coinvolgere il proprio pubblico e fidelizzarlo. Le persone che lavorano all'interno di un ristorante dovrebbero essere le prime persone coinvolte nell'attività di produzione dei contenuti destinati alla Rete.

Si può scegliere di assumere una persona o di individuare un consulente esterno per farsi supportare nella promozione della propria attività, una guida che aiuti a utilizzare le piattaforme nel modo giusto, che si occupi di formare adeguatamente il personale e di aiutarlo a capire come, quando e perché pubblicare determinati contenuti sui social sia fondamentale. Affidarsi totalmente a una risorsa esterna può essere in alcuni casi un freno e la perdita di una gestione in real-time che invece a livello social premia molto. Occorre quindi ponderare bene le proprie scelte in base alle effettive necessità e alle possibilità di investimento.

---

57. www.saracaminati.it (ultima consultazione: 2 marzo 2018)

Sicuramente può essere utile un supporto per il social monitoring, ovvero per l'analisi di quella che è la reputazione del ristorante in Rete. Sapere cosa si dice di noi, dove, raccogliere e analizzare i feedback può aiutare a comprendere qual è la percezione che gli altri hanno di noi ed eventualmente cercare di migliorarla.

Takeaway

In questo capitolo abbiamo prediletto la condivisione di idee e consigli, inseriti in molti paragrafi, per aiutarti a mettere in pratica gli esempi su ciascuna piattaforma e per ogni opportunità esplorata. Ti lasciamo le ultime raccomandazioni.

Consiglio 1

I social media rappresentano, in termini di promozione e pubblicità, la TV del terzo millennio. Tutto il tuo pubblico è qui, però ciascun canale possiede regole e dinamiche di relazione profondamente diverse. **Prima comprendile, poi agisci**.

Consiglio 2

La situazione può apparire paradossale ma un mondo comunicativo, così mutevole e in perenne evoluzione, ha impellente necessità di un progetto ben definito e di piani dettagliati. **Impara dagli errori e adattati al cambiamento**, governandolo. Non dimenticare mai di realizzare un piano editoriale.

Consiglio 3

Se vuoi vendere il tuo prodotto **devi mostrare perché lo stai facendo**. Anche quando spieghi ai tuoi clienti come realizzare una ricetta o praticare un metodo di cottura, in realtà devi trasmette le motivazioni e i valori a essi sottesi. Deve scattare l'empatia.

Consiglio 4

Puoi decidere di trasmettere ciò che vuoi ma fallo in modo utile, sincero, autentico, divertente, coerente. Come in sala: ascolta i bisogni dell'ospite e poi consiglia la migliore esperienza possibile.

Consiglio 5

I contenuti testuali non scompariranno di certo ma quelli visuali diverranno sempre più importanti. **Investi in competenze interne**, produzione, acquisto di immagini e video di qualità. L'utente è raffinato: non lo conquisti con immagini ingiallite, sgranate e raffazzonate. Anche il food porn è "ricercato e chic".

9

Gestire influencer, micro-influencer e UGC

Studiate molto per poter dominare la tecnica che permette di dominare la natura. Ricordatevi che l'importante è la rivoluzione e che ognuno di noi, da solo, non vale niente.
Lettera di Che Guevara ai figli

In Italia si polemizza molto sugli influenzatori, al solito si sollevano tifoserie e schieramenti (vizio tutto nostrano) quali: giornalisti vs food blogger o critici gastronomici vs big influencer.
Negli Stati Uniti, e in altri mercati internazionali, si elaborano strategie o si utilizzano strumenti per promuovere i marchi anche food, in un modo rivoluzionario che guarda al futuro.
Noi tendiamo a procedere con lo sguardo rivolto al passato, nel timore che le nostre abitudini possano cambiare, preferendo scattare foto con calciatori e personaggi famosi da piazzare dietro il bancone del ristorante. Non ci accorgiamo che il mondo intorno a noi si muove, veloce.

Relazione digitale Human to Human

Nei nuovi media, le relazioni trasparenti, dirette e sincere sono la via più efficace per conquistare autorevolezza, credibilità di marca e, quindi, brand reputation.
Scopriamo come queste relazioni ristorante/utente stanno trasformandosi.

Partiamo da una tecnica di marketing relazionale che conosci bene: le PR (Public Relation). Sfruttate da decenni, soprattutto nei locali notturni, hanno spesso garantito il successo di bar, ristoranti, dove relazione e passaparola sono sempre stati proficui. La cura di questa tipologia di rapporto si sposta ora online, divenendo digital PR:

- creazione e gestione di contatti;
- messaggi informativi o commerciali a liste profilate;
- raccolta di suggerimenti/raccomandazioni degli utenti;
- operatività nell'engagement e coinvolgimento degli utenti;
- relazioni istituzionali con media, associazioni ed enti territoriali;
- partnership, scambi di contenuti, informazioni ed esperienza con colleghi, fornitori, clienti abituali, esperti di settore, foodie, influencer.

L'**engagement**, prevalentemente praticato sui social media, si rafforza grazie ad altre attività: contatti diretti email o telefonici, incontri a eventi e fiere, visite in azienda o al ristorante, invio di campagne mail o iscrizioni alle newsletter sul blog, landing page con prenotazioni di degustazioni e verticali ecc.
Si manifesta attraverso:

- Endorsement: sostegno al brand o a un messaggio lanciato. Ogni social media è contraddistinto da un proprio elemento d'interazione: si va dal "Like" al "cuoricino", all'"applauso" ecc.
- Condivisione: diffusione su canali e account personali del contenuto prodotto dal tuo ristorante. Corrisponde ai vari "Condividi", "Invia a", "Retweet", "Metti in bacheca", "Pin it" ecc.
- Contributo: l'utente è parte della community e dice la sua, arricchendo la discussione o lanciando post, recensioni, un'immagine sulla bacheca del brand prediletto. Corrisponde al "Commento" o al "Rispondi".

La relazione digitale si stabilisce e consolida con le **partnership**. Necessarie quando si organizza un evento con fornitori e altri player o si propongono o rilanciano contenuti: news, evento, informazione, blogpost. L'obiettivo è stimolare endorsement e condivisione sui loro spazi: il digitale è l'ecosistema più prolifico per questa tipologia di attività.
Pensiamo all'**article marketing**, strategia attraverso la quale proporre contenuti a giornali, blog e media, con l'obiettivo di espanderne l'esposizione mediatica. Sono articoli nei quali puoi includere un link che punti al tuo sito web – facendo **link building** e applicando così **tecniche SEO** – per aumentare visibilità, traffico e autorevolezza del tuo dominio.
Coinvolgi partner, fornitori, colleghi e foodie come **guest blogger** nel tuo blog aziendale. Queste relazioni scatenano virtuose risposte, utili a veicolare traffico, incrementare riconoscibilità, gettare le basi per progetti futuri.

Figura 9.1 Post su Facebook: tre gradi di engagement. © CnR – Comunicazione nella Ristorazione

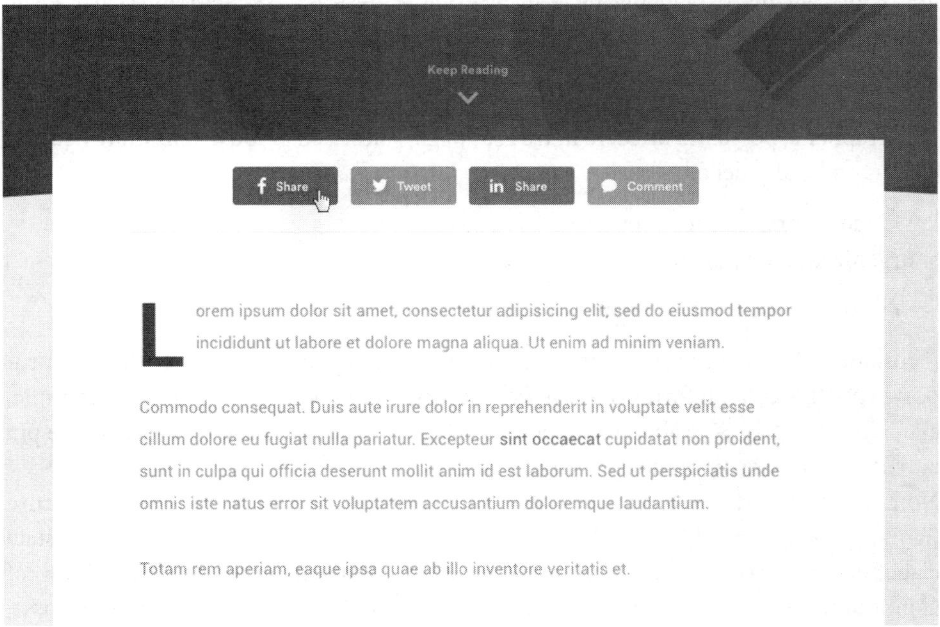

Figura 9.2 Blogpost: includi il widget di condivisione.

Di sicuro avrai già letto o sentito di opinioni conservatrici, critici restii al cambiamento che sottolineano quanto il web sia pericoloso: gli utenti si incontrano solo virtualmente; proliferano profili fake e notizie non veritiere.
In realtà mai come ora il ristorante può rapidamente entrare in contatto con clienti, prospect o semplici lettori, con aggiunta di credibilità ed empatia, se progetta valide strategie di approccio alla Rete.
La chiave di volta è adottare uno stile comunicativo sincero e diretto, facendo emergere il lato umano del brand. Non più B2B (Business to Business) o B2C (Business to Consumer) ma H2H: Human to Human.

Perché si parla tanto di influencer?

Mettiamo in chiaro un punto: emergere nel social network è un percorso complesso, perché si utilizzano piattaforme dove il "rumore di fondo" è davvero tanto. Il flusso di contenuti a tema "cibo", poi, è enorme.
I **risultati organici** (o naturali), frutto del lavoro di creatività e condivisione di contenuti di qualità, fanno molta fatica a emergere rispetto alle risorse a pagamento. Far sentire la propria voce, e portare alla luce i racconti, non è così semplice. Creare credibilità nei confronti del marchio è più faticoso, rispetto alla fiducia spontanea innescata dall'esperienza culinaria vissuta nel ristorante da un altro cliente. Il lettore, soprattutto online, tende a **fidarsi dell'opinione di altri clienti** nella descrizione dei piatti e molto meno del tuo sommelier che racconta quanto sia stato geniale lo chef a crearli!
Soluzione: alcune personalità possono agevolare e accelerare i tuoi sforzi nel social media marketing, aiutando a diffondere il marchio e amplificando il tuo messaggio. L'**influenzatore**, quello serio e riconosciuto tale, ispira fiducia perché esprime il suo parere come lo farebbe un amico o un familiare, quasi "uno di noi".
Per semplicità, possiamo dividere in tre gruppi gli "alleati" in grado di apportare benefici alla brand loyalty della tua realtà:

- collaboratori e fornitori (employee advocacy);
- clienti e follower (brand advocacy);
- influenzatori VIP o esperti (influencer marketing).

Il cosiddetto influencer marketing aiuta a far emergere la tua specificità, tra le tante proposte (piatti, ricette, informazioni, selfie), in modo più credibile rispetto, per esempio, alle Facebook Ads. Se realizzato in modo strategico e trasparente, è percepito come più autentico, a favore di un maggior engagement.
Non temere che dietro al concetto di influenzatore si nasconda chissà quale oscura figura: già negli anni '50 negli US, su studi scientifici condotti negli anni '40, è stata elaborata la teoria del "flusso a due fasi" della comunicazione (Two-Step Flow of Communication). Gli studiosi hanno analizzato e provato che la comunicazione passa, in una prima fase, dai **media** agli **opinion leader** – interpreti sensibili di certe info e influenti in uno specifico gruppo sociale. In una seconda fase, il messaggio si trasfe-

risce dagli **opinion leader** al **gruppo sociale** di riferimento. Non vi suona familiare? Opinionisti, conduttori, presentatori ma anche personaggi famosi in spot pubblicitari che suggeriscono cosa indossare, guidare, comprare, bere, mangiare. Il web non inventa nulla, ma evolve gli opinionisti in influencer, utili anche per intercettare le tendenze che influiranno sulla nostra vita e sul lavoro, per lo meno sul modo di comunicarlo e promuoverlo.

Le **tendenze** possono essere definite come lenti spostamenti nel sistema di valori culturali e comportamentali di una società. Influenzano più o meno evidentemente i prodotti che acquistiamo e le esperienze che ricerchiamo. Le aziende devono intercettare il "punto di maturità della tendenza", quando non è divenuta di massa, prima di perdere in freschezza e novità. Come fare?

Per individuare le **micro-tendenze** osserva con cura, soprattutto nel food, gli influenzatori più sensibili che già le cavalcano.

Pensa alle mode poi diventate "tormentoni" quali cupcake, cake design, muffin... qualsiasi ricetta con l'avocado, the matcha, milkshake, centrifugati, curcuma ecc.

Pensa alle tendenze nell'impiatto: la disposizione di piccoli elementi, spesso foglie e fiori, dropping e topping ecc. oppure alle inquadrature nella food photography: dall'alto, con sfondi e dettagli chiari in stile shabby chic.

Prima di esplodere e diffondersi, erano solo micro-tendenze, che poi sono state intercettate, amplificate e valorizzate dagli influenzatori, fino a trasformarle in "moda". Destinate a invecchiare e morire, terminando il ciclo naturale.

Nonostante le enormi potenzialità, in Italia (a differenza delle altre nazioni) esistono forti contrasti e obiezioni all'influencer marketing. Forse per la proverbiale avversione verso la novità e le opportunità che ci impongono di cambiare, studiare, innovare e mettere in discussione il nostro lavoro. Oppure, perché pubblicitari e giornalisti hanno ruoli consolidati e non gradiscono che nuove figure professionali assedino parte della loro leadership?

Conclusione: mentre tutto il mondo usa, con razionalità, queste nuove opportunità, in Italia si tende a demonizzare gli influenzatori.

Sii razionale e ispirati alla gestione dell'influenza nelle strategie marketing internazionali. Nel mondo, realizzare professionalmente un post con fotografia su Instagram, per un ristorante o un brand, è considerato lavoro ed è pagato come tale. Ti basti guardare in Figura 9.3 il costo medio di un post, diviso per aree merceologiche.

In Italia le piccole imprese credono che operare sul web, ma anche nel mondo dei contenuti in senso più ampio, sia un'attività divertente per giovani "smanettoni", un po' improvvisata, un po' artistica, un po' superficiale. Diventa un'emergenza per le PMI della ristorazione non comprendere che contenuti, relazioni, progetti, consulenze digitali richiedono sforzi, impegno e alta professionalità. Vanno retribuiti adeguatamente e portano risultati tangibili in termini di vendite, branding, marketing.

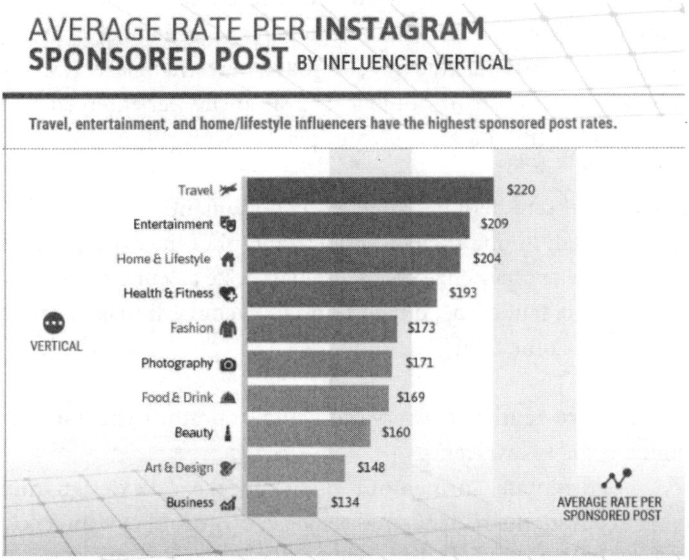

Figura 9.3 Costo medio per un post sponsorizzato realizzato dagli influenzatori. © Influencer Vertical

Chi sono gli influencer nel food?

Nei media tradizionali gli influenzatori sono ancora divi sportivi, musicali, cinematografici, opinion leader televisivi e giornalisti. Online non funzionano.

Molti VIP scappano dai social perché aggrediti, scoperti virtualmente nelle loro superficialità e leggerezze – spesso dileggiati e apostrofati con durezza.

Fino a qualche anno fa, chi coinvolgeva e influenzava le masse, nel mondo food? Sicuramente giornalisti alimentari e critici culinari, che avrebbero scritto di te per questa o quella guida, con una rubrica su una testata giornalistica o televisiva. Avvolti da un'aura di autorevolezza, accompagnati da una punta di malignità, q.b.

Ora gli influenzatori sono esperti di food o social media VIP che esercitano un forte appeal su determinate piattaforme, da Facebook a Twitter e, soprattutto, su Instagram e YouTube.

Parlano di cucina e ristoranti sui loro account, attraverso scatti fotografici di piatti, selfie, ritratti con chef o gruppi di lavoro. Mettendoci la faccia in una campagna, canalizzano l'attenzione dei loro fan/contatti, esprimendo un giudizio, generalmente non tecnico, ma fatto di emozioni, di sentimenti, di valori. E tutto ciò può scatenare la Rete, creando un effetto positivo per chi viene citato. Quali sono queste figure? C'è:

- il **food blogger**, che cura un blog dedicato a uno stile di cucina affine a una certa proposta, per esempio sulla cucina bio, vegan, di raw cuisine ecc;
- il **food marketer** autorevole, con un nutrito numero di fan;

- il **giornalista alimentare**, che gestisce o scrive anche per un e-zine dedicato a cibo o vino[1];
- il **gastronomo**, che collabora con guide, testate giornalistiche, autore di libri, che possiede un blog ed è molto seguito sui social media[2];
- lo **YouTuber,** che tocca spesso temi gastronomici ed è circondato da una audience vicina al cliente-tipo (target);
- l'**Instagrammer**, noto foodie che posta con frequenza scatti curati e appetitosi dei ristoranti che frequenta.

I criteri che generano influenza e aiutano a individuare, intercettare gli influenzatori giusti per una campagna, sono quattro:

- **Authority**: essere riconosciuti affidabili rispetto a un tema o settore.
- **Knowledge**: fondata conoscenza del tema per garantire credibilità.
- **Position**: possesso di una vasta platea influenzabile nelle proprie decisioni d'acquisto (si misura per ampiezza e specificità).
- **Relationship**: tipologia di relazione tra l'influencer e la propria platea[3].

L'influencer – serio e riconosciuto tale – che promuove il ristorante, postando un'immagine mentre addenta un panino/piadina/dolcetto/gelato, si fa ambasciatore *super partes* del prodotto. È coinvolto in prima persona, ci mette la faccia, investe il suo tempo, le sue emozioni; è ritenuto più neutrale dell'addetto stampa e in qualche modo suggella e certifica la bontà dell'offerta. L'elemento importante è che si comprenda il tipo di relazione che c'è tra l'influencer e il ristoratore. Come si articola il loro accordo? Il proprietario del ristorante che sceglie questa via potrebbe:

- regalare la cena all'esperto che sta provando il nuovo Menù;
- organizzare un evento, coinvolgendo food blogger, per raccontare i segreti della cucina;
- aver preparato una campagna, pagando alcuni VIP ed esperti.

Quel che conta è la chiarezza, raccontare con trasparenza la relazione: l'utente non deve essere tenuto all'oscuro di nulla. Vedremo come questi meccanismi di fiducia siano ancor più forti e determinanti nel campo dei micro-influencer e delle recensioni, ma procediamo con calma.

---

1. Il giornalista possiede qualifiche e codice deontologico. Elemento che garantisce (o dovrebbe garantire) imparzialità, qualità, affidabilità. Esiste un evento importante che, con apertura e spirito dialettico, affronta questo tema: il Festival del Giornalismo Alimentare di Torino, nel 2018 alla terza edizione sotto la guida di Massimiliano Borgia.

2. I critici che fanno della qualità e della imparzialità la loro bandiera, sono molto amati in Rete. Pensiamo a Valerio M. Visintin che – per garantire un etico approccio alla critica – non è conosciuto da nessuno, visita i ristoranti in incognito e per non farsi riconoscere in interviste, eventi o talk-show si presenta rigorosamente mascherato.

3. Matteo Pogliani, *Influencer marketing. Valorizza le relazioni e dai voce al tuo brand*, Dario Flaccovio Editore, Palermo 2016.

Come utilizzare gli influencer nel tuo ristorante

Il punto di partenza è individuare un metodo per scovarli e sceglierli. In genere, sono presenti e molto attivi sui social media, curano la loro presenza web, producono contenuti di valore, hanno un numero interessante di fan e follower (meglio se sulle stesse piattaforme dove desideri lanciare il tuo brand). I loro seguaci ascoltano con interesse racconti di esperienze, consigli, recensioni postate con regolarità. Sopra ogni cosa, hanno un gran potenziale in engagement: Like, commenti, condivisioni.
In buona sostanza hanno a disposizione un'ampia community, quella che tu ancora non hai e che stai cercando di creare.
Importante è la loro autorevolezza, riconosciuta tale dalla propria community. Sono attendibili, informati, professionali nel settore utile a te e al tuo target, in relazione alla campagna/strategia che vuoi mettere in atto. Simpatia e fairplay sono ingredienti graditi.
Individua i personaggi più presenti, ricorrenti e seguiti:

- fai ricerche accurate su Google, utilizzando parole chiave vicine al tuo stile di cucina, territorio, target;
- fai ricerche sui social media, con hashtag di argomenti utili;
- cerca liste di blogger e influencer, divisi per settore, su blog, magazine online, gruppi di discussione – controlla incrociando più fonti;
- naviga e vivi i social network: ascolta, molto!

Alcuni accorgimenti

- Orienta le tue scelte in base al tuo ristorante, al tuo target e agli obiettivi che vuoi conseguire. Se il tuo ristorante è all'interno di un Family Hotel e vuoi puntare sul Menù bambini[4], coinvolgi una mamma blogger e individua i tuoi referenti su forum, gruppi e community dedicate alle donne e alla crescita ed educazione dei figli.
- Non scegliere un numero elevato di influencer (da 5 a 15).
- Comprendi bene con quale valore ricompensare la loro collaborazione. Sopra ogni cosa: devi partire dal tuo piano d'azione, anche quando selezioni gli influenzatori.
- Poniti obiettivi concreti e implementa strategie dapprima semplici e non esose, comunque commisurate al risultato economico e di branding che vuoi ottenere. Raggiunti i primi successi, avrai tempo di investire nelle attività che stanno fruttando maggiormente.

Ti mostriamo una semplice classificazione degli influenzatori:

4. http://www.comunicazionenellaristorazione.it/2015/11/paradosso-dei-menu-bambini-poco-salutari-in-ristorante (ultima consultazione: 2 marzo 2018).

Macro-influencer

- VIP
- Grandi esperti (Guru)

Micro-influencer

- Esperti
- Utenti attivi (brand ambassador)

Nel gradino più basso, troviamo gli **utenti attivi**: sono frequentemente connessi, molto più informati di quanto tu possa immaginare, sempre pronti a dare un parere o un consiglio su esperienze, prodotti e brand. Hanno pochi contatti ma intrattengono una relazione stretta e profonda con essi. Nella cerchia – amici, conoscenti, colleghi – hanno autorevolezza e credibilità. Un loro consiglio ispira la stessa fiducia di quello di un amico incontrato per strada o al telefono.

Poi vengono gli **esperti**: coniugano passione, competenza ed esperienza professionale specifica su temi e aree circoscritte. Solitamente consulenti, docenti e progettisti, condividono know-how e casi di studio sui loro blog affiancando un'intensa attività sui social media. Hanno un'audience vasta, affezionata e costante, attratta dalla competenza e dallo spessore dei consigli trasmessi.

Passando al "livello successivo", diventano **grandi esperti o guru**. Con competenza, valore e cura nelle relazioni, aumentano l'audience del proprio pubblico. Sono specializzati nel loro settore ma ricercati da aziende e media per partecipare a campagne di comunicazione e per intervenire in eventi o talkshow.

Al massimo livello troviamo i **VIP**: sono trasversali o generalisti oppure verticali ma ritenuti universalmente divi (chef, imprenditori, cantanti, attori, modelle). Nell'occhio del ciclone, nel bene e nel male, vanno oltre il proprio campo, influenzando le decisioni di acquisto e le tendenze in ampie aree di mercato.

Al tuo ristorante servono personaggi che abbiano storie da raccontare legate al cibo, alla tradizione enogastronomica o alla filosofia della tua cucina. Chi sa realizzare dei contenuti di qualità su cibo e ristorazione? Escludiamo i VIP.

Meglio quindi i guru e gli esperti che sappiano scrivere di questi temi con competenza e fascino: i food writer. Sono giornalisti alimentari, gastronomi, food blogger e food marketer ma anche foodie, uniti da una comune passione per il cibo, di cui parlano con trasporto e competenza[5].

Riassumendo: adotta un piano e inserisci tutte le strategie di influencer marketing all'interno del progetto di comunicazione e distribuzione dell'offerta di più ampia visione[6]. Individua gli **obiettivi**, immaginando che il professionista da coinvolgere sia al centro di una relazione, come citavamo, a due flussi: tu trasmetti all'influencer, il quale poi distribuisce ai suoi fan/contatti.

5. Vedi l'esempio del gruppo Facebook FoodMakers.

6. Gerardo Grasso, *Influencer marketing 2.0. Come sviluppare una strategia influencer-oriented e gestire con successo il marketing dell'influenza*, Hoepli, Milano 2017.

Abbiamo catalogato sette tipologie di obiettivi da valutare:

1. **Brand awareness**: dare visibilità e diffondere la conoscenza del brand, per poter meglio promuovere l'offerta.
2. **Lead generation**: ottenere lead (contatti profilati) che lascino i propri dati per future promozioni.
3. **Autorevolezza**: associare la propria immagine a quella dell'influencer, aumentando la leadership e la competenza nel settore di riferimento.
4. **Brand loyalty**: conquistare sempre maggiore fiducia.
5. **Brand reputation**: allargare la base dei fan o dei membri della community.
6. **Gestire** (o prevenire) **una crisi aziendale** (per esempio dopo una fail campaign o in momenti di rischio per motivi interni o esterni al brand).
7. **Rendere più umano il brand**: avvicinarsi al pubblico, abbattere le barriere tra brand e people!

Non spendere né un minuto del tuo tempo né un cent del tuo budget senza aver definito con chiarezza cosa vuoi ottenere da questi interventi. Seleziona i contenuti con maggiori probabilità di condivisione: video, immagini fotografiche, anche post sapienti e snelli. Individua un hashtag che ti identifichi e inizia con l'incrementare la visibilità del tuo brand.

Organizza un piano di influencer marketing

Parti dal progetto di marketing digitale e verifica come (e quando) includere gli influenzatori nel piano editoriale. Hai individuato, dopo attenta analisi, le figure che fanno a caso tuo, creando un elenco, suddiviso per piattaforme, media e tipologie di intervento.

Prima fase

Inizia a seguire gli influenzatori preferiti: fai endorsement valorizzando, commentando, seguendo gli argomenti che trattano. Condividi i loro contenuti quando validi e affini ai tuoi progetti. Come potresti mai coinvolgere un blogger, un giornalista o un social media specialist se non sei nemmeno suo follower né segui i suoi scatti su Instagram?

> La prima regola è di netiquette pura: segui, sostieni pensieri e progetti del tuo interlocutore. Il risvolto non è solo relazionale ma anche analitico: segnati tutto su di lui, per scoprire se fa a caso tuo.

Seconda fase

Presentati e complimentati con il loro approccio comunicativo (digital PR): ricorda, online tutto quello che accade è frutto di relazioni umane. Quando rilanci un loro contenuto, assicurati la mention al loro account (Facebook, Twitter, Pinterest, Instagram ecc.), così capiranno che stai dando valore al loro lavoro.

Fatti notare e presentati, non è solo buona educazione ma anche un primo contatto in cui poter illustrare il tuo progetto, prospettando una futura collaborazione.

Terza fase

È giunta l'ora di coinvolgerli nelle tue campagne: hai tessuto la relazione.
Considera che scrivere, fotografare, realizzare video o podcast è il loro lavoro e in quanto tale va valorizzato e remunerato. Non comprendiamo come molte aziende cadano dalle nuvole, scandalizzandosi quando la produzione, la distribuzione e anche il lungo impiego di risorse per costruire la community di questi influenzatori si traducono in un costo, in caso di collaborazione.
Come in casi analoghi del passato cartaceo – pubbliredazionali su varie testate o tour alla scoperta dei territori con giornalisti e food writer – occorre concordare un cambio merce oppure un pagamento di una prestazione professionale. La tua relazione con l'influencer potrà generare un **contenuto organico** – scritto e prodotto per condividere il valore del tuo brand – oppure **a pagamento** (advertising).
Tutto va realizzato con grande trasparenza: in US da anni, social media specialist e blogger devono indicare con chiarezza se e quando un prodotto, servizio descritto o recensito, rappresenti un "cambio merce" o sia frutto di un "compenso monetario". Magari attraverso l'etichetta "Sponsored Blog" oppure la firma del guest blogger, dove dichiara di lavorare per il brand descritto nell'articolo. Le risorse vengono postate con #ADV oppure #Sponsored.
Forse in Italia sarebbe utile una espressione più chiara del legislatore per consentire alle aziende e agli utenti di comunicare con maggiore trasparenza.
L'unico riferimento legislativo vigente è stato ribadito il 24 luglio 2017 dall'AGCOM, che ha sollecitato "tutti gli operatori coinvolti, a vario titolo, nel fenomeno, a conformarsi alle prescrizioni del **Codice del Consumo**, fornendo adeguate indicazioni atte a rivelare la reale natura del messaggio, laddove esso derivi da un rapporto di committenza e abbia una finalità commerciale, ancorché basato sulla fornitura gratuita di prodotti"[7].
L'AGCOM si è dunque espresso con un fermo invito a utilizzare espliciti riferimenti con #Adv, #Sponsorizzato, #Advertising.
Molti blogger e molte piattaforme hanno adottato un codice comportamentale trasparente, invitando e autoregolamentando un comportamento esplicito nei confronti di un contenuto sponsorizzato. Tra tutti, segnaliamo il gruppo Instagramers Italia, che propone un codice etico e guideline operative molto esplicite[8].

7. http://www.agcm.it/stampa/comunicati/8853-antitrust-su-influencer-marketing-la-pubblicità-deve-essere-sempre-trasparente.html (ultima consultazione: 2 marzo 2018).

8. https://instagramersitalia.it/codice-etico-per-i-digital-content-creator (ultima consultazione: 2 marzo 2018).

Stabilisci compensi e regole nella relazione collaborativa. Detta linee guida e codici comportamentali, nel rispetto degli utenti e delle normative vigenti.

Quarta fase

Proponi di condividere contenuti che hai postato. Pianifica contenuti prodotti dagli influencer coinvolti, mentre assaggiano il tuo piatto o visitano la cucina. Coinvolgili in campagne promozionali sui social. Menzionali e chiedi loro pareri e consigli online. Programma Live Twitting, Facebook Live, Stories su Instagram e su WhatsApp. Portali con te nell'orto, a fare foraging, a far compere al mercato, a parlare con i pescatori ecc. Se sono YouTuber, registra con loro una video ricetta.

Progetta il loro coinvolgimento, verificando che l'utente sia perfettamente a conoscenza della vostra relazione.

Quinta fase

Monitora i risultati e fanne tesoro. Quanti i contatti acquisiti? Capitalizzali e coinvolgili sulla tua piattaforma, sul sito web o sull'account aziendale.

Non chiedere più di quello che hai concordato con l'influencer: non è un paggio o un giullare, ma un professionista serio. Costruisci una relazione a lungo termine.

Chi sono i micro-influencer

Per una PMI, un piccolo produttore food, una locanda o pizzeria a conduzione familiare, con una comunicazione semplice, autentica e informale, avvalersi della collaborazione di un personaggio famoso è economicamente insostenibile ed eccessivo. Poi, se gestisci un ristorante indipendente, hai bisogno di comunicare su un territorio più circoscritto e a un pubblico locale. In questi casi, è meglio che ti affidi ai **micro-influencer**, figure che, in genere:

- posseggono una community di 1.000 o 10.000 contatti;
- segnalano notizie e brand, includendo il tag o l'hashtag giusto;
- hanno familiarità con i social media;
- gestiscono campagne, sondaggi, condivisioni.

Per ciò che ti riguarda, devono:

- essere appassionati del tema legato al tuo brand;
- appartenere alla tua area geografica;
- magari frequentare già il tuo ristorante.

Possono essere blogger o social media marketer con un piccolo seguito o all'inizio della loro carriera. Mossi dalla passione per la cucina, foodie, marketer. Operatori di settore e fornitori, clienti occasionali o affezionati che hanno apprezzato la tua proposta e accoglienza.

Come comportarsi con i micro-influenzatori rispetto agli influencer più famosi?

Primo step: dopo averli ricercati e individuati (tramite hashtag o parole chiave sui social media), tra i clienti, fornitori e i tuoi fan/follower, includili in un elenco. Immagina come ricompensarli, perché è importante **creare reciprocità**, riconoscendo l'importanza della loro attenzione, partecipazione, del contributo alla promozione del ristorante. Ringraziali pubblicamente, attraverso commenti e Like ai loro interventi oppure con piccoli doni (codice sconto, coupon con agevolazioni o abbonamenti, omaggi, un gadget del tuo brand ecc.).

Non dimenticare i micro-influencer più preziosi: i tuoi collaboratori. Lo staff di un ristorante ha un alto turnover, ma possiede un numero corposo di elementi: dalla brigata di cucina a quella di sala, dall'amministrazione alla gestione commerciale e PR.

Da una ricerca di MSLGroup[9], si evince che un **contenuto pubblicato da un collaboratore** è condiviso ventiquattro volte più facilmente rispetto a un messaggio inviato dall'account ufficiale del brand.

I consumatori tendono a fidarsi di una persona che racconta un'offerta attraverso la propria esperienza, lo sappiamo. In più il collaboratore conosce profondamente il ristorante e la proposta della cucina. È un tecnico, parla con competenza e fa parte dello staff, ha quindi interesse a comunicare nel modo migliore quello che accade nel locale.

Molti brand coinvolgono strategicamente i loro dipendenti (Philips, L'Oréal, Iceland Air), ritenendo che ciò migliori non solo la forza comunicativa, ma anche spirito di squadra e comunicazione interna. Un esempio tra tanti: la campagna promossa dalla compagnia aerea islandese Icelandair, chiamata "Opening Flight", che chiede agli impiegati di mettere in scena i loro talenti nascosti, attraverso un video emozionante[10] .

Figura 9.4 Campagna di Icelandair per i suoi 80 anni: i dipendenti come influenzatori.

9. https://mslgroup.com (ultima consultazione: 2 marzo 2018)

10. https://www.youtube.com/watch?v=3AcYsnWeFsY (ultima consultazione: 2 marzo 2018)

Come utilizzare i micro-influencer

La progettazione è indispensabile, anche con i micro-influencer. Dopo averli individuati, stimola la condivisione dei tuoi post e la produzione di contenuti realizzati da loro.
Uno degli aspetti positivi della loro collaborazione è che i micro-influencer tendono a essere spontanei e sinceri: veri e propri testimonial, se hanno provato il piatto o la ricetta, oppure ambasciatori, se ne condividono solo valori e percezione di qualità, poiché non stanno facendo una pubblicità al tuo brand ma, spesso, ne promuovono gratuitamente la bontà, credendoci profondamente. È un passo importante verso la creazione della community[11].
I benefici per la tua azienda sono doppi. Da un lato promuovi un piatto, un Menù, una bevanda, un'esperienza, dall'altro **coltivi forti relazioni** tra brand e micro-influenzatori e loro contatti. Promozione e branding.
La campagna avrà costi più bassi, sarà più mirata a territorio/target/argomento; il clima sarà più familiare, quindi più proficuo a coinvolgere e convincere. I risultati saranno capitalizzabili, perché si lavora sulla brand awareness e loyalty, sulla creazione della community.
Chi più spende più guadagna: questa volta investi in **tempo da dedicare alla comunicazione**. Dovrai analizzare, individuare, contattare, coinvolgere, nutrire la relazione con decine, forse centinaia di fan, contatti, clienti. Crea un bel foglio di calcolo dove elencare, con precisione, le persone con cui instaurare una relazione. Il tempo ripagherà impegno e attenzione.

Micro-influencer: percorso di acquisto del tuo cliente

Un tempo era tutto più semplice, esisteva il bisogno reale "...ho fame, dove vado a mangiare?", oppure indotto: "...sei cool se mangi questo prodotto!".
Oggi dobbiamo proporre l'offerta ristorativa come una scelta, centrata sull'esperienza. Dobbiamo anticiparla, raccontarla e farla narrare. Se il cliente si trova bene forse consiglia il locale e/o torna a rivivere un'ulteriore esperienza.
Con l'avvento di Internet, tra **bisogno** e **acquisto**, si è aggiunto un terzo momento che i tecnici chiamano ZMOT (Zero Moment of Truth), che consiste nella ricerca sul web, nella lettura di recensioni e comparazioni di prezzo e di offerta. L'utente è sempre più abile e curioso: ricerca informazioni, novità, punta ad avere con noi un primo contatto virtuale.
Nella cosiddetta era 3.0, in cui l'utente fa tutto in tempo reale, il percorso di ricerca e di acquisto del cliente si è arricchito di molti possibili punti di contatto tra lettore e brand: i touchpoint (Figura 9.5).
L'esperienza non è più ridotta al solo momento in cui il cliente mangia in ristorante, ma a una complessità di micro-momenti[12] in cui la relazione tra azienda e cliente si mol-

11. Questa tecnica prende il nome di brand advocacy. I micro-influenzatori sono brand ambassador o brand advocate.

12. https://www.thinkwithgoogle.com/marketing-resources/micro-moments (ultima consultazione: 30 dicembre 2017).

tiplica e si espande. Devi gestire il "prima", il "durante" e il "dopo" dinner experience, in un percorso che diventa circolare, ricco di possibili punti di contatto e occasioni di incontro. Si moltiplicano le opportunità di business e, al contempo, gestirle diviene più complesso e dispendioso, in termini di tempo e risorse.

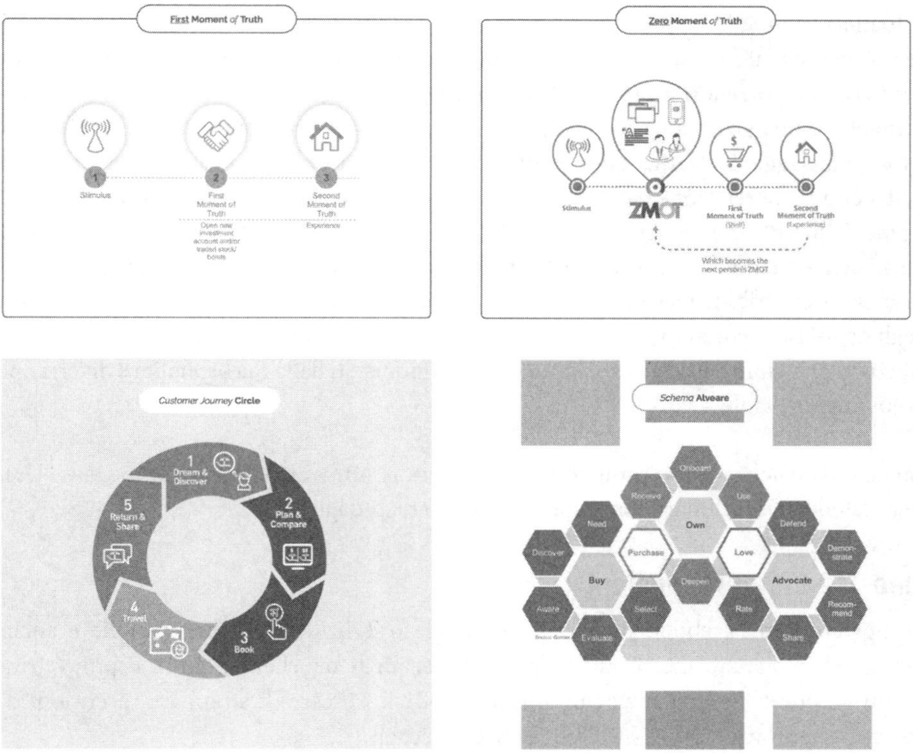

Figura 9.5 Evoluzione del percorso di scelta e di acquisto del cliente (4 modelli).

Vengono in soccorso gli attuali clienti e contatti, che aiutano con il passaparola e sostengono in tutti i micro-momenti del percorso di scelta, selezione e acquisto dei futuri clienti, condividendo informazioni, commenti, suggerimenti ai loro contatti.

Puoi avere un piano marketing geniale, un progetto di comunicazione digitale e social media impeccabile. Essere attivo ed entusiasta in Rete. Avere uno staff affiatato che ti sostiene, collaborando sia in cucina sia in sala.

Il ristoratore deve essere umile: una grande tela necessita di una persona che l'ammiri, una sinfonia di un appassionato che l'ascolti, un grande film di un pubblico che lo guardi. Tu hai bisogno di loro: i clienti!

UGC marketing: perché e come?

I contenuti creati dai clienti e condivisi con i loro contatti sono molto potenti. Sono autentici, perché originati da un'esperienza e, soprattutto, perché fanno leva sul bisogno di apprezzamento e riconoscimento che ciascuno di noi ha, quando si muove in Rete. Raccontare un brand e da questo essere accolto, ascoltato e ringraziato, è una forma di autoaffermazione[13].
Se un cliente realizza una recensione o posta un'immagine, ringrazialo e condividi il suo pensiero, concorrendo a farlo sentire importante e al centro dell'attenzione. Lui sarà coinvolto e invogliato a legarsi sempre di più alla tua marca, continuando a diffondere i tuoi messaggi. Si tratta, quindi, di riconoscere valore ai commenti del pubblico, costruendo una relazione da coltivare che porterà molti frutti e sarà duratura.
Come farti aiutare a "essere sempre sul pezzo" sui social media o sulle piattaforme in Rete, anche quando stai cucinando, servendo, acquistando ingredienti o dormendo?
Inserisci i contributi UG nelle tue strategie: sia condividendo e commentando i post degli ospiti sia favorendo o chiedendo in modo diretto il loro contributo.
Grazie al principio della reciprocità[14] saranno conquistati dalla tua ospitalità e diverranno i tuoi migliori ambasciatori.

Lanciamo qualche idea su come coinvolgere i lettori, attraverso le strategie di UGC (User Generated Content) marketing, con contenuti creati dagli utenti.

Idea 1 – Video recensioni

Competere con Facebook Review, con Google o TripAdvisor è impossibile e anche inutile. Sono piattaforme visitatissime, sfruttate, amate dai clienti e futuri ospiti, vetrine a tutti gli effetti molto funzionali ai tuoi obiettivi. Cercare di strappare recensioni da queste per portarle sul tuo sito web? Fatica sprecata!
Perché non creare invece uno spazio all'interno del locale, meglio se – come raccontavamo – "instagrammabile", in cui i tuoi ospiti possano lasciare una **video recensione**?
Idea una campagna apposita, identificata da un hashtag, favorisci la connettività e la condivisione grazie a un sistema Wi-Fi performante e libero. Invita con un QR Code a collegarsi direttamente sul tuo account[15] e lasciare una video recensione mentre attendono il conto; in quel caso, offri un digestivo o qualche sfizioso dolcetto.
Esistono molti tool online che ti permettono di creare un QR code in pochi click, da scaricare e poi inserire su materiale web o cartaceo; hanno il vantaggio di lasciare direttamente una "traccia" sullo smartphone di un cliente (per esempio nei cookie del browser che usa per navigare).

---

13. Principio della riprova sociale, uno dei fondamenti della scienza della persuasione: Robert Cialdini, *Influence: The psychology of persuasion*, Harper Business, 2009.

14. Principio della reciprocità, uno dei fondamenti della scienza della persuasione: vedi sempre il titolo di Cialdini citato alla nota precedente.

15. Se l'utente realizza un testimonial postato sulla tua Pagina aziendale di Facebook, per esempio, bypassi anche il problema della liberatoria nell'uso dell'immagine.

Figura 9.6 Esempio di QR code incluso sul Porta Conto di SalentOsteria.

Idea 2 – Event marketing

Il ristorante che comprende le opportunità dell'**event marketing**, sfruttando le grandi occasioni che digitale e social media offrono in questo ambito, potrebbe diventare un first mover e sbaragliare la concorrenza.

Concepisci e gestisci – sul sito web, sul tuo blog, sul tuo profilo social – qualsiasi tua novità come un evento. Il nuovo Menù, il lancio di un nuovo piatto o una degustazione, una verticale, la scelta di un nuovo fornitore. Ogni comunicazione è potenzialmente virale, in grado di stuzzicare curiosità e gusto dell'attesa. Nessuna situazione è più condivisa di un evento.

In Italia esistono grandi eventi dedicati al food, alcuni consolidati e mainstream: dal Salone del Gusto a Cheese, da Identità Golose a Gourmet Torino, solo per citarne alcuni. Altri, nuovi e rivoluzionari, come il Fuoco! Food Festival[16] o il caso di Sherbeth, festival internazionale del gelato artigianale[17]. Come non citare il Cous Cous Fest[18]. Pochi grandi eventi lavorano bene con l'influencer marketing e pochissimi hanno compreso strategicamente la portata dei micro-influencer. Il ristoratore deve collegarsi e rilanciare contenuti proposti in queste occasioni: può diventare influenzatore per queste

16. https://www.fuocofoodfestival.it (ultima consultazione: 2 marzo 2018)
17. https://www.sherbethfestival.it (ultima consultazione: 2 marzo 2018).
18. http://www.couscousfest.it (ultima consultazione: 2 marzo 2018).

manifestazioni o ricercarvi partnership e occasioni di visibilità, entrando in contatto con micro-influencer interessanti.

Il caso di studio di Cibiamoci Festival[19]

In occasione di **Cibiamoci Festival 2017**, evento di formazione digitale legato al food, con tre sessioni (ristoranti, produttori food e operatori viti-vinicoli), svoltosi a Pistoia il 16 maggio 2017, viene lanciato un challenge fotografico su Instagram. Tema: cibo e cultura.

Il 2017 vedeva infatti la località ospitante, Pistoia, città nazionale della cultura.

L'idea del challenge – sfida giocosa e di condivisione – in collaborazione con Igers Pistoia[20] nasce con l'obiettivo di promuovere l'evento Cibiamoci utilizzando una strategia UGC, User Generated Content.

Modalità: i partecipanti al challenge raccontano, pubblicando almeno uno scatto fotografico, la propria interpretazione del tema: "Cibo veicolo di cultura e tradizione".
Hashtag: #cibiamoci17, #IgersPistoia, #ciboecultura17.
Obiettivi: coinvolgere micro-influencer in target con l'evento, partendo dalla condivisione di scatti, per aumentare notorietà del brand e l'iscrizione alla manifestazione.
Quando: lanciato il 20 aprile e terminato il 7 maggio 2017.
Risultati: folta partecipazione degli Instagramer locali, 230 scatti fotografici in gara, alto numero di utenti coinvolti.
Conclusione: al termine del Challenge sono stati selezionati tre scatti di Instagramer divenuti "reporter ufficiali" dell'edizione 2017 di Cibiamoci Festival.

Figura 9.7 Vincitori del Cibiamoci Festival Challenge: @lemongrassandoliveoil @serenart90 @elisa_cappelletti.

19. http://festival.cibiamoci.it (ultima consultazione: 2 marzo 2018).
20. @igers_pistoia

Idea 3 – Video, social network e innovazione tecnologica

Una campagna basata sulla partecipazione e sul coinvolgimento degli utenti necessita di un incoraggiamento: ti presentiamo il caso di un grande brand alimentare che lancia un contest con l'hashtag #GoodMorningWorld. In palio la partecipazione all'evento, in streaming mondiale, più gustoso della storia.
La campagna mondiale di NESCAFÉ del 1°ottobre 2016 - Giornata Mondiale del Caffè - abbraccia il pianeta con la colazione più lunga mai realizzata, un "Buongiorno da Record" che dura 24 ore. Persone di ogni età, estrazione sociale e professione hanno virtualmente abbattuto le distanze e preso parte alla prima "Mug Chain" internazionale, catena del buongiorno virtuale, caricando sulla Pagina Facebook di NESCAFÉ un video-saluto taggato con: #GoodMorningWorld. Il video è stato trasmesso, in diretta streaming mondiale, sulla Pagina Facebook di NESCAFÉ[21].

Strategia

Far leva sulle potenzialità video di Facebook, creando risonanza su tutti i media old-style e sui social network. Punto di partenza: lo stimolo a partecipare a un'iniziativa collettiva in cui tutti possono esprimere personalità e creatività. Una campagna suddivisa, temporalmente, in tre step:

- **settembre 2016**: gli utenti producono contributi video da inviare sulla Pagina Facebook ufficiale del brand;
- **1° ottobre**: i migliori contributi video con l'hashtag #GoodMorningWorld sono selezionati per la diretta streaming globale con migliaia di protagonisti, trasmessa in mondovisione 24h su Facebook[22]. I contributi sono divulgati negli orari in cui la popolazione di ogni Paese si sveglia, passandosi una tazza che, di mano in mano, "attraversa" il pianeta, nell'arco delle 24 ore;
- **ottobre-novembre 2016**: il riverbero sociale e comunicativo continua, video e post creano una coda di interazione importante, ad alto contenuto di sentiment positivo.

Risultati

Generali:

- 5 continenti, 24 fusi orari e 60 Paesi coinvolti;
- 20.000 utenti in tutto il mondo hanno inviato il loro video del buon risveglio.

Della campagna Facebook in Italia:

- Video ricevuti per il contest: 300
- Reach totale: 1,5 milioni
- Interazioni utenti: 20.000

21. https://www.facebook.com/Nescafe.IT (ultima consultazione: 2 marzo 2018).
22. https://www.youtube.com/watch?v=m5eI__zP-kw (ultima consultazione: 2 marzo 2018).

Il video fa leva su collettività e partecipazione, coinvolge gli utenti ma al contempo esalta la condivisione, unisce e trasmette un messaggio di fratellanza che fa vibrare corde emotive positive e stuzzica la diffusione. Missione compiuta[23]. Ovviamente parliamo di big brand, con un grande budget e una macchina organizzativa gigantesca alle spalle. Hai qualche idea per applicare una simile strategia al tuo ristorante?

Casi di studio

Presentiamo due casi di studio italiani, dove gli influencer rivestono un ruolo importante: ottime fonti d'ispirazione.

Caso di studio 1: Cicioni, cibo naturale

Tutti i ristoratori conoscono perplessità e diffidenze che certi prodotti vegani portano con sé da parte di chi non ha sposato questa scelta alimentare. Quando si tratta quindi di lanciare un brand di un prodotto vegano - ma anche un ristorante - l'influencer marketing può essere una strategia vincente.
Brand e goal: lancio e promozione di Cicioni, prodotto di Eurocompany, nato in collaborazione con la chef Daniela Cicioni[24], frutto di un processo di fermentazione di mandorle e anacardi, non solo per vegani ma driver di una filosofia di vita legata al benessere. Per ideare e sviluppare la campagna, viene scelta l'agenzia Open-Box di Firenze.
Si punta a una sfida "brandizzata" con l'hashtag #sanoebuonochallenge e indirizzata a influencer noti in Italia, chiedendo loro di cimentarsi in attività legate a uno stile di vita più sano. Gli influencer comunicano, sui propri canali social, la ricezione della sfida - lettera brandizzata che arriva insieme al prodotto da testare - e le varie fasi della stessa, in modo spiritoso e condividendo ogni fase del challenge. Testimoniano scelte di vita rinnovate: attività fisica, nuove abitudini alimentari, un approccio più sano alla loro quotidianità.

Periodo: 1 ottobre-15 novembre 2017

Obiettivi

Gli obiettivi erano:

- dare visibilità al nuovo prodotto;
- fare brand positioning: non solo vegan (lifestyle legato al benessere);
- creare un passaparola positivo;
- fare brand loyalty e reputation.

---

23. Grazie all'ufficio stampa e comunicazione di NESCAFÉ che ha condiviso con noi visioni e risultati.
24. http://www.welovecicioni.com (ultima consultazione: 2 marzo 2018).

Risultati

Sui canali Facebook, Twitter, Instagram:

- Engagement: +18.000
- Reach: +226.000
- Impression: +700.000

Caso di studio 2: Scavolini, cucinare per credere

La nota marca di cucine Scavolini[25] ha rinnovato look&feel del proprio website e dei profili social ufficiali; soprattutto ha rinnovato l'approccio al mercato, per avvicinare il suo brand alla gente. Lo fa distribuendo un magazine aggiornato frequentemente con trucchi e consigli di arredo, attraverso un "social wall" posizionato in homepage, per visualizzare in tempo reale le discussioni intorno al brand. Soprattutto, ha coinvolto iFood[26] – piattaforma che aggrega l'esperienza di centinaia di food blogger, ideata da Vatinee Suvimol e inglobata nella famiglia editoriale di NetAddiction – in una campagna lanciata nel 2017, che ha ampiezza e dimensioni tali da definire una vera e propria partnership. Siamo infatti arrivati a contare oltre 100 eventi realizzati capillarmente negli store di Scavolini. Qui tre blogger del territorio si "sfidano" cucinando e coinvolgendo il pubblico, mentre utilizzano attrezzature e arredi del marchio ospitante. Inutile dire che il successo è assicurato: 3,2 milioni di persone raggiunte su Facebook, 53.000 utenti raggiunti su Twitter e Instagram. E la sfida continua.

Takeaway

Consiglio 1

Per fare influencer marketing inizia avendo ben chiari in mente gli obiettivi e i risultati (concreti) da conseguire. Altrimenti, non vale nemmeno la pena partire.

Consiglio 2

Per fare UGC marketing trova un'idea originale: sarà il motivo per il quale i tuoi fan parteciperanno e saranno coinvolti nella campagna. Identifica anche un grande premio (sconto, vantaggi, ingresso a un evento riservato, omaggio ecc.).

Consiglio 3

Scegli con cura i professionisti da coinvolgere, non fermarti al solo numero dei follower. Ricorda che anche un grande progetto di UGC marketing necessita di professionisti che fungano da innesti e sappiano "accendere la miccia".

25. https://www.scavolini.com (ultima consultazione: 2 marzo 2018).
26. http://www.ifood.it (ultima consultazione: 2 marzo 2018).

Consiglio 4

Il ristorante deve fornire il concept, le linee guida, gli obiettivi. Sei tu il proprietario del business ma i contenuti lasciali curare ai professionisti: gli influencer!

Consiglio 5

Non dimenticare, sin dall'inizio, **di adottare strumenti per tracciare**, misurare e analizzare i risultati, altrimenti non potrai ben soppesare bontà ed efficacia delle attività intraprese.

10

Come gestire la tua reputazione online

Quando affascini le persone, il tuo obiettivo non è quello di guadagnare denaro da loro o convincerli a fare ciò che vuoi, ma riempirli di grande gioia.
Guy Kawasaki

Citando Chris Anderson all'inizio del manuale, abbiamo piantato un seme che, innaffiato capitolo dopo capitolo, ci ha portati alla piantina rigogliosa di questo argomento. La **reputazione del tuo ristorante** è legata a un'offerta personalizzata, con servizio accurato, e alla centralità del cliente e dei suoi bisogni nella relazione brand/utente.
L'ascolto dei clienti e la cura della tua reputazione sono attività da seguire 24h. Le tue risposte devono avvenire in real-time, sia sui social media sia sulle piattaforme dove i clienti lasciano commenti e consigli.
La tua relazione non è occasionale ma duratura e a tempo pieno: proprio per questo devi prodigarti e creare una community fatta di alleati, ambasciatori del tuo brand, capaci di aiutarti nella gestione di una presenza digitale, altrimenti impossibile da portare avanti. Abbiamo già svelato il significato di UGC marketing e di micro-influenzatori: ora è tuo compito utilizzarli attivamente.
Benvenuto nell'era della Review Economy.

Recensioni: croce o delizia?

La regola principale della brand reputation è diventata: "Che se ne parli bene o se ne parli male, in Rete qualcuno lo sta già facendo". Tu devi esser pronto a monitorare e rispondere alle conversazioni che pullulano attorno alla marca del tuo ristorante.

Per fare chiarezza su questo punto è sufficiente, come sempre, "mettersi nei panni" degli utenti.
Immaginiamo di essere in un marketplace dedicato ad abbigliamento e accessori. Quando individuiamo un modello di nostro gradimento, corriamo a leggerne le recensioni, per comprendere se il capo veste stretto o largo, se cade morbido, se il materiale è di buona qualità, se cuciture e fattura sono curate. Non fermiamoci qui:

- prima di acquistare un libro su Amazon, leggiamo rating e commenti;
- prima di andare al cinema, scorriamo le recensioni;
- se vogliamo cambiare telefonino, ancora una volta cerchiamo review;
- infine, non procediamo alla prenotazione di un hotel senza un giro su TripAdvisor[1].

Siamo completamente immersi nell'era della Review Economy – anche quando non ne siamo consapevoli – tanto che Facebook, Amazon e Google applicano stringenti strategie affinché customer/user condividano le loro testimonianze.
Non solo, Expedia e Booking.com hanno adottato un sistema automatizzato che sollecita le review dei clienti appena arrivati in hotel: i lettori si fidano di chi lascia una Write-Up (racconto di un'esperienza con il brand) e le OTA (Online Travel Agency) hanno compreso quanto favoriscano e facilitino le vendite. I ristoranti non ne sono immuni: non a caso costituiscono la categoria con il maggior numero di recensioni su **TripAdvisor**.
Cerchiamo di approfondire il fenomeno.
Hai compreso, dopo il lungo percorso dalla tua identità fino alla declinazione digitale della tua offerta ristorativa, che il vero valore della tua marca è quello percepito dal mercato, cioè dal tuo cliente (in inglese brand equity).
Questo significa che il miglior "venditore" del ristorante è, di conseguenza, il cliente con il suo passaparola. Un tempo i consigli viaggiavano al bar o lungo il filo del telefono, ora corrono sui social media, sulle piattaforme di recensione, nei commenti dell'utente. I meccanismi sono gli stessi, cambia solo la velocità e, con essa, la viralità dell'informazione, che non ha paragoni.
Che al ristoratore risulti difficile affrontare critiche, magari negative e senza mezze misure, in una piattaforma pubblica dall'enorme visibilità, è comprensibile. Che non ne percepisca la portata in termini di brand reputation, di opportunità di promozione e miglioramento dei propri risultati in termini di fatturato, è poco lungimirante!

L'acquisizione di TheFork (noto restaurant ordering system online) da parte di TripAdvisor ha accelerato la diffusione della mania del resoconto gastronomico. La crescita dei profili, nel settore della ristorazione italiana, è stata più rapida che mai e su TripAdvisor si contano, attualmente, più recensioni per gli esercizi ristorativi che per gli alloggi. Nel 2014, circa 30.000 profili in Italia hanno ricevuto oltre 3,4 milioni di nuove recensioni nel corso dell'anno. Prima del 2004, gli esercizi ristorativi rappresentavano una parte quasi insignificante delle strutture sulla piattaforma; ora sono la maggioranza,

1. Francesco Tapinassi e Nicola Zoppi, *Web Marketing delle recensioni: Guida di sopravvivenza a TripAdvisor & co. per albergatori e ristoratori*, Apogeo, Milano 2017.

con il **65% di tutte le recensioni**. Hanno, inoltre, registrato un aumento del punteggio medio delle review, tra il 2007 e il 2014[2].

Soffermiamoci su questo punto: le recensioni online sono un'evoluzione delle raccomandazioni degli amici (vecchie come il mondo). Continuano a funzionare ma sono migrate in Rete, creando così un triplice canale di endorsement: il 91% degli utenti vuole provare un ristorante **dopo una raccomandazione** degli amici, il 68% dopo aver letto una **recensione positiva** e il 41% dopo aver consultato i **social media** (Figura 10.1). Ovviamente è vero anche il contrario: il 54% non sceglie un locale a causa della critica negativa dell'amico, il 57% per una recensione pessima e 32% poiché ne ha letto commenti inadeguati sul profilo social (Figura 10.2).

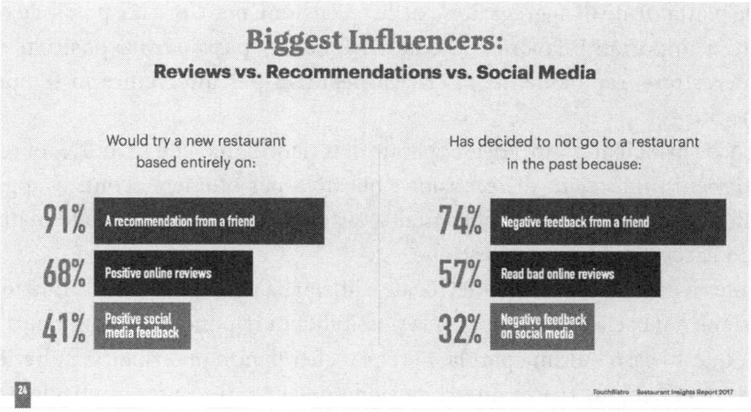

Figura 10.1 Recensioni vs raccomandazioni vs social media, Restaurant Insights Report 2017. © TouchBistro

Figura 10.2 Il 32% degli utenti rinuncia a un ristorante per via delle recensioni negative, Restaurant Insights Report 2017. ©TouchBistro

2. Dati TripAdvisor, 2016.

Ora che le recensioni alle cene in ristorante hanno superato quelle in hotel, il settore ristorativo italiano inizia a preoccuparsi, sulle orme di colleghi albergatori che scalpitano contro il principale indiziato: TripAdvisor.

Come gestire la rabbia generata da una recensione

È insito nella nostra natura, lamentarsi e infervorarsi con critiche minuziose. Se il cliente ritiene di non essere stato coccolato e vezzeggiato in maniera adeguata oppure si reputa poco soddisfatto, non lascia perdere. Inoltre, ora ha tutti gli strumenti a disposizione per farlo sapere al mondo, per diventare il protagonista che avrebbe voluto essere nel ristorante che lo ha deluso.

Grazie alle piattaforme di aggregazione delle recensioni, però, ora ti è possibile realizzare due obiettivi importanti: favorire la condivisione del **passaparola positivo** di clienti felici e intercettare, rapidamente, la **critica negativa** per intervenire in tempo reale e porre rimedio.

Per dissipare i principali timori degli operatori: ti ricordiamo che se individui recensioni sospette o vieni minacciato di recensione negativa per ottenere sconti o upgrade, hai la possibilità di segnalare questi illeciti all'assistenza (a prescindere dalla piattaforma), utilizzando l'accesso al **Centro Gestione**.

È sufficiente rivendicare la scheda del locale e iniziare a governare tutte le funzioni messe a disposizione dal back-end, compresa la possibilità di rispondere ai commenti negativi, avendo in questo caso l'ultima parola, perché il cliente non può ribattere ulteriormente.

Ipotizziamo, poi, che tu riceva una recensione pessima: possiamo immaginare tutte le sensazioni ed emozioni che provi; però, occorre che tu faccia leva su professionalità e abitudine anche in sala ad accogliere e a trattare le esigenze più strampalate, le situazioni più difficili, sempre con competenza, pazienza e savoir-faire.

Gestire la critica pubblica è complesso, far finta di niente o fomentare la rivolta è peggio e non ha alcun senso. Piuttosto, rispondi con professionalità e scoprirai quanto spesso una situazione critica o rischiosa possa trasformarsi in opportunità di business. Affronta la critica con compostezza, passione e l'ottima customer care per la quale sei così apprezzato offline. I ristoratori hanno compreso il peso della review economy ma ancora reagiscono con impulsività e ira.

Keep Calm! Sfrutta opportunità e strumenti che la Rete mette a disposizione.

Opportunità o rischio per il tuo business

Il consumatore è sempre più connesso, nell'acquisto si lascia influenzare dalle opinioni di altri clienti che già hanno provato il ristorante. Precisiamo: **ispira fiducia anche il brand** che ascolta le recensioni, le commenta, le gestisce con cura e dimostra amore per il proprio lavoro. Viene scelto soprattutto se i consumatori sono giovani: il 68% dei millennial si fida delle **recensioni online**. Possiamo addirittura ipotizzare una relazione tra le recensioni online e la crescita delle vendite: i lettori di review sono maggiormente propensi alla conversione (+133%).

Il 34% sceglie un ristorante dopo averne letto le recensioni e, comunque, il 61% dei tuoi clienti ha già letto le recensioni del tuo ristorante. La tua è l'area merceologica con la percentuale più elevata.
Esiste uno studio della Harvard Business University[3] dedicato al case study di Yelp.com – piattaforma US simile a TheFork, diffusa anche in Italia – che è folgorante: sostiene la diretta correlazione tra l'aumento del rating (stelle) e la crescita di revenue (profitto) del ristorante.
In buona sostanza, occuparti delle recensioni può migliorare o influenzare l'andamento economico del tuo ristorante: un buon motivo per ascoltare e tracciarvi strategie di marketing. Inoltre fare brand monitoring è doveroso per la protezione e salvaguardia dell'identità di marca. I fenomeni, compresi e padroneggiati, possono portare a insospettabili risvolti nel proprio business. La review economy ti fa un dono: insegna ad ascoltare e a rispondere educatamente. Si chiama educazione civica.

TripAdvisor: dati, strategie, leggende da sfatare

TripAdvisor, che ha da poco compiuto 17 anni, è un aggregatore di recensioni (oltre 500 milioni) che offre visibilità a oltre 7 milioni di strutture dell'accoglienza, con 390 milioni di visitatori unici al mese. Eppure – forse a causa anche di questa enorme visibilità – risulta essere la piattaforma-vetrina aziendale più odiata dagli operatori e più amata da utenti e clienti. Perché questo paradosso? Cerchiamo di darne una lettura critica, lucida e distaccata, perché emozione e rabbia sono i sentimenti che guidano i giudizi degli ospiti ma non possono né devono essere le linee guida per strategie di promozione e comunicazione di un'azienda.
TripAdvisor è diventato l'hub di viaggi più grande al mondo e anche la piattaforma online con il maggior numero di ristoranti sul Pianeta: oltre 4,2 milioni di locali ricevono più di 150 milioni di visite al mese. È possibile, inoltre, firmando un contratto con TheFork – sezione di TripAdvisor dedicata al servizio di Restaurant Booking Online – gestire le prenotazioni via web[4].
È una vetrina importante: ogni locale presente ha una sua propria scheda, la quale può essere reclamata, a titolo gratuito, dal ristoratore. Si ottiene, così, accesso al Centro Gestione per inserire informazioni di contatto, interagire con l'assistenza e rispondere alle recensioni dei clienti.
Abbiamo sfogliato la "Guida al coinvolgimento del cliente su TripAdvisor"[5], uscita a giugno 2017. Uno studio effettuato per comprendere cosa spinga i consumatori a scegliere un determinato ristorante e capire come essi interagiscano con i contenuti delle pagine di TripAdvisor. Si è scoperto quanto la quantità, l'attualità delle recensioni,

3. http://www.hbs.edu/faculty/Publication%20Files/12-016_a7e4a5a2-03f9-490d-b093-8f951238dba2.pdf (ultima consultazione: 2 marzo 2018).

4. L'argomento restaurant ordering system viene approfondito nel Capitolo 11, dedicato alla vendita online.

5. https://www.tripadvisor.it/TripAdvisorInsights/n2782/nuova-ricerca-come-influenzare-il-coinvolgimento-dei-clienti-su-tripadvisor (ultima consultazione: 2 marzo 2018).

delle foto e dei contenuti della direzione possano influenzare l'interesse e il processo decisionale dei clienti potenziali. Comunque, i pareri dei tuoi clienti sono fondamentali e non sono in competizione con altro genere di contenuti: il tuo sito web, i commenti autorevoli di gastronomi professionisti che scrivono per guide come quella di Gambero Rosso, dell'*Espresso* e la, sempre agognata, *Guida Michelin*.

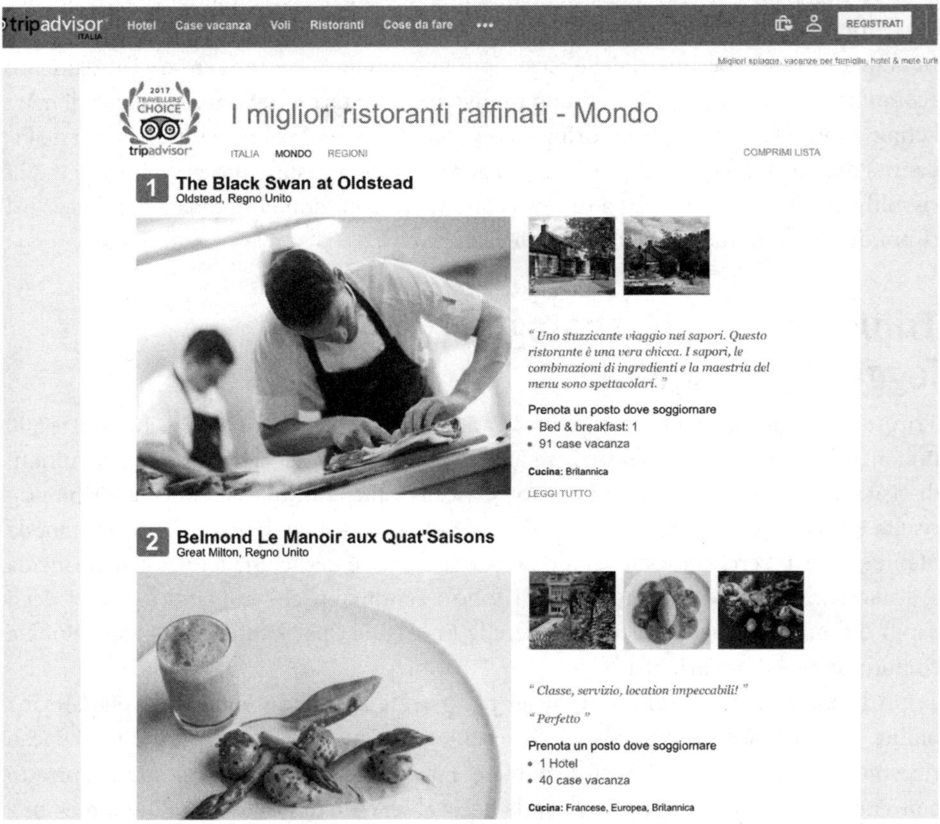

Figura 10.3 Classifica 2017 degli utenti: 10 migliori ristoranti raffinati, Travellers' Choice Italia. ©TripAdvisor

Gli utenti sono coscienti e informati, ovviamente percepiscono le recensioni degli altri clienti in modo diverso rispetto al parere dei critici e dei giornalisti, che leggono con attenzione e avidità in alcuni momenti della ricerca, quando necessitano di informazioni più tecniche o di approfondimenti. In altri momenti, però, il potenziale cliente deve solo scegliere un ristorante vicino alla stazione in cui è arrivato o all'aeroporto in cui è atterrato. Allora, la recensione risulta più credibile e immediata, perché replica e anticipa la tua esperienza a un tuo bisogno imminente. Inoltre, il cliente che alla recensione trova abbinata la risposta del ristoratore, subito percepisce un senso di attenzione.

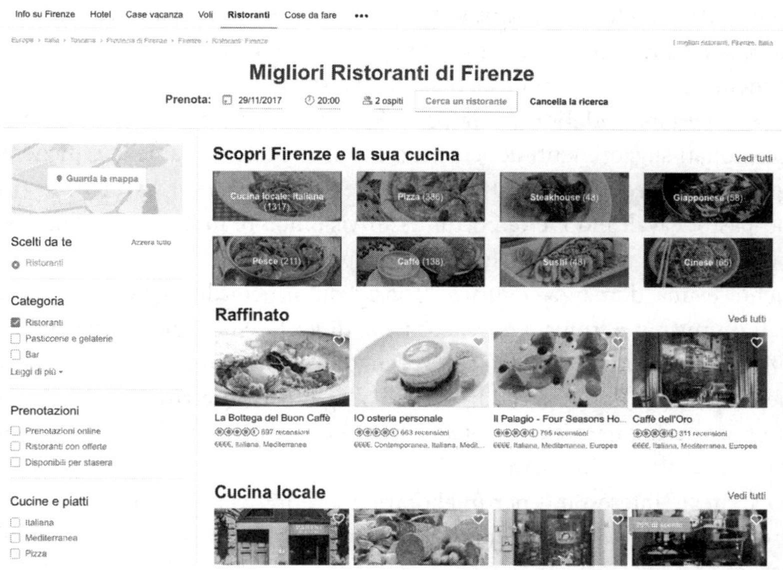

Figura 10.4 Classifica 2017 degli utenti: migliori ristoranti per categorie, Firenze Listing. © TripAdvisor

TripAdvisor. Gestire profilo e recensioni

Dedicando il proprio tempo a lettura e risposta dei feedback ricevuti, il gestore dimostra di tributare importanza all'esperienza del cliente. Non ci pare troppo distante dalle regole basilari della buona educazione né di una professionale gestione del ristorante.

Un breve quiz

Un cliente, uscendo dal tuo locale dopo aver saldato il conto, ti saluta dicendo che si è trovato bene ma non ha particolarmente gradito il primo piatto, magari perché non sufficientemente al dente. Nonostante sia soddisfatto di tutto il resto, qual è la tua reazione, dinnanzi a colleghi e altri ospiti?

A. Lo ignori totalmente, sbuffando e non degnandolo neppure di uno sguardo.
B. Alzi la voce, ironizzando sulle sue capacità degustative e invitandolo a recarsi in un locale più dozzinale, più adatto al suo palato.
C. Ringrazi, ti scusi dicendo che il piatto è uscito leggermente più morbido rispetto alla consueta croccantezza. Saluti il cliente invitandolo a dare una seconda chance al piatto – magari con incentivo – la prossima volta che farà visita al tuo locale.

Supponiamo che anche la tua risposta sia stata la C.
Allora perché online, su TripAdvisor, i commenti che normalmente leggiamo appartengono alla categoria A e B?

L'insofferenza per questa "sfida" e l'insicurezza dei ristoratori ha raggiunto livelli molto elevati, tanto da decretare la nascita di gruppi chiusi su Facebook in cui cresce e si alimenta la rabbia contro lo strumento online. La cosa è davvero buffa: l'astio è rivolto a uno strumento e non contro un uso, magari, distorto e inefficace che si fa dello stesso. Quindi, se l'operatore **migliorasse la propria offerta**, magari prendendo spunto dagli stessi spassionati suggerimenti dei clienti o eliminando la causa delle critiche negative e **rispondesse alle recensioni**, trattandole come i commenti dal vivo fatti in ristorante nel dopo-pasto, cavalcando le opportunità di visibilità, branding e vendita che queste piattaforme offrono, non sarebbe una strategia più efficace?

Ovviamente è una domanda retorica. Consigliamo, per sdrammatizzare e dare una ventata di ottimismo e ironia a questa attività, di visitare la Pagina Facebook *Insultare su TripAdvisor sentendosi grandi chef*[6]. Vengono postate recensioni e risposte, non esattamente proverbiali, da parte di alcuni colleghi cuochi e ristoratori, evidenziando l'impatto poco lusinghiero che una tale lettura può generare nell'utente a caccia di un nuovo ristorante da sperimentare.

Esistono strategie interessanti per migliorare la propria visibilità su TripAdvisor, perché, oltre a essere un utile strumento per l'utente, è in realtà anche un'opportunità per il ristoratore.

Primi passi per fare marketing su TripAdvisor

Abbiamo preparato un piccolo schema per gestire la tua presenza sulla piattaforma.

1. Registrati al **Centro Gestione**:
   - visita il sito www.tripadvisor.it/Owners;
   - cerca la tua struttura;
   - completa la procedura di registrazione;
   - reclama, come gestore, la tua struttura.
2. Considera prioritaria la **gestione delle recensioni**:
   - studia gli strumenti a disposizione nel Centro Gestione;
   - leggi tutto ciò che si dice sugli strumenti di TA (su TripAdvisor Insights)[7];
   - valuta le "Recensioni Rapide" (consigliamo un invito personale via email)[8].
3. Dimostra ai clienti che ci tieni e **rispondi alle recensioni**:
   - seleziona: "Rispondete alle recensioni" dal menu "Recensioni";
   - seleziona l'alert di notifica quando viene pubblicata una recensione;
   - segnala le recensioni fasulle o sospette;
   - rispondi con cura a tutte le altre;
   - monitora gli Insights (report statistici).

6. https://www.facebook.com/insultaresutrip (ultima consultazione: 2 marzo 2018).
7. https://www.tripadvisor.it/TripAdvisorInsights (ultima consultazione: 2 marzo 2018).
8. https://www.tripadvisor.it/ReviewExpress (ultima consultazione: 2 marzo 2018).

4. Conferma e aggiorna i **dati della struttura**:
   - visita il profilo del ristorante su TripAdvisor per esaminarne i dati;
   - gestisci il profilo dal menu "Profilo" nel Centro Gestione;
   - aggiungi una descrizione del ristorante: controlla nome, aggiungi orari, giorni di chiusura, posizione, info sul menù, link al sito web.
5. Carica **immagini fotografiche ufficiali del ristorante**:
   - nel menu "Profilo", seleziona "Multimedia" e poi "Aggiungete altre foto";
   - scegli foto curate e dai colori vivaci, con vari soggetti – ingresso, sala, cucina, piatti – e alla più alta risoluzione consentita (JPG, GIF, PNG);
   - scegli la foto principale mostrata nei risultati di ricerca e con funzione di copertina.

Cura la scelta delle foto

Le foto influiscono particolarmente sulle scelte dei clienti. Possono essere da loro condivise o da te caricate attraverso il profilo di gestione. Scegli fotografie veritiere e autentiche, metti ben in evidenzia le tue immagini professionali, rispetto a quelle proposte dagli utenti. Le immagini sono essenziali nel processo di scelta e aumentare il coinvolgimento dei clienti potenziali, i quali apprezzano molto la possibilità di visualizzare un'anteprima del ristorante e dei piatti proposti. Le strutture con più di 10 immagini inserite ottengono il doppio del coinvolgimento, rispetto alla concorrenza senza immagini (Figura 10.4)

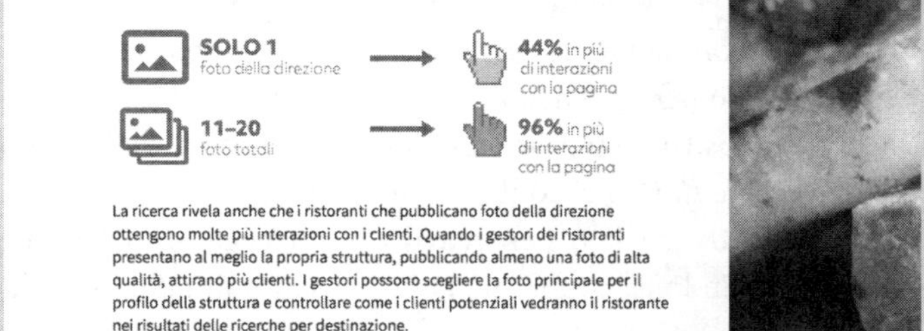

Figura 10.4 Foto della struttura aumentano il coinvolgimento dei lettori. ©TripAdvisor

Un altro suggerimento importante è quello di **stimolare le recensioni**: abbiamo analizzato come potrai favorire un incremento del ranking per la tua struttura, con conseguente miglioramento del business.
Ecco alcune buone pratiche per ottenere recensioni:

- Avendo reclamato la tua scheda, monitora e individua ogni opportunità o criticità, leggendo tutte le recensioni.
- Valuta lo strumento "Recensioni Rapide", un kit per aumentare e stimolare le review (ne abbiamo già parlato).
- Quando ricevi una recensione, rispondi sempre, sia essa positiva o negativa.
- Ringrazia i tuoi clienti per aver lasciato una recensione. Nelle recensioni negative rispondi sempre con empatia, fai del tuo meglio per risolvere il problema del cliente.
- Usa la tecnica dello "strabismo di Venere": rispondi al cliente ma scrivi per conquistare altre migliaia di lettori che leggeranno la tua risposta.
- Incoraggia i tuoi commensali a scrivere una quando lasciano il tuo ristorante: utilizza un QR Code o un invito testuale su Porta Conto, biglietto da visita, cartoncino alla cassa, segnaletica sul tavolo, nel Porta Menù, sullo scontrino, sulle ricevute ecc.
- Incoraggia i commensali a lasciare una recensione dopo la cena: invia una email personalizzata, ringraziando per averti scelto e, magari, richiedendo qualche consiglio per migliorare.

TripAdvisor. Rispondere alle recensioni negative

Nei nostri frequenti incontri con i ristoratori una domanda è ricorrente: "Dobbiamo rispondere a tutte le recensioni?". A nostro avviso, la risposta giusta è: "Rispondete a tutti!", ma evitate il *cliché* del ringraziamento "fotocopia", sempre uguale: rischia di far più danni che altro.
Rispondere alle recensioni è un lavoro imponente – non dimenticare che le review sono presenti anche su Facebook, Google My Business e in molte altre piattaforme – ma è, senza dubbio, l'attività più importante nella nostra relazione con il cliente/prospect.
Cura tutte le recensioni, con calma, ricostruendo la vicenda e mettendoti nei panni di chi l'ha descritta, ringraziando per l'attenzione che ti ha riservato, digitando la risposta con il sorriso sulle labbra. Ricostruisci sempre con lo staff, senza colpevolizzarlo né accusarlo o creando quell'irriverente *sfottò* nei confronti del cliente.
Capire cosa è successo, da un lato per evitarlo o correggerlo, dall'altro per trovare insieme una soluzione – in linea con la tua policy – non potrà che consolidare l'intero gruppo.
Non spaventarti né perdere le staffe. Se la recensione è palesemente falsa, puoi:

- **Scrivere al recensore privatamente** dal Centro Gestione per richiedere spiegazioni – attenzione che questa risposta verrà letta anche dallo staff di TA.

- **Scrivere al centro assistenza di TripAdvisor** richiedendo la rimozione della recensione perché trasgredisce le regole comportamentali della stessa piattaforma o perché puoi dimostrare che è palesemente falsa.
- **Rispondere pubblicamente alla review** ricordando chi sei: un serio e responsabile professionista.

Come per ogni elemento di digital marketing, la relazione con il cliente va programmata e allineata alla comunicazione e al tono di voce.
Prima regola è quindi quella di avere una chiara strategia aziendale condivisa con il personale e, soprattutto, con gli addetti alle pubbliche relazioni e al controllo delle recensioni. Ti consigliamo di tracciare una chiara policy per le risposte, così da rendere inequivocabile la reazione da utilizzare: in caso di recensioni positive, negative, leggermente critiche o neutre.
Non esiste una regola uguale per tutti, perché come dicevamo ogni ristorante ha la sua filosofia e la sua identità, ma esistono buone pratiche che qui suggeriamo:

- Dare priorità alle recensioni che richiedono scuse o chiarimenti – sono dannose per la reputazione – e a quelle che evidenziano aspetti positivi su cui si desidera focalizzare l'attenzione.
- Tieni a mente: "velocità prima della quantità". Concentrati e rispondi il più rapidamente possibile alle recensioni più pertinenti, piuttosto che rispondere a tutte indistintamente, rischiando di andare troppo indietro nel tempo.
- Concentrati sui siti e canali più influenti: ovviamente TripAdvisor e poi le altre piattaforme citate.
- Definisci la strategia di risposta, dedica risorse adeguate e preparate quando hai alti picchi di presenze: il servizio si complica e aumenta il rischio di errori, con conseguente aumento del numero delle recensioni negative.
- Rispondi nella lingua del recensore. Non avvalerti di traduttori automatici e, se sei costretto a farlo, scusati per la traduzione non perfetta.
- Ricorda che le recensioni sono pubbliche, quindi se scegli di utilizzare un modello di risposta, assicurati che il messaggio sia il più possibile personalizzato. Le risposte dovrebbero fornire informazioni utili e significative.
- Offri al personale formazione e linee guida chiare per rispondere alle recensioni. La tua politica di risposta deve includere anche la gestione di recensioni false, affermazioni fittizie o minacce di revisione.

Qualche consiglio di Valentina Quattro, portavoce di TripAdvisor per l'Italia

- Iscriviti per ricevere una notifica quando viene pubblicata una recensione e non dimenticarti di leggere i criteri di pubblicazione.
- Ringrazia i clienti per l'utilità della recensione (sappiamo che talvolta

è complesso ma domina l'ira e rispondi con calma e strategia, N.d.A.).

- Personalizza le risposte, sempre.
- Sottolinea sempre gli aspetti positivi.
- Rispondi sempre in maniera professionale e ricorda che i futuri clienti leggeranno le tue risposte.
- Utilizza la risposta pubblica per promuovere il tuo ristorante (sottolinea aspetti che il recensore ha toccato per descriverli e raccontarli meglio, N.d.A.).

A volte, scusarsi per qualcosa che è andato storto rivela la propria capacità di ascolto, di autocritica e cura del cliente. In questo modo, dimostri di prendere spunto dai sui consigli per migliorare la tua offerta. Può, inoltre, rivelarsi un modo per ottimizzare la tua proposta, aderendo alle esigenze del mercato o scatenando l'attenzione, l'ammirazione e l'affetto dei lettori che si soffermeranno sulla tua risposta.
Presentiamo un caso di studio per convincerti di come una risposta intelligente, spiritosa e mai sarcastica, con il giusto tono di voce, non solo salvi il ristorante da una crisi di brand ma crei una situazione di vantaggio in termini di reputazione e sentiment positivo.
Nell'estate 2017 appare una recensione negativa sulla scheda di TripAdvisor del ristorante Old Butcher's Bar and Crab Kitchen di Bristol. In questa review, soffermandosi poco sull'ambiente del ristorante e sui piatti serviti, il cliente afferma stizzito che "...il proprietario si muove pavoneggiandosi nella sua salopette", facendo un commento sullo stile e sull'abbigliamento del titolare.

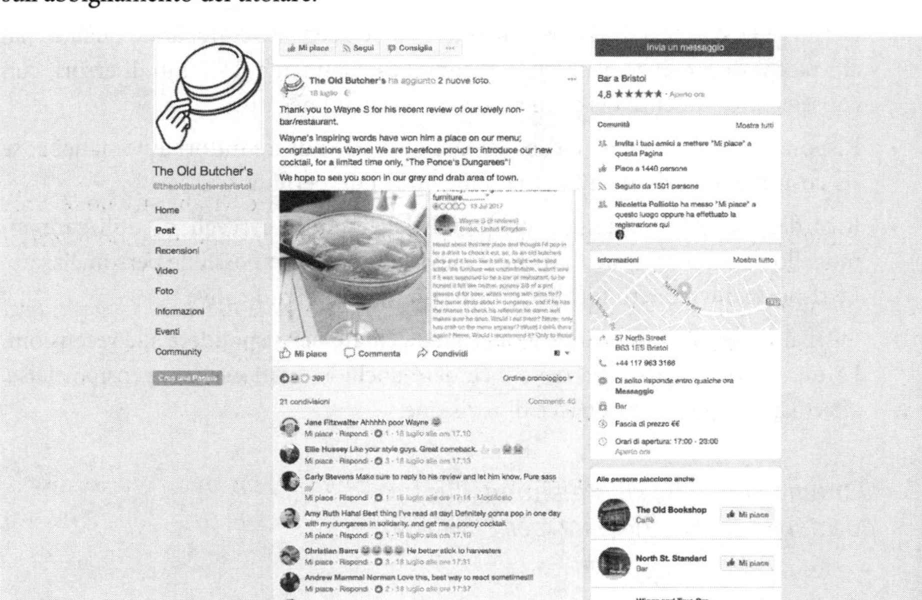

Figura 10.5 Old Butcher's Bar and Crab Kitchen di Bristol risponde al recensore dedicandogli un drink a tema. ©TripAdvisor

Invece di arrabbiarsi e rispondere con una reazione al vetriolo, il titolare elabora una risposta da manuale: non solo ringrazia l'ospite ma gli dedica un nuovo coloratissimo drink, chiamandolo "La Salopette dello Snob". Una dolce e alcolica vendetta, che qualifica il suo stile e la sua attenzione ai clienti, anche quelli più sgradevoli.

Facebook: le recensioni

Come accennavamo: non si vive di solo TripAdvisor. Ci sono piattaforme che pian piano aumentano la loro notorietà e sono sempre più usate per condividere e scoprire le recensioni degli altri clienti. Tra queste la più rilevante è **Facebook**.
Nel panorama mondiale le aziende più blasonate, con i fatturati maggiori e i manager più pagati appartengono al mondo ICT (Tecnologie dell'Informazione e della Comunicazione). Oltre al ruolo economico cui assolvono, sono divenuti veri e propri luoghi di incontro virtuali per gli utenti di tutto il mondo e il loro obiettivo è di creare una relazione sempre più stretta con gli utilizzatori dei loro spazi.
Facebook è uno spietato specialista, capace di "fare prigionieri" gli utenti sulla propria piattaforma: testimonianza ne è l'attenzione al canale mobile, che ha allargato i tempi e i modi di esposizione al social media più popolato del pianeta. Attentissimo ai bisogni, alle abitudini e ai vizi degli utenti, Facebook offre opzioni e funzioni sempre più ampie e mirate, rendendo veramente difficile la disconnessione dall'ecosistema così creato.
Tra le varie funzioni che sta promuovendo con foga, vi è l'**area recensioni**. Da oltre un anno la box review, nella Pagina aziendale, è stata riposizionata in zona di rilievo, stimolando un utilizzo sempre maggiore di questo strumento.
Presta molta attenzione nell'analizzare e nel curare la tua immagine sui social media, rivendicando la Pagina locale e mettendo ordine alle Pagine presenti, anche quelle non ufficiali[9], i doppioni, le Page create da estranei. Devi poter difendere, proteggere e monitorare con più facilità ed efficacia la tua comunicazione.

Aspetti positivi: Facebook è onnipresente nei taschini e nelle borsette di tutto il mondo. Le dinamiche di diffusione delle informazioni sono rapide e virali. In molte aree merceologiche è già attivo l'automatismo che richiede una recensione, quando inserisci un tag all'hotel o al ristorante.
Inoltre, quando visiti una destinazione, appare una segnalazione con suggerimenti relativi ad alcuni ristoranti in zona (copiando, insomma, dallo stesso Google).
Le recensioni sono ritenute autorevoli e veritiere, soprattutto se scritte da un contatto di primo grado o un amico dell'amico.

Aspetti negativi: il titolare del ristorante ha diritto di replica ma non ha l'ultima parola. Il recensore può rispondere, condividere, coinvolgere altri commensali o amici. Tutti possono partecipare, dunque, è molto più probabile che situazioni critiche sfuggano al controllo, scatenando una vera e propria crisi sociale.

9. Tieni monitorati i doppioni delle Pagine del ristorante e le Pagine locali. Vedi l'esempio di Ristorante Piazza Duomo, https://www.facebook.com/pages/DraftRistorante-Piazza-Duomo/1374548256204268?ref=br_rs.

Un suggerimento: dà grande peso alle recensioni su Facebook, rispondi sempre con attenzione, tieni monitorata la situazione dei commenti e delle review, perché se non seguita e curata può facilmente dar luogo a flame (messaggi offensivi o provocatori di un utente che scatena una polemica), fake news (notizie false che circolano sulla tua attività) e social media crisis (situazioni generate sui social network o qui amplificate che, se non gestite e domate, rischiano di portare danni all'attività recensita).

Google My Business: le recensioni

Anche Google ha iniziato a monetizzare con la prenotazione degli hotel e presto con quella dei ristoranti[10]. È interessato a valorizzare e incentivare il numero ma anche il rating delle recensioni. Attenzione, quindi, alla gestione della **reputazione online** che per i ristoranti è cruciale, sia nella navigazione da desktop sia, soprattutto, nella **navigazione da mobile**, perché la prenotazione dei ristoranti passa per lo più da questo canale.
Le recensioni e il punteggio medio delle recensioni hanno un forte ascendente sulle scelte dei potenziali clienti: se il business è il ristorante le recensioni possono essere ancora più persuasive e incidere sulla scelta finale del potenziale cliente in real-time. Su Google – come su TripAdvisor – in fase di pubblicazione della recensione, è possibile allegare foto, dal forte impatto e determinanti nella scelta.
I motori di ricerca attribuiscono un **peso importante alle recensioni online**, perché la credibilità che si genera attraverso il passaparola sul web è vitale. La stessa Google afferma che il ranking locale si basa su tre fattori: pertinenza, distanza ed evidenza – tra queste include le recensioni e il **punteggio medio delle stesse**. Il modo migliore per accrescere il numero di recensioni positive, per un ristorante, è chiederle direttamente ai clienti, quando possibile di persona. Stimolane l'inserimento inviando una richiesta discreta via email, per mezzo di un cartello in ristorante o prevedendo un widget per la compilazione rapida. Incoraggiare le recensioni aiuta ma attenzione alle policy di Google, che le incentiva a patto che siano "naturali": è vietato offrire denaro, merce o barattare servizi in cambio di una recensione positiva. L'autenticità della recensione è fondamentale, perché i lettori sono scaltri, attenti e riconoscono con facilità le fake review. Il motore di ricerca è sempre più attento e preciso nell'individuare le recensioni false. Essendo le nostre posizioni memorizzate nella cronologia – parte rilevante dell'attuale algoritmo Local di Google – non si può sfuggire: può determinare se un utente è stato effettivamente in un determinato luogo.
Per la gestione delle recensioni negative, valgono le stesse "regole" di TripAdvisor: ci vogliono una risposta con scuse e, soprattutto, attenzione nel risolvere le lamentele ricorrenti, al fine di ottimizzare il proprio servizio e l'offerta gastronomica.
Se individui una recensione negativa "falsa", per esempio pubblicata dalla concorrenza, puoi segnalarla richiedendole la rimozione. In particolare, verranno rimossi i contenuti che:

- contengono pubblicità (all'interno della review si pubblicizza un'altra attività);

10. Vedi l'approfondimento nel Capitolo 6 dedicato al local marketing.

- fanno spam (recensioni seriali e ripetitive o che fanno riferimento a una stessa "mano");
- contengono numeri di telefono, indirizzi email o URL;
- sono fuori tema (la recensione non è riferita al ristorante e alla sua attività);
- sono scritti con un linguaggio volgare/offensivo;
- sono viziati da parzialità di vario genere (per esempio sono scritti dal titolare o collaboratore di un diretto competitor);
- sono illeciti e violano la legge in qualche modo;
- includono elementi protetti da copyright (una fotografia o un testo "rubato");
- mostrano materiale sessualmente esplicito;
- sono realizzati da qualcuno che utilizza una falsa identità;
- contengono informazioni personali e riservate;
- incitano all'odio.

La rimozione delle recensioni, comunque, non è garantita, perché a discrezione del motore di ricerca; inoltre le tempistiche non sono immediate. In alcuni casi potresti dover procedere per vie legali.

Yelp: le recensioni

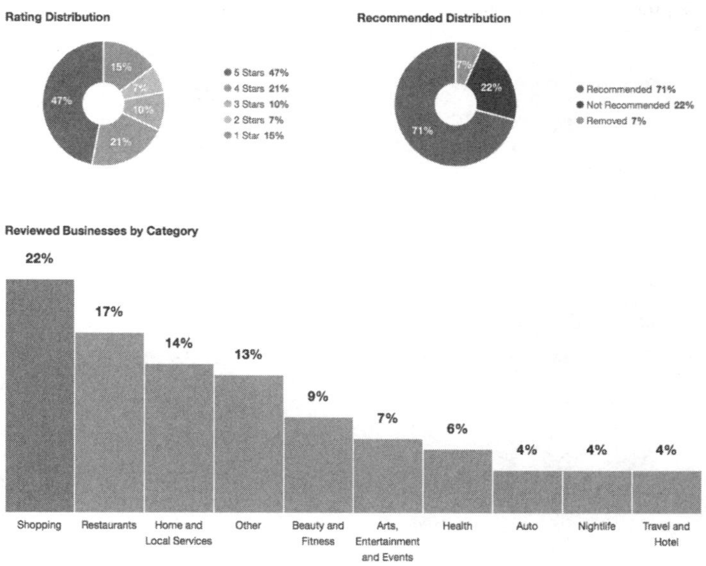

Figura 10.6 Percentuali delle recensioni su Yelp per categorie merceologiche. © Yelp

Yelp[11] ha raggiunto quota 135 milioni di recensioni, complice un'ottimizzazione veramente interessante della versione mobile. Presente in Italia, non è sicuramente la

11. https://www.yelp.com/factsheet (ultima consultazione: 2 marzo 2018).

piattaforma preferita dai clienti nostrani ma alcuni popoli (US) amano particolarmente utilizzarla. Negli Stati Uniti si prenota con OpenTable[12] e si lascia l'89% delle recensioni su Yelp – questa piattaforma è molto forte anche per le prenotazioni. Se il tuo ristorante è in una città d'arte, in una destinazione business o balneare in cui la presenza turistica statunitense è molto intensa, meglio non trascurare questo portale.

Casi di studio

La tua presenza dev'essere monitorata costantemente, questo lo hai capito. È importante evitare "social media epic fail" (gravi crisi sociali in cui un inconveniente o errore è messo in mostra ma non sapientemente corretto o contenuto). L'esempio di Old Butcher's Bar and Crab Kitchen di Bristol su TripAdvisor ti ha mostrato come una situazione negativa e complessa possa trasformarsi in un "social media epic win" (strategia vincente di gestione della crisi che porta il brand a ottenere consensi, promozione e successo). Vediamo ora due casi virtuosi italiani.

Caso di studio 1: Gastronomia Sapori Solari

Abbiamo cercato un esempio interessante di risposte eleganti, equilibrate e personalizzate sulla scheda di TripAdvisor, individuando questo ristorante milanese: la gastronomia Sapori Solari[13]. La struttura è una piccola salumeria gourmet[14] con eccellenti prodotti, un servizio accurato e attento, anche nella customer care legata alle recensioni. Lo star rating è di 4,5 palle su 947 recensioni. Noi lo abbiamo trovato virtuoso. Tu cosa ne pensi?

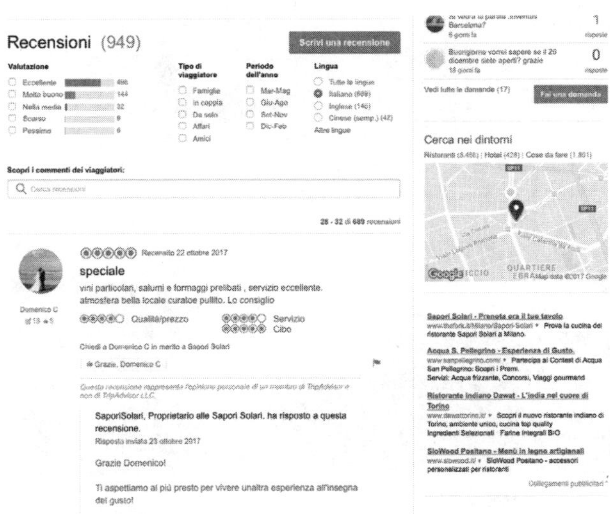

Figura 10.7 Recensione e risposta di Sapori Solari su TripAdvisor.

12. https://www.opentable.com/start/home (ultima consultazione: 2 marzo 2018).

13. https://www.tripadvisor.it/Restaurant_Review-g187849-d8780418-Reviews-or20-Sapori_Solari-Milan_Lombardy.html (ultima consultazione: 2 marzo 2018).

14. http://www.saporisolari.com/ (ultima consultazione: 2 marzo 2018).

Per le risposte fallimentari e sarcastiche, rimandiamo ai citati gruppi su Facebook. Risulterà utile sfogliare le varie schede ristoranti sulle piattaforme aggregatrici di recensioni sin qui analizzate. Il nostro consiglio è: leggi e non ispirarti!

Caso di studio 2: Osteria Pesciolino

Osteria Pesciolino è un'azienda a conduzione familiare, ristorante di pesce in centro a Genova, che punta ovviamente su freschezza, stagionalità, reperibilità delle materie prime, più locali possibili. La cucina – *nomen omen* – cura molto la scelta del pescato, anche "povero", ma a "chilometro giusto", piuttosto che mettere in tavola nobili pesci arrivati "da troppo lontano". Creatività nelle proposte e nuova tecnologia nella cucina: il pubblico gradisce. L'azienda è presente attivamente, anche, sulle piattaforme di aggregazione delle recensioni e interagisce con i clienti anche dopo averli avuti ospiti in osteria. Su Facebook[15] ha 48 recensioni e 211 sulla scheda di TripAdvisor[16], con una media di 4,8 sul primo e 4,5 sul secondo.

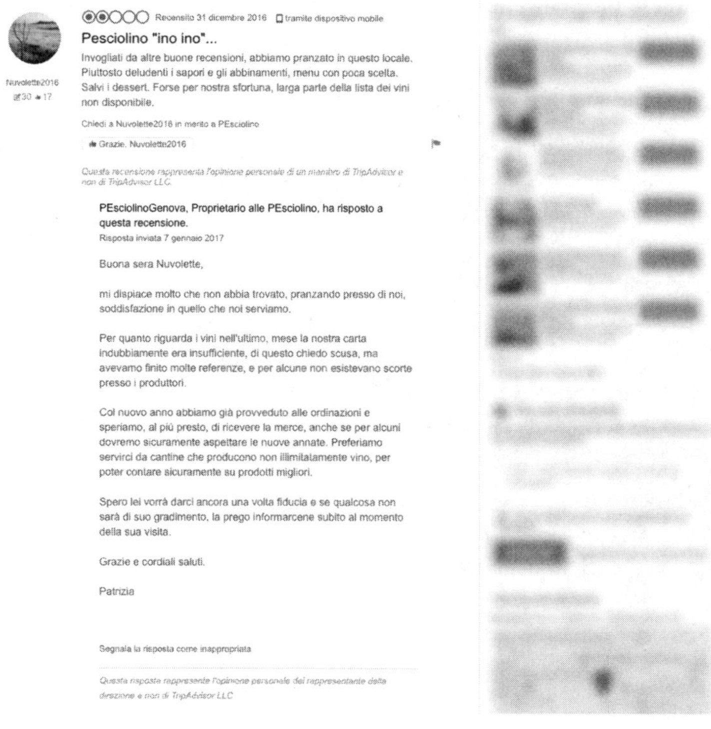

Figura 10.8 Recensione negativa e risposta di Osteria Pesciolino su TripAdvisor.

15. https://www.facebook.com/locandapesciolino/reviews/ (ultima consultazione: 2 marzo 2018).

16. https://www.tripadvisor.it/Restaurant_Review-g187823-d9819199-Reviews-PEsciolino-Genoa_Italian_Riviera_Liguria.html (ultima consultazione: 2 marzo 2018).

Quale la loro strategia e l'approccio nella gestione delle recensioni? Ci dicono Mirco e Patrizia, i titolari:

> *In caso di recensioni positive, ringraziamo e spesso ripetiamo le peculiarità che ci sono state riconosciute, ma a modo nostro. La strategia che, con fatica in alcuni casi, mettiamo in atto in caso di recensioni negative, consiste nello scusarci per eventuali errori e riproporre le nostre caratteristiche, i nostri pregi, vedendo la risposta come uno spot e TripAdvisor come una possibile vetrina.*

Takeaway

Consiglio 1

I clienti potenziali vogliono sapere cosa aspettarsi da un ristorante, prima di prenotare, e sono attratti dai profili che offrono i contenuti migliori. **Reclama la tua scheda e curala in modo organizzato e frequente**. Assegna il compito del review monitoring a uno o più collaboratori.

Consiglio 2

Le schede ristorante più gradite e frequentate sono quelle con il maggior numero di recensioni e il materiale informativo più ricco. Incoraggia i tuoi clienti a lasciare recensioni: **stimola l'aumento delle review positive**.

Consiglio 3

Ricorda che ogni cent e ogni secondo speso devono rientrare nel tuo progetto, frutto di una motivazione, orientati a un goal e a un target definito, per rendere più unica e distinguibile la tua offerta. **Non procedere a tentoni**. Monitora le recensioni: proteggi, promuovi, valorizza la tua offerta.

Consiglio 4

Rispondi sempre. Se sei molto occupato, crea una scala di priorità: risolvi prima le recensioni negative. Su quelle positive interverrai dopo, ma curale tutte: il cliente che si è prodigato a raccontare la sua emozione potrebbe risentirsene.

Consiglio 5

Stimola i contenuti prodotti dagli utenti (UGC): sono un'arma formidabile a disposizione dei ristoratori. Risparmierai tempo per la preparazione di commenti, storie e fotografie se userai quelli direttamente prodotti dagli stessi clienti. A te il compito di delineare la strategia, monitorare e rispondere. Per il resto, ci sono loro!

11

Come migliorare le vendite online

Tesi 1 - I mercati sono conversazioni.
Tesi 2 - I mercati sono fatti di esseri umani, non di segmenti demografici.
Tesi 3 - Le conversazioni tra esseri umani suonano umane. E si svolgono con voce umana.
Incipit del *Cluetrain Manifesto* di Levine, Locke, Searls & Weinberger, 1999

Stiamo per percorrere l'ultimo miglio e vogliamo far riflettere su due aspetti salienti. In primo luogo, affrontiamo un tema centrale e fondamentale per il business della ristorazione. In quanto azienda, il tuo reale obiettivo è la sostenibilità e l'incremento d'impresa, la salvaguardia del lavoro e della crescita dei collaboratori e poi, sicuramente, il benessere personale. Tutto passa attraverso la creazione della migliore offerta possibile per soddisfare ospiti che vivono utilizzando media e piattaforme digitali, con strumentazioni evolute, con aspettative tecnologiche e innovative. Quindi il capitolo dedicato alla **vendita online** è il culmine di tutto il percorso che abbiamo realizzato insieme.
In seconda battuta, parlare di giro di vite finale è riduttivo. Il mercato si muove rapidamente, così come gli strumenti, i media, le abitudini di ricerca, informazione, comunicazione, selezione e acquisto.
Il nostro goal è di aver stuzzicato l'attenzione sulle opportunità di sales e marketing offerte da un mercato rigenerato. Aprire i tuoi orizzonti al rinnovamento e alla crescita continua è l'obiettivo raggiunto, per migliorare costantemente business e profitto.

Online: non solo comunicazione ma vendita

Abbiamo citato decine di studi, ricerche, dati e statistiche che hanno descritto il cliente costantemente online, prevalentemente da mobile, a caccia di consigli su social media e piattaforme di recensioni. Bombardato da stimoli e, quindi, più facilmente conquistabile se individua rapidamente un'offerta che risponda a un suo bisogno, con semplicità, senza sforzi, in modo divertente, possibilmente coinvolgendo più sensi (visual content) e con l'aiuto di una mappa interattiva.
A questo punto, cosa immagini che desideri l'utente?
Circa il 75% vuole arrivare al sodo: contattarti, telefonarti, prenotare un tavolo, inviare una richiesta, chiedere un ultimo consiglio, acquistare un pasto. **Convertire**, direbbero i tecnici come noi. In pratica, vuole comprare.
Lo farebbe, se la stragrande maggioranza dei siti web, schede online, pagine local, social media dei ristoranti italiani non fosse progettata così male, se non peggio.
Non vogliamo essere né apocalittici né retorici, però chi non comprende quanto presenza online e brand identity del ristorante siano patrimonio aziendale, strumento essenziale e predominante per la distribuzione e la vendita della propria offerta, **dirige un'impresa destinata a rapido declino**.
Comincia a valutare ogni proposta di collaborazione, ogni strumento presentato, ogni nuova idea da mettere in gioco, non più come voce di spesa ma come investimento. Chiediti i tempi e i modi nei quali tale strumento inizierà a farti guadagnare, diventando tuo capitale.
Bisogna domandarsi: "Questo strumento è mio ed è gestito da me? Solo io posso determinarne le performance? Quale grado di obsolescenza ha? Dopo quanti anni lo devo riprogettare/riacquistare/ripagare? Di quanto incrementerà la mia visibilità e autorevolezza in Rete?".

Vediamo quindi come un piano di digital marketing possa (e debba) includere strumenti, processi e strategie di vendita.

Restaurant ordering system online

È la funzionalità più cercata e desiderata dai clienti online. Alzino la mano i ristoratori che già offrono questo servizio!
Nonostante gli operatori siano fruitori di tecnologia in cucina e sala, stentano a includere, nella propria dotazione tecnologico-digitale, il sito web e un eco-sistema strumentale per distribuire e vendere online.
Il sistema di ordinazione (prenotazione in realtà) può essere posizionato sul tuo website, partendo dal più essenziale **modulo di richiesta personalizzabile** – che opportunamente compilato invia una email con i dati forniti dal cliente – per arrivare a un vero e proprio restaurant ordering system, con varie soluzioni di pagamento (per esempio carta di credito a garanzia).

Esistono molte piattaforme, distribuite in Italia[1] o create da aziende nostrane[2], che puntano al direct booking. Prendile in seria considerazione per gli ottimi strumenti di gestione della prenotazione, del management e del CRM che agevolano l'organizzazione del lavoro, la relazione con i clienti e gli affari.

Figura 11.1 Form di richiesta tavoli per Moxhe Restaurant: vendita senza intermediazione. © Reed

Direct booking e vendita intermediata non si escludono a vicenda: prendi in considerazione i portali specializzati in prenotazione e acquisto dei tavoli. Il fenomeno dilaga e prenotare online diventa sempre più un'abitudine consolidata, soprattutto utilizzando le piattaforme più diffuse.

Ci ha colpiti un dato fornitoci da TheFork: a luglio e agosto 2017 c'è stato un incremento del 187% sul booking online. Le prenotazioni – molto ravvicinate al momento del pasto – sono arrivate per il 75% da app e il 25% da desktop. Molti i turisti francesi, americani, britannici ma anche italiani a scegliere questo servizio.

Dati e informazioni da far drizzare le orecchie: non importa quanto siano vicini al tuo ristorante, gli utenti preferiscono prenotare online.

Breve storia del sistema di prenotazione tavoli[3]

Tutto iniziò 20 anni fa, nel 1998, quando OpenTable in US rivoluzionò letteralmente il modo di vendere coperti, arrivando a 23 milioni di pasti al mese tra i suoi 43.000 ristoranti al mondo (dati *New York Times*, 2017).

1. https://resmio.com/it/funzioni (ultima consultazione: 2 marzo 2018)
2. http://www.prenota-web.it (ultima consultazione: 2 marzo 2018)
3. Per approfondimenti: Nicoletta Polliotto e Luca Bove, *Ingredienti di digital marketing per la Ristorazione*, Dario Flaccovio Editore, Palermo 2017.

Ora la piattaforma, diffusa capillarmente negli Stati Uniti, funziona in UK, Germania, in Australia, Giappone, Messico e a Dublino.
Consolidato il sistema, negli ultimi anni si affiancano molti competitor: nuove e snelle app di prenotazione (Resy, Table8 ecc.), soprattutto Yelp Reservation. In Italia abbiamo pochi competitor, tra i quali TheFork[4] e Quandoo[5].

TheFork, nata in Francia dieci anni fa e sbarcata in Italia nel 2015, è la più ampia piattaforma di prenotazione di ristoranti online, attualmente, nel nostro Paese. Ci racconta Almir Ambeskovich, country manager in Italia di TheFork: "A ottobre 2017 l'azienda conta, distribuiti in 11 Paesi, 40.000 ristoranti partner, di cui 9.000 in Italia, 15 milioni di visite al mese, 8 milioni di recensioni, 9 milioni di download dell'applicazione".
Sia da piattaforma desktop sia da app per iOS o Android, gli utenti possono ricercare e selezionare un ristorante, leggere le recensioni, controllare la disponibilità in tempo reale e prenotare all'istante online, sia dal portale TheFork sia da TripAdvisor.

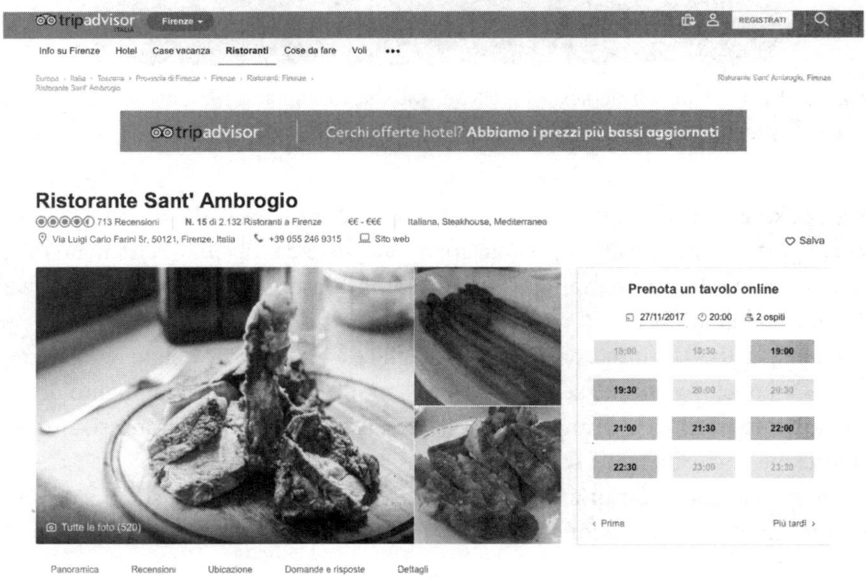

Figura 11.2 Interfaccia utente per la prenotazione tavoli su TripAdvisor. © TheFork

Il widget di prenotazione può anche essere incluso sul website e sulla Pagina Facebook del ristorante, aiutando la transizione da visitatore/lettore a cliente. L'utente può prenotare il tavolo online 24h e 7su7 con un sistema automatizzato.

4. https://www.thefork.it/ (ultima consultazione: 2 marzo 2018).
5. https://www.quandoo.it/ (ultima consultazione: 2 marzo 2018).

Inoltre, da qualche mese, TheFork si è rivelato particolarmente attivo nella lotta contro il no-show, questo pericoloso fenomeno della prenotazione fasulla e del mancato arrivo del cliente. Molto diffuso tra i turisti, complici spesso alcuni hotel, che effettuano prenotazioni in diversi locali, scegliendo all'ultimo secondo dove andare. Con la prenotazione online, richiedendo la carta di credito in garanzia, è molto più semplice evitare il no-show: l'utente può facilmente disdire in tempo utile con un click, riceve alcune notifiche dell'appuntamento in ristorante, via SMS o email.
Nel gestionale di TheFork, per esempio, è stato creato un indicatore di affidabilità: gli utenti che hanno già fatto no-show in passato sono evidenziati, in modo da consentire al ristorante di inviare una recall in più, per scrupolo.
TheFork sta sviluppando in modo sempre più accurato una strategia di **marketing di prossimità** estremamente interessante: prova a scaricare l'app. Ogni volta che ti avvicinerai a una stazione ferroviaria, un aeroporto, un'attrazione turistica o un luogo istituzionale, TheFork ti invierà un messaggio segnalando i ristoranti vicini tra i quali scegliere.

Veniamo al competitor **Quandoo**, piattaforma diffusa in 11 Paesi e in 2.747 città del mondo, che sta rapidamente diffondendosi anche in territorio nazionale, in 1.045 cittadine, con l'adesione di 4.573 ristoranti[6].
Molto interessante l'area dedicata ai ristoratori, che possono raccogliere informazioni utili prima di decidere di sottoscrivere un contratto con la piattaforma di prenotazione[7].
Per farti un'idea del business che potresti movimentare, testa l'area dedicata al calcolo del profitto e ROI[8] (per valutare il ritorno sull'investimento).
La moda dilagante dell'acquisto online contagia anche realtà apparentemente lontane da questo ambito e decisamente old style. È il caso di *Guida Michelin* che, all'inizio del 2016, acquista il portale di booking per tavoli più noto e diffuso in Inghilterra: Bookatable.
Non solo: per svecchiare il suo look e tono di voce, conquistando millennial alternativi e dal gusto irriverente e ribelle, acquista nell'autunno 2017 il 40% della guida francese da sempre sua concorrente: *Le Fooding*.

E-commerce e food

Altre idee per commercializzare e vendere online la tua offerta?
E se immaginassi di "inscatolare" il tuo cavallo di battaglia?
Come il baccalà alla vicentina, il frico di Pordenone, la bagna càuda a Cuneo, il timballo alla teramana, la salsa per la pasta alla norma in Sicilia o, anche, la confettura che abbini al tuo carrello dei formaggi, il liquore che offri a fine pasto con le erbe raccolte sulle tue montagne o con i limoni del tuo agrumeto.
E se lo commercializzassi con un packaging allineato alla tua identità e comunicazione, etichettato con il tuo logo?

6. Dati ufficiali forniti da Quandoo Italia e verificati al 20 dicembre 2017.
7. http://b2b.quandoo.com/it (ultima consultazione: 2 marzo 2018).
8. http://b2b.quandoo.com/it/roi (ultima consultazione: 2 marzo 2018).

Potresti creare un corner shop all'interno del ristorante e sfruttare l'abitudine dei turisti di acquistare souvenir di viaggio alimentare, per portare con sé e per i propri cari un ricordo corredato da emozioni ed esperienze.
Si preparerebbe il campo per raggiungere ancora i tuoi clienti per acquisti successivi, creando fidelizzazione e passaparola attraverso un sistema dedicato di e-commerce, oppure utilizzando un marketplace alimentare consolidato. In questo modo potresti, invece, conquistare utenti che non sono ancora tuoi clienti, convincendoli a provarti anche in ristorante.
I marketplace possono essere verticali ma anche generalisti, come Amazon (il più grande mercato al mondo), che tra l'altro, conscio delle potenzialità del food Made in Italy, ha aperto una sezione omonima della sua piattaforma di vendita suddivisa, per ciò che riguarda il cibo, in "Gourmet" e "Vini e Bevande". Per il momento non sembra offrire brillanti performance ma è un'esperienza da valutare[9].
Amazon per altro ha fatto parlare di sé a fine giugno 2017 quando ha acquistato Whole Foods, nota catena bio americana, perché interessato al cibo naturale e healthy. Inoltre, con Amazon Fresh anche in Italia gli abbonati ad Amazon Prime possono ricevere, nel giro di poche ore, frutta e verdura fresca. La piattaforma ha lanciato Amazon Restaurants[10] (non ancora in Italia) grazie alla partnership con Olo, online food ordering system molto diffuso in US.

Certamente ci si confronta con difficoltà tecniche, tecnologiche e logistiche: pensa soltanto alle variabili nel trasporto del food ma anche alle possibili resistenze degli utenti ad acquistare senza annusare, guardare, toccare.
Ciò non toglie che siano in aumento esponenziale gli acquisti alimentari, anche della spesa settimanale alla GDO, attraverso i portali di vendita online, come testimonia il successo di Carrefour, Esselunga ma anche delle piattaforme che aggregano piccoli produttori e contadini come Cortilia e Foodscovery.
Interessante il caso di **Foodscovery**[11], mercato online che permette di ordinare direttamente da 300 produttori enogastronomici italiani selezionati, a prezzi locali. Si rivolge sia all'utente finale sia ai distributori e negozianti.
Non prevede un costo di ingresso o inserimento ma solo una percentuale sul venduto. Distribuisce capillarmente in tutto il territorio nazionale, consegnando prodotti in più di 4.000 comuni italiani e in 12 Paesi europei (dati Foodscovery, forniti a dicembre 2017). Oltre che dalla cura nella selezione di prodotti e produttori e dal contributo rilevante nella distribuzione di eccellenze Made in Italy, ovviando alle difficoltà di promozione e di gestione di ordini e consegne di piccoli agricoltori, allevatori e trasformatori, siamo colpiti dalla partnership con Slow Food Italia, per la quale diverranno unica piattaforma dove trovare e acquistare le specialità dei presidi. Molto interessante poi l'area testimo-

9. Piattaforma Amazon, https://www.amazon.it/Made-In-Italy/b/ref=sd_allcat_mii_storefront?ie=UTF8&node=6224633031 (ultima consultazione: 2 marzo 2018).

10. https://www.amazon.com/restaurants (ultima consultazione: 2 marzo 2018).

11. https://www.foodscovery.it (ultima consultazione: 2 marzo 2018).

nial, Foodheroes[12], con video commenti dei produttori che portano una testimonianza partecipata e vibrante. Fatti ispirare.

Digitale e rivoluzione tecnologica

Altra tendenza da monitorare è l'**integrazione delle varie fasi e funzioni** del management ristorativo attraverso la tecnologia.
La nostra raccomandazione va verso l'automatizzazione e la tecnologizzazione del restaurant management system che comprenda e integri: online reservation, online ordering tramite Menù digitale o gestione della comanda, preparazione del piatto, servizio, magazzino, food cost.
Abbiamo chiesto un parere ad Alessandro Vigolo, amministratore delegato di Safac s.r.l.[13], azienda di manutenzione e distribuzione di macchinari per i ristoranti: "Oggi, più che mai, la tecnologia fa la differenza, anche nella ristorazione. Superato il periodo dell'innovazione continua a tutti i costi, ora la tecnologia va ritenuta un contributo imprescindibile al lavoro del cuoco e del ristoratore. Con le recenti novità[14] lo chef può gestire il sistema di cottura da remoto. Oppure avere un resoconto real-time di consumi elettrici o di gas potendo calcolare il food cost in modo accurato, per ogni singola cottura".
Per migliorare le vendite suggeriamo di avere **cura maniacale per il servizio**: punta a un'offerta più qualificata e attenta ai bisogni, con tempi ottimizzati, accrescendo il valore percepito del brand. Attento alle **nuove tendenze**: utilizzo di Menù digitali e touch table interattivi, di mobile payment, di app di customer service anche per dispositivi IoT (Internet of Things), di chatbot per la prenotazione. Strizza l'occhio alle novità digitali e migliora l'immagine del ristorante rendendola fresca, dinamica e attuale.

Caso di studio: Fratelli Cuore e la app PassBot

Fratelli Cuore è un ristorante pizzeria aperto da pochissimi anni nella stazione di Santa Maria Novella a Firenze. Eppure vi si respira aria di sapori antichi, un po' per la scelta delle materie prime, un po' per l'attenzione alla lunga e lenta lievitazione per l'impasto della pizza, rigorosamente steso a mano. Tanto da meritare due spicchi sulla guida Gambero Rosso 2018 *Pizzerie d'Italia*.

Fratelli Cuore punta su una somministrazione multipla con griglia, pasta e altre ricette, pizza, caffè ed è aperto 24h, con servizio takeaway oppure food delivery, grazie a TheFood. Presenza online? Ha un sito web[15] semplice ma funzionale, con grandi e coinvolgenti immagini fotografiche, sul quale è possibile prenotare tramite widget TheFork.

12. https://www.facebook.com/pg/foodscovery/videos (ultima consultazione: 2 marzo 2018).

13. http://www.safac.it (ultima consultazione: 2 marzo 2018).

14. Guarda l'esempio delle nuove tecnologie rational per la gestione delle cotture, https://www.rational-online.com/it_it/products/connectedcooking/page_normal_48.php (ultima consultazione: 2 marzo 2018).

15. http://www.fratellicuore.it (ultima consultazione: 2 marzo 2018).

Comunicazione digitale? Email marketing, content marketing e social media marketing: dal blog aziendale a Facebook, da Google Plus alla scheda Google My Business. Per l'advertising: campagne su FB e Google AdWords. L'azienda risponde a tutte le recensioni e cura rapporti con influencer e giornalisti di settore. Non tralascia il brand monitoring, via Google Analytics, Google Console e Social Insights.

Figura 11.3 Fratelli Cuore: servizio veloce ma non frettoloso, grazie alla tecnologia. © Fratelli Cuore

Garantisce un Wi-Fi ai propri clienti, stimolandoli a postare commenti, recensioni e scatti fotografici.

Dopo i primi due anni, decide di agire anche sul sistema di ordering, sino ad allora basato sulla comanda elettronica via palmare touch screen.

L'obiettivo è rendere più snello, piacevole e attuale il servizio, migliorando la rotazione dei tavoli, l'indice di produttività e diminuendo i tempi di attesa.

I fratelli Caprarella (in arte Cuore) vogliono dare un segnale forte di attenzione, mettendosi nei panni dei clienti, molti dei quali turisti o di passaggio, con dispositivi sempre più saturi di applicazioni. Decidono di adottare, primo ristorante italiano, il sistema PassBot (Figura 11.4).

Si utilizza Facebook Messenger, senza dover complicare la vita a nessuno: una volta digitato un codice d'accesso fornito dal cameriere, con un semplice tap si può completare l'ordine che, inviato in cucina, dopo pochi minuti è servito al tavolo.

Ora stanno lavorando alla "memorizzazione", attraverso chatbot, di gusti e preferenze, per aderire sempre meglio ai bisogni dei clienti abituali. Ci hanno entusiasmati.

Figura 11.4 Nuovo sistema di ordering via chatbot su Facebook Messenger: PassBot. © Fratelli Cuore

Food delivery ordering online

Il primato per gli acquisti alimentari online per ora resta saldo nelle mani del food delivery. Qualche anno addietro, la cinematografia americana o i nostri viaggi in US ci raccontavano di serate solitarie passate davanti alla TV con un box di noodles o un cartone di pizza ai "pepperoni", consegnati da scattanti fattorini.

Poi è esplosa l'abitudine di "mappare" pizzerie takeaway, i primi negozi di kebap e falafel ma, soprattutto, di cibo orientale (cinese e sushi), per ordinare e acquistare con la soluzione del cibo da asporto e della consegna a domicilio, previa telefonata del cliente. Con l'avvento di smartphone, mobile marketing e l'approdo in Italia di **JUST EAT**, nel 2011, il food delivery si è "digitalizzato", ovviamente coinvolgendo le aziende di ristorazione già attrezzate per la consegna.

Questa tipologia di portale offre una vetrina per esporre il proprio brand e i Menù con i singoli piatti, uno strumento per vendere il prodotto, prenotando l'orario di consegna. Completa l'offerta un back-end con la possibilità di inserire o eliminare piatti e raccogliere la comanda per procedere con lavorazione e consegna. Quest'ultima fase è interamente gestita dall'attività ristorativa.

I dati di JUST EAT[16]

JUST EAT è leader nel mercato dei servizi per ordinare online pranzo e cena a domicilio, in 13 Paesi nel mondo, con 68.000 ristoranti affiliati. In Italia è attualmente il servizio di digital food delivery più diffuso e utilizzato. Il markeplace italiano copre una grande varietà di cucine, con una presenza territoriale di 19 regioni italiane, 600 comuni e 6.800 ristoranti partner (dati forniti da JUST EAT Italia a dicembre 2017).
È consultabile sia da desktop sia da app, assicura una gestione dei pagamenti con un check-out in pochi passaggi, utilizzando carte di credito o altre soluzioni come il one-click payment di PayPal.
Il mobile rappresenta oggi il canale con il maggior livello di crescita, anche in prospettiva, essendo utilizzato dal 57% degli utenti per ordinare. Il servizio è amato e utilizzato equamente da donne e uomini che ordinano principalmente in compagnia di amici (40%), con la famiglia (22%), in coppia (20%) e soltanto in minima parte da soli (18%). Il momento in cui si ordina di più è il weekend, in particolare la domenica (19%).
Sta sviluppandosi una nuova socialità, fatta della condivisione anche dei propri spazi, senza per forza uscire di casa, un rinnovato lifestyle sia nel lavoro sia nella vita di tutti i giorni.

Ben presto, sia per le piccole attività attrezzate per la consegna – con obiettivi di espansione in visibilità e distribuzione del prodotto, senza aumentare costi del personale – sia per i ristoranti non attrezzati per la consegna a domicilio, nasce una nuova generazione di food delivery system online.
Oltre ai benefici illustrati, alcune realtà effettuano anche distribuzione e consegna, solitamente con un esercito di giovani rider in bicicletta, con divise sgargianti e grandi contenitori attrezzati per conservare calore, consistenza, integrità e gusto ai piatti da distribuire. In Italia lo fanno Foodora[17] e Deliveroo[18]. Compresa l'ineluttabile evoluzione, anche JUST EAT propone oggi una soluzione di questo tipo, con il servizio JUST EAT Delivery.

I dati di Deliveroo

Nata nel 2013 a Londra, Deliveroo si afferma in 12 Paesi, proponendo i piatti di oltre 20.000 ristoranti (dati forniti da Deliveroo Italia a dicembre 2017).
È un servizio di food delivery con selezione di qualità, pensato per chi vuole mangiare, a casa o in ufficio, i piatti dei propri ristoranti preferiti, in modo comodo e veloce. Pochi click e un'avanzata piattaforma tecnologica e logi-

16. https://www.justeat.it (ultima consultazione: 2 marzo 2018).
17. https://www.foodora.it (ultima consultazione: 2 marzo 2018).
18. https://deliveroo.it/it (ultima consultazione: 2 marzo 2018).

stica, via web o app (iOS e Android), consentono di selezionare (geo-localizzazione) la lista dei ristoranti disponibili nella propria area, consultare il Menù, procedere con l'ordine, pagare con carta di credito e monitorare lo stato della consegna, tracciando il tragitto del driver da computer, tablet o smartphone. Recentemente ha attivato una partnership con TripAdvisor rendendo possibile la prenotazione da questa piattaforma. Come funziona? L'utente individua il locale che preferisce e, se quest'ultimo è partner Deliveroo, cliccando sul bottone "Ordina online" viene indirizzato al sito della compagnia di food delivery per spedire la comanda e pagare il pasto.
Questa soluzione consente ai ristoratori di aggiungere un tavolo a casa dei propri clienti e gestirlo con la stessa attenzione e professionalità di quello in sala, senza investimenti in personale e logistica. Ogni dettaglio di trasporto e distribuzione del pasto, del servizio clienti e del marketing è curato da Deliveroo.
In Italia è presente a Roma, Milano, Torino, Firenze, Bologna, Monza, Piacenza, Verona, Padova e Bergamo.

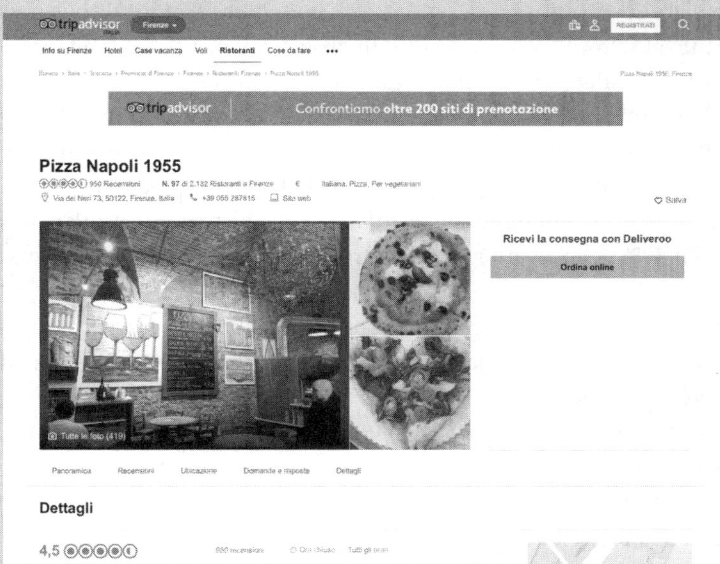

Figura 11.5 Accordo Deliveroo-TripAdvisor: locali che fanno delivery linkati alla piattaforma.

Il settore evolve passando a un "livello successivo": si diffondono piattaforme di food delivery con kit fai da te, contenenti ingredienti e guida per creare il piatto o la cena perfetta. Come ogni novità e opportunità digitale, vale la pena di vagliare questo nuovo fenomeno. Per ora restiamo in attesa di dati più solidi per una valutazione, ragionando sul fatto che il nostro stile di vita porta sempre più a vivere emozioni ed esperienze comode e debitamente servite.

Vediamo un po' di esempi per comprendere meglio di che cosa si tratti.

Prendiamo il caso di studio di Martha Stewart e del progetto Marley Spoon[19].
Il progetto nato in US è ora diffuso in molte nazioni europee e in Australia.
Con il suo claim "Cook Better, Live Smarter" è presente anche su Amazon Fresh[20].
Si chiama Meal Kit Delivery: con l'acquisto, viene consegnato un box con ingredienti dosati e freschi, una ricetta e qualche gadget per creare un piatto speciale, ideato e promosso da un personaggio celebre o da uno chef e/o ristorante famoso. Vanno per la maggiore proposte vegan, gluten free o comunque legate alla "Cucina senza".
Altre piattaforme puntano alla fidelizzazione: un esempio è HelloFresh[21] che fa scegliere numero persone, numero dei pasti alla settimana e nei giorni stabiliti ti consegna il meal box.
C'è una versione creata da italiani che si sono trasferiti a Los Angeles: Crateful.
E poi Blue Apron, Home Chef, l'italiana Quomi che collabora con Accademia Barilla e Slow Food, e la torinese Fanceat[22], giovane azienda del food delivery che consegna a casa pasti della grande cucina dei ristoranti stellati Michelin. Scelta da JUST EAT per partecipare al suo progetto Food Tech Accelerator, acceleratore di business dedicato esclusivamente al settore food, è ritenuto un progetto che anticipa tendenze e abitudini di consumo che si svilupperanno molto presto anche in Italia.
Negli Stati Uniti, ovviamente, il fenomeno del food delivery è in crescita, tanto che le catene di ristorazione puntano su questa tipologia distributiva, per non fallire: pensiamo al recente l'accordo di McDonald's con UberEat per la consegna di pasti; o a Wendy's, che aumenta le consegne in moltissime città nelle quali è presente e a Panera Bread, che ha raggiunto il 40% delle location in cui si trova con un servizio di consegna a domicilio[23].
Food delivery, takeaway, utilizzo di app sono soluzioni o tecniche da applicare alla distribuzione, utili sia come acceleratori di vendite sia come aiuto per l'individuazione e la gestione delle inefficienze.
Le app per la prenotazione dei tavoli possono diventare un perfetto CRM; la gestione dei pagamenti di un'app di food delivery management permette di acquisire in tempo reale i dati di affollamento del locale e reagire di conseguenza. I ristoratori possono comprendere, con precisione, quali piatti i clienti vogliono, a quale ora e in quali giorni, generando un'efficienza impensabile fino a poco tempo fa.
I dati offerti dalle nuove tecnologie ci possono aiutare a ottimizzare tutti i processi.

19. Sito web per prenotare il tuo Meal Kit: https://marleyspoon.com (ultima consultazione: 2 marzo 2018).

20. Negozio Fresh su Amazon, https://www.amazon.com/b/ref=as_li_ss_tl?ie=UTF8&node=16207550011&linkCode=ll2&tag=biip_071417_martha-marley-spoon-20&linkId=d986cbef3f948ab0745685edf47725ec%20 (ultima consultazione: 2 marzo 2018).

21. Piano di dieta con consegna di ingredienti per 7 giorni su https://www.hellofresh.com/tasty (ultima consultazione: 2 marzo 2018).

22. https://fanceat.com (ultima consultazione: 2 marzo 2018).

23. Segui i dati statunitensi dal blog Nations's Restaurant News, http://www.nrn.com/finance (ultima consultazione: 2 marzo 2018).

Street food e nuovi modelli di vendita e distribuzione

Da poco la Food And Agricolture Organization delle Nazioni Unite ci ha confermato che ogni giorno mangiano street food ben 2,5 miliardi di abitanti del nostro pianeta, creando una situazione di dimensione globale, con le debite differenze territoriali.
Lo **street food** (o cibo di strada) in Italia ha radici antichissime. Perduto il suo ruolo aggregativo, sociale ma anche logistico-organizzativo, in parte sostituito da una capillare rete di locali ristorativi e mense istituzionali e aziendali, era stato relegato a sollazzo gastronomico d'emergenza per coprire luoghi non convenzionali (il mercato, le periferie, gli stadi, concerti) ed extra-orari, soprattutto notturni. Le proposte non erano curate nella qualità e spesso nella gestione fiscale-amministrativa.
Poi tutto è cambiato e negli ultimi anni, complice la Rete e nuovi sistemi di relazione e di ricerca[24], il cibo di strada ha assunto connotazioni di qualità, di recupero della tradizione spesso con un approccio di lavorazione naturale.
Si trova così un equilibrio rinnovato: prendiamo l'esempio dei food truck, nomadi per definizione ma veri e propri riscopritori delle radici gastronomiche del territorio.
Non disdegniamo l'aspetto modaiolo del fenomeno che sfocia in eventi, quali il Street Food Truck Festival[25], il Festival internazionale del cibo di strada di Cesena[26] il Rimini street food[27]. Il successo sui social media ci deve far riflettere sui mutamenti delle abitudini di acquisto e di consumo dei prodotti alimentari.

Uno spunto di riflessione

Analizza con cura il grande successo di piccole gastronomie verticali che propongono pochi piatti dal concept forte e centrale. Patatine fritte, piadine, gofri piemontesi, tiramisù, arrosticini abruzzesi, panini, hamburger, toast, centrifugati, zuppe, tramezzini, pizze, tortellini, tigelle, gnocco fritto, focacce, pane ca' me. lampredotto, porchetta, bomboloni. Piatti antichi rivisitati e nuove proposte dal sapore vintage.
Valuta se distribuire uno dei tuoi piatti forti, con un packaging curato e allineato al codice comunicativo del brand, con QR Code o altri sistemi per promuovere il tuo prodotto mentre viene acquistato e consumato.
Oltre al takeaway, valuta anche la consegna a domicilio, soprattutto per pausa pranzo in ufficio o per cene gustose e comode quando, al ritorno dal lavoro, non si ha voglia né tempo di cucinare né di uscire di nuovo.
Lavora con attenzione al packaging design: ti servirà per promuovere il brand, per offrire informazioni, consumare il tuo piatto nel modo più comodo e pratico, salvaguardando gusto, calore e consistenza.

24. Mauro Rosati e Mihaela Gavrila, *Street Food, la Qualità si fa strada. Nuova gastronomia e marketing digitale*, Edizioni Qualivita, Siena 2016.
25. http://www.streeatfoodtruckfestival.com (ultima consultazione: 2 marzo 2018).
26. http://www.cibodistrada.com (ultima consultazione: 2 marzo 2018).
27. http://www.riministreetfood.com (ultima consultazione: 2 marzo 2018).

Nuovi modelli di somministrazione

La costante nell'esperienza gastronomica odierna è il desiderio di condividere emozioni e valori, recuperandone – anche se con nuovi strumenti – la dimensione sociale e conviviale. Si diffonde un clima di novità e di rinnovamento, dove la stessa figura dello chef sta evolvendo. Si tramutano e prendono rilievo nuove figure professionali, i modelli di business ne risultano profondamente influenzati.

Social eating

Nel Capitolo 1 abbiamo descritto come l'esperienza del food sia inclusa nel bagaglio dei viaggiatori: la dining experience sta ridefinendo abitudini e aspettative del cliente più propenso a vivere un percorso del gusto. Non si va a mangiare fuori ma a provare l'esperienza sensoriale di quella cucina o territorio, cercando emozioni che superino il cliché dell'accoglienza ristorativa. Il cliente vuole vivere una social eating experience.
Socialità e convivialità, da sempre colonne portanti dell'accoglienza italiana, sono valori sempre più ricercati, possono aiutare nel rendere il nostro locale più confortevole, "a misura d'uomo" senza scalfirne la professionalità.
Il food può e deve crescere sfruttando nuovi canali e modelli ma in modo progettuale ed evoluto. Pensa al successo crescente di degustazioni, visite alle cantine, corsi di cucina e di incontri "culturali" intorno al cibo.

Un suggerimento per te

Il social eating, all'interno del tuo ristorante, può essere complementare agli eventi e stimolare nuovi contatti, raggiungere nuovi target, favorire la condivisione sui social e sui nuovi strumenti.
Come in molti nuovi modelli o iniziative in fase iniziale, le informazioni sono scarse e spesso confuse, anche da parte dei media. Non demonizzare i fenomeni che non conosci.
Il social eating implica un nuovo modo di proporre un percorso, coinvolgendo più ospiti provenienti, anche, da gruppi sociali diversi ma uniti da comuni interessi e passioni.
Pensa di utilizzare nei tuoi eventi questo approccio:

- Organizza una degustazione a tema: oltre a quello gastronomico, potrebbe essere un mini-workshop per scattare le foto con lo smartphone, una cena con esperto di dialetto, utilizzato per raccontare i piatti e le leggende legate alla cucina del territorio, un incontro con un nutrizionista che divulga i benefici di un prodotto durante un pasto verticale con questo ingrediente, una cena con madrelingua inglese per familiarizzare con l'idioma ecc.
- Prepara la sala immaginando di coinvolgere diverse persone o di predisporre l'impianto scenico necessario per racconto, recita, presentazione, lezione.
- Proponi l'evento sia sui tuoi spazi web sia utilizzando piattaforme che promuovono eventi (per esempio Eventbrite[28] o veri e propri portali di social eating).

28. https://www.eventbrite.it/organizer/overview (ultima consultazione: 2 marzo 2018).

- Idea un sistema per far condividere più post, recensioni e foto possibili durante la serata (hashtag, campagna, contest).
- Testa i risultati e se graditi (o proficui) crea un appuntamento ricorrente. Buon social appetito!

Home restaurant

La questione è differente (e più complessa) quando affrontiamo l'argomento **home restaurant**. Servizio offerto da cuochi non professionisti che a casa ospitano "nuovi amici", non clienti, ai quali chiedono di versare un "contributo spese", non pagare un conto. Ci sono piattaforme nazionali e internazionali[29] che permettono di condividere esperienze in case private. Una tendenza sempre più diffusa, complice la crisi economica e i problemi occupazionali, sino a dover richiedere l'intervento del legislatore, causa le dimensioni importanti assunte del fenomeno.
Nel gennaio scorso 2017 viene approvato alla Camera[30] un disegno di legge che prende in esame alcuni aspetti dell'home restaurant, stabilendo:

- **il massimo numero di coperti** e introiti da rispettare su base annuale;
- **l'obbligo di un'assicurazione** nei confronti di terzi per rischi derivanti dall'attività;
- la necessità di una **leale concorrenza**, a garantire l'occasionalità di questa attività.

Nei primi giorni di aprile 2017, l'Antitrust ha bocciato gran parte di questa proposta in quanto contrastante con le raccomandazioni europee che prevedono una regolazione più dolce per tutto ciò che gravita nell'ambito della sharing economy.
La legge quindi è passata nuovamente al vaglio della Commissione Europea, che dovrà procedere a una convalida di quanto in essere. Bruxelles ha ufficializzato la presa visione della petizione il 25 maggio attraverso un comunicato stampa. Ovviamente la proposta è ferma al Senato in attesa di sviluppi[31].

Chef: nuovi ruoli fuori dalla cucina e nuove figure professionali

L'equazione matematica 1 chef = 1 ristorante, oggi non è più così scontata. Startup ristorative e attività alle prese con un restyling della proposta si avvalgono sempre più spesso della collaborazione di figure esterne specializzate.
Lo chef spesso gestisce diversi ristoranti: diffuso il binomio ristorante-bistrot o altri format di somministrazione. Prendiamo l'esempio di chef Cannavacciuolo, patron di Villa Crespi, titolare di un bistrot a Novara e uno a Torino, una bakery a Novara, un resort e spa nel golfo di Sorrento.
Molto spesso lo chef segue anche altri progetti in affiancamento temporaneo.

29. https://it.vizeat.com (ultima consultazione: 2 marzo 2018).
30. http://www.camera.it/leg17/126?idDocumento=3258 (ultima consultazione: 2 marzo 2018).
31. http://www.senato.it/leg/17/BGT/Schede/Ddliter/47587.htm# (ultima consultazione: 2 marzo 2018).

La professione del **consulente chef**, dell'eroe gastronomico che salva le cucine in pericolo, nasce sul piccolo schermo, con Marco Pierre White, Gordon Ramsay e Antonino Cannavacciuolo per la versione italiana del format, divenendo vero e proprio tormentone: spesso si fa leva sulla notorietà della loro immagine per il rilancio del locale.
Il consulente chef lavora ai fornelli, agevola i servizi, migliora la qualità dei cibi e pianifica la gestione delle risorse umane, ma è il **Food&Beverage manager** che tiene monitorato il food cost, le scorte di magazzino e le corrette procedure alimentari secondo le normative vigenti. Consulente chef e Food&Beverage manager rivestono un ruolo chiave all'interno di una struttura alberghiera e/o ristorativa, non tanto operativo quanto manageriale. Allo scopo di aumentare l'efficienza e la redditività delle imprese, garantendo sempre un servizio in linea con gli standard della struttura e con le aspettative degli ospiti.
Un altro servizio da valutare è quella del **cuoco a domicilio**. In un mercato in cui conta, molto di più, l'esperienza da vivere e da far vivere ai propri ospiti, avere in casa uno chef dedicato è un must-have. Un tempo relegato alla sola sfera del luxury, ora è stato sdoganato e diffuso.

Un suggerimento per te

Leggi i racconti di vita e di lavoro dell'Uomo senza tonno[32], che cura un blog e una rubrica su un noto quotidiano online italiano. Sta scrivendo un libro di ricette (tonnate) e il suo stile di cucina si riflette, anche, sull'interessante comunicazione online. Ispirati al suo progetto.
Valuta di proporre catering oppure di organizzare nel tuo locale eventi privati: corsi, insegnamento in scuole e master prestigiosi. Importante è non procedere a tentoni, senza un'accurata valutazione preliminare e un corredo di promozione e comunicazione digitale dei nuovi servizi.

App economy: vietato vietare

Il mondo sta cambiando con vorticosa rapidità: benvenuti nell'era della **app Economy**[33], dove le strategie di comunicazione mobile hanno preso il sopravvento, creando un nuovo ecosistema, fatto di localizzazione, social network, recensioni e nuove applicazioni per il food delivery. È un'economia "parente della sharing economy" – ci conferma Matteo Sarzana – "che avrà successo senza permesso".
Viviamo in un mondo dove le aspettative sono liquide e i consumatori pretendono lo stesso livello qualitativo, di servizio, di attenzione, da qualsiasi impresa con la quale entrano in contatto. I ristoranti non fanno eccezione.
Le food app, applicazioni per dispositivi mobili che svolgono poche specifiche funzioni, possono servire da aggregatori di attività localizzate oppure dedicate al brand del tuo ristorante, che sia indipendente o appartenga a una catena di locali. Oltre alla funzione

32. Per conoscerlo meglio puoi consultare http://www.uomosenzatonno.com/scief-a-domicilio oppure leggere il suo romanzo autobiografico: Marco Giarratana, *Romanzo con angolo cottura*, Longanesi, Milano 2018.

33. Matteo Sarzana, *App Economy*, Egea, Milano 2016.

strumentale svolta – per esempio prenotare un tavolo nei paraggi oppure ordinare un Menù senza glutine – sono utili per rafforzare la brand loyalty e diffondere la tua marca. Possono essere strumenti di relazione con i clienti, attuali o futuri, e di customer care. Promuovono e danno visibilità alle offerte, mettendo in evidenza quelle nuove, o quelle da spingere per motivi strategici.
Su tutto sono uno strumento di raccolta dati preziosissimo, come si accennava del paragrafo dedicato al food delivery. Sono utili per ottimizzare e per programmare processi/risultati.

Social commerce

La prima domanda sorge spontanea: "Come fare per vendere sui social media? Anzi, si può fare?". Il concetto è di più ampio respiro perché la vendita di un prodotto o servizio si è profondamente trasformata e il digitale ne è acceleratore e concausa. Non compriamo più ciò che ci viene imposto per bisogni indotti ma ciò che cerchiamo, comprendiamo, impariamo ad amare prima ancora di averlo assaggiato, grazie ai consigli e ai commenti dei nostri contatti, soprattutto sui social media. In questo habitat, il brand del ristorante non gioca assolutamente un ruolo passivo.
Confrontandoci con Leonardo Bellini[34], per cercare di fare chiarezza sugli stereotipi legati a queste strategie, si è subito sottolineata la differenza tra social commerce e social selling. "Per **social commerce** si intendono strategie e tattiche orientate alla vendita diretta sui social network, per esempio una prenotazione tramite un'offerta promozionale pubblicata sulla Pagina Facebook di un ristorante oppure una campagna su Groupon per una speciale ricorrenza come San Valentino. Fa leva su passaparola e sui meccanismi di influenza sociale per promuovere e spingere un acquisto che un consumatore può eseguire direttamente tramite i social network, soprattutto in mobilità."
Continua Leonardo: "Il **social selling** si focalizza sulla costruzione di relazioni individuali, personalizzate e approfondite tra venditore (social seller) e compratore (buyer aziendale) sui canali social come LinkedIn e Twitter".
Vendere in modo diretto sui social media si può fare, ma altrettanto rilevante è avere cura nella relazione del cliente e degli utenti che ci contattano. Consigliamo di creare un mix tra le varie strategie perché, offline e online, il vero cuore della nostra comunicazione è la relazione sincera. Lo ha capito bene **Airbnb**, con l'acquisto di Resy – piattaforma di prenotazione ristoranti – e l'obiettivo di lanciare sistema di restaurant ordering online. Non sfugge alla competizione, probabilmente vincendola a tavolino, **Facebook**, che sta testando in alcuni mercati un sistema di acquisto tavoli nel suo ecosistema sociale.

Sito web del ristorante

Abbiamo ampiamente dimostrato la rilevanza del sito web, piattaforma owned sulla quale puoi gestire in autonomia qualsiasi funzionalità allineata alle tue strategie. Non

34. Leonardo Bellini, *Social selling. Strategie e tattiche per vendere di più con i social network*, Dario Flaccovio Editore, Palermo 2017.

ci sono commissioni, non ci sono oneri aggiuntivi, puoi con facilità calcolare il costo di acquisizione del cliente, partendo dalla spesa per la creazione sommata a quella di manutenzione, aggiornamento, gestione dello strumento[35].
I livelli di automatizzazione e di ottimizzazione dell'acquisto/prenotazione presentano diverse opportunità e gradi:

- form di richiesta personalizzato;
- widget di prenotazione da intermediari;
- sistema dedicato di prenotazione.

Figura 11.6 Form di richiesta multistep integrato: Moxhe Restaurant. © Reed

Ogni struttura deve fare le debite valutazioni e individuare la soluzione di vendita più adatta al proprio business, alle abitudini e al grado di digitalizzazione del proprio target, alla propria organizzazione interna. Occorre analizzare caso per caso: sicuramente non deve guidarti la presunzione di aver sempre organizzato il lavoro in un certo modo che porti al rifiuto di qualsiasi evoluzione a prescindere. Neanche l'approccio modaiolo o l'emulazione sfrenata dei competitor sono indicatori di successo per la vendita online dei tuoi tavoli. Utile, a ogni modo, il confronto con i colleghi, soprattutto se adottano soluzioni efficaci, per sagacia e attualità.

Caso di studio: sito web di Alajmo

Come definire Alajmo[36] con i suoi 10 locali, divisi tra Padova, Venezia, Parigi, dal tristellato Le Calandre alle stelle di La Montecchia e Quadri, dai bistrot a In.gredienti, format tra la dispensa e la gastronomia?

35. Vedi il quadro delineato a inizio paragrafo.
36. https://www.alajmo.it/ (ultima consultazione: 2 marzo 2018).

Sicuramente raccontiamo la storia di un gruppo altamente creativo e dinamico che si occupa di ristorazione italiana in maniera trasversale. Nel 2016 affidano a un'agenzia la riprogettazione del sito web[37], con l'obiettivo di migliorare la user experience dell'interfaccia, ora più immediata e capace di porre in primo piano il sistema di prenotazioni online e agevolare i flussi di visita allo shop. Scelta coraggiosa e contro corrente.

La sfida

Come conciliare un'immagine elegante e di qualità con gli obiettivi di vendita e l'attivazione di uno strumento chiaramente orientato all'e-commerce? Come aumentare traffico e ottenere buoni risultati lavorando sulla logica del direct booking?

Obiettivi

- Creare una piattaforma in cui lo shopping online aiuti il cliente a rivivere, a casa propria, l'esperienza del mondo Alajmo – anche con lo shop della linea Alajmo design e degli ingredienti utilizzati nei ristoranti.
- Creare uno strumento senza intermediazioni per la clientela, soprattutto internazionale, nell'acquisto di prodotti e prenotazioni.
- Aumentare il traffico, per conquistare un numero crescente di utenti.

Risultati

Figura 11.7 Homepage del nuovo website, orientato alla vendita delle offerte del mondo Alajmo. © AKQA

37. Il sito web viene realizzato in collaborazione con l'agenzia H-ART attualmente inglobata nell'internazionale AKQA.

20.000 utenti al mese è la media delle visite, i quali esprimono un interesse maggiore verso le pagine dei ristoranti gourmet e la sezione "Carpe Diem", un'ulteriore offerta dell'e-commerce legata alle prenotazioni nei ristoranti. Alajmo Group ha pensato a ciascun cliente desideroso di vivere un'esperienza del gusto in uno dei locali: una prenotazione con largo anticipo garantisce uno sconto sui percorsi degustazione, nei ristoranti gourmet Calandre, Montecchia, Quadri.

Identificare la nicchia e condividere valori

Lavorare sull'**identità del brand**, per analizzare ed evidenziare la tua unicità e le tue caratteristiche, è indispensabile per formulare l'offerta nel migliore dei modi. Occorre intercettare micro-tendenze, abitudini e bisogni in modo da donare un tocco di attualità e di appetibilità al prodotto. In qualche misura occorre individuare un segmento di mercato che sia ancora poco servito, accontentato e coccolato, identificando la propria nicchia. **Nicchia** non contempla, dispregiativamente, un numero esiguo di prospect e clienti. Piuttosto, è un approccio utile a circoscrivere il terreno della competizione a misura delle proprie qualità e punti di eccellenza. Per vendere meglio, di più e farti trovare, incontrare e assaggiare agevolmente.

Un fil rouge che unisce molte delle attuali tendenze e preferenze alimentari, aumentando esponenzialmente l'efficacia comunicativa sui social media e nel digitale, è la **condivisione di forti valori**.

Etica, rispetto dell'ambiente e prodotti naturali sono punti di incontro e di convergenza della propria cucina con il lifestyle dei propri ospiti. Sono parole d'ordine, keyword che funzionano, non solo online e sui motori di ricerca.

Non spetta a noi – non è il tema centrale di questa guida – sottolineare quanto il ristorante sia luogo sociale e punto di riferimento di una comunità. Sotto il profilo legale è un pubblico esercizio con annesso numero di obblighi e responsabilità nei confronti della società. Il ruolo stesso dello chef comprende sfumature formative e informative, che lo trasformano in ambasciatore di saperi, di cultura di un territorio e interprete di valori morali condivisi.

Il binomio cibo-etica diviene forte e accresce la coscienza negli utenti digitali, si fa veicolo di relazioni, anche commerciali, dalla notevole profondità.

Ci sono progetti che hanno compreso questa forza e che offrono testimonianza ed esempio anche ai piccoli produttori food e wine e ai locali di ristorazione.

Ne facciamo qui una rapida panoramica: parliamo di **Slow Food**, che ha superato i 30 anni di lotte per valorizzare i prodotti antichi e le pratiche sapienti dei nostri nonni, con il binomio salvaguardia della tradizione/etica e legalità; di **Banco Alimentare**[38], che dal 1989 nuota contro corrente per difendere il pianeta dagli sprechi alimentari aiutando i bisognosi, contribuendo alla ideazione della nuova legge n.166/16 che favorisce e premia il recupero degli eccessi e degli avanzi, per gli operatori del food.

38. Leggi la nostra intervista a Marco Lucchini, il fondatore di Banco Alimentare, qui: http://www.comunicazionenellaristorazione.it/2017/07/intervista-a-banco-alimentare-lotta-indispensabile-agli-sprechi-alimentari/ (ultima consultazione: 2 marzo 2018).

Citiamo anche i progetti di **cucina naturale**, dalla difesa di territorialità, stagionalità e filiera corta, al bio, biodinamico, prodotto controllato, protetto, certificato.
Non dimentichiamo la **cucina del senza**, che diventa addirittura un marchio registrato, non solo per via del libro omonimo[39]. In cucina il "senza" seguito da un ingrediente ha sempre assunto valenza negativa, di privazione. Ora: senza sale, senza zucchero, senza carne, senza latte, senza glutine, senza grassi, senza cottura indicano una scelta responsabile e condivisa. Da rispettare, a cui dedicare attenzione, creatività, magari un piatto o un intero Menù. Prevederla nel proprio ristorante da un lato può essere un modo di sostenere e appoggiare scelte etiche, dall'altro di venire incontro a esigenze manifestate da un gruppo corposo di clienti per scelta (pensiamo al vegetarismo, al vegan, alla raw cuisine) o per esigenze di salute (allergie, intolleranze, diabete, sovrappeso).

Cavalcare mode e manie del food

Per tenersi aggiornati su nuove tendenze e manie alimentari, ci sono soltanto due modi: studiare e applicare.
Individua un **metodo di ricerca** di notizie, argomenti caldi (topic trend), concetti, parole più ricercate (keyword, hashtag) e di applicazione nella tua comunicazione. Segui gruppi, community, spazi web di alcuni influencer, leggendo e-zine, blog, frequentando corsi ed eventi, ascoltando soprattutto i clienti e i tuoi lettori/fan/follower. Anticiperai, così, bisogni e nuove abitudini.

Farsi delle domande per scoprire le tendenze

In Italia 8 su 10 sono vegetariani?
Non devi ignorare piatti adatti a questo tipo di clientela e, probabilmente, un Menù interamente dedicato a loro. Aiutati con icone e strumenti (food app, menu tent sui tavoli, blog tematico ecc.), evidenziando piatti che non contengono alimenti d'origine animale, anche sui tuoi Menù[40].

Qual è il drink più fotografato su Instagram, la ricetta più ricercata su Google, il frutto più utilizzato in questi giorni?
Segui le novità e valuta se sia possibile contestualizzare questa o quella tendenza all'interno della tua offerta e comunicazione. Utilizzane l'hashtag, se particolarmente frequentato dal tuo target. Dovrai postare anche tu fotografie di piatti con i colori dell'unicorno, con rose di avocado, dolci a base di the matcha, video ricette riprese dall'alto come su Tasty, servire frullati dentro barattoli, con topping di marshmallow?
Non è assolutamente obbligatorio, ma seguire le tendenze e cavalcarle potrà essere veramente fruttuoso, se ben integrato nel piano di comunicazione.

---

39. Marcello Coronini, *La cucina del senza*, Editore Gribaudo, 2016.
40. Vedi il Capitolo 5 del libro, interamente dedicato al menu design.

La cucina bio, naturale, a chilometro zero, salutare, legata alle tradizioni e alla stagionalità funziona e intriga l'ospite?
La risposta a questa esigenza può essere un orto del ristorante, magari un orto urbano sul tetto del locale, se sei in città, verticale o con i modernissimi impianti di coltura idroponica, se possiedi un locale dall'interior design hyper-tech.
Puoi collaborare con un raccoglitore che pratica il foraging o farlo tu stesso.
In principio fu Rene Redzepi: lo chef del Noma di Copenaghen è stato il primo a parlare di foraging, la raccolta di cibo selvatico, nell'ambito dell'alta cucina. Da allora sono passati diversi anni, di foraging si riempiono la bocca, e cesti di vimini, cuochi di tutte le latitudini. Per Redzepi conoscere le piante, i fiori, i funghi, le alghe del proprio Paese è importantissimo, al punto da creare anche un'app dedicata.

*Un esempio italiano, Wood*ing*

In Italia abbiamo **Wood*ing**, il "wild food lab" guidato da Valeria Margherita Mosca, primo centro di ricerca italiano sul foraging[41]. Tutto parte dal lab, fondato nel 2010, con ricerche su foraging e alimurgia, in collaborazione con associazioni, enti pubblici e università. Da questa attività nascono eventi divulgativi, come degustazioni legate all'alta gastronomia e alla mixology, e formazione sia professionale sia amatoriale. Recentemente hanno aperto a Milano il Wooding bar. La filosofia? Gli ingredienti principali della cucina contemporanea sono la responsabilità e la sostenibilità alimentare, coniugate a tecniche antichissime come la fermentazione, a conoscenze moderne come le composizioni chimiche degli alimenti stessi.

Le mode da tenere d'occhio

Non trascurare altre mode che, se condivise e in linea con la tua filosofia, possono realmente fare da ricettore e cassa di risonanza per la tua offerta. Elenchiamone alcune.

Colazione

In molti paesi il pasto più importante della giornata. Essendo fondamentale per immagazzinare energie e nutrimenti, ogni popolo ha elaborato la propria colazione in modo molto personalizzato.
In Italia, a parte il ristorante alberghiero che deve gestire un altro genere di accoglienza e il bar che serve soluzioni classiche di caffetteria e snack, pochissime sono le strutture ristorative che hanno sviluppato un'offerta mattutina. In realtà, una colazione curata potrebbe essere molto allettante, soprattutto per i turisti, in un momento in cui sta crescendo moltissimo l'extra-alberghiero.
L'italiano, ormai stressato e sempre più di corsa verso la propria postazione di lavoro, ha ridotto la sua colazione a un caffè, un bicchiere di latte e un croissant. Siamo sicuri che la

41. Wood*ing wild food lab, *Wild mixology. Tecniche innovative e ingredienti selvatici per una nuova filosofia di miscelazione dei cocktail*, Mondadori Electa, Milano 2016.

nostra tradizione sia veramente questa? E che in termini nutrizionali le nostre esigenze non siano più strutturate?
Sia per i turisti sia per i locali manca un'offerta di colazione adeguata: alcuni locali lo stanno comprendendo. Valutalo anche tu.

Per chi ha un ristorante alberghiero

Hai un ristorante alberghiero? Sicuramente stai già curando la colazione in modo sempre più attento, considerate le aspettative di clienti sempre più esigenti. Perché non proporre, in una sala contigua, una colazione a parte? Immagina delle combo tematiche con costi fissi, per semplificare il servizio e snellire la preparazione.
Non potrebbero mancare la combo salata, la combo dolce, light (allo yogurt, cereali e frutta), tipica (con piatti del territorio), vegana.
Se invece puoi gestire un doppio flusso, cliente interno + cliente esterno, fai pagare all'ingresso un costo per chi non ha alloggiato in struttura.

Ricorrenze e festività

Spesso ci troviamo a invidiare gli Stati Uniti: hanno un'associazione nazionale dei ristoratori, la National Restaurant Association[42], che comprende più di 500.000 ristoratori, a cui forniscono ricerca, formazione, assistenza legale e sanitaria, informazione e aggiornamento. Organizzano webinar, eventi, comunicano, promuovono, sostengono. Hanno creato un blog, il Nation's Restaurant News[43], che fornisce notizie e idee, quotidianamente. Infine, hanno un elenco di ricorrenze e festività da far invidia ai ristoranti di tutto il mondo.

Recupera la tradizione

Il cibo tradizionale di celebrazioni e festività è attraente per i locali e per i turisti. Se comunicato con intelligenza, offre spunti di engagement e irrobustisce la community del tuo ristorante. Recuperare i dolci tradizionali dei riti pagani che si celebravano in quelle che sono divenute festività commerciali, come Halloween, il 19 marzo, il Carnevale e la Pasqua non aiuterebbe a distinguerti in quella che è divenuta un'offerta ripetitiva e dozzinale fin quasi all'ossessione?

Menù salutari per i bimbi

In Italia l'accoglienza delle famiglie con bambini è parecchio dibattuta. Complice uno stile educativo meno restrittivo e talvolta, possiamo dirlo, un po' lassista. Quando gli ospiti sono bambini, spesso il ristoratore deve affrontare dei problemi insidiosi. Bimbi rumorosi e poco composti possono disturbare altri ospiti o addirittura creare intralcio al lavoro della brigata di sala[44].

42. Sito web della Restaurant National Association: http://www.restaurant.org/Home (ultima consultazione: 2 marzo 2018).

43. Blog US http://www.nrn.com/ (ultima consultazione: 2 marzo 2018).

44. http://www.comunicazionenellaristorazione.it/2015/11/paradosso-dei-menu-bambini-poco-salutari-in-

Le risposte dei ristoratori sono, molte volte, simili a quelle di alcuni genitori che, poco attenti alla civica educazione, mettono in mano alla prole un tablet a tutto volume. Ovvero, propongono un Menù "accondiscendente e banale" o poco salubre, per evitare capricci e insidie (pasta al sugo, milanese, patatine fritte).
Certo, ci sono anche casi estremi in cui i ristoratori rifiutano di accogliere questo target, apponendo cartelli con divieto di accesso per i piccoli clienti.
Non ci sono forse soluzioni più vantaggiose per il ristorante?

Crea un Menù per i bimbi

Accogliendo le famiglie con bambini nella maniera adeguata, quale vantaggio ottieni? Nella sua ricerca sulle tendenze food 2017 la National Restaurant Association mette i **Menù salubri** al 3° posto nella classifica dei 20 hot trends[45].
Accogliere i bambini con un menù salubre e adeguato, magari impiattato in modo divertente e giocoso, attira le attenzioni di un folto target che ha sempre più difficoltà a vivere l'esperienza del ristorante in modo gradevole e confortevole. Individua una sala dedicata, con un angolo giochi magari insonorizzato. Genitori e figli potranno essere più a loro agio, gli altri commensali di età ed esigenze differenti non saranno disturbati. Confrontati con l'esperienza di altri ristoratori[46].

Intervista allo specialista, Giovanni Cappellotto

Per meglio analizzare opportunità e stato dell'arte della vendita online del prodotto enogastronomico, abbiamo intervistato l'esperto di e-commerce Giovanni Cappellotto[47].

Qual è lo stato dell'arte della vendita online del prodotto enogastronomico? Il food deve puntare all'e-commerce?
L'e-commerce non è un canale di vendita. È solo un mezzo con cui si raggiungono i clienti che comprano ovunque. Non perdiamo di vista che sia una vendita a distanza con una consegna programmata e che prima di essere un problema di comunicazione, di prezzi e di merci, è soprattutto una questione di logistica.
Una volta risolti i problemi di logistica, approvvigionamento, dislocazione e consegna, la possibilità di comprare online e ricevere la merce è una questione di abitudine che può prendere forma. Ricordiamo che non sono più le aziende o i produttori che decidono cosa comprare. Nell'era di Amazon sono i clienti che hanno il pallino in mano.
Un esempio interessante: dopo che Amazon ha acquisito Whole Foods negli Stati Uniti e abbassato i prezzi, i nuovi clienti di Whole Foods per il 24% arrivano da Walmart (lo

---

ristorante (ultima consultazione: 2 marzo 2018).

45. http://www.restaurant.org/Downloads/PDFs/News-Research/WhatsHot/What-s-Hot-2017-FINAL (ultima consultazione: 2 marzo 2018).

46. Leggi di questo imprenditore padovano, Antonio Ferrari, che si è inventato lo sconto bambini educati, http://www.antonioferrari.it (ultima consultazione: 2 marzo 2018).

47. Co-authoring per il libro *E-commerce. La guida definitiva. Progettare e realizzare un negozio online di successo*, Hoepli, Milano 2015.

storico competitor, N.d.A.). Il traffico pedonale sui negozi Whole Foods è aumentato del 17% e rimane al +4% dopo tre settimane.
Gli investimenti nei confronti della vendita a distanza non possono essere né piccoli né di piccole aziende che portano a poco ma aggregazioni su marketplace (mercato online in cui sono raggruppate le merci di diversi venditori o diversi siti web, N.d.A.). E non è un caso che i marketplace crescano più degli e-commerce.

Amazon è l'asso pigliatutto della vendita online, che si è esteso ormai a molteplici settori compreso il food&wine e sta sperimentando servizi come il food delivery. Come può essere utile ai ristoranti?
Il food delivery è un terreno in cui scenderanno in campo sia Amazon sia Facebook.
La vedo dura per chi dovrà confrontarsi con loro ma è anche vero che tutto non può essere portato a casa e che la pizza non è un biscotto con il pomodoro consegnato a domicilio. Apprezzo la storia di Ando a New York[48], app dedicata al food delivery, il quale ha aperto anche un ristorante che serve sia da base per le consegne che da luogo vocato alla ristorazione. Il proprietario di Ando dice che la gente si ricorda molto più di te quando viene e si siede che ordinando per ricevere a casa. È sempre una questione di equilibrio e di esperienza memorabile.
Per quanto riguarda il vino, penso che anche in questo caso abbiamo un problema dato dalla dimensione delle imprese. È vero che siamo i maggiori produttori mondiali ma abbiamo anche un grande frazionamento della produzione. I mercati esteri online si affrontano con fatica se si è piccoli e con poche risorse; si affrontano meglio se ci si allea e consorzia.

Dati della spesa alimentare online in Italia. A che punto siamo? Ti confesso che io, ormai da quasi due anni, faccio la spesa settimanale online!
Il fatturato online dei prodotti alimentari in Italia sta incrementando, dopo che per anni è stato molto basso e senza tasso di crescita. In sostanza, per la prima volta da quando si rilevano i dati delle vendite online, l'alimentare cresce con tassi che potrebbero essere superiori a quelli di altri settori. È difficile vendere online e vendere alimentari è maggiormente difficile.
La crescita di questi ultimi mesi è però trascinata dall'ingresso della grande distribuzione nella vendita online. Il tema è interessante, perché è sempre una questione di organizzazione, di modernità della distribuzione e di cambiamento dei comportamenti delle persone.
La spesa settimanale si può fare in molti modi, le cattedrali dei centri commerciali potrebbero cambiare, il retail evolve. Il cambiamento è intercettato e le imprese maggiormente attente e strutturate sono in grado di gestirlo con maggior successo.

Prenotazione online del ristorante: restaurant booking online system. Si continuerà con TheFork, Quandoo e affini oppure qualcuno inizierà a proporre sistemi di direct booking per il sito web del ristorante senza intermediazioni?

48. https://andofood.com (ultima consultazione: 2 marzo 2018).

La domanda è difficile e insidiosa. L'intermediazione è vista spesso come un costo gravoso, anche se dovrebbe essere un'opportunità.
Il direct booking è a disposizione per chi offre un'esperienza memorabile e che non ha magari bisogno di null'altro se non il passaparola, che già funziona di suo.
Per tutti gli altri, vedo difficile rinunciare del tutto alle possibilità dei sistemi di prenotazione online. Quanto costa portare un cliente, quanto costa farlo ritornare, quanto riesce a marginare la mia attività? Alla fine è sempre una questione di costi.

Takeaway

Consiglio 1

Cura il customer care: significa vendere di più. Pensa che l'80% di chi festeggia il compleanno desidera prenotare al ristorante. Perché non sfruttare gli auguri di compleanno su Facebook in modo smart?[49].

Consiglio 2

Contrasta il no-show. Arrivi mancati al tuo ristorante causano ritardi, perdita di denaro, disorganizzazione, altri clienti insoddisfatti. Escogita una strategia che ti tuteli. Richiedi la carta di credito come garanzia, porta la **prenotazione online**, crea una policy che preveda una penale, realizzata da un legale.

Consiglio 3

Sperimenta nuovi servizi: immagina nuove soluzioni per vendere il tuo prodotto. Il ristorante ha quattro muri e un numero di tavoli contenuto. Puoi aumentarne la rotazione ma puoi anche "uscire" dal ristorante. Fai un elenco di come poterlo fare: inviacelo e ne studiamo insieme la fattibilità. Ricorda che "aver fiuto per gli affari" o "possedere decennale esperienza" sono argomentazioni del secolo passato. Oggi devi essere un imprenditore, sempre con etica.

Consiglio 4

Ispirati ai big player. Sono ricettori di tendenze e sperimentatori di nuove soluzioni tecniche e tecnologiche. Testa d'ariete per l'uso di nuovi strumenti e soluzioni, creano coscienza e favoriscono abitudini del pubblico che potranno tornare utili anche a te. Contestualizza nella tua realtà: allinea a territorio e target.

Consiglio 5

Non solo qualità e pricing. Come vedi l'offerta è fatta di soluzioni strategiche che si intrecciano con il management e l'organizzazione del lavoro, del Menù e con la comunicazione. Non aver paura di innovare ma non procedere per tentativi: progetta!

49. Blog Facebook IQ, https://www.facebook.com/iq/articles/birthday-introducing-the-birth-week (ultima consultazione: 2 marzo 2018).

Conclusioni

Hai percorso con me un sentiero, tracciato da esempi, tecniche, idee e storie di colleghi, che mi auguro abbia alimentato la tua curiosità, confermato il bisogno di sperimentare percorsi di business sempre rinnovati, trasmesso linee guida su cui costruire la tua cultura digitale, per consolidare il tuo successo anche online.

Il web è stato prima guardato con sospetto perché ha rivoluzionato le nostre procedure e il nostro lavoro, poi con accettazione perché ha trasformato il modo di comunicare, scegliere e acquistare dei nostri clienti. Ora è affrontato con saccenteria, perché ha invaso il "mondo reale". Confido nella tua **umiltà**: studia, impara, confrontati, ascolta i tuoi ospiti. E poi, studia ancora.

La capacità di avere successo a lungo termine richiede una pianificazione approfondita, una visione chiara, propensione al cambiamento e spirito di adattamento. Presuppone la **pazienza** di attendere (e preparare) i successi, inevitabilmente preceduti da errori, piccoli fallimenti e incomprensioni.

Richiede **flessibilità**, perché i primi successi non sono garanzia di un futuro luminoso, ne sono i prodromi. L'instancabile ricerca dell'eccellenza in tutte le fasi, dalla pianificazione all'operatività, e una profonda connessione con la comunità sono spesso una migliore garanzia di sopravvivenza a lungo termine rispetto al consenso starnazzante della critica.

Il nostro settore ha bisogno di ristoratori intraprendenti che abbiano il coraggio di non definirsi mai "arrivati".

Tecnologia e digital food marketing sono strumenti che consentono di entrare in empatia con il tuo ospite che non devi mai dare per scontato. Come un amore.